Stanisław Mędak

POLSKI B2 i C1
MEGATEST

Polish in Exercises

Польский в упражнениях

Польська мова в тестових завданнях

Konsultacja: Ewa Optołowicz, professeur agrégé, INALCO Paris
Redakcja: Anna Laskowska

Projekt graficzny okładek Lingo: 2arts, Marcin Rojek
Zdjęcie na okładce: © asiln – Fotolia.com

Producent wydawniczy: Marek Jannasz

www.jezykinieobce.pl

ISBN: 978-83-7892-448-7

© Copyright by Stanisław Mędak
© Copyright by Wydawnictwo Lingo sp. j., Warszawa 2016

Skład: Igor Nowaczyk

SPIS TREŚCI

ZAMIAST WSTĘPU 5

POPRAWNOŚĆ GRAMATYCZNA. PROGRAM OBOWIĄZKOWY
ZADANIA TESTOWE 1-281

I. FUNKCJE SYNTAKTYCZNE PRZYPADKÓW (od mianownika do wołacza; rzeczowniki – przymiotniki – zaimki) 10

II. IMIESŁOWY PRZYMIOTNIKOWE CZYNNE 30

III. IMIESŁOWY PRZYMIOTNIKOWE BIERNE 33

IV. IMIESŁOWY PRZYSŁÓWKOWE UPRZEDNIE 39

V. IMIESŁOWY PRZYSŁÓWKOWE WSPÓŁCZESNE 43

VI. ŁĄCZLIWOŚĆ SKŁADNIOWA CZASOWNIKÓW
    (w tym: połączenia alternatywne) 46

VII. MOWA ZALEŻNA – MOWA NIEZALEŻNA (transformacje) 101

VIII. NIEOSOBOWE FORMY CZASOWNIKÓW 113

IX. ODMIANA CZASOWNIKÓW (w tym czasowników homonimicznych) 123

X. ODMIANA CZASOWNIKÓW RUCHU I NIE TYLKO 151

XI. ALTERNACJE W ODMIANIE CZASOWNIKÓW 160

XII. PREFIKSY CZASOWNIKÓW 164

XIII. ODMIANA I SKŁADNIA LICZEBNIKÓW NA SMUTNO I WESOŁO 169

XIV. ODMIANA NAZW WŁASNYCH – NAZWISKA I IMIONA 190

XV. ODMIANA NAZW WŁASNYCH – NAZWY GEOGRAFICZNE I ETNICZNE 193

XVI. ODMIANA RZECZOWNIKÓW I PRZYMIOTNIKÓW
    (w tym rzeczowników nieregularnych i osobliwych) 198

XVII. ODMIANA ZAIMKÓW 217

XVIII. SPÓJNIKI I WSKAŹNIKI ZESPOLENIA WEWNĘTRZNEGO 220

XIX. STRONA CZYNNA – STRONA BIERNA 238

XX. SYNONIMIA SYNTAKTYCZNA 246

XXI. TRYB ROZKAZUJĄCY 255

XXII. ZDANIA POJEDYNCZE I ZDANIA ZŁOŻONE
(transformacje, budowa zdań złożonych) 269

XXIII. ZDANIA WARUNKOWE: RZECZYWISTE
|| MOŻLIWE || NIERZECZYWISTE (TRYB PRZYPUSZCZAJĄCY
KONTRFAKTYCZNY). ZDANIA WARUNKOWE WPROWADZANE
PRZEZ SPÓJNIKI ORAZ WYRAŻENIA 278

XXIV. ZDANIA WIELOKROTNIE ZŁOŻONE 287

WYKAZ SKRÓTÓW I CYTOWANE PUBLIKACJE 290

INDEKS 291

O autorze 296

Tego samego autora 297

KLUCZ DO ĆWICZEŃ 298

ZAMIAST WSTĘPU

*Język jest materią tak żywą,
że trzeba go ciągle oswajać*

Polski B2 i C1. Megatest jest kontynuacją zbioru zadań testowych z języka polskiego dla obcokrajowców, wydanego przez Wydawnictwo LINGO w Warszawie, pod tytułem *Polski megatest*.[1]

Kolejny tom przygotowaliśmy dla tych obcokrajowców uczących się języka polskiego, którzy zapoznali się wcześniej z podstawami programowymi dla poziomów A1, A2, B1. Koncepcja tu zastosowana nie odbiega zasadniczo od koncepcji tomu poprzedniego. Oś kompozycyjną zadań testowych stanowią:
- ekscerpt słownictwa i konstrukcji składniowych przygotowany na podstawie wybranych, polskich i zagranicznych podręczników oraz autorskich zbiorów ćwiczeń do nauczania języka polskiego jako obcego;
- próba zapoznania obcojęzycznego użytkownika z systemowością gramatyki polskiej i zaprezentowanie jej w konkretnej rzeczywistości językowej, czyli w tzw. akcie porozumiewania się.

Polski B2 i C1. Megatest adresujemy do:
- studentów średnio zaawansowanych (i zaawansowanych), pragnących sprawdzić swą wiedzę z gramatyki języka polskiego oraz potwierdzić umiejętności m.in. z zakresu odmiany i składni rzeczowników, przymiotników, liczebników, odmiany i zależności składniowych czasowników (tzw. łączliwości składniowej czasowników), synonimii składniowej oraz funkcjonowania w zdaniach wskaźników zespolenia wewnętrznego, itd.;
- studentów zaawansowanych, którzy chcą ugruntować wiedzę językową i lepiej zrozumieć zależności w systemie języka polskiego;
- perfekcjonistów, dla których bezbłędne rozwiązanie całego zadania testowego będzie oznaczać kolejny sukces w indywidualnym procesie oswajania polszczyzny.

W trakcie przygotowywania kolejnego zeszytu byliśmy głęboko przeświadczeni, że język ma wartość użytkową oraz jest najcenniejszym narzędziem porozumiewania, komunikowania się z innymi.

---

1. Stanisław Mędak, *Polski megatest. Polish in Exercises*, Wydawnictwo LINGO, Warszawa 2012, stron 387 (testy dla poziomu A1, A2, B1).

Mieliśmy również pełną świadomość, że podczas testowania znajomości języka polskiego jako obcego nie można ograniczyć się wyłącznie do automatycznego wpisywania form fleksyjnych, wypełniania słowami miejsc do tego przeznaczonych. Kompozycję całości materiału językowego w tym tomie, tak jak w tomie poprzednim, prawie w całości oparliśmy na tzw. interakcji zdaniowej oraz technice systemowych segmentów testowych.

Większość zadań testowych w tym zeszycie – **to odpowiednio dobrane oraz przemyślane segmenty kreatywne**. Zgodnie z założeniami powinny one wspomagać konstrukcję solidnego językowego pomostu między wiedzą nabytą a umiejętnością praktycznego jej zastosowania.

Metodyczne wskazywanie na system funkcjonowania materii językowej (**jeden zestaw – jedno zagadnienie związane z funkcjonowaniem języka**) to wartość dodatkowa niniejszego zbioru. Dzięki temu uczący się może poszerzyć swoje wiadomości o języku (np. o alternatywne formy fleksyjne, homonimię fleksyjną, idiomy, konstrukcje składniowe, o przysłowia oraz myśli czy utarte zwroty językowe). Musi on również zwrócić uwagę na współczesną normę językową, zależności składniowe, synonimię typu: *znajomy, święty* w funkcji przymiotników oraz *znajomy, święty* || *znajomi, święci* w funkcji rzeczowników męskoosobowych, a także na synonimię syntaktyczną.

Całość megatestu zawiera 281 zadań testowych dostosowanych do zaleceń programowych Ministerstwa Edukacji Narodowej, obowiązujących od 2003 roku[2]. Wszystkie zadania testowe składające się na niniejszą pracę zostały przygotowane zgodnie ze standardami europejskimi. Wykorzystano tu różne typy zadań z użyciem obiektywnych i zróżnicowanych technik testowych.

Przez zadanie testowe rozumiemy odrębną całość składającą się z jednego polecenia, wzoru uzupełniającego polecenie (**WZÓR** jest wskazówką dla rozwiązującego zadanie testowe) i zestawu kilku do kilkunastu jednostek współgrających z poleceniem.

Większość tych zadań testowych – nasączonych bogatą leksyką, wyrazami i związkami wyrazowymi o dużej frekwencyjności, ważnymi i użytecznymi w akcie mowy – może stanowić również materiał wyjściowy do zajęć z gramatyki funkcjonalnej, zajęć ze słownictwa, składni, a także do indywidualnego opracowywania ćwiczeń i testów przez prowadzących zajęcia kursowe lub specjalistyczne z języka polskiego jako obcego. Niniejszą publikację uważamy za małe kompendium wiedzy językowej dla każdego studenta, który przygotowuje się do różnego typu egzaminów (m. in. egzaminów państwowych).

---

2. Zob. *Standardy wymagań dla poszczególnych certyfikatowych poziomów zaawansowania znajomości języka polskiego jako obcego*. Załącznik nr 1 do rozporządzenia MENiS z dnia 15. X. 2003 r. (poz. 1871).

Mamy nadzieję, że ta książka będzie skuteczną pomocą dydaktyczną oraz niezawodnym przewodnikiem w procesie przeprowadzania samooceny z zakresu wiedzy językowej, jak również dodatkową pomocą dla lektora – w systemowym procesie nauczania języka polskiego jako obcego.

Wszystkim życzymy wyników 100/100!

Stanisław Mędak
Kraków, maj 2013

Zgodnie ze wskazówkami zawartymi w rozporządzeniu Ministra Edukacji Narodowej i Sportu: „Zdający egzamin na poziomie zaawansowanym powinni rozumieć bez trudności treść i intencje wszystkich rodzajów wypowiedzi mówionych; także tych, które zawierają wyrażenia nacechowane, idiomatyczne, potoczne i regionalne", autor tej książki uwzględnia w zadaniach testowych słownictwo oraz konstrukcje składniowe wywodzące się z polszczyzny potocznej.

POPRAWNOŚĆ GRAMATYCZNA

Program obowiązkowy
Zadania testowe 1-281

I. FUNKCJE SYNTAKTYCZNE PRZYPADKÓW
(od mianownika do wołacza; rzeczowniki – przymiotniki – zaimki)

ZADANIE 1

Copyright by S. Mędak

Proszę wpisać w miejsce kropek właściwe formy rzeczowników podanych poniżej jako uzupełnienia definicji i twierdzeń ogólnych zamieszczonych w kolumnie ↓B.
Rzeczowniki do wyboru: *czarna owca, dyktatura, dyletant, dyletantyzm, kozioł ofiarny, kumoterstwo, lizusostwo* (pot.), *nepotyzm, niekompetencja, polszczyzna.*

WZÓR

<u>Koń</u> jest to ssak czasami używany jako zwierzę pociągowe, juczne lub rzeźne.

A. .... ↓B.
1. .... to język polski.
2. .... to faworyzowanie znajomych przy obsadzaniu wysokich stanowisk, nadawaniu przywilejów.
3. .... to forma nieograniczonej władzy opartej na sile, skupionej w ręku jednej osoby.
4. .... to zajmowanie się jakąś dziedziną bez należytej wiedzy i przygotowania.
5. .... to ktoś, kto nie ma fachowej wiedzy ani przygotowania w jakiejś dziedzinie, a mimo to zajmuje się nią lub wypowiada się o niej.
6. .... to nieuczciwe lub nieoficjalne popieranie się osób, które się znają, zwykle mające im umożliwiać osiągnięcie korzyści materialnych.
7. .... to pochlebianie lub nadskakiwanie komuś w celu uzyskania jakichś korzyści.
8. .... to niezdolność jakiejś osoby do prawidłowego wypełniania obowiązków i podejmowania decyzji, wynikająca z braku wiedzy lub odpowiednich uprawnień.
9. .... to nie jest zwierzę lecz osoba, na którą niesłusznie zrzuca się odpowiedzialność.
10. .... to nie jest zwierzę, lecz osoba kompromitująca swoim postępowaniem lub zachowaniem środowisko, do którego należy; odszczepieniec, wyrzutek

OCEŃ SAM SIEBIE

>[9] bdb • [9] + db • [8] db • [7] +dst • >[6] dst • <[6] ndst
Jeśli w zadaniu testowym jest więcej niż dziesięć jednostek – przelicz sam!

ZADANIA TESTOWE

ZADANIE 2
Copyright by S. Mędak

Proszę wpisać w miejsce kropek właściwe formy podanych wyrazów.

WZÓR
(on) — Język jest materią tak żywą, że trzeba <u>go</u> ciągle oswajać.
(wiele straconych lat) — Żal mu było <u>wielu straconych lat</u>.

(człowiek)   **1.** Patrzył na umierającego i szeptał: „Szkoda .... ".

(my)   **2.** Wydaje mi się, że braknie .... kilku dni do skończenia tej pracy.

(pieniądze)   **3.** Nie wiem, czy wystarczy mi .... do końca miesiąca.

(słowa)   **4.** Kiedy dyskutuję w językach obcych, często brak mi ....

(to narzekanie)   **5.** Miał ochotę wykrzyknąć: „Wystarczy .... !"

(to gadanie)   **6.** Skończył dyskusję i powiedział: „Dość .... !"

(traf)   **7.** „Trzeba .... !" – powiedziała w momencie wypadku.

(tyle, zabiegi)   **8.** Szkoda .... wokół tej sprawy.

(żadna ambicja)   **9.** Ten człowiek nie ma .... !

(żywność)   **10.** Podczas kryzysu wszystkim brakowało ....

OCEŃ SAM SIEBIE
>[9] bdb • [9] + db • [8] db • [7] +dst • >[6] dst • <[6] ndst
Jeśli w zadaniu testowym jest więcej niż dziesięć jednostek – przelicz sam!

ZADANIE 3
Copyright by S. Mędak

Proszę wpisać w miejsce kropek właściwe formy deklinacyjne podkreślonych w zdaniach rzeczowników. Forma A – wysoka norma wzorcowa; B – ewentualna forma alternatywna; C – ewentualna forma potoczna.

WZÓR
Jeśli zjadłeś jedno jabłko o nazwie <u>koksa</u>, nie możesz powiedzieć, że nie lubisz A <u>koks</u>; C *pot.* <u>koksów</u>.

1. cieśla   <u>Cieśla</u> to rzemieślnik, zajmujący się wykonywaniem różnego typu konstrukcji i elementów budowlanych z drewna.
Jeśli chcesz zbudować drewniany dom, powinieneś zatrudnić co najmniej dwu A............ B.......... C........... .

POLSKI B2 i C1. MEGATEST

2. gość   Gość, to nie tylko osoba składająca komuś wizytę. To również osoba płacąca za usługi np. hotelowe.
Ostatnio, rzadko kto odwiedza nasze miasto i mamy w tym roku niewielu A.......... B.......... C.......... .

3. ksiądz   Ksiądz to duchowny chrześcijański, zwłaszcza katolicki. W Polsce mamy wielu młodych A............... B.............. C.............. .

4. przechodzień Przechodzień to człowiek, który idzie chodnikiem lub ulicą.
Płynny ruch na autostradzie zakłócił tłum manifestujących swe zdenerwowanie A................... B.................. C................... .

5. cyrkiel   Cyrkiel to przybór rysunkowy i pomiarowy. Aby nakreślić na papierze tyle okręgów, podzielić tyle odcinków i łuków, zmierzyć i przenieść dziesiątki określonych długości, muszę mieć co najmniej pięć różnych A.................... B.................... C.................... .

6. gronostaj   Gronostaj to zwinny ssak drapieżny. Kto by pomyślał, że oznaką władzy mogą być błamy ze skórek A.......... B.......... C.......... ?

7. gwóźdź   Gwoździem programu był występ Boryny w sejmie. Będziemy mieli coraz więcej takich A............. B............. C............. programu w sejmie.

8. ogień   Ogień zniszczył całą wieś, gdyż jedna z chat zapaliła się od sztucznych A................ B................ C................ .

9. talerz   Talerz to naczynie do podawania posiłków.
Nie zaprosiłem was na obiad, bo nie miałem wystarczającej ilości A.................. B.................. C.................. .

10. wąż   Można przeżyć ukąszenie jednego węża, ale trudno jest przeżyć ukąszenie wielu A.................. B.................. C.................. .

11. zając   Miałem w klatce jednego zająca i jednego szaraka. Szaraki są pospolitym gatunkiem dziko żyjących A.............. B.............. C.............. .

12. aleja   Aleja to droga wysadzona z obu stron drzewami. W Krakowie jest jedna bardzo długa ulica składająca się aż z trzech A.......... B.......... C.......... : Mickiewicza, Krasińskiego i Słowackiego.

13. armia   Pradziadek służył w armii napoleońskiej, a jego wnuczek zapisał się do A................. B................. C................. Wyzwolenia.

14. bitwa   Wielkie starcie zbrojne to bitwa. Przed nami – dogodny teren do starć zbrojnych kilku armii. Trzeba pamiętać, że na tym terenie odbyło się już kilka słynnych A............. B............. C............. .

15. chochla   Chochla to głęboka łyżka do nalewania zupy, z długą rączką. Ze względu na poszerzającą się z roku na rok rodzinę, muszę dokupić jeszcze pięć dużych A............. B............. C............. .

16. gęś   Byłem przekonany, że gęsi nie latają, tylko chodzą. Aż tu, pewnego razu zobaczyłem klucz dzikich A............ B............ C............ odlatujących na zimę z naszego kraju.

ZADANIA TESTOWE

17. księżna — Księżna to żona księcia. Czy wiesz, ile A............ B............ C............ było żonami Bolesława II Łysego, księcia legnickiego?

18. kuchnia — W każdym domu najważniejszym pomieszczeniem jest kuchnia. Pewien bogaty Czech miał sześć salonów, osiem łazienek i pięć A............ B............ C............ w swoim olbrzymim domu na skraju miasta.

19. wanna — Lubił zażywać kąpieli w mosiężnych lub pozłacanych wannach. Miał w swym pałacu na każdy dzień tygodnia aż siedem różnych A............ B............ C............ .

20. wiśnia — Wiśnia to ciemnoczerwony owoc podobny do czereśni. Uwielbiam czereśnie, ale nie lubię kwaśnych A............ B............ C............ .

OCEŃ SAM SIEBIE
>[9] bdb • [9] + db • [8] db • [7] +dst • >[6] dst • <[6] ndst
Jeśli w zadaniu testowym jest więcej niż dziesięć jednostek – przelicz sam!

ZADANIE 4
Copyright by S. Mędak

Proszę wpisać w miejsce kropek (kolumna B) właściwe połączenia składniowe, wykorzystując wyrazy zamieszczone w kolumnie A.

WZÓR
słabe zdrowie   **Od dziecka był słabego zdrowia i ciągle chorował.**

A.	B.
1. całe serce	Kochałem go prawdziwie, ...
2. dobre serce	Kochał ludzi i był to człowiek ....
3. dziurka, klucz	Lubiła podglądać .... co się dzieje u sąsiadów.
4. jeden, wy	Bardzo mi przykro, ale w tej walce musimy poświęcić .... !
5. Anna Nowohucka	Mam dość tego krytykowania .... !
6. krzyczeć, wszystkie siły	Przed utonięciem .... Nikt go jednak nie usłyszał.
7. mówić, pamięć	Nie lubił czytać swoich notatek podczas wykładu. Wolał ....
8. okno, podwórko	Mam kuchnię z .... wychodzącym ....
9. dobra kuchnia	Słynęła w całej wsi ....
10. lewa ręka	To straszne, miał tylko jeden mały palec .... !
11. pierwsza ręka	Wierz mi, wiem to ....
12. przedział, niepalący	Zarezerwowałam panu ....
13. ubiegły miesiąc	Nie zapłacił rachunku ....
14. ręce, węgiel	Każdy górnik dołowy ma .... czarne ....

15. *suknia, rękawy*	Na upalne dni najlepsza jest ....
16. *szal, wełna*	Kochanie, do tej sukni z jedwabiu nie możesz narzucić .... !
17. *światowa sława*	Profesor Burek będzie na pewno uczonym ....
18. *dziecko*	Uczył się z trudem dobrych manier już ....
19. *wiadomość, ostatnia chwila*	Przekazujemy państwu ....
20. *wiatr, morze*	Będzie sztorm, bo wieje ....

Wyboru połączeń składniowych do zadania testowego nr 4 dokonano na podstawie: *Gramatyka języka polskiego dla cudzoziemców*, op. cit. str. 79–115.

ZADANIE 5

Copyright by S. Mędak

Proszę wpisać w miejsce kropek (kolumna B) właściwe formy wyrazów w nawiasach.

WZÓR

(ja)   Chce <u>mi</u> się spać.

A.	B.
(Katarzyna)	1. .... śniło się, jak zwykle, coś koszmarnego.
(Marek)	2. Od momentu zmiany pracy .... powodzi się znakomicie.
(moi bracia)	3. .... wszystko było wolno robić; mnie nic!
(twój syn)	4. .... nie zależy na żadnej pracy!
(nasz znajomy)	5. .... marzy się wielka kariera funkcjonariusza w UE.
(my)	6. Brakuje .... wszystkiego, aby normalnie żyć!
(ona)	7. Nauka w szkole szła .... jak po maśle.
(ten człowiek)	8. .... zależało na każdym pracowniku.
(ty)	9. Jest ...... smutno beze mnie, kochanie?
(wszyscy)	10. Z biegiem czasu .... przybywa lat i doświadczenia życiowego.

OCEŃ SAM SIEBIE

>[9] bdb • [9] + db • [8] db • [7] +dst • >[6] dst • <[6] ndst

Jeśli w zadaniu testowym jest więcej niż dziesięć jednostek – przelicz sam!

ZADANIE 6

Copyright by S. Mędak

Proszę wpisać w miejsce kropek właściwe formy wyrazów w nawiasach.

WZÓR

(ja)   Dobrze <u>mi</u> było z nią przez tyle lat, aż tu nagle wszystko się zepsuło.

(ja)	1. Szkoda, że odszedł od nas na zawsze. Żal .... tego człowieka.
(ja)	2. Kochanie, podaj mi krople! Robi .... się słabo!
(on)	3. Jeśli jest .... gorąco, niech zdejmie sweter!
(ona)	4. Wstydzi się? – Tak, wstyd .... tego, co powiedziała!
(ona)	5. Czy ona nie może zmienić sukienki? Źle .... w tej sukience.
(one)	6. Widzę, że wesoło .... przy tej głośnej muzyce!?
(oni)	7. Kiedyś dopadniemy tych złodziei! Wtedy, biada .... !
(ty)	8. Jest ciepło, przytulnie. Dobrze .... tutaj, kochanie?
(pani)	9. To najlepszy fotel. Wygodnie .... w tym fotelu?
(wy)	10. Czy naprawdę szkoda .... paru euro dla żebraka?!

OCEŃ SAM SIEBIE
>[9] bdb • [9] + db • [8] db • [7] +dst • >[6] dst • <[6] ndst
Jeśli w zadaniu testowym jest więcej niż dziesięć jednostek – przelicz sam!

ZADANIE 7

Copyright by S. Mędak

Proszę wpisać w miejsce kropek (kolumna B) właściwe formy deklinacyjne wyrazów zamieszczonych w kolumnie A.

WZÓR
(ja)   Po raz pierwszy poszczęściło <u>mi</u> się w życiu i wygrałem w eurolotka aż pięć euro!

A.	B.
(ja)	1. Burczy .... zawsze w żołądku po zjedzeniu bigosu!
(ja)	2. Uważam, że chyba .... się coś od życia należy!
(ja)	3. Robi ...... się słabo, kiedy słyszę wypowiedzi niektórych polityków!
(my wszyscy)	4. Od kilku dni ta pani gra .... na nerwach.
(my)	5. Czy pan musi .... świecić tą lampką prosto w oczy?!
(my)	6. Módl się synku, żeby tylko nic złego .... się nie przytrafiło!
(on)	7. Od roku wypadają .... włosy garściami.
(one)	8. Zabrakło .... tchu, aby dobiec do mety.
(oni)	9. Damy .... się we znaki, kiedy stracą swoje immunitety! *(pot.)*
(ty)	10. Znowu .... się udało! Ty to masz szczęście!

OCEŃ SAM SIEBIE
>[9] bdb • [9] + db • [8] db • [7] +dst • >[6] dst • <[6] ndst
Jeśli w zadaniu testowym jest więcej niż dziesięć jednostek – przelicz sam!

ZADANIE 8

Copyright by S. Mędak

Proszę wpisać w miejsce kropek właściwe formy deklinacyjne wyrazów zamieszczonych w kolumnie A.

WZÓR

A.	B.
(on)	**Znowu go bierze i zacznie się od nowa to samo, czyli depresja.**

(chłopiec)	1. …… całkiem wzięło – zakochał się po uszy!
(ja)	2. Ilekroć usłyszę, że czemuś przyświeca „cel wychowawczy", natychmiast ………. mdli.
(ja)	3. Od kilku dni korci ………. , aby iść na wagary.
(młodzi ludzie)	4. Kolejny atak grypy ściął z nóg nawet ………………………… .
(mój konkurent)	5. Udało mi się wystrychnąć na dudka ………………………… .
(on)	6. Wiem, że ………. gryzie sumienie po tym, co zrobił!
(on)	7. Łamie ………. w kościach, ponieważ jest już stary!
(on)	8. Ciągle się drapie po głowie, bo …………. coś swędzi.
(ona)	9. Od kilku dni boli …………. głowa i ma migrenę.
(one)	10. Od dawna ten człowiek kusi …………. do złego.

OCEŃ SAM SIEBIE

>[9] bdb • [9] + db • [8] db • [7] +dst • >[6] dst • <[6] ndst

Jeśli w zadaniu testowym jest więcej niż dziesięć jednostek – przelicz sam!

ZADANIE 9

Copyright by S. Mędak

Proszę wpisać w miejsce kropek (kolumna B) właściwe formy rzeczowników zamieszczonych w kolumnie A.

WZÓR

brat	**Kain i Abel są moimi ukochanymi braćmi.**

A.	B.
człowiek	1. Mimo przeciwności losu zawsze, byliśmy uczciwymi …………. .
dłoń	2. Przykryła twarz swoimi ……………… i rozpłakała się na głos.
dziecko	3. Nie można rozporządzać ………………, jakby to były przedmioty lub rzeczy!

ZADANIA TESTOWE

koń | 4. Chociaż nie jesteśmy ...., to jednak znamy się jak dwa łyse konie.
kość | 5. Czym on rzucił? – Rzucił .... na stół i powiedział: „Kości zostały rzucone!"
ksiądz | 6. Pojechaliśmy na pielgrzymkę z .... kanonikami.
liść | 7. Zachwycał się spadającymi z drzew ...., a nienawidził ludzi.
nić | 8. Ta afera jest szyta grubymi ...., panie prokuratorze!
pieniądz | 9. Pieniądze szczęścia nie dają, ale lepiej żyć z .... niż z długami.
przyjaciel | 10. Nawet wrogowie zostają czasami ....

OCEŃ SAM SIEBIE
>[9] bdb • [9] + db • [8] db • [7] +dst • >[6] dst • <[6] ndst
Jeśli w zadaniu testowym jest więcej niż dziesięć jednostek – przelicz sam!

ZADANIE 10
Copyright by S. Mędak

Proszę wpisać w miejsce kropek właściwe formy wyrazów w nawiasach.

WZÓR
(strumień) — Wino lało się <u>strumieniami</u> podczas wesela mojej córki jedynaczki.

(całe rodziny) | 1. Mieszkańcy uciekali z płonącego miasta ....
(czwórka) | 2. Żołnierze maszerowali .... i wesoło śpiewali.
(grupa) | 3. Ludzie zbliżali się .... na miejsce manifestacji.
(kłąb) | 4. Dym unosił się .... w czasie pożaru wioski.
(nienawiść) | 5. Od lat zionął .... do wszystkich ludzi innych, niż on.
(ja) | 6. Zatrzęsło ...., kiedy odkryłem jej prawdziwe oblicze.
(samolot) | 7. W czasie burzy rzucało .... na lewo i prawo.
(śnieg) | 8. Podczas zawiei sypało .... ze wszystkich stron.
(tuman) | 9. Zerwał się wiatr i kurz wznosił się .... na ulicach miasteczka.
(tysiąc) | 10. Wierni gromadzili się .... przed sanktuarium maryjnym.

OCEŃ SAM SIEBIE
>[9] bdb • [9] + db • [8] db • [7] +dst • >[6] dst • <[6] ndst
Jeśli w zadaniu testowym jest więcej niż dziesięć jednostek – przelicz sam!

ZADANIE 11

Copyright by S. Mędak

Proszę wpisać w miejsce kropek (kolumna B) właściwe połączenia składniowe z wyrazami zamieszczonymi w kolumnie A.
Przyimki do wykorzystania: *przy, w.*

WZÓR
(dobry humor)   **Widzę, Władysławie, że znowu jesteś w dobrym humorze!**

A.
(moje myśli)
(depresja)
(bóle)
(bieg)
(świadkowie)
(kawa)
(drewno)
(pamięć)
(milczenie)
(skrajna bieda)

B.
1. Zawsze byłeś obecny ...., kochanie.
2. Czy nie za często jesteś ...., kochanie?!
3. Leżał od kilku godzin .... przed blokiem operacyjnym.
4. Nie rozmawiałem z nimi, bo minąłem ich ....
5. Tę umowę podpisałem ....
6. Uwielbiał rozmawiać z byłą kelnerką ....
7. Zmęczony rzeźbieniem w metalu, zaczął rzeźbić ....
8. Zawsze zachowywała .... to, co chciała zachować.
9. Po odbytej rozmowie z szefem, siedział ....
10. Cieszył się, że jemu powodzi się dobrze, a inni żyją ....
....

Wybór połączeń składniowych na podstawie *Gramatyki języka polskiego dla cudzoziemców*, op. cit. str. 170–179.

OCEŃ SAM SIEBIE
>[9] bdb • [9] +db • [8] db • [7] +dst • >[6] dst • <[6] ndst
Jeśli w zadaniu testowym jest więcej niż dziesięć jednostek – przelicz sam!

ZADANIE 12

Copyright by S. Mędak

Polecenie i WZÓR – jak w zadaniu testowym numer 11.
Przyimki do wykorzystania: *na, po, podczas, przez, przy, w.*

A.
(ręce)
(rozmowy)
(włosy)

B.
1. Uwielbiał całować swoją ukochaną ....
2. Jak szybko upływa czas ....
3. Gładziła go ...., nie zwracając uwagi na jego nową fryzurę.

(chód)	4. Zawsze poznawałem mojego ojca ....
(jakaś ważna budowa)	5. Pracował całą zimę ....
(samochód)	6. Bez przerwy robił coś .... w garażu.
(akompaniament)	7. Uwielbiał śpiewać .... gitary.
(całe noce)	8. Nie chodził na zajęcia przez cały semestr, a teraz uczy się ....
(on)	9. Widać ...., że przeszedł ciężki okres w życiu.
(czas)	10. Jeśli pojedziemy autostradą, to na pewno zyskamy ....

Wybór połączeń składniowych na podstawie *Gramatyki języka polskiego dla cudzoziemców*, op. cit. str. 170–179.

OCEŃ SAM SIEBIE
>[9] bdb • [9] + db • [8] db • [7] +dst • >[6] dst • <[6] ndst
Jeśli w zadaniu testowym jest więcej niż dziesięć jednostek – przelicz sam!

ZADANIE 13

Copyright by S. Mędak

Proszę wpisać w miejsce kropek właściwe formy wołacza poniżej podanych rzeczowników.

WZÓR
chłopiec   Mój chłopcze, zastanów się, co robisz!

1. **Bóg**   Mój ...., jak życie czasami może być piękne!
2. **braciszek**   ...., bądź dla mnie miły!
3. **człowiek**   ...., uciekaj stąd jak najszybciej, jeśli ci życie miłe jest!
4. **głupiec**   ...., jak ty jedziesz? Pod prąd?!
5. **jeździec**   ...., nie daj się przeciwnikowi!
6. **ojciec**   ...., proszę mnie wysłuchać, a nie tylko karcić!
7. **pani doktor** ...., czy jest jakieś skuteczne lekarstwo na miłość?
8. **student**   ...., ucz się i pracuj wytrwale!
9. **Szkot**   ...., pożycz mi chociaż jedno euro!
10. **tato**   ...., weź mnie jeszcze raz na barana!

OCEŃ SAM SIEBIE
>[9] bdb • [9] + db • [8] db • [7] +dst • >[6] dst • <[6] ndst
Jeśli w zadaniu testowym jest więcej niż dziesięć jednostek – przelicz sam!

ZADANIE 14

Copyright by S. Mędak

Proszę wpisać w miejsce kropek formy wołacza poniżej podanych rzeczowników oraz nazw osobowych.

WZÓR
mama   Kochana Mamo!

1. dziadziuś   Najdroższy ....!
2. Jego Ekscelencja   Jego ....!
3. Jego Ekscelencja Ambasador   Jego ....!
4. Jego Ekscelencja Minister   Jego ....!
5. Jego Eminencja Kardynał   Jego ....!
6. Jego Lordowska Mość   Jego ....!
7. Jego Magnificencja Rektor   Jego ....!
8. jubilat   Czcigodny ....!
9. kierownik   ....!
10. ksiądz arcybiskup   ....!
11. ksiądz biskup   ....!
12. mistrz   ....!
13. Ojciec Święty   ....!
14. pan   Szanowny ....!
15. pan adiunkt   ....!
16. pan doktor   ....!
17. pan dyrektor   ....!
18. pan generał   ....!
19. pan Havranek   ....!
20. pan magister   ....!
21. pan mecenas   ....!
22. pan Mędak   Szanowny ....!
23. pan minister   Szanowny ....!
24. pan premier   Szanowny ....!
25. pan prezydent   Szanowny ....!
26. pan profesor   Drogi ....!
27. pan pułkownik   ....!
28. pan sędzia   ....!
29. solenizant   Drogi ....!
30. Stanisław   Mój najdroższy ....!
31. szef   ....!
32. Wasza Ekscelencja Ambasador   ....!
33. Wasza Ekscelencja Minister   ....!

ZADANIA TESTOWE

OCEŃ SAM SIEBIE
>[9] bdb • [9] + db • [8] db • [7] +dst • >[6] dst • <[6] ndst
Jeśli w zadaniu testowym jest więcej niż dziesięć jednostek – przelicz sam!

ZADANIE 15
Copyright by S. Mędak

Polecenie i WZÓR – jak w zadaniu testowym numer 14.

1. babunia	Najdroższa ....!
2. pani	Najdroższa ....!
3. pani docent	Szanowna ....!
4. pani doktor	Szanowna ....!
5. pani Kwiatkowska	Szanowna ....!
6. pani minister	Szanowna ....!
7. pani premier	Szanowna ....!
8. pani profesor	Szanowna ....!
9. pani sędzia	Szanowna ....!
10. panienka	Droga ....!
11. panna młoda	....!
12. Zosia	Droga ....!

OCEŃ SAM SIEBIE
>[9] bdb • [9] + db • [8] db • [7] +dst • >[6] dst • <[6] ndst
Jeśli w zadaniu testowym jest więcej niż dziesięć jednostek – przelicz sam!

ZADANIE 16
Copyright by S. Mędak

Proszę wpisać w miejsce kropek właściwe formy następujących rzeczowników męskoosobowych.

WZÓR
(budowniczy) — Lenin to wielki <u>budowniczy</u> własnych pomników.

(chory) — 1. W tej sali szpitalnej leżało wielu obłożnie ....
(gajowy) — 2. Leśniczy jest zwierzchnikiem ....
(kościelny) — 3. Drobne czynności pomocnicze w kościele wykonuje osoba, którą nazywamy ....

(księgowy)	**4.** Dyrektor powierzył obowiązek zajmowania się finansami firmy nowemu ...., absolwentowi Uniwersytetu Ekonomicznego.
(leśniczy)	**5.** Pod nadzorem .... dokonywano wyrębu lasu.
(motorniczy)	**6.** Do wypadku nie doszło dzięki szybkiej reakcji ....
(myśliwy)	**7.** Na polowanie zgłosiło się wielu zapalonych ....
(radny)	**8.** Mój ojciec jest .... w radzie miejskiej już drugą kadencję.
(wikary)	**9.** Młodego księdza – pomocnika proboszcza nazywamy ....
(woźny)	**10.** W tej olbrzymiej szkole pracuje kilku ...., którzy zajmują się czynnościami porządkowymi.

OCEŃ SAM SIEBIE
>[9] bdb • [9] + db • [8] db • [7] +dst • >[6] dst • <[6] ndst
Jeśli w zadaniu testowym jest więcej niż dziesięć jednostek – przelicz sam!

ZADANIE 17

Copyright by S. Mędak

Proszę wpisać w miejsce kropek (kolumna B) właściwe formy wyrazów *były, była, byłe* **w funkcji przymiotnika.**

WZÓR

Dawniej było tutaj moje liceum.	**To moje byłe liceum. Teraz jest tutaj przetwórnia ryb.**

A.	B.
1. Gdzie idziesz? Do narzeczonej?	Idę do mojej .... narzeczonej, która teraz jest mężatką.
2. Gdzie idziesz? Do pracy?!	Idę do mojej .... pracy. Chce się zobaczyć z kolegami.
3. Gdzie idziesz? Do profesora?	Idę do mojego .... profesora, który jest bardzo chory.
4. On był twoim narzeczonym?	To mój .... narzeczony. Teraz jesteśmy tylko przyjaciółmi.
5. On nie jest już moim mężem.	To jest mój .... mąż. Teraz jest mężem mojej sąsiadki.
6. Ona była moją narzeczoną?	Tak. To moja .... narzeczona. Teraz jest żoną mojego dentysty.
7. Ona była twoją nauczycielką?	Tak. To jest moja .... nauczycielka. Teraz jest już emerytką.
8. Ona była premierem?	To jest .... pani premier. Teraz jest samotną emerytką.

9. To był kiedyś twój przyjaciel! To jest mój .... przyjaciel. Teraz nie poznaje mnie na ulicy.

10. Tutaj nie ma już archiwum. To jest .... archiwum. Teraz jest tu centrala rybna.

Na podstawie: *Język polski à la carte*, cz. III.

OCEŃ SAM SIEBIE
>[9] bdb • [9] + db • [8] db • [7] +dst • >[6] dst • <[6] ndst
Jeśli w zadaniu testowym jest więcej niż dziesięć jednostek – przelicz sam!

ZADANIE 18
Copyright by S. Mędak

Proszę wpisać w miejsce kropek właściwe formy przymiotników lub wyrazów pełniących funkcje przymiotnika podanych w liczbie pojedynczej rodzaju męskiego. Pierwsze zdanie tekstu jest przykładem.

WZÓR
Na początku był gościniec. (0) <u>Polski</u> *(polski) gościniec.*

Kroczyłem po nim aż do (1) .... *(późny)* starości z coraz (2) .... *(większy)* niechęcią i większym trudem. Gościniec biegł czasami przez środek wsi, czasami poza nią. Był bity, brukowany, piaszczysty, najczęściej jednak (3) .... *(błotnisty)*. Od (4) .... *(niepamiętny)* lat, po dziś, okazałe dziury tworzyły jego (5) .... *(oryginalny)* i (6) .... *(tradycyjny)* ornamentykę. Zdarzało się niekiedy, iż ten ojczysty, macierzysty, swojski, a tym samym (7) .... *(rodzimy)* gościniec miał (8) .... *(ulepszony)* nawierzchnię. Wówczas nazywano go traktem.

W rytm ogólnego starzenia się, zarówno gościniec, jak i dziury traciły na znaczeniu. Z biegiem lat przestałem się nimi przejmować. Powoli odchodziły w zapomnienie. Z czasem istotne pozostało tylko słowo. W słowo wpisana była cała moja próżność (9) .... *(dojrzały)* człowieka, a także (10) .... *(nieodłączny)* chęć sławy. W słowie została zawarta wiara w osiągnięcie sukcesu. Czas nie odgrywał tutaj żadnej roli. Mijały kolejne pięciolatki, więdły bukiety szumnie obchodzonych jubileuszy, blakły zdjęcia z (11) .... *(pierwszy)* komunii. Odchodzili ci, których opłakiwałem (12) .... *(prawdziwy)* łzami smutku. Pęczniało rozgoryczenie, zniechęcenie oraz rozwijający się z opasłych pąków strach. Z negatywnych odczuć spowodowanych (13) .... *(zawiedziony)* nadziejami rodziła się odraza. Nieposkromiona odraza przed porażką powstrzymywała mnie przed wypowiedzeniem zdecydowanej walki tym magicznym, (14) .... *(przyswojony)* w dzieciństwie słowom, (15) .... *(zapisywany)* koślawymi literami przez dziesiątki deszczowych, (16) .... *(nijaki)* dni i wieczorów na (17) .... *(pożółkły)* kartkach papieru, które pamiętały czasy (18) .... *(radosny)* komunizmu. Trwało to długo. W ciągu lat słowa zapładniały inne słowa, a te wykluwały z siebie zdania. Zapamiętane z polskich snów układały się opornie pod grafitem ołówka. Tysiące innych, nowych, (19) .... *(oderwany)* od kontekstu, lecz bardziej uległych, przemycałem jak zbrodniarz z zagranicy w (20) .... *(elegancki)* walizkach, ukrytych przed mściwym okiem czesko – słowackich, enerdowskich i sowieckich celników oraz niemniej (21) .... *(mściwy)* (22), ... *(zielonoszary)* pansłowiańskich celniczek. W odpowiednim czasie każde z nich znalazło się w odpowiednim miejscu. Na pożółkłych karkach, wyrywanych ze (23) .... *(szkolny)* zeszytów w kratkę. Ich świat budował się powoli, w (24) .... *(ślimaczy)* tempie jak polskie autostrady (25) .... *(prowadzący)* donikąd.

Fragment powieści *Polski gościniec* – Anonim.

OCEŃ SAM SIEBIE
\>[9] bdb • [9] + db • [8] db • [7] +dst • >[6] dst • <[6] ndst
Jeśli w zadaniu testowym jest więcej niż dziesięć jednostek – przelicz sam!

ZADANIE 19
Copyright by S. Mędak

Proszę wpisać w miejsce kropek właściwe formy liczby pojedynczej lub mnogiej przymiotników.

WZÓR
zdrowy   Zdrowymi produktami mlecznymi są sery.

1. **brudny**   .... miast nie lubią ani ich mieszkańcy, ani turyści.
2. **długi**   .... drogi prowadzą donikąd.
3. **dobry**   .... nauczycielem jest ten, kto wymaga wiele nie tylko od uczniów.
4. **głupi**   .... pomysłem była zabawa w ruletkę, wymyślona przez cara.
5. **każdy**   .... człowiekowi potrzebne są pieniądze.
6. **krótki**   .... dni zaczynają się już pod koniec jesieni.
7. **obcy**   .... ludzie byli mu zawsze obojętni.
8. **obcy**   .... psy wałęsają się po mojej wiejskiej posiadłości.
9. **piękny**   .... krajem w Azji jest Nepal.
10. **tani**   .... towar najlepiej się sprzedaje na bazarze.
11. **tani**   .... demagogowie mają coraz więcej do powiedzenia. *(pot.)*

12. **wielki** .... pisarzem polskim był Bruno Schulz.
13. **wspaniały** .... epopeją jest *Pan Tadeusz* A. Mickiewicza.
14. **wyjątkowy** .... krajem w Europie jest Federacja Helwecka, czyli Szwajcaria.
15. **wysoki** .... górami są nie tylko Tatry!

OCEŃ SAM SIEBIE
>[9] bdb • [9] + db • [8] db • [7] +dst • >[6] dst • <[6] ndst
Jeśli w zadaniu testowym jest więcej niż dziesięć jednostek – przelicz sam!

ZADANIE 20

Copyright by S. Mędak

Proszę wpisać w miejsce kropek właściwe formy liczby mnogiej rzeczowników męskoosobowych (kolumna B) od leksemów podanych w kolumnie A.

WZÓR
bliski   To jest grób mojego bliskiego kuzyna. – Często chodzę na groby swoich <u>bliskich</u>.
bogaty   On jest bogaty?! – On tylko obraca się w środowisku <u>bogatych</u>.

A.   **B.**
1. chętny   On jest chętny do gry?! – Nam nie brakuje .... do gry w brydża.
2. chory   Pan jest chory?! – Lekarz dzisiaj przyjmuje tylko ciężko ....
3. cierpiący   Jesteś cierpiący i słaby?! – Niestety, ja nie potrafię pomóc ....
4. dorosły   On jest już dorosły? – Tak. – Może więc oglądać programy dla ....
5. głuchoniemy   Twój brat jest głuchoniemy? – Tak. – Chodzi do szkoły dla ....
6. głuchy   On też jest głuchy?! – Znakomicie, rozpoczynamy audycję z teletekstem dla ....
7. łysy   On też jest łysy? – Tak. – Zakładamy więc stowarzyszenie obrony godności ....
8. miejscowy   Pan jest miejscowy? – Nie. – Przykro mi. Ta impreza jest tylko dla ....
9. młody   On jest przecież bardzo młody! – Tak. Lecz od .... możemy więcej wymagać!
10. niepalący   Jest pan niepalący? – Tak. – W taki razie ma pan miejsce w wagonie dla ....

OCEŃ SAM SIEBIE
>[9] bdb • [9] + db • [8] db • [7] +dst • >[6] dst • <[6] ndst
Jeśli w zadaniu testowym jest więcej niż dziesięć jednostek – przelicz sam!

ZADANIE 21

Copyright by S. Mędak

Proszę wpisać w miejsce kropek właściwe formy liczby mnogiej rzeczowników męsko-osobowych (kolumna B) od leksemów podanych w kolumnie A.

WZÓR
krewny   Marek to mój bliski krewny. – Ilu jeszcze masz tak wspaniałych krewnych?!

A.   **B.**
1. nieobecny   Czy na tych portretach są twarze ludzi żyjących? – Nie. Na tych portretach mamy wyłącznie sylwetki wielkich ....
2. niewidomy   W dzieciństwie on był niewidomy. – Po odzyskaniu wzroku poświęcił się pracy dla ....
3. nowobogacki   Pan też nowobogacki?! – Zapraszamy do salonu ....!
4. obcy   Czuł się obco w tym kraju. Miał wrażenie, że zamieszkuje u ....
5. pijany   Pan też jest pijany?! – Ochrona, proszę wyprowadzić tych .... z baru!
6. poborowy   Pan jest w wieku poborowym i zgłasza się pan tam, gdzie zgłaszają się ....
7. początkujący   Był początkującym pisarzem i zapisał się na kurs języka dla ....
8. podejrzany   Ten pan też jest podejrzany o morderstwo! – A więc mamy już dwóch ....
9. poległy   Kolejny poległy żołnierz! Musimy jutro zorganizować apel ....!
10. puszysty   O, jaki pan puszysty! – Mamy świetne garnitury dla ....!

OCEŃ SAM SIEBIE
>[9] bdb • [9] + db • [8] db • [7] +dst • >[6] dst • <[6] ndst
Jeśli w zadaniu testowym jest więcej niż dziesięć jednostek – przelicz sam!

ZADANIE 22

Copyright by S. Mędak

Proszę wpisać w miejsce kropek właściwe formy liczby mnogiej rzeczowników męsko-osobowych (kolumna B) od leksemów podanych w kolumnie A.

WZÓR
bliźni   Każdy człowiek w stosunku do drugiego człowieka to bliźni. || Nauka chrześcijańska mówi, aby okazywać pomoc bliźnim.

ZADANIA TESTOWE

A.

1. bezdomny
2. ranny
3. rezerwowy
4. samotny
5. sprawiedliwy
6. śledczy
7. święty
8. tutejszy
9. uczony
10. ukochany
11. ułomny
12. umarły
13. umyślny
14. uprzywilejowany
15. wielki
16. wierny
17. zaginiony
18. zły
19. znajomy
20. żywy

B.

1. To już kolejny bezdomny w naszej wiosce. Dawniej nie było tylu ....!
2. Kolejny ciężko ranny pacjent! – Brakuje nam karetek dla ciężko ....!
3. Znakomity gracz rezerwowy?! – Ciekawe, ilu mają takich ....?!
4. Samotny i nieszczęśliwy mężczyzna! Nie pierwszy nieszczęśliwy wśród ....!
5. Ty jesteś sprawiedliwy?! – Oczywiście. Najbardziej sprawiedliwy wśród ....!
6. To nowy oficer śledczy. Najlepszy wśród lokalnych ....!
7. Czy słyszałeś coś o świętym Franciszku? – Tak. To najważniejszy poeta pośród wszystkich ....!
8. Pan jest tutejszy? Lubią tutaj pana? – Nie. Jestem obcy. .... nie lubią obcych.
9. To był uczony mąż, więc .... z Harvardu przyjęli go do swojego grona z otwartymi rękoma.
10. Ukochana teściowo, ukochany teściu! Witajcie, ... w mych skromnych progach!
11. Był ułomny i od lat czekał na pomoc dla ....
12. Popatrz syneczku na te groby! Tutaj jeden, tu drugi, a tam trzeci. Tysiące grobów! I wszyscy w tym dniu pamiętają o tych, którzy odeszli, czyli o ....
13. Przez jednego umyślnego posłańca rozesłano pisma o grupowych zwolnieniach z pracy do wszystkich innych ....
14. Był uprzywilejowany i czuł się bosko wśród innych ....
15. Był to wielki polityk i nikt go nie śmiał mierzyć z innymi .... tego świata.
16. Najpierw wszedł jeden wierny do kaplicy, potem drugi, potem trzeci. Po chwili kaplica była wypełniona po brzegi ....
17. Nie ma śladu po moim zaginionym ojcu. Wpisano go do rejestru ....
18. Ta postać to bardzo zły człowiek i pochodzi ze świata ...., syneczku!
19. Spotkałem znajomego brydżystę na ulicy i poszliśmy na partyjkę brydża do naszych wspólnych ....!
20. Wyglądał jak kościotrup i nikt go już nie zaliczał do świata ....

OCEŃ SAM SIEBIE

>[9] bdb • [9] + db • [8] db • [7] +dst • >[6] dst • <[6] ndst

Jeśli w zadaniu testowym jest więcej niż dziesięć jednostek – przelicz sam!

ZADANIE 23

Copyright by S. Mędak

Proszę wpisać w miejsce kropek (kolumna B) właściwe formy przymiotników zamieszczonych w kolumnie A.

WZÓR
amerykański Czy to jest <u>amerykańskie</u>? – Nie. Nie mamy żadnych <u>amerykańskich</u> rzeczy.

A. B.
1. drogi Czy to jest ....? – Nie. U nas nie żadnych .... rzeczy.
2. głupi Czy to jest .... pytanie? – Nie. Nie ma .... pytań; są tylko naiwne pytania.
3. niebieski Czy to jest kolor niebieski? – Nie. To jest odcień ....
4. psi Prawdziwe .... przywiązanie? – Nie. To prawdziwa miłość!
5. włoski Czy to jest ....? – Tak. Wszystko jest .... z wyjątkiem orzechów ....
6. tani Czy to jest ....? – Chyba nie. Teraz nie ma już nic ....
7. warszawski Czy to jest ....? – Nie wiem. Nie znam żadnych .... powiedzeń.
8. wielki To co mówisz, to .... słowa. A ja nie lubię .... słów w ustach małych ludzi!
9. wrogi Czy on jest .... ludziom? – Nie znam człowieka bardziej .... ludziom.
10. wysoki Czy to jest .... wieżowiec? – Tak. W tym mieście są tylko .... wieżowce.

OCEŃ SAM SIEBIE
>[9] bdb • [9] + db • [8] db • [7] +dst • >[6] dst • <[6] ndst
Jeśli w zadaniu testowym jest więcej niż dziesięć jednostek – przelicz sam!

ZADANIE 24

Copyright by S. Mędak

Proszę wpisać w miejsce kropek właściwe formy liczby mnogiej przymiotników.

WZÓR
bogaty On jest bogaty? → W mojej rodzinie wszyscy są <u>bogaci</u>.

1. duży To już duży chłopiec! → Wszyscy moi synowie są już ....
2. głuchy Czy pan jest głuchy? → W tym zakładzie wszyscy są ....

ZADANIA TESTOWE

3. głupi	Mówią, że jesteś głupi. → Oni też są	
4. gruby	Jaki gruby rzeźnik! → Prawie wszyscy rzeźnicy są	
5. kochany	Mój kochany już wrócił z wojska! → A nasi .... chłopcy poszli do wojska.	
6. ładny	Jaki ładny pastuszek! → Nie wszyscy pastuszkowie są tak ....!	
7. mały	To niegodziwiec, taki mały człowieczek! → A twierdziłaś, że .... ludzie są lepsi.	
8. młody	Jestem młody i dlatego rodzice mnie nie rozumieją. → Teraz to raczej .... nie rozumieją rodziców.	
9. olbrzymi	Zobacz, jaki olbrzymi gigant! → W mitologii wszyscy giganci byli	
10. ostatni	Znowu jesteś ostatni w klasie! → Mówi się, że .... będą kiedyś pierwszymi.	
11. prosty	To prosty człowiek, ale go kocham. → Masz rację, bo .... ludzie mają więcej serca.	
12. skąpy	Nie bądź taki skąpy! → .... ludzie idą do piekła.	
13. tani	Jeszcze jeden tani robotnik! → Robotnicy ze Wschodu są niestety ...., bo są biedni.	
14. wesoły	Jestem wesoły, bo tutaj są sami .... ludzie.	
15. znajomy	Obraził się na mnie kolejny znajomy. → Obrazili się na ciebie już wszyscy	

OCEŃ SAM SIEBIE

>[9] bdb • [9] + db • [8] db • [7] +dst • >[6] dst • <[6] ndst

Jeśli w zadaniu testowym jest więcej niż dziesięć jednostek – przelicz sam!

II. IMIESŁOWY PRZYMIOTNIKOWE CZYNNE

ZADANIE 25
Copyright by S. Mędak

Proszę wpisać właściwe formy imiesłowów przymiotnikowych czynnych utworzone od poniżej podanych czasowników.

WZÓR
(gotować się)   Krewetki należy wrzucić do <u>gotującej się</u> wody, aby zmieniły kolor.

(chcieć)   1. Znasz polskie przysłowie: „*Dla .... nie ma nic trudnego*"?
(iść)   2. .... ulicą kibice głośno krzyczeli.
(jechać)   3. Widzieliśmy czołgi .... w kierunku granicy czechosłowackiej.
(lecieć)   4. Lubię przyglądać się .... ptakom.
(leżeć)   5. Pozbieraliśmy wszystkie odpady .... na brzegach Wisły.
(mieć)   6. Chciałbym poznać kobietę .... urodę, inteligencję i pieniądze.
(mieszkać)   7. Czy znasz tego pana .... od niedawna w naszej kamienicy?
(milczeć)   8. Siedziała .... i na nikogo nie patrzyła.
(nadjeżdżać)   9. Czy nie zauważyłeś .... samochodu?
(panować)   10. Jak nazywał się ostatni król Polski i ostatni władca Rzeczypospolitej Obojga Narodów .... w latach 1764-1795?
(pisać)   11. Jak nazywamy osobę .... artykuły do gazet?
(płakać)   12. Żal mu było matki .... po stracie swojego synka.
(robić)   13. Popatrz na tę dziewczynę .... dziwne grymasy!
(siedzieć)   14. Rozmawiałem z człowiekiem .... obok mnie na ławce w parku.
(sprzątać)   15. Jak nazywamy kobietę .... pomieszczenia służbowe?
(szyć)   16. Jak nazywamy rzemieślnika .... ubrania na zamówienie?
(trząść się)   17. Ta .... staruszka jest ministrem sportu!?
(uciekać)   18. Policjant biegł za .... szybko złodziejem.
(wisieć)   19. W twoim mieszkaniu brakuje tylko .... u sufitu lampy naftowej!
(wracać)   20. Przyglądałem się piłkarzom .... z treningu.

OCEŃ SAM SIEBIE
>[9] bdb • [9] + db • [8] db • [7] +dst • >[6] dst • <[6] ndst
Jeśli w zadaniu testowym jest więcej niż dziesięć jednostek – przelicz sam!

ZADANIE 26
Copyright by S. Mędak

Proszę wpisać w miejsce kropek właściwe formy imiesłowów przymiotnikowych czynnych.

WZÓR
Podaj mi gazetę, która leży na etażerce! → **Podaj mi gazetę leżącą na etażerce!**

1. Nie cierpię ludzi, którzy mają kompleks wyższości. → Nie cierpię ludzi .... kompleks wyższości.
2. Nie lubię chłopców, którzy oglądają się za każdą dziewczyną. → Nie lubię chłopców .... za każdą dziewczyną.
3. Nie lubię czekać na osoby, które się spóźniają. → Nigdy nie czekam na .... osoby.
4. Nie lubię kobiet, które palą cygara. → Nie lubię kobiet .... cygara.
5. Nie lubię ludzi, którzy głośno się śmieją. → Nie lubię ludzi .... głośno.
6. Nie lubię ludzi, którzy jedzą głośno. → Nie lubię ludzi .... głośno.
7. Nie lubię much, które fruwają mi koło nosa. → Nie lubię much .... mi koło nosa.
8. Nie mam znajomych, którzy zarabiają dużo pieniędzy. → Nie mam znajomych .... miliony.
9. Nie wierzę tym, którzy nie odpowiadają na pytania. → Nie wierzę ludziom .... na pytania.
10. Nie znoszę mężczyzn, którzy płaczą. → Nie znoszę .... mężczyzn.

OCEŃ SAM SIEBIE
>[9] bdb • [9] + db • [8] db • [7] +dst • >[6] dst • <[6] ndst
Jeśli w zadaniu testowym jest więcej niż dziesięć jednostek – przelicz sam!

ZADANIE 27
Copyright by S. Mędak

Proszę wpisać w miejsce kropek właściwe formy imiesłowów przymiotnikowych czynnych.

WZÓR
Karolu, ta kobieta, która kupowała strzelbę, patrzyła na ciebie wzrokiem zawodowego myśliwego. → **Tak. Ta kobieta kupująca strzelbę patrzyła na mnie okiem doskonałego myśliwego.**

1. Czekam na tych, którzy wracają z Paryża. → Czekam na gości .... z Paryża.

2. On nie lubi narzekać?! → Ależ skąd! To mój wiecznie .... na wszystko i na wszystkich mąż.

3. Ona ciągle choruje! → Tak. To chronicznie .... młoda lekarka.

4. Pani, która tańczy twista, to moja babcia. → Tak. To wiecznie .... twista, niespożyta babcia.

5. Ta sprawa wlecze się od lat. → Tak. To ciągle .... za mną sprawa.

6. Te kłótnie sejmowe trwają od lat. → Tak. To wiecznie .... kłótnie, które niczego nie przynoszą.

7. Te zwierzęta widzą w nocy. → Tak. To są doskonale .... nocą zwierzęta.

8. Te zwierzęta zżerają wszystko. → Tak. To są wszystko .... zwierzęta, zwane wszystkożernymi.

9. Ten człowiek znosi wszystko. → Tak. To cierpliwy, wszystko .... pantoflarz.

10. Ten doktor wie wszystko o innych. → Tak. To jest wszystko .... doktor.

11. Ten film zaczyna mnie denerwować. → Tak. Ten film staje się naprawdę ....

12. Ten kicz sprzedaje się najlepiej. → Tak. To jest najlepiej .... kicz.

13. Ten pociąg jedzie wolno. → Tak. To jest z zasady bardzo wolno .... pociąg.

14. To człowiek, który umie zepsuć wszystko. → Tak. To człowiek .... zepsuć wszystko.

15. To kobieta, która przesiaduje godzinami w klubach. → Tak. To wiecznie .... w klubach dama.

OCEŃ SAM SIEBIE
>[9] bdb • [9] + db • [8] db • [7] +dst • >[6] dst • <[6] ndst
Jeśli w zadaniu testowym jest więcej niż dziesięć jednostek – przelicz sam!

III. IMIESŁOWY PRZYMIOTNIKOWE BIERNE

ZADANIE 28

Copyright by S. Mędak

Proszę wpisać w miejsce kropek formy czasowników, od których zostały utworzone poniższe imiesłowy przymiotnikowe bierne. W kolumnie C proszę wpisać właściwe formy rzeczowników łączących się z podanymi w kolumnie B czasownikami.

Rzeczowniki do wpisania w kolumnie C: *ból, cios, dług, egzamin, kraj, jakiś składnik, ludzie, obiad, oprawca, paczki dzieciom, prawo, reszta, swoje grzechy, towar, zachwyt.*

WZÓR

A. *imiesłowy:*	B. *czasowniki:*	C. *rzeczowniki:*
pisany || napisany	← <u>pisać || napisać</u>	**(podanie)**

A. *imiesłowy:*	B. *czasowniki:*	C. *rzeczowniki:*
1. dodawany || dodany	← .... ||	(............)
2. doznawany || doznany	← .... ||	(............)
3. nadawany || nadany	← .... ||	(............)
4. oddawany || oddany	← .... ||	(............)
5. podawany || podany	← .... ||	(............)
6. poddawany || poddany	← .... ||	(............)
7. poznawany || poznany	← .... ||	(............)
8. rozdawany || rozdany	← .... ||	(............)
9. rozpoznawany || rozpoznany	← .... ||	(............)
10. sprzedawany || sprzedany	← .... ||	(............)
11. udawany || udany	← .... ||	(............)
12. wydawany || wydany	← .... ||	(............)
13. wyznawany || wyznany	← .... ||	(............)
14. zadawany || zadany	← .... ||	(............)
15. zdawany || zdany	← .... ||	(............)

OCEŃ SAM SIEBIE

>[9] bdb • [9] + db • [8] db • [7] +dst • >[6] dst • <[6] ndst

Jeśli w zadaniu testowym jest więcej niż dziesięć jednostek – przelicz sam!

ZADANIE 29

Copyright by S. Mędak

Proszę wpisać w miejsce kropek właściwe formy imiesłowów przymiotnikowych biernych od poniżej załączonych bezokoliczników. W kolumnie C proszę wpisać właściwe rzeczowniki łączące się z imiesłowami podanymi w kolumnie B.

<u>Rzeczowniki do wpisania w kolumnie C:</u> *brzeg kartki, las, medal, pas, tobołek, uschły dąb, warkocz, wrzód, zamek błyskawiczny, żywopłot.*

WZÓR

A.	B.	C.
czasowniki:	*imiesłowy:*	*rzeczowniki:*
napinać || napiąć	→ **napinany || napięty**	**(mięsień)**

A.	B.	C.
czasowniki:	*imiesłowy:*	*rzeczowniki:*
1. obcinać || obciąć	→ .... ||	(...........................)
2. odpinać || odpiąć	→ .... ||	(...........................)
3. przecinać || przeciąć	→ .... ||	(...........................)
4. przypinać || przypiąć	→ .... ||	(...........................)
5. rozpinać || rozpiąć	→ .... ||	(...........................)
6. spinać || spiąć	→ .... ||	(...........................)
7. ścinać || ściąć	→ .... ||	(...........................)
8. upinać || upiąć	→ .... ||	(...........................)
9. wycinać || wyciąć	→ .... ||	(...........................)
10. zaginać || zagiąć	→ .... ||	(...........................)

ZADANIE 30

Copyright by S. Mędak

Proszę wpisać w miejsce kropek właściwe formy imiesłowów przymiotnikowych biernych od poniżej załączonych bezokoliczników. W kolumnie C proszę wpisać właściwe rzeczowniki łączące się z imiesłowami podanymi w kolumnie B.

<u>Rzeczowniki do wpisania w kolumnie C:</u> *gaz do ogrzewania, guzik, kolorowy znak na koszulkach, miecz z pochwy, okres choroby, przypadek gramatyczny, stół do obiadu, szczyt, szkodliwy związek chemiczny, teren pod budowę.*

WZÓR

A.	B.	C.
czasowniki:	*imiesłowy:*	*rzeczowniki:*
odbywać || odbyć	→ **odbywany || odbyty**	**(spacer)**

A.	B.	C.
czasowniki:	*imiesłowy:*	*rzeczowniki:*
1. dobywać || dobyć	→ .... ||	(..........................)
2. nabywać || nabyć	→ .... ||	(..........................)
3. nakrywać || nakryć	→ .... ||	(..........................)
4. naszywać || naszyć	→ .... ||	(..........................)
5. przebywać || przebyć	→ .... ||	(..........................)
6. przyszywać || przyszyć	→ .... ||	(..........................)
7. używać || użyć	→ .... ||	(..........................)
8. wykrywać || wykryć	→ .... ||	(..........................)
9. zdobywać || zdobyć	→ .... ||	(..........................)
10. zużywać || zużyć	→ .... ||	(..........................)

OCEŃ SAM SIEBIE

>[9] bdb • [9] + db • [8] db • [7] +dst • >[6] dst • <[6] ndst

Jeśli w zadaniu testowym jest więcej niż dziesięć jednostek – przelicz sam!

ZADANIE 31

Copyright by S. Mędak

Proszę określić przedmioty, części ciała itd. zdefiniowane w kolumnie A za pomocą form imiesłowowych (imiesłów przymiotnikowy bierny) i wpisać je w miejsce kropek (kolumna B).
Proszę skorzystać z listy imiesłowów załączonych w zadaniach testowych 28-30.

WZÓR

«*twarz znamionująca koncentrację, zamyślenie*» → <u>napięta</u> twarz

A.	B.
1. «*dwie części koszuli niezapięte na guziki*»	→ .... koszula
2. «*głowa rebelianta leżąca obok jego nóg*»	→ .... głowa
3. «*kartki papieru połączone za pomocą spinacza*»	→ .... kartki papieru
4. «*mięśnie naciągnięte mocno*»	→ .... mięśnie
5. «*odchylone w jakąś stronę brzegi stron w książce*»	→ .... rogi książki
6. «*order wiszący na klapie marynarki*»	→ .... order
7. «*torba bez suwaka, z której widać jej zawartość*»	→ .... torba
8. «*włosy kobiety ułożone za pomocą szpilek*»	→ .... włosy
9. «*woreczek żółciowy, którego już nie mamy*»	→ .... woreczek żółciowy
10. «*wrzód otwarty lancetem przez chirurga*»	→ .... wrzód
11. «*żywopłot wyrównany, skrócony*»	→ .... żywopłot

OCEŃ SAM SIEBIE
>[9] bdb • [9] + db • [8] db • [7] +dst • >[6] dst • <[6] ndst
Jeśli w zadaniu testowym jest więcej niż dziesięć jednostek – przelicz sam!

ZADANIE 32
Copyright by S. Mędak

Proszę określić czynności, stany, sytuacje itd. zdefiniowane w kolumnie A za pomocą form imiesłowowych (imiesłów przymiotnikowy bierny) i wpisać je w miejsce kropek (kolumna B). Proszę skorzystać z listy niektórych imiesłowów załączonych w zadaniach testowych 28-30.

WZÓR
«*towar, który został zakupiony przez klienta*» → towar <u>nabyty</u>

A.
1. «*afery polityków ujawnione i opisane w prasie*»
2. «*człowiek nie mający żadnych skrupułów*»
3. «*ktoś o twarzy świadczącej o wyczerpaniu*»
4. «*ktoś, kto został przyłapany na gorącym uczynku*»
5. «*ktoś, wrośnięty w coś, zaprzyjaźniony z kimś*»
6. «*łóżko, na którym leży kapa*»
7. «*palec pacjenta, który przyszył mu chirurg*»
8. «*trudne chwile, które już minęły*»
9. «*wiedza, którą się szczycimy*»
10. «*zagarnięte przez wroga siłą miasto*»

B.
→ .... przez dziennikarzy afery
→ .... skrupułów
→ .... człowiek
→ złodziej .... przez kogoś *(pot.)*
→ .... z krajem i rodziną człowiek
→ łóżko .... kapą
→ .... przez chirurga palec
→ trudne chwile .... przez mnie
→ .... w trakcie studiów wiedza
→ .... miasto

OCEŃ SAM SIEBIE
>[9] bdb • [9] + db • [8] db • [7] +dst • >[6] dst • <[6] ndst
Jeśli w zadaniu testowym jest więcej niż dziesięć jednostek – przelicz sam!

ZADANIE 33
Copyright by S. Mędak

Proszę wpisać w miejsce kropek właściwe formy imiesłowów przymiotnikowych biernych.

WZÓR
(oszukać)   Znowu zostałem <u>oszukany</u> przez pana, panie Havranek!

ZADANIA TESTOWE

1. *(przegotować)* Dolej trochę .... wody do tego kompotu! Może nabierze koloru?!
2. *(przespać)* Dzień .... to niekoniecznie dzień stracony!
3. *(przygotować)* Cieszę się, że został dobrze .... do śmierci. Tak, jak sobie życzył.
4. *(skraść)* Policjanci odnaleźli .... skarb u łowcy skarbów.
5. *(ukończyć)* Nie wiem, kiedy ta budowa zostanie .... Wiem, kiedy ją zaczęto.
6. *(wykonać)* Ta praca została źle ...., panie Havranek!
7. *(wysłać)* List .... Pocztą Polską zawsze dotrze do nadawcy!
8. *(wsłuchać się)* Człowiek .... w śpiew ptaków nie wie, co to jest hałas.
9. *(zbudować)* Paryż nie został .... w ciągu miesiąca, proszę państwa!
10. *(złożyć)* Zapewnienie .... przez polityka w naszym kraju jest czymś świętym!

OCEŃ SAM SIEBIE
>[9] bdb • [9] + db • [8] db • [7] +dst • >[6] dst • <[6] ndst
Jeśli w zadaniu testowym jest więcej niż dziesięć jednostek – przelicz sam!

ZADANIE 34
Copyright by S. Mędak

Proszę wpisać właściwe formy imiesłowów przymiotnikowych biernych utworzonych od bezokoliczników (kolumna A).

WZÓR
(malować) Interesował się obrazami <u>malowanymi</u> przez młodych artystów.

A. **B.**
1. *(konserwować)* Produkty .... chemicznie mają dłuższe terminy ważności.
2. *(nadawać)* Niektóre programy .... przez ambitne kanały telewizyjne są ciekawe.
3. *(nakręcić)* Tylko jeden film .... przez tego reżysera odniósł sukces.
4. *(napisać)* Książki .... przez A. Christie są wydawane w milionowych nakładach.
5. *(przegotować)* Woda, nawet ...., nie nadawała się do picia.
6. *(przygotować)* Obiad .... przez babcię czekał na domowników.
7. *(uratować)* Został pan .... przed egzekucją, panie Havranek!
8. *(zamawiać)* Towary .... przez Internet są dostarczane w ciągu dwu dni.
9. *(zbadać)* Sprawa byłych współpracowników SB powinna być ostatecznie ....
10. *(zbudować)* Chciałbym mieszkać w zamku .... w średniowieczu!

OCEŃ SAM SIEBIE
>[9] bdb • [9] + db • [8] db • [7] +dst • >[6] dst • <[6] ndst
Jeśli w zadaniu testowym jest więcej niż dziesięć jednostek – przelicz sam!

ZADANIE 35

Copyright by S. Mędak

Proszę wpisać właściwe formy imiesłowów przymiotnikowych biernych od poniżej podanych czasowników – par aspektowych (kolumna A).

WZÓR
(otwierać / otworzyć) Nie może pan chodzić z <u>otwartą</u> raną bez bandaża!

A.
1. *(drzeć / podrzeć)*
2. *(napinać / napiąć)*
3. *(osiągać / osiągnąć)*
4. *(psuć / zepsuć)*
5. *(rozciągać / rozciągnąć)*
6. *(rozpoczynać / rozpocząć)*
7. *(rozstrzygać / rozstrzygnąć)*
8. *(ściągać / ściągnąć)*
9. *(– / tknąć)*
10. *(wycierać / wytrzeć)*

B.
Nie możesz pójść do teatru w .... spodniach!
Nie mogę pracować w tak .... atmosferze!
Cel został .... – możemy wracać do domu!
Co zrobić z .... przez rodziców chłopcem?!
Nie możesz iść do szkoły w tak .... swetrze!
Jeszcze jeden źle .... dzień!
Wątpliwości wciąż nie zostały ....
Spróbuj piwa .... przed chwilą z beczki!
.... trwogą, szybko pobiegła do spowiedzi.
Nie kupuj ciągle tych ...., źle uszytych dżinsów!

OCEŃ SAM SIEBIE
>[9] bdb • [9] + db • [8] db • [7] +dst • >[6] dst • <[6] ndst
Jeśli w zadaniu testowym jest więcej niż dziesięć jednostek – przelicz sam!

IV. IMIESŁOWY PRZYSŁÓWKOWE UPRZEDNIE

ZADANIE 36

Copyright by S. Mędak

Proszę przekształcić zdania, używając odpowiednich form imiesłowów przysłówkowych uprzednich.

WZÓR
Kiedy przeczytał książkę napisaną przez jedną ze specjalistek, wyrwał resztki włosów z głowy.
→ <u>Przeczytawszy</u> książkę napisaną przez jedną ze specjalistek, wyrwał resztki włosów z głowy.

1. Kiedy zdał egzamin z prawa rzymskiego, wyrzucił wszystkie notatki przez okno.
→ ....
2. Kiedy usiadła ciężko na krześle, przeraziła się, że dębowe krzesło nie było tak solidne, jak dawniej.
→ ....
3. Kiedy zjadł swój pierwszy obiad po tygodniowej głodówce, poczuł się niedobrze.
→ ....
4. Kiedy zorientował się, że nie ma tutaj co robić, powiedział: „*Nic tu po mnie*" i wyszedł.
→ ....
5. Kiedy zaniosła dziecko do łóżeczka, z przemęczenia zaczęła głośno szlochać.
→ ....
6. Kiedy dowiedział się od lekarza, że jego płuca są w porządku, kupił kolejną paczkę papierosów.
→ ....
7. Przestała kochać Karola, kiedy zauważyła, że on się starzeje.
→ ....
8. Kiedy wróciła do swojego mieszkania w bloku, stwierdziła, że pomyliła numery mieszkań.
→ ....
9. Kiedy zaoszczędził trochę pieniędzy, kupił sobie duży atlas świata.
→ ....
10. Kiedy wysłuchał kompozycji współczesnego kompozytora, zrezygnował ze studiów muzycznych.
→ ....

OCEŃ SAM SIEBIE
>[9] bdb • [9] + db • [8] db • [7] +dst • >[6] dst • <[6] ndst
Jeśli w zadaniu testowym jest więcej niż dziesięć jednostek – przelicz sam!

ZADANIE 37

Copyright by S. Mędak

Proszę przekształcić zdania, używając odpowiednich form imiesłowów przysłówkowych uprzednich.

WZÓR
Kiedy tylko przejrzałem tę książkę, natychmiast wyrzuciłem ją do kosza na śmieci.
→ <u>Przejrzawszy tę książkę, natychmiast wyrzuciłem ją do kosza na śmieci.</u>

1. Kiedy tylko wróciłem z wakacji, zacząłem myśleć o kolejnych wakacjach.
→ ....

2. Ściszyła radio i zaczęła wsłuchiwać się w niebiańską melodię płynącą z sąsiedniej oficyny.
→ ....

3. Kiedy tylko weszli do domu, zaraz zaczęli się kłócić.
→ ....

4. Kiedy tylko skończyła jedną czynność w domu, zaraz zabierała się za kolejną.
→ ....

5. Zrobiłem zakupy na kolację i udałem się do restauracji na obiad.
→ ....

6. Sprawdziła stan konta i nie wierzyła swoim oczom.
→ ....

7. Obudziliśmy się o świcie i postanowiliśmy iść na grzyby.
→ ....

8. Kiedy osiwiała, zaczęła malować włosy na rudo.
→ ....

9. Kiedy zmądrzał, przestał zajmować się nieistotnymi w życiu sprawami.
→ ....

10. Kiedy ołysiał, wyrzucił z łazienki wszystkie grzebienie i szczotki.
→ ....

OCEŃ SAM SIEBIE
>[9] bdb • [9] + db • [8] db • [7] +dst • >[6] dst • <[6] ndst
Jeśli w zadaniu testowym jest więcej niż dziesięć jednostek – przelicz sam!

ZADANIE 38

Copyright by S. Mędak

Proszę przekształcić zdania, używając odpowiednich form imiesłowów przysłówkowych uprzednich.

ZADANIA TESTOWE

WZÓR
(dolecieć)   Bociany, <u>doleciawszy</u> do stawu obfitującego w żaby, przestały klekotać.

1. **(natrzeć)**   .... mięso czosnkiem, wrzucił je do garnka.
2. **(obejrzeć się)**   .... za młodą dziewczyna, westchnął i poszedł przed siebie.
3. **(opowiedzieć)**   .... swoją wymyśloną historię, rozpłakała się.
4. **(oprzytomnieć)**   .... spojrzał na nią i znowu zemdlał.
5. **(powiedzieć)**   .... to, co miał na sercu, zadzwonił do kardiochirurga.
6. **(przejrzeć)**   .... ilustracje w swojej nowej książce, gorzko się uśmiechnął.
7. **(usłyszeć)**   .... jego głos za drzwiami, schowała się do szafy.
8. **(wytrzeźwieć)**   ...., wstał i wyszedł na kolejne spotkanie w pubie.
9. **(zgłodnieć)**   ...., nerwowo zaczął szukać numeru telepizzy.
10. **(zrozumieć)**   .... swój błąd, nigdy go już nie powtórzył.

OCEŃ SAM SIEBIE
>[9] bdb • [9] + db • [8] db • [7] +dst • >[6] dst • <[6] ndst
Jeśli w zadaniu testowym jest więcej niż dziesięć jednostek – przelicz sam!

ZADANIE 39
Copyright by S. Mędak

Proszę wpisać w miejsce kropek zdania rozpoczynające się formami imiesłowów przysłówkowych uprzednich (kolumna B) utworzonych od podkreślonych czasowników (kolumna A).

WZÓR
Gdy <u>przyniósł</u> wszystkie walizki na peron, przypomniał sobie, że nie zabrał najważniejszej.   → **Przyniósłszy** wszystkie walizki na peron, przypomniał sobie, że nie zabrał najważniejszej.

A.
1. <u>Dosiadł</u> konia i poczuł się na nowo młodym.
2. Kiedy <u>doszedł</u> do siebie, przypomniał sobie, że <u>wyszedł</u> z domu przed dwoma dniami.
3. <u>Naniósł</u> poprawki do tekstu i <u>odniósł</u> go do redakcji.
4. <u>Odnalazł</u> zaginionego psa, a potem go przytulił.

B.
→ ....
....
→ ....
....
....
→ ....
....
→ ....
....

5. Najpierw przeniósł się z rodziną na wieś, a potem narzekał na nieustające pianie kogutów. → ....

6. Kiedy przewiózł pasażerów na drugi brzeg, wsiadł do rykszy i kazał się odwieźć do baru. → ....

7. Najpierw przywiózł dziecko z przedszkola, a potem odwiózł żonę na pływalnię. → ....

8. „Rozgryzł" zawiłą sprawę, a potem poszedł spać. → ....

9. Rozwiodła się z nim, a potem zalewała się łzami. → ....

10. Najpierw wytarła oczy z łez, a potem zaczęła kroić cebulę do sałaty. → ....

OCEŃ SAM SIEBIE
>[9] bdb • [9] + db • [8] db • [7] +dst • >[6] dst • <[6] ndst
Jeśli w zadaniu testowym jest więcej niż dziesięć jednostek – przelicz sam!

V. IMIESŁOWY PRZYSŁÓWKOWE WSPÓŁCZESNE

ZADANIE 40

Copyright by S. Mędak

Proszę przekształcić zdania, używając właściwych form imiesłowów przysłówkowych współczesnych.

WZÓR
Kiedy oglądałem filmy o wojnie, cieszyłem się z faktu istnienia Unii Europejskiej.
→ <u>Oglądając filmy o wojnie, cieszyłem się z faktu istnienia Unii Europejskiej.</u>

1. Była młodą lekarką i zajmowała się chorobami ludzi w podeszłym wieku.
→ ....
2. Ucieszył się, kiedy zobaczył, że ma jeszcze kilka włosów na głowie.
→ ....
3. Jadę pociągiem i myślę o tych, którzy mają własne helikoptery.
→ ....
4. Jak będziesz wychodził z więzienia, nie zapomnij obejrzeć się za siebie.
→ ....
5. Jem obiad i myślę już o kolacji.
→ ....
6. Jeśli chcesz zrozumieć życie, musisz przeżyć coś szczególnego.
→ ....
7. Jeśli nie znasz zasad składni języka, nie pisz, a czytaj to, co inni już napisali!
→ ....
8. Kiedy byłem młody, miałem więcej planów i marzeń na przyszłość niż teraz.
→ ....
9. Kiedy mam katar, nie palę papierosów.
→ ....
10. Kiedy szliśmy przez rynek, zauważyliśmy wielkie zmiany w zachowaniu gołębi.
→ ....
11. Kiedy wracałem z kościoła, rozmyślałem o człowieku i roli wiary w jego życiu.
→ ....
12. Kulał, a mimo to zażarcie dążył do wyznaczonego przez siebie celu.
→ ....
13. Nie miał żadnego zajęcia, więc poszedł spać.
→ ....
14. Nucił smutną sonatę i badał kolejnego pacjenta.
→ ....
15. Patrzyła na swoją twarz w lustrze i liczyła pierwsze zmarszczki na czole i pod oczami.
→ ....

16. Robiła omlet i nuciła znaną melodię z piosenki *Pieją kury, pieją...* .
→ ....

17. Siedział już od kilku dni na konferencji, ziewał i nerwowo kręcił się na twardym fotelu.
→ ....

18. Słuchała słynnych przebojów i wracała myślami do czasów swojej młodości.
→ ....

19. Usypiał i powtarzał po raz setny kolejne reguły gramatyczne.
→ ....

20. Walił pięścią w stół i krzyczał sam na siebie.
→ ....

OCEŃ SAM SIEBIE
>[9] bdb • [9] + db • [8] db • [7] +dst • >[6] dst • <[6] ndst
Jeśli w zadaniu testowym jest więcej niż dziesięć jednostek – przelicz sam!

ZADANIE 41
Copyright by S. Mędak

Proszę wpisać w miejsce kropek właściwe formy imiesłowów przysłówkowych współczesnych (kolumna B) utworzonych od czasowników (kolumna A).

WZÓR
(unikać) Szybko wyszedł, <u>unikając</u> wzroku kierownika rzeźni, w której pracował od lat.

A. **B.**

(kopać) 1. Grabarze, ... nowy grób, żwawo machali łopatami w rytm bicia swych serc.

(korzystać) 2. Dawniej, pisarze .... z gęsiego pióra, pisali lepsze powieści niż teraz.

(krytykować) 3. .... innych, należy wziąć pod uwagę własne dokonania lub ich brak.

(patrzeć) 4. Nie .... dalej niż czubek swego nosa, widział wyłącznie ludzi zakatarzonych.

(płukać) 5. .... bieliznę, przysłuchiwał się telewizyjnym debatom o języku.

(przeglądać) 6. .... nowe dzieło z metodyki, zauważyłem dziesiątki błędów składniowych.

(widzieć) 7. ...., że nikt nie zauważył mojego przyjścia, opuściłem salę w stylu angielskim.

(wiedzieć) 8. ...., że go nie przekonam, powiedziałem mu prosto w nos *do widzenia*.

ZADANIA TESTOWE

(wychodzić)   9. Zemdlała dwukrotnie, ... z zadymionego pokoju.

(zajmować się)   10. .... wyłącznie robieniem kariery, nie zauważył nadejścia wiosny, ani jesieni.

OCEŃ SAM SIEBIE

\>[9] bdb • [9] + db • [8] db • [7] +dst • >[6] dst • <[6] ndst

Jeśli w zadaniu testowym jest więcej niż dziesięć jednostek – przelicz sam!

ZADANIE 42

Copyright by S. Mędak

Proszę wpisać w miejsce kropek właściwe formy imiesłowów przysłówkowych współczesnych.

WZÓR

boleć   <u>Bolejąc</u> nad nieudanym życiem, wykonywała codzienne czynności.

butwieć   1. Niektóre drzewa, ..., przewracały się na ziemię.

dorośleć   2. ...., rozumiał coraz bardziej życie i ludzi.

drożeć   3. Niektóre towary, ..., stają się niedostępne dla biedniejszych.

dziecinnieć   4. Babcia ...., przypominała swoją najmłodszą wnuczkę.

dziwaczeć   5. ...., stawał się coraz bardziej nieznośny dla całej rodziny.

jaśnieć   6. Niebo .... blaskiem, dodawało nam chęci do życia.

linieć   7. Mój pies ...., stawał się coraz piękniejszy.

łysieć   8. ...., z niechęcią przechodził obok salonu fryzjerskiego.

mdleć   9. ...., zdążyła mu powiedzieć, że go kocha.

mętnieć   10. Woda ...., nie pozwalała na obserwację pływających w niej ryb.

OCEŃ SAM SIEBIE

\>[9] bdb • [9] + db • [8] db • [7] +dst • >[6] dst • <[6] ndst

Jeśli w zadaniu testowym jest więcej niż dziesięć jednostek – przelicz sam!

VI. ŁĄCZLIWOŚĆ SKŁADNIOWA CZASOWNIKÓW
(w tym: połączenia alternatywne)

ZADANIE 43

Copyright by S. Mędak

Proszę wpisać w miejsce kropek właściwe połączenia składniowe czasowników z wyrazami zamieszczonymi w kolumnie A.

WZÓR
(swoja, skóra)   Nie bój się o mnie, bój się o swoją skórę!

A.   **B.**
1. *(makulatura)*   → Do produkcji papieru powinniśmy używać ....
2. *(margaryna)*   → Do smarowania chleba używam wyłącznie ....
3. *(nieustające sukcesy)* → Żył swoimi ....
4. *(nowe informacje)*   → Z prasy dowiadujemy się codziennie ....
5. *(pokój)*   → Aby żyć normalnie, potrzebujemy .... w świecie.
6. *(swoja, matka)*   → Zawsze słuchałem ....
7. *(swoje, postępowanie)* → Żałował czasami ....
8. *(twoja odpowiedź)*   → Z góry domyślam się ...., kochanie!
9. *(wszystko)*   → Kiedy jesteśmy biedni, brakuje nam ....
10. *(zeszłoroczne wino)* → Z przyjemnością spróbuję ...., ale dopiero za rok.

OCEŃ SAM SIEBIE
> [9] bdb • [9] + db • [8] db • [7] +dst • >[6] dst • <[6] ndst
Jeśli w zadaniu testowym jest więcej niż dziesięć jednostek – przelicz sam!

ZADANIE 44

Copyright by S. Mędak

Proszę wpisać w miejsce kropek właściwe połączenia składniowe czasowników z wyrazami zawartymi w nawiasach.

WZÓR
(mój były mąż Jan Maria)
→ **Dałam mojemu byłemu mężowi Janowi Marii złoty kolczyk na urodziny.**

   (wszyscy moi zwolennicy, moi przeciwnicy)
1. → Podziękowałem serdecznie za współpracę ...., a także ....

ZADANIA TESTOWE

(mój znajomy Kacpar Wiliger)
2. → Powiedziałem ...., że jest największym ignorantem na świecie.

(ja, ksiądz, swoja, źle słysząca babcia)
3. → Obiecywałeś poprawę ...., potem ...., a nawet ....

(Bóg, Cesarz, wierzyciel)
4. → Należy oddać ...., co boskie, ..., co cesarskie, a .... zaciągnięty u niego dług.

(ja, ty, wszyscy)
5. → Odmówiła ...., ..., – odmówiła .... – tym samym tonem.

(przemoc, kokaina)
6. → Używasz za często .... wobec słabszych, a na dodatek zażywasz ....

(policjant, siostra, konkurent)
7. → Odpowiedziałem dzisiaj .... na jego pytanie, ... na list, ale nie odpowiedziałem .... na jego pozdrowienie.

(kobiety, mężczyźni, sam)
8. → Kiedy byłem młody i piękny, podobałem się ...., ... a nawet .... sobie.

(gołębie, zakochane pary)
9. → Z braku innego zajęcia przyglądałem się .... i .... siedzącym na trawniku w parku.

(naród)
10. → Prezydent w noworocznym orędziu przedstawił .... brak perspektyw na cały następny rok.

OCEŃ SAM SIEBIE
>[9] bdb • [9] +db • [8] db • [7] +dst • >[6] dst • <[6] ndst
Jeśli w zadaniu testowym jest więcej niż dziesięć jednostek – przelicz sam!

ZADANIE 45
Copyright by S. Mędak

Proszę wpisać w miejsce kropek właściwe formy wyrazów podanych w nawiasach.

WZÓR
(kolejny pacjent) Lekarz, osłuchując stetoskopem klatkę piersiową <u>kolejnego pacjenta</u>, myślał o wciąż niezadowolonej z życia swojej żonie.

(dziarski mazurek)	**1.** Orkiestra zaczęła spotkanie emerytów ....
(każda minuta)	**2.** Przed odejściem na emeryturę liczyłem .... spędzoną w pracy.
(majeranek)	**3.** Dodała do bigosu garść .... i krzyknęła: Jakie pyszne!
(oskarżona)	**4.** Sąd ukarał .... symboliczną karą pieniężną.
(rozprawy)	**5.** Już jako młoda lekarka wczytywała się w .... filozofów piszących na temat śmierci.
(stara walizka)	**6.** Spakował .... i usiadł na niej, by trochę odpocząć.
(śniadanie)	**7.** Zapomniał wziąć ze sobą ...., bo się śpieszył do pracy.
(tabletka przeciwbólowa)	**8.** Czułem się źle, więc zażyłem ....
(znany przestępca)	**9.** Najlepszy w mieście adwokat bronił w tym znanym procesie .... o pseudonimie *Scyzoryk*.
(zupa mleczna)	**10.** Na śniadania babcia zawsze przygotowywała ....

OCEŃ SAM SIEBIE
>[9] bdb • [9] + db • [8] db • [7] +dst • >[6] dst • <[6] ndst
Jeśli w zadaniu testowym jest więcej niż dziesięć jednostek – przelicz sam!

ZADANIE 46
Copyright by S. Mędak

Proszę wpisać w miejsce kropek właściwe formy wyrazów podanych w nawiasach.

WZÓR
(sanie || wodolot)	**Do dziadka wybieramy się na saniach, a do babci wodolotem.**
(wdowa || bezradna kobieta)	**1.** Po stracie męża została nie tylko ...., ale również zupełnie ....
(gwiazda || samotna staruszka)	**2.** Umierająca kobieta powiedziała: „Byłam ...., a teraz jestem ...." .
(inni || wypadek)	**3.** Lubił zajeżdżać .... drogę i w końcu spowodował ....
(krawiectwo || roznoszenie)	**4.** Przed studiami zajmowała się ...., a po studiach zajmuje się .... ulotek po kamienicach.
(mężczyzna)	**5.** Stał się .... i uważał się za ....
(panna || mężatka)	**6.** Moja siostra długo była ...., a po ślubie krótko ....

(prymus || bezrobotny) 7. W szkole był ...., a teraz jest ....
(samotny człowiek) 8. Po odejściu na emeryturę stał się zupełnie ....
....

(wszyscy || nikt) 9. Będąc władcą rządził .... Teraz
.... już nie rządzi.

(życie || każda chwila) 10. Była optymistką. Cieszyła się ....
i .... spędzoną w więzieniu.

OCEŃ SAM SIEBIE
>[9] bdb • [9] + db • [8] db • [7] +dst • >[6] dst • <[6] ndst
Jeśli w zadaniu testowym jest więcej niż dziesięć jednostek – przelicz sam!

ZADANIE 47

Copyright by S. Mędak

Proszę połączyć przysłówki z kolumny A z właściwymi czasownikami z kolumny B.
Połączenie oznaczone symbolem 0 (zero) jest przykładem.

WZÓR
0. po staremu   **0. rządzić, zarządzać**

A.   **B.**
1. po amatorsku   a. żyć, prowadzić się
2. po angielsku   b. uczesać się; rumienić się
3. po babsku *(pot.)*   c. ubrać się; przyjść po kogoś
4. po bohatersku   d. łaknąć kogoś / czegoś; pragnąć kogoś / czegoś
5. po bożemu   e. przekonywać kogoś, próbować kogoś namówić (do czegoś)
6. po chłopięcemu   f. wpaść / wstąpić / zajść do kogoś
7. po cywilnemu   g. wykonać coś (np. utwór muzyczny)
8. po dawnemu   h. zachowywać się; potraktować kogoś
9. po dobremu   i. podjąć kogoś / ugościć kogoś; obdarować kogoś
10. po drodze   j. być traktowanym / odnosić się do kogoś / obchodzić się z kimś
11. po dyletancku   k. zginąć dla kogoś (za coś / w imię czegoś), ponieść śmierć
12. po grubiańsku   l. iść / poruszać się
13. po królewsku   ł. obejść się z jakąś damą, zachować się w stosunku do kogoś
14. po macoszemu   m. przytulić kogoś; współczuć komuś
15. po męczeńsku   n. zaczynać się ubierać, zaczynać się stroić
16. po omacku   o. załatwić coś; sprzedać komuś coś
17. po rycersku   p. walczyć z kimś (o coś), bić się z kimś (o coś)
18. po siostrzanemu   r. trzymać coś (np. siekierę); zapłakać, rozpłakać się
19. po wiosennemu   s. zajmować się czymś (np. ogrodnictwem), wykonywać coś

20. po znajomości   t. wyjść / wymknąć się / ulotnić się *(pot.)* / wynieść się skądś

Miejsce do wpisania właściwych połączeń:

[1 ....]   [2 ....]   [3 ....]   [4 ....]   [5 ....]
[6 ....]   [7 ....]   [8 ....]   [9 ....]   [10 ....]
[11 ....] [12 ....] [13 ....] [14 ....] [15 ....]
[16 ....] [17 ....] [18 ....] [19 ....] [20 ....]

OCEŃ SAM SIEBIE
>[9] bdb • [9] + db • [8] db • [7] +dst • >[6] dst • <[6] ndst
Jeśli w zadaniu testowym jest więcej niż dziesięć jednostek – przelicz sam!

ZADANIE 48

Copyright by S. Mędak

Proszę połączyć przysłówki (kolumna A) z właściwymi czasownikami podanymi w kolumnie B i wpisać je w miejsce kropek. W celu ułatwienia dokonania odpowiednich połączeń po każdym przysłówku, po znaku || podajemy jego synonimy lub krótkie wyjaśnienia. Połączenie oznaczone symbolem 0 (zero) jest przykładem.

WZÓR
0. szampańsko || «dobrze, wesoło»   0. bawić się <u>szampańsko</u>

A.
1. **bezprzedmiotowo** || «bezsensownie, w sposób jałowy»
2. **cierpliwie** || «spokojnie»
3. **dzielnie** || «z odwagą»
4. **fachowo** || «ze znajomością rzeczy»
5. **jawnie** || «otwarcie, oficjalnie»
6. **kurczowo** || «rozpaczliwie, z determinacją»
7. **licznie** || «w dużej liczbie»
8. **łapczywie** || «chciwie, łakomie, żarłocznie»
9. **masowo** || «licznie, masami»
10. **nieswojo** || «obco, niespokojnie»
11. **obcesowo** || «bezczelnie, bezceremonialnie»
12. **obłożnie** || «ciężko, poważnie»
13. **oględnie** || «z powściągliwością, ostrożnie»
14. **pamięciowo** || «na pamięć, za pomocą pamięci»
15. **płynnie** || «swobodnie, wprawnie»
16. **pochopnie** || «prędko, w sposób nieprzemyślany»

B.
a. czuć się gdzieś ....
b. chorować ....
c. trzymać się czegoś ....
d. dopominać się czegoś ....
e. dyskutować nad czymś ....
f. czekać na kogoś ....
g. ginąć ....
h. jeść coś ....
i. doradzać komuś ....
j. opanować coś ....
k. domagać się czegoś ....
l. bronić się ....
ł. głosować ....
m. czytać coś ....
n. *pot.* dobierać się do kogoś ....
o. decydować o czymś ....

17. **pokątnie** || «nielegalnie, skrycie, potajemnie» p. gromadzić się gdzieś ....
18. **rzeczowo** || «obiektywnie, konkretnie» r. handlować czymś ....
19. **sądownie** || «przez sąd» s. informować o czymś ....
20. **usilnie** || «uporczywie, niestrudzenie» t. dowodzić czegoś ....

Miejsce do wpisania właściwych połączeń:

[1 ....]   [2 ....]   [3 ....]   [4 ....]   [5 ....]
[6 ....]   [7 ....]   [8 ....]   [9 ....]   [10 ....]
[11 ....] [12 ....] [13 ....] [14 ....] [15 ....]
[16 ....] [17 ....] [18 ....] [19 ....] [20 ....]

OCEŃ SAM SIEBIE

>[9] bdb • [9] + db • [8] db • [7] +dst • >[6] dst • <[6] ndst

Jeśli w zadaniu testowym jest więcej niż dziesięć jednostek – przelicz sam!

ZADANIE 49

Copyright by S. Mędak

Polecenie oraz WZÓR – jak w zadaniu testowym numer 48.

1. **bacznie** || «uważnie, czujnie» a. objaśniać coś ....
2. **bestialsko** || «okrutnie, bezwzględnie» b. nalegać ....
3. **bezgranicznie** || «nieskończenie» c. jęczeć ....
4. **bezkrytycznie** || «naiwnie» d. obserwować coś ....
5. **boleściwie** || «smutnie, żałośnie» e. maszerować ....
6. **całkowicie** || «zupełnie, bez reszty, całkiem» f. żądać czegoś ....
7. **dotkliwie** || «dojmująco, dokuczliwie» g. oddawać się czemuś ....
8. **natarczywie** || «natrętnie, nachalnie» h. nudzić się ....
9. **niesprawiedliwie** || «niesłusznie, krzywdząco» i. odczuwać coś ....
10. **okazyjnie** || «wynikający z dobrej okazji» j. kłócić się z kimś ....
11. **paradnie** || «odświętnie, uroczyście» k. naśladować kogoś ....
12. **piekielnie** || «bardzo, wyjątkowo silnie, niezwykle» l. postępować wobec kogoś ....
13. **przeraźliwie** || «intensywnie, bardzo mocno» ł. kłamać ....
14. **surowo** || «bezwzględnie, ostro» m. karać kogoś ....
15. **śmiertelnie** || «straszliwie, okropnie» n. mordować kogoś ....
16. **świadomie** || «celowo, nieprzypadkowo» o. krzyczeć ....
17. **uparcie** || «uporczywie, nieustępliwie» p. kształcić się ....
18. **wszechstronnie** || «dokładnie, wyczerpująco» r. kupować coś ....
19. **zajadle** || «zaciekle» s. kochać kogoś ....
20. **zrozumiale** || «jasno, klarownie» t. ugodzić kogoś czymś ....

Miejsce do wpisania właściwych połączeń:

[1 ....]   [2 ....]   [3 ....]   [4 ....]   [5 ....]
[6 ....]   [7 ....]   [8 ....]   [9 ....]   [10 ....]
[11 ....]   [12 ....]   [13 ....]   [14 ....]   [15 ....]
[16 ....]   [17 ....]   [18 ....]   [19 ....]   [20 ....]

OCEŃ SAM SIEBIE

>[9] bdb • [9] + db • [8] db • [7] +dst • >[6] dst • <[6] ndst

Jeśli w zadaniu testowym jest więcej niż dziesięć jednostek – przelicz sam!

ZADANIE 50

Copyright by S. Mędak

Polecenie oraz WZÓR – jak w zadaniu testowym numer 48.

1. **barwnie** || «obrazowo, interesująco, ciekawie»   a. pisać ....
2. **błyskawicznie** || «bardzo szybko, natychmiast»   b. podejmować kogoś ....
3. **kaligraficznie** || «wyraźnie, estetycznie»   c. wymawiać wyrazy ....
4. **masowo** || «licznie, masami, w dużej ilości»   d. zachować się wobec kogoś ....
5. **nadmiernie** || «wychodzący poza ustaloną normę»   e. przyjąć kogoś ....
6. **nałogowo** || «ciągle; związany z nawykiem»   f. ośmieszać kogoś ....
7. **niesłusznie** || «bezpodstawnie, bez uzasadnienia»   g. odpowiadać na coś ....
8. **nieuprzejmie** || «niegrzecznie, nietaktownie»   h. płacić za coś ....
9. **niezdrowo** || «szkodliwie dla zdrowia lub psychiki»   i. odnosić się do kogoś ....
10. **pobieżnie** || «niedokładnie, fragmentarycznie»   j. padać ....
11. **pogardliwie** || «lekceważąco»   k. podniecać się czymś ....
12. **rozwlekle** || «obszernie»   l. palić ....
13. **rzetelnie** || «dokładnie, należycie, uczciwie»   ł. pielęgnować coś ....
14. **rzewnie** || «roztkliwiająco, smętnie»   m. opisywać coś ....
15. **sowicie** || «bardzo hojnie, bogato»   n. ocenić czyjąś pracę ....
16. **świadomie** || «celowo, nieprzypadkowo»   o. płakać ....
17. **troskliwie** || «pieczołowicie, starannie»   p. oskarżać kogoś ....
18. **uroczyście** || «dostojnie, okazale»   r. pocić się ....
19. **wyraźnie** || «wyraziście»   s. zlekceważyć coś ....
20. **wystawnie** || «w sposób wyjątkowy»   t. wykonywać swoją pracę ....

Miejsce do wpisania właściwych połączeń:

[1 ....]   [2 ....]   [3 ....]   [4 ....]   [5 ....]
[6 ....]   [7 ....]   [8 ....]   [9 ....]   [10 ....]
[11 ....]   [12 ....]   [13 ....]   [14 ....]   [15 ....]
[16 ....]   [17 ....]   [18 ....]   [19 ....]   [20 ....]

OCEŃ SAM SIEBIE
>[9] bdb • [9] + db • [8] db • [7] +dst • >[6] dst • <[6] ndst
Jeśli w zadaniu testowym jest więcej niż dziesięć jednostek – przelicz sam!

ZADANIE 51
Copyright by S. Mędak

Polecenie oraz WZÓR – jak w zadaniu testowym numer 48.

1. **bezpodstawnie** || «niesłusznie, bezprawnie»
2. **chyłkiem** || «ukradkiem, niepostrzeżenie, cichaczem»
3. **czytelnie** || «wyraźnie»
4. **dobitnie** || «mocno, wyraziście, dosadnie»
5. **karygodnie** || «skandalicznie»
6. **materialnie** || «pod względem finansowym»
7. **niespodziewanie** || «bez zapowiedzi»
8. **służbowo** || «za darmo, bez naruszenia własnego konta»
9. **uniżenie** || «czołobitnie, z przesadną pokorą»
10. **zupełnie** || «całkowicie, całkiem, kompletnie»

a. postępować ....
b. podpisywać się ....
c. przedostawać się przez coś ....
d. pojawiać się gdzieś ....
e. posądzać kogoś o coś ....
f. poświęcać się czemuś ....
g. powiedzieć coś ....
h. prosić kogoś ....
i. podróżować ....
j. pomagać komuś ....

Połączenia składniowe czasowników z przysłówkami w zadaniach od numeru 49 do numeru 52 opracowano na podstawie połączeń zawartych w *Praktycznym słowniku łączliwości składniowej czasowników polskich*, op. cit.

Miejsce do wpisania właściwych połączeń:
[1 ....]   [2 ....]   [3 ....]   [4 ....]   [5 ....]
[6 ....]   [7 ....]   [8 ....]   [9 ....]   [10 ....]

OCEŃ SAM SIEBIE
>[9] bdb • [9] + db • [8] db • [7] +dst • >[6] dst • <[6] ndst
Jeśli w zadaniu testowym jest więcej niż dziesięć jednostek – przelicz sam!

ZADANIE 52
Copyright by S. Mędak

Proszę wpisać w miejsce kropek właściwe połączenia składniowe czasowników z wyrazami z kolumny A.

WZÓR

bronić
- Kiedy ktoś odpiera atak, kogoś / coś ochrania, zwykle z bronią w ręku, mówimy:
→ 1. Z narażeniem życia wierni poddani bronili króla *(król)* i królowej *(królowa)*.
- Kiedy ktoś chroni kogoś przed czymś, osłania lub zabezpiecza coś, mówimy: → 2. Starała się bronić córkę *(córka)* przed wpływami złego towarzystwa.

A. **B.**

1. brzydzić się
- Jeśli ktoś czuje wstręt, odrazę do kogoś / do czegoś, powie:
→ **a.** Brzydzę się .... *(ten tchórz)* i jego .... *(obłuda)*.
- Jeśli ktoś czuje fizyczny wstręt do kogoś, do czegoś, powie:
→ **b.** Brzydzę się .... *(ten tchórz)* tak, jak .... *(pająki)*.

2. dodawać
- Jeśli ktoś dokłada część czegoś do czegoś, mówimy:
→ **a.** Do pikantnej sałatki dodajemy .... *(ostra papryka)*.
- Jeśli ktoś dopowiada coś, uzupełnia coś o coś, mówimy:
→ **b.** Do każdej wypowiedzi asystentów dodawał .... *(swój komentarz)*.

3. dokładać
- Jeśli ktoś dodaje, daje coś komuś dodatkowo, mówimy:
→ **a.** Syneczku dokładam ci jeszcze .... *(jedna kanapka)* do plecaka.
- Jeśli ktoś dokłada sobie kawałek lub część czegoś, mówimy:
→ **b.** Już trzeci raz dokładam sobie .... *(bigos)*, bo jest pyszny!

4. dostarczać
- Jeśli jakaś firma dostarcza do salonu mercedesy, mówimy:
→ **a.** Firma *Carmen* dostarcza nam wyłącznie .... *(czerwone mercedesy)*.
- Jeśli ktoś lub coś jest źródłem czegoś, mówimy:
→ **b.** Pobyt w tym kraju codziennie dostarczał mi .... *(nowe tematy)* do kolejnych artykułów.

5. kupować
- Jeśli ktoś systematycznie kupuje jakiś produkt na targu, mówimy:
→ **a.** .... *(świeże jaja)* kupuję wyłącznie na targu.
- Jeśli ktoś biedny kupuje gdzieś trochę, nieco, odrobinę czegoś, mówimy:
→ **b.** Rzadko kupowała dzieciom .... *(cukierki)*, bo była bardzo biedna.

6. nalewać
- Jeśli ktoś nalewa do czegoś całą miarę przedniego wina, mówimy:
→ **a.** Nalewał .... *(puchary)* przednim węgrzynem z własnych piwnic.
- Jeśli ktoś nalewa tylko trochę czegoś do czegoś, mówimy:
→ **b.** Nalewała .... *(przegotowana woda)* do ciasta i próbowała je ugniatać tak, jak ją nauczyła babcia.

ZADANIA TESTOWE

7. **nienawidzić**
• Jeśli ktoś nieustannie nienawidzi czegoś, mówi:
→ **a.** Nienawidzę .... (*kłamstwo*) i .... (*tchórzostwo*).
• Jeśli ktoś odczuł niechęć do kogoś ze względu na jego kłamstwa i obłudę, powie:
→ **b.** Znienawidziłem .... (*kłamstwo*) i .... (*tchórzostwo*).

8. **porównywać**
• Jeśli ktoś chce porównać czyjąś córeczkę do swojej córeczki, powie:
→ **a.** Porównuję twoją córeczkę do .... (*moja*) i wydaje mi się, że moja córeczka jest o wiele ładniejsza od twojej.
• Jeśli mąż ma kompleks matki i uporczywie próbuje zestawiać te dwie osoby, zapytamy:
→ **b.** Czarusiu, dlaczego stale porównujesz żonę ze .... (*swoja, matka*).

9. **pożyczać**
• Jeśli ktoś pożycza komuś określoną sumę pieniędzy, powiemy:
→ **a.** Znowu pożyczyłeś .... (*pieniądze*) znajomym, wiedząc, że ci ich nigdy nie oddadzą.
• Jeśli ktoś pożycza od kogoś część czegoś, powiemy:
→ **b.** Czasami pożyczam .... (*pieniądze*) od babci, bo ona ma dwa razy wyższą emeryturę od moich zarobków.

10. **słuchać / przesłuchiwać**
• Jeśli ktoś słucha nagranej przez siebie na CD muzyki, powie:
→ **a.** A teraz słucham .... (*nagrana*) przeze mnie .... (*muzyka*).
• Jeśli ktoś słucha czegoś od początku do końca w celu zapoznania się z czymś lub sprawdzenia czegoś, powie:
→ **b.** A teraz przesłuchuję .... (*nagrana*) przeze mnie .... (*muzyka*).

ZADANIE 53

Copyright by S. Mędak

Polecenie i WZÓR – jak w zadaniu testowym numer 52.

1. **położyć**
• Jeśli stworzyliśmy podstawy czegoś, powiemy:
→ **a.** Położyliśmy podwaliny .... (*nowa nauka*) w tym prowincjonalnym uniwersytecie.
• Faktem jest, iż Sobór Watykański II nadał kościołowi nowy kierunek działania. Możemy zatem powiedzieć:
→ **b.** Sobór Watykański II położył podwaliny pod .... (*reforma*) Kościoła.

2. **proponować**
• Jeśli osoba składająca propozycję odnosi ją do samej siebie, a nie do adresata, powie:
→ **a.** Proponuję .... (*odpocząć*) na chwilę, moi drodzy.

• Jeśli osoba składająca propozycję odnosi ją do adresata, powie:
→ **b.** Moi drodzy, proponuję, ... wszyscy .... (*odpocząć*) parę minut.

3. **prosić**
• Jedni, aby coś otrzymać proszą uprzejmie o coś, inni proszą czegoś:
→ **a.** Bezradni proszą o .... (*rada*); tonący o .... (*ratunek*), napadnięci przez chuliganów proszą .... (*pomoc*)!
• Jeśli ktoś nas zaprasza, mówi:
→ **b.** Najpierw proszą panią .... (*taniec*), a dopiero potem .... (*mały poczęstunek*) .... (*szwedzki stół*).
• Jeśli ktoś zwraca się do rozmówczyni, która w delikatny sposób daje sygnały, że teraz nie ma czasu na rozmowę, zdeterminowany petent zapyta grzecznie:
→ **c.** Proszę .... (*pani*), czy mogłaby mi pani poświęcić jedną chwilę?
• Jeśli ktoś zwraca się do zakonnicy lub pielęgniarki, używając jednej z niewielu konstrukcji adresatywnych, powie:
→ **d.** Proszę .... (*siostra*), gdzie znajduje się najbliższy bar mleczny?
• Jeśli ktoś musi użyć dokonanych czasowników przedrostkowych od czasownika *prosić*, powie:
→ **e.** Proszę się nie niecierpliwić, za chwilę poproszę .... (*pani*) do walca!

4. **próbować**
• Jeśli jemy lub pijemy coś w niewielkiej ilości, by poznać smak tego, mówimy:
→ **a.** Próbuję .... (*wszystko*) po odrobinie: .... (*grochówka*), ... (*bigos*), ... (*uszka*) do barszczu.
• Jeśli ktoś sprawdza stan czegoś, wartość czegoś, przydatność czegoś, powie:
→ **b.** Próbuję .... (*nowy mercedes*), który chcę kupić żonie na imieniny.

5. **pytać**
• Jeśli używamy języka środowiskowego, powiemy:
→ **a.** Nauczyciel polskiego pytał .... (*Zosia*) dzisiaj z IV części *Dziadów*.
• Jeśli twoja żona zadawała pytanie swej teściowej na twój temat, możesz rzec:
→ **b.** Moja żona po raz pierwszy w życiu pytała .... (*teściowa*) o radę.

6. **wychodzić**
• Jeśli ktoś oczekuje ważnych gości i chce ich przywitać przed bramą pałacu, powiemy:
→ **a.** Hrabiostwo wyszli naprzeciw .... (*goście*) aż do bram pałacu.
albo:
→ **b.** Hrabiostwo po raz pierwszy w życiu wyszli .... (*goście*) naprzeciw.

ZADANIA TESTOWE

7. **wykonywać**
   - Jeśli jakiś artysta używa gliny do swej pracy twórczej, mówimy:
   → **a.** Ten geniusz wykonuje swe arcydzieła wyłącznie w .... (*glina*).
   ktoś inny powie:
   → **b.** Ten geniusz wykonuje swe arcydzieła wyłącznie z .... (*glina*).

8. [coś] **wylatuje**
   - Jeśli ptaki opuszczają zarośla, w których się ukryły, powiemy:
   → **a.** Ptaki wylatują z .... (*krzaki*) z głośnym świergotem.
   - Jeśli dym wylatuje w przestrzeń, powiemy:
   → **b.** W Podgórzu kłęby dymów wylatują z .... (*kominy*) kamienic;
   albo:
   → **c.** W Podgórzu kłęby dymów wylatują w powietrze przez .... (*kominy*).

9. **zadawać**
   - Jeśli ktoś dokuczał innym przez kilkadziesiąt lat, powiemy:
   → **a.** Kunegunda wielokrotnie zadawała .... (*ból*) swoim kolegom z pracy.
   - Jeśli ktoś nakłada paszy lub nasypuje pokarmu swojemu ukochanemu koniowi, powiemy:
   → **b.** Z wyrazem uwielbienia na twarzy do swego zwierzęcia zadawał koniowi .... (*owies*).

Połączenia składniowe czasowników z przysłówkami w zadaniach od numeru 53 do numeru 54 opracowano na podstawie *Praktycznego słownika łączliwości składniowej czasowników polskich*, op. cit.

OCEŃ SAM SIEBIE
>[9] bdb • [9] + db • [8] db • [7] +dst • >[6] dst • <[6] ndst
Jeśli w zadaniu testowym jest więcej niż dziesięć jednostek – przelicz sam!

ZADANIE 54
Copyright by S. Mędak

Proszę połączyć przysłówki z kolumny A z czasownikami podanymi w kolumnie B.

WZÓR
0. spokojnie || «nie mieć zmartwień»   o. spać

A.
1. **konno** || «wierzchem»
2. **na bieżąco** || «terminowo, systematycznie»
3. **na bliższą metę** (*pot.*) || «na krótki okres»
4. **na chybcika** (*pot.*) || «prędko, pośpiesznie, szybko»

B.
a. skreślić cyfry w totolotku
b. przewidzieć coś
c. przygotować obiad
d. odpowiadać

5. **na chybił trafił** *(pot.)* || «przypadkowo, bez zastanowienia»   e. mówić

6. **na zabój** || «namiętnie, bez pamięci, bardzo mocno»   f. śpiewać

7. **półgębkiem** || «niechętnie, niewyraźnie, nieśmiało»   g. prowadzić dokumentację

8. **półgłosem** || «przyciszonym głosem, niezbyt głośno»   h. zasnąć

9. **solo** || «samodzielnie, pojedynczo, bez zespołu»   i. kochać się

10. **twardo** || «mocnym, głębokim snem»   j. jeździć

Miejsce do wpisania właściwych połączeń:
[1 ....]   [2 ....]   [3 ....]   [4 ....]   [5 ....]
[6 ....]   [7 ....]   [8 ....]   [9 ....]   [10 ....]

OCEŃ SAM SIEBIE
>[9] bdb • [9] + db • [8] db • [7] +dst • >[6] dst • <[6] ndst
Jeśli w zadaniu testowym jest więcej niż dziesięć jednostek – przelicz sam!

ZADANIE 55
Copyright by S. Mędak

Powiedz to lepiej!
Proszę przekształcić zdania z czasownikiem *przeprowadzać* **(zapisane w stylu urzędowym) na zdania z innymi czasownikami.**
Czasowniki do wyboru: *dyskutować, klasyfikować, kontrolować, modernizować, rekrutować, remontować, reorganizować, robić, rozmawiać.*

WZÓR
Przeprowadzali badania nad językiem, literaturą i kulturą Rusinów. → **Badali język, literaturę i kulturę Rusinów.**

1. Przeprowadzali doświadczenia na żywych organizmach. → ....
....

2. Przeprowadzali zażarte dyskusję o sztuce. → ....
....

3. Przeprowadzali klasyfikację dzieł sprzed 1939 roku. → ....
....

4. Przeprowadzali kontrolę kibiców przed wejściem na stadion. → ....
....

ZADANIA TESTOWE

5. Przeprowadzali modernizację głównych arterii miasta. → ....
....
6. Przeprowadzali rekrutację młodzieży do szkół zawodowych. → ....
....
7. Przeprowadzali remont zabytkowych kamienic. → ....
....
8. Przeprowadzali reorganizację kolejnego ministerstwa. → ....
....
9. Przeprowadzali rozmowę z trudnymi dziećmi. → ....
....
10. Przeprowadzali długie rozmowy telefoniczne z ankietowanymi. → ....
....

OCEŃ SAM SIEBIE
>[9] bdb • [9] + db • [8] db • [7] +dst • >[6] dst • <[6] ndst
Jeśli w zadaniu testowym jest więcej niż dziesięć jednostek – przelicz sam!

ZADANIE 56
Copyright by S. Mędak

Powiedz to lepiej!
Proszę przekształcić zdania z czasownikami: I. ROBIĆ, II. UDZIELAĆ (styl urzędowy, potoczne lub błędne konstrukcje) na zdania z innymi czasownikami.
Czasowniki do wyboru: *informować, kupować, pomagać, porządkować, pracować jako, przystawać, radzić, sprzątać, wspierać, zajmować się, zamiatać, zawstydzać.*

WZÓR
0. Uwielbiam robić podarunki tym, których lubię. 0. → Uwielbiam obdarowywać tych, których lubię.

I.
1. Całymi dniami robi zakupy. → ....
2. Już sześć lat robię u nich za sprzątaczkę. *(pot.)* → ....
3. Był już zmęczony i robił częste przystanki. → ....
4. Ktoś robi porządki na podwórku. → ....
5. Robię porządki w biurku. → ....
6. Twoim postępowaniem robisz mi tylko wstyd. → ....

II.
7. Kościoły udzielają wsparcia biednym. → ....
8. Nie musisz mi ciągle udzielać matczynych rad! → ....

9. Państwo udziela pomocy matkom samotnie wychowującym dzieci. → ....
10. Udzielamy informacji o zaginionych. → ....

OCEŃ SAM SIEBIE
>[9] bdb • [9] + db • [8] db • [7] +dst • >[6] dst • <[6] ndst
Jeśli w zadaniu testowym jest więcej niż dziesięć jednostek – przelicz sam!

ZADANIE 57
Copyright by S. Mędak

Powiedz to inaczej!
Proszę przekształcić poniżej zgromadzone zdania zgodnie z podanym poniżej wzorem.

WZÓR

palić	A. Kończył palenie jednego papierosa i zaczynał drugiego.
	→ **Kończył palić jeden papieros i zapalał drugi.**
pozwalać	B. Silny huragan nie pozwalał nam na dalszą jazdę.
	→ **Silny huragan nie pozwalał nam dalej jechać.**
jąć się	1. Po długiej przerwie jął się rysowania.
	→ ....
nauczyć się	2. Kiedy wreszcie nauczysz się prawidłowej jazdy?!
	→ ....?!
pozwalać	3. Ojciec pozwalał mi na robienie wszystkiego.
	→ ....!
starać się	4. Starasz się o dostanie do tej pracy?
	→ ....?
uczyć się	5. Będę uczyć się tańca!
	→ ....!
	6. Uczysz się gry na fortepianie?
	→ ....?
zabraniać	7. Zabraniasz mi wczesnego wstawania?!
	→ ....?!
	8. Zabraniasz mi zajmowania się moim własnym synem?!
	→ ....
zaczynać	9. Dziś zaczynam pisanie kartek świątecznych.
	→ ....
	10. Znowu zaczynasz studiowanie tego samego problemu?!
	→ ....

OCEŃ SAM SIEBIE
>[9] bdb • [9] + db • [8] db • [7] +dst • >[6] dst • <[6] ndst
Jeśli w zadaniu testowym jest więcej niż dziesięć jednostek – przelicz sam!

ZADANIA TESTOWE

ZADANIE 58
Copyright by S. Mędak

Powiedz to poprawnie!
Proszę przekształcić poniżej zgromadzone zdania zgodnie z podanym poniżej wzorem.

WZÓR

zmuszać — ! Nie możesz powiedzieć, że on zmusza kogoś pić alkohol. || Musisz powiedzieć, że on zmusza kogoś do picia alkoholu.

Powiedz to poprawnie!

kontynuować — ! Nie możesz powiedzieć, że ktoś dalej kontynuuje pisać.
1. W poprawnej polszczyźnie powiemy: Ktoś kontynuuje ....

planować — ! Nie możesz powiedzieć, że planujesz wyjechać z Polski do Irlandii.
2. W poprawnej polszczyźnie powiemy: Planuję .... z Polski do Irlandii.

postulować — ! Nie możesz powiedzieć, że postulujesz rozwiązać sejm obecnej kadencji.
3. W poprawnej polszczyźnie powiemy: Postuluję .... !

przerywać — ! Nie możesz powiedzieć, że ktoś komuś przerywa mówić.
4. W poprawnej polszczyźnie powiemy: Ktoś komuś przerywa ....

rozpoczynać — ! Nie możesz powiedzieć, że rozpocząłeś wędrować o świcie.
5. W poprawnej polszczyźnie powiemy: O świcie rozpocząłem ....

umożliwiać — ! Nie możesz powiedzieć, że ktoś umożliwił ci załatwić jakąś sprawę.
6. W poprawnej polszczyźnie powiemy: Ktoś umożliwił mi .... sprawy.

zalecać — ! Nie możesz powiedzieć, że ktoś zaleca komuś obejrzeć jakiś film.
7. W poprawnej polszczyźnie powiemy: Ktoś zaleca komuś .... filmu.

zaprzestawać — ! Nie możesz powiedzieć, że strona przeciwna zaprzestaje atakować.
8. W poprawnej polszczyźnie powiemy: Strona przeciwna zaprzestaje ....

zezwalać — ! Nie możesz powiedzieć, że jakiś urząd zezwolił ci budować dom.
9. W poprawnej polszczyźnie powiemy: Urząd zezwala mi na .... domu.

zmuszać — ! Nie możesz powiedzieć, że życie zmusza nas ustępować innym.
10. W poprawnej polszczyźnie powiemy: Życie zmusza nas do ciągłych ....

OCEŃ SAM SIEBIE
>[9] bdb • [9] + db • [8] db • [7] +dst • >[6] dst • <[6] ndst
Jeśli w zadaniu testowym jest więcej niż dziesięć jednostek – przelicz sam!

ZADANIE 59
Copyright by S. Mędak

Proszę zastosować w poniższych zdaniach prawidłowe formy czasowników z przeczeniem *nie* (tam, gdzie jest to konieczne lub możliwe) w czasie gramatycznym wynikającym z sensu zdań.

WZÓR

| żartować | Szef nie pobłażał nikomu, być srogi i bezwzględny. <u>Nie żartował</u>, zwalniał kolejnego pracownika za najmniejsze przewinienie. |

imać się	1. Tego człowieka .... żadne choroby. Jest silny jako koń!
omieszkać	2. Od lat przyjaźnił się ze mną, ale przy każdej sprzyjającej okazji .... napisać o mnie złośliwej krytyki.
	3. Dziękuję za zaproszenie, ... z niego skorzystać w przyszłości.
posiadać się	4. Kiedy nadeszła wiadomość o otrzymaniu przez syna nagrody Nobla, jego matka .... z radości.
	5. Kiedy usłyszał oszczerstwa rzucane na niego, ... z gniewu.
przystoi	6. Synku, w czasie pogrzebu babci .... myśleć o podwieczorku!
	7. Ja jestem sługą bożym, mnie .... oszustwo!
szczędzić	8. Po wszystkich nieprzyjemnych przejściach mógł powiedzieć, że życie .... mu żadnych przykrości, zmartwień i kłopotów.
	9. Każdy człowiek myślący wie, że śmierć nikogo ....
uświadczyć *(pot.)*	10. Zdarza się, że na paryskich ulicach *(ty)* .... ani jednego wolnego miejsca do parkowania.

OCEŃ SAM SIEBIE
>[9] bdb • [9] + db • [8] db • [7] +dst • >[6] dst • <[6] ndst
Jeśli w zadaniu testowym jest więcej niż dziesięć jednostek – przelicz sam!

ZADANIE 60
Copyright by S. Mędak

Proszę wpisać w miejsce kropek wyraz *sobie* tam, gdzie jest to konieczne.

WZÓR

| folgować | 01. Rozpłakała się, folgowała <u>sobie</u> za wszelkie lata rozłąki z ukochanym. |

ZADANIA TESTOWE

02. Administracja czasami folguje ø lokatorom w zaległych czynszach.

brać || wziąć
1. Nie chciał się żenić i wziął .... na głowę dziewczynę z dzieckiem.
2. Rozmawiał z uczoną panią doktor i wziął .... jej uwagi do serca.
3. Wziął .... pomoc domową i wyjechał z nią na weekend w góry.
4. Miała za dużo pracy, więc wzięła .... pomoc domową do gotowania.

darować
5. Nie mogła .... darować, że odmówiła mu swojej ręki.
6. Moi drodzy, darujmy .... tytuły, mówmy sobie po imieniu.
7. Nie zapomniał i nie darował .... przycinków czynionych przez kolegów.

dawać
8. Mimo dużego doświadczenia nie dawała .... rady z trudnymi dziećmi.
9. Dałem .... słowo honoru i nie mogę zmienić decyzji!

dogadzać
10. Widzę, że dogadzasz .... czekoladkami?! *(pot.)*

dokładać
11. Siedział przed piecem i dokładał .... węgla do pieca.
12. Miał przed sobą półmisek z bigosem i co chwilę dokładał .... kolejną porcję tej narodowej potrawy.

dworować
13. Dworował .... ze wszystkich, bo uważał się za kogoś lepszego.
14. Obyczaj każe ...., by starsze kobiety całować w ręce.
15. Poszedł w środę do krawca i kazał .... uszyć garnitur na sobotę. *(pot.)*
16. Siadł przy stoliku i kazał .... przynieść dwa piwa. *(pot.)*
17. Wieczorami lubiła .... słuchać muzyki poważnej.
18. Przyznaję, że ona lubiła .... czasami wypić coś mocniejszego. *(pot.)*

łamać
19. Nawet Polacy łamią .... zęby na niektórych połączeniach wyrazowych.
20. Bezskutecznie próbowali .... złamać opór strajkujących.

OCEŃ SAM SIEBIE
>[9] bdb • [9] +db • [8] db • [7] +dst • >[6] dst • <[6] ndst
Jeśli w zadaniu testowym jest więcej niż dziesięć jednostek – przelicz sam!

ZADANIE 61

Copyright by S. Mędak

Polecenie oraz WZÓR – jak w zadaniu testowym numer 60.

łamać	1. Nie łam .... głowy nad tym ćwiczeniem, bo nawet autor go nie rozwiąże.
odejmować	2. Rodzice odejmowali .... od ust, by ich dzieci mogły chodzić do szkoły.
	3. Odejmowała .... liczby parzyste od nieparzystych, by zabić czas.
odpuścić	4. Po egzaminach połówkowych studenci odpuszczają .... większość zajęć. *(pot.)*
	5. Bóg zawsze odpuszcza .... grzesznym i grzesznikom ich winy.
podśpiewywać	6. Lubił podśpiewywać .... przy goleniu melodie z czasów młodości.
pomagać	7. Chłopiec był jeszcze mały, wiec pomagał .... palcami przy jedzeniu.
poprawiać	8. Kręciła się na krześle i ze zdenerwowania poprawiała .... fryzurę rękoma.
powetować	9. W odpowiednim czasie powetują .... klęskę poniesioną w wyborach.
pozwalać	10. Nie pozwalaj .... zawładnąć uczuciu nienawiści do wrogów!
	11. Przepraszam państwa, ale pozwolę .... na małą dygresję!
	12. Dlaczego on wszystko może robić, na wszystko .... pozwolić!
	13. Ona zawsze pozwala .... na złośliwe uwagi w stosunku do podwładnych.
przedstawiać	14. Czytając romans, przedstawiała .... w myślach sylwetkę bohatera utworu.
przypominać	15. Patrzyła na szkołę i przypominała .... lata szkolne w niej spędzone.
	16. Stara artystka nie mogła .... przypomnieć swojej daty urodzenia.
	17. Z profilu Olek przypominał .... byłego sekretarza partii.
przyswajać	18. Od lat ten znakomity tłumacz przyswaja .... Polakom literaturę mongolską.
	19. Moje dzieci przyswajają .... wiedzę w najlepszych uniwersytetach.
przywłaszczać	20. Przywłaszczał .... cudze pomysły i podpisywał je swoim nazwiskiem.

OCEŃ SAM SIEBIE
>[9] bdb • [9] + db • [8] db • [7] +dst • >[6] dst • <[6] ndst
Jeśli w zadaniu testowym jest więcej niż dziesięć jednostek – przelicz sam!

ZADANIE 62

Copyright by S. Mędak

Polecenie oraz WZÓR – jak w zadaniu testowym numer 60.

radzić	1. Dziecko ma kłopoty w szkole, nie radzi .... z nauką.
	2. Starszyzna plemienia radziła .... nad losami wymierającego plemienia.
robić	3. Nie słuchał nauczycieli i robił .... z nich żarty.
	4. Rano robił .... w fabryce, a po południu w polu. *(pot.)*
skąpić	5. Tegoroczne lato, niestety, skąpi .... słońca.
	6. Był oszczędny i skąpił .... wszystkiego: jedzenia, ubrania i rozrywek.
stawiać	7. Stawiał .... za cel osiągnięcie najwyższego szczebla w karierze uniwersyteckiej.
	8. Lekarz szybko stawiał .... diagnozę i przechodził do kolejnego umierającego.
szkodzić	9. Babcia mawiała tak: „*Kto późno przychodzi sam .... szkodzi*".
	10. Pamiętaj, że tłuszcz szkodzi .... na żołądek!
ucinać || uciąć	11. Po sutym obiedzie, lubię .... uciąć krótką drzemkę.
ujmować || ująć	12. Ujmował .... przyjaciół i wrogów wrodzoną życzliwością.
	13. Długo mu się opierała, a w końcu ujął ją .... serdecznością.
	14. Dlaczego po czterdziestce ciągle ujmuje .... pani lat?
umieć radzić	15. Umiał .... radzić innym.
	16. Był sprytnym chłopcem i umiał .... radzić w każdej sytuacji.
upodobać	17. Jaskółki od lat upodobały .... nasz strych jako swą siedzibę.
uprzyjemniać	18. Czas oczekiwania na samolot uprzyjemniali .... lekturą gazety *Air crash*.
uprzytomniać	19. Ciągle uprzytomniał .... brak czasu.
uświadamiać	20. Bogacze nie uświadamiają ...., w jakiej nędzy żyją miliony biednych.

OCEŃ SAM SIEBIE

>[9] bdb • [9] + db • [8] db • [7] +dst • >[6] dst • <[6] ndst

Jeśli w zadaniu testowym jest więcej niż dziesięć jednostek – przelicz sam!

ZADANIE 63

Copyright by S. Mędak

Polecenie oraz WZÓR – jak w zadaniu testowym numer 60.

uzmysłowić	1. Otworzyła oczy i uzmysłowiła ...., że się zdrzemnęła na stojąco.
użyć	2. Użyła .... na mężu, gdy tylko wytrzeźwiał.
	3. Władza użyła .... policjantów do tłumienia manifestacji.
wbijać ‖ wbić	4. Wbijał .... gwoździe w deski i śpiewał pieśni żołnierskie.
	5. Wbił .... do głowy, że jest najpiękniejszy.
wchodzić	6. Nie zgadzamy się ze sobą, ale również nie wchodzimy .... w drogę.
wmawiać	7. Od lat wmawiała ...., że jest najnieszczęśliwszą kobietą na świecie.
wymarzyć	8. Wymarzyłem .... tę pracę i wreszcie ją dostałem.
wyobrażać	9. Nie wyobrażam .... starości!
	10. Kochanie, wyobraź ...., że ten pan mnie znowu obraził!
	11. Najbliższą przyszłość wyobrażam .... jako raj na ziemi.
wyrzucać	12. Wyrzucał .... opieszałość w załatwianiu tej ważnej sprawy.
zadać	13. Zadałeś .... tyle trudu, aby zrozumieć świat, i cóż z tego, mały filozofie!
zaprzątać	14. Ciągle zaprzątała .... głowę jakimiś błahostkami.
zaskarbiać	15. Swą postawą zaskarbiał .... szacunek u innych.
zatrzymywać	16. Lubił .... zatrzymywać na wiele lat pożyczone od innych książki.
zdawać	17. Józefie Karolu, chyba nie zdajesz .... sprawy z podniosłości chwili!
zjednywać	18. Zjednywał .... ludzi nagrodami i nieuzasadnionymi awansami.
(nie) żałować	19. Zarabiał dużo i nie żałował .... na żadną przyjemność.
życzyć	20. Szef życzy .... widzieć Pana natychmiast, Panie Staszku!

OCEŃ SAM SIEBIE
>[9] bdb • [9] + db • [8] db • [7] +dst • >[6] dst • <[6] ndst
Jeśli w zadaniu testowym jest więcej niż dziesięć jednostek – przelicz sam!

ZADANIE 64

Copyright by S. Mędak

Liczba mnoga, czy pojedyncza!
Proszę połączyć czasowniki z kolumny A z wyrazami w liczbie pojedynczej lub mnogiej podanymi w kolumnie B.

WZÓR
0. bić się z kimś   a. <u>na bagnety</u> ‖ b. na bagnet

ZADANIA TESTOWE

A.	B.
brać kogoś	**1. a.** na języki || **b.** na język; w zn. *'czynić kogoś przedmiotem plotek'*
brać kogoś	**2. a.** w obroty || **b.** w obrót; w zn. *'zmuszać kogoś do karności"*
dawać się komuś	**3. a.** we znaki || **b.** w znak; w zn. *'dokuczać komuś, przeszkadzać komuś'*
stroić sobie z kogoś	**4. a.** żart || **b.** żarty; w zn. *'żartować sobie z kogoś'*
mieć	**5. a.** nerw jak postronek || **b.** nerwy jak postronki; w zn. *'być opanowanym'*
	6. a. ciężkie ręce || **b.** ciężką rękę; w zn. *'nie mieć zdolności do czegoś'*
	7. a. czystą rękę || **b.** czyste ręce; w zn. *'być uczciwym'*
	8. a. duszę na ramieniu || **b.** dusze na ramionach; w zn. *'odczuwać strach'*
	9. a. muchę w nosie || **b.** muchy w nosie; w zn. *'mieć zły humor'*
pokazywać	**10. a.** humory || **b.** humor; w zn. *'dąsać się, kaprysić'*

Miejsce do wpisania właściwych połączeń:
[0 / a]
[1 ....]   [2 ....]   [3 ....]   [4 ....]   [5 ....]
[6 ....]   [7 ....]   [8 ....]   [9 ....]   [10 ....]

OCEŃ SAM SIEBIE
>[9] bdb • [9] +db • [8] db • [7] +dst • >[6] dst • <[6] ndst
Jeśli w zadaniu testowym jest więcej niż dziesięć jednostek – przelicz sam!

ZADANIE 65
Copyright by S. Mędak

Liczba mnoga, czy pojedyncza!
Proszę połączyć czasowniki z kolumny A z wyrazami w liczbie pojedynczej lub mnogiej podanymi w kolumnie B.

WZÓR
0. wymyślać komuś *(pot.)*	a. od nieudacznicy || <u>**b. od nieudacznic**</u>

A.	B.
1. **błądzić**	a. ulicami miasta || b. ulicą miasta
2. **czuć**	a. papierosem || b. papierosami

3. **dowodzić** — a. żołnierzami || b. żołnierzem
4. **handlować** — a. owocem || b. owocami
5. **leczyć kogoś** — a. antybiotykiem || b. antybiotykami
6. **maszerować** — a. czwórką || b. czwórkami
7. **nazbierać** — a. grzyba || b. grzybów
8. **przebierać** — a. owoc || b. owoce
9. **przekładać** — a. pieniądze z kieszeni do kieszeni || b. pieniądz z kieszeni do kieszeni
10. **przystrajać coś** — a. kwiatami || b. kwiatem
11. **[coś] np. skóra schodzi / łuszczy się** — a. płatem || b. płatami
12. **szantażować** — a. łzami || b. łzą
13. **układać** — a. książki na półkach || b. książkę na półkach
14. **wykładać** — a. owoce na stragan || b. owoc na stragan
15. **wyznaczać coś**, np. **granicę** — a. słupkiem || b. słupkami

Miejsce do wpisania właściwych połączeń:
[0 / b]
[1 ....] [2 ....] [3 ....] [4 ....] [5 ....]
[6 ....] [7 ....] [8 ....] [9 ....] [10 ....]
[11 ....] [12 ....] [13 ....] [14 ....] [15 ....]

OCEŃ SAM SIEBIE
>[9] bdb • [9] + db • [8] db • [7] +dst • >[6] dst • <[6] ndst
Jeśli w zadaniu testowym jest więcej niż dziesięć jednostek – przelicz sam!

ZADANIE 66
Copyright by S. Mędak

Proszę połączyć w jedno zdanie elementy zdaniowe z kolumny A i B i wpisać połączenia w kolumnie C zgodnie z poniższym wzorem.

WZÓR
0. *chcieć, żeby...* || on, wyjść stąd → Chcę, **żeby on stąd wyszedł.**

A.
1. *pragnąć, żeby...*
2. *prosić, żeby...*
3. *przypominać, żeby...*
4. *radzić, żeby...*
5. *(nie) sądzić, żeby ...*

B.
|| wszyscy, być szczęśliwi
|| dzieci, nie hałasować
|| panowie, nie zapomnieć
|| ja, zdawać na studia
|| on, zrozumieć, swój błąd

C.
→ Pragnę, żeby ....
→ Prosił, żeby ....
→ Przypominam, żeby ....
→ Mama radzi, żebym ....
→ Nie sądzę, żeby ....

ZADANIA TESTOWE

6. uświadamiać, żeby... || nie popełnić, błąd → Uświadamiam mu to, żeby ....
7. uważać, żeby... || nie zgubić się → Uważaj na dzieci, żeby ....!
8. wątpić, żeby... || ktokolwiek, to, zrozumieć → Wątpię, żeby ....
9. zalecać, żeby... || on, zmienić pracę → Psycholog zaleca, żeby ....
10. życzyć, żeby... || być, zdrowy i bogaty → Wszystkim życzę, żeby ....

OCEŃ SAM SIEBIE
>[9] bdb • [9] + db • [8] db • [7] +dst • >[6] dst • <[6] ndst
Jeśli w zadaniu testowym jest więcej niż dziesięć jednostek – przelicz sam!

ZADANIE 67
Copyright by S. Mędak

Proszę połączyć w jedno zdanie elementy zdaniowe z kolumny A i B i wpisać połączenia w kolumnie C zgodnie z poniższym wzorem.

WZÓR

A.	B.	C.
0. *bać się, żeby...*	|| nie zgubić, dokumenty	→ **Bał się, żeby nie zgubić dokumentów.**
01. *bać się, żeby...*	|| dzieci, nie zgubić, dokumenty	→ **Bała się, żeby dzieci nie zgubiły dokumentów.**

A.	B.	C.
1. *błagać kogoś, żeby...*	|| zabrać, ona, ze sobą	→ Błagała, żeby ....
2. *dążyć do czegoś, żeby...*	|| inni, żyć, lepiej	→ Dążę do tego, żeby ....
3. *doradzać, żeby...*	|| starać się o zasiłek	→ Doradzał, żeby ....
4. *marzyć, żeby*	|| wszystko, zmienić się	→ Marzyła, żeby .... w jej życiu.
5. *nalegać, żeby*	|| ojciec, wezwać, ksiądz	→ Nalegała, żeby ....
6. *proponować, żeby.....*	|| coś zjeść	→ Proponuję, żebyśmy ....
7. *prosił, żeby....*	|| zostawić, on, spokój	→ Prosił, żeby ona ....
8. *radzić, żeby...*	|| wyjechać wcześniej	→ Radziła, żeby oni ....
9. *rozsyłać coś, żeby...*	|| wszyscy, powiadomić	→ Rozsyłamy pisma, żeby ....
10. *stracić coś, żeby...*	|| zrozumieć ból	→ Trzeba stracić kogoś, żeby ....
11. *sugerować, żeby...*	|| nie kupować, ten model, auto	→ Sugerował, żeby ....
12. *tłumaczyć, żeby...*	|| dorobić do pensji	→ Tłumaczyła wieczorami, żeby ....
13. *upierać się, żeby...*	|| zrobić, ja, na złość	→ Upierasz się, żeby ....

14. *uważać, żeby...* || nie wejść w kałużę → Uważaj, żebyś ....!
15. *wnosić, żeby...* || nadać, szkoła, imię R. Tycha → Wnoszę, żeby ....

Wyboru czasowników do zadań testowych numer 63 – 64 dokonano na podstawie *Praktycznego słownika łączliwości składniowej czasowników polskich*, op. cit.

OCEŃ SAM SIEBIE
>[9] bdb • [9] + db • [8] db • [7] +dst • >[6] dst • <[6] ndst
Jeśli w zadaniu testowym jest więcej niż dziesięć jednostek – przelicz sam!

ZADANIE 68
Copyright by S. Mędak

**Zdania w formie twierdzącej || zdania w formie przeczącej + wyraz *żeby*.
Proszę przekształcić poniższe zdania zgodnie z podanym wzorem.**

WZÓR
Uważam, że świetnie wyglądałam w tej nowej sukni. || <u>A ja wcale nie uważam, żebyś świetnie wyglądała w tej sukni.</u>

1. Myślę, że dojedziecie do Paryża przed północą tym starym autem. || A ja wcale nie myślę, ...
2. Obiecywałeś mi prezent. || Nie przypominam sobie, ...
3. Podejrzewam, że to one zdradziły naszą tajemnicę. || A ja nie podejrzewam, ...
4. Przypominam sobie, że prosiłem cię o coś wczoraj. || A ja nie przypominam sobie, ...
5. Przypuszczam, że ona nie przyjdzie na to spotkanie. || A ja nie przypuszczam, ...
....
6. Sądzę, że mamy jeszcze dużo czasu, aby to zrobić. || A ja wcale nie sądzę, ...
....
7. Przypominam sobie, Zofio, że mi coś obiecałaś. || A ja nie przypominam sobie, ...
....
8. Wierzę, że wkrótce osiągniemy cel. || A ja nie wierzę, ...
....
9. Wspominałeś o tym przed wyjazdem! || Nie pamiętam, ...
....
10. Wydaje mi się, że popełniłem karygodny błąd. || Nie wydaje mi się, ...
....

OCEŃ SAM SIEBIE
>[9] bdb • [9] + db • [8] db • [7] +dst • >[6] dst • <[6] ndst
Jeśli w zadaniu testowym jest więcej niż dziesięć jednostek – przelicz sam!

ZADANIE 69

Copyright by S. Mędak

Proszę wpisać w miejsce kropek właściwe formy czasu przeszłego czasowników w połączeniu z wyrazem *się* lub bez tego wyrazu.

WZÓR
chować || chować się — Miał takie przyzwyczajenie, że <u>chował</u> ręce do kieszeni. || Dziki zając źle <u>się chował</u> w niewoli.

1. **dobierać || dobierać się** — Mój szef zawsze fatalnie .... sobie ludzi do współpracy. || Chłopcy .... w pary odpowiadające sobie wzrostem.

2. **dokładać || dokładać się** — Siedział przed ciepłym piecem i .... drew do paleniska. || On nigdy nie .... na zakup prezentów dla koleżanek z biura.

3. **dostawać || dostawać się** — Ona ciągle .... prezenty od wielbicieli. || Myszy coraz częściej .... do naszej spiżarni pełnej wiktuałów.

4. **kierować || kierować się** — Zosia świetnie .... traktorem. || W życiu Zosia .... wyłącznie siłą.

5. **kłaść || kłaść się** — Ten pan .... wszystkich na obie łopatki. *(pot.)* || Ten pan .... do łóżka dopiero po obejrzeniu dobranocki.

6. **kręcić || kręcić się** — Maria .... głową i zaprzeczała wszystkiemu, co mówił Józef. || *pot.* Józef .... po pokoju i coś mruczał pod nosem.

7. **liczyć || liczyć się** — Bogacz wieczorami .... swoje oszczędności. || Ten bogacz nie .... z nikim i z niczym.

8. **nadawać || nadawać się** — Od lat on .... ordery, tytuły. || Jako doświadczony urzędnik państwowy on naprawdę .... na szefa.

9. **nudzić || nudzić się** — Wykładowca .... studentów wykładem. || Sam też ....

10. **obchodzić || obchodzić się** — Maria .... hucznie swoje imieniny. || Jej mąż Józef w milczeniu .... bez imienin. *(pot.)*

OCEŃ SAM SIEBIE
>[9] bdb • [9] + db • [8] db • [7] +dst • >[6] dst • <[6] ndst
Jeśli w zadaniu testowym jest więcej niż dziesięć jednostek – przelicz sam!

ZADANIE 70

Copyright by S. Mędak

Polecenie oraz WZÓR – jak w zadaniu testowym numer 69.

1. **oddawać || oddawać się** — Z przyjemnością Maria .... rozmyślaniom i próżnowaniu. || Zwykle Maria .... swe prace z tygodniowym opóźnieniem.

2. **odnosić || odnosić się** — Józef od kilku lat .... sukcesy w filmach drugiej kategorii. || Maria .... do niego z coraz większym szacunkiem.

3. **odróżniać || odróżniać się** — Maria swym strojem .... od innych. || Po nieudanej operacji oczu Maria nie .... kolorów.

4. **odwoływać || odwoływać się** — Józef ciągle .... do patriotyzmu. || Z przyjemnością .... z wysokich stanowisk niewygodnych mu nacjonalistów.

5. **opłacać || opłacać się** — Maria .... każdą całonocną hulankę bólem głowy. || Józef twierdził, że tego rodzaju aktywność nikomu .... nie ....

6. **opowiadać || opowiadać się** — Maria chętnie .... o swoich pobytach za granicą. || Jako posłanka, Maria .... za przywróceniem granic w UE.

7. **opuszczać || opuszczać się** — Od dawna Maria .... lekcje w szkole i .... w nauce. *(pot)*

8. **oświadczać || oświadczać się** — Józef od lat uroczyście .... wszystkim, że kocha Marię. || Józef nigdy nie .... podejrzanym kobietom.

9. **palić || palić się** — Gorący piasek .... Józefa w podeszwy. || Maria nieraz .... ze wstydu za swego niewydarzonego męża.

10. **pchać || pchać się** — Maria ostatkiem sił .... ciężki wózek z dzieckiem i zakupami, podczas gdy Józefowi ponure myśli wciąż .... przed oczy.

OCEŃ SAM SIEBIE

> [9] bdb • [9] + db • [8] db • [7] +dst • >[6] dst • <[6] ndst

Jeśli w zadaniu testowym jest więcej niż dziesięć jednostek – przelicz sam!

ZADANIE 71

Copyright by S. Mędak

Polecenie oraz WZÓR – jak w zadaniu testowym numer 69.

ZADANIA TESTOWE

1. **powtarzać || powtarzać się** Ewa .... trzeci raz drugą klasę szkoły podstawowej. || Ta sytuacja .... również z innymi dziewczynkami w jej wieku.

2. **przejmować || przejmować się** Adam systematycznie .... listy adresowane do Marii. || Maria wcale .... tym nie ....

3. **przenosić || przenosić się** Ewa .... ze szkoły do szkoły. || Adam z uporem .... kosze z jabłkami z sadu do piwnicy.

4. **przyznawać || przyznawać się** Adam .... nagrody swoim kolegom partyjnym. || Ewa otwarcie nie .... do żadnej winy.

5. **rozchodzić || rozchodzić się** Podczas gdy Adam .... nogę po zdjęciu gipsu, z odległej kuchni polowej .... zapachy bigosu przygotowanego przez Ewę.

6. **rozkładać || rozkładać się** Ewa .... koc pod jabłonią, a koledzy Adama .... pod wspaniałymi krzakami głogu.

7. **rozwijać || rozwijać się** Podczas gdy Ewa .... swe teorie na temat poświęcania się dla innych, Adam .... jako artysta amator.

8. **tłumaczyć || tłumaczyć się** Podczas gdy Adam .... przed rodzicami Ewy, jego żona Ewa .... kolejny rozdział Biblii.

9. **udzielać || udzielać się** Adam z entuzjazmem .... biednym rabatu na zakup prezentów. || Jego entuzjazm .... wszystkim nędzarzom.

10. **ujmować || ujmować się** Podczas gdy Adam .... za głowę, Ewa swą wrodzoną naiwnością .... sobie wszystkich kolegów w pracy.

OCEŃ SAM SIEBIE
>[9] bdb • [9] + db • [8] db • [7] +dst • >[6] dst • <[6] ndst
Jeśli w zadaniu testowym jest więcej niż dziesięć jednostek – przelicz sam!

ZADANIE 72
Copyright by S. Mędak

Polecenie oraz WZÓR – jak w zadaniu testowym numer 69.

1. **upominać || upominać się** Bolek od roku .... o zaległe honoraria u Lolka. || Lolek taktownie .... Bolka w telewizji za jego pazerność na pieniądze.

2. **wiązać || wiązać się** Podczas gdy Lolek .... z nowopowstającą partią sprawiedliwych, Lolek z trudem .... koniec z końcem.

3. **wybierać || wybierać się**

Podczas gdy Lolek .... na konferencję, Bolek .... resztki jedzenia z koszyczka, który dostał od Czerwonego Kapturka.

4. **wykręcać || wykręcać się**

Podczas gdy Bolek .... spaloną żarówkę, Lolek *(pot.)* .... od obowiązków legalnego członka rodziny.

5. **wynajmować || wynajmować się**

Podczas gdy Bolek .... do zbioru truskawek w Szwecji, Lolek .... drogie pokoje w hotelach dla swoich dziewcząt.

6. **zabierać || zabierać się**

Lolek ciągle .... czas Bolkowi, a Bolek ciągle .... do ukończenia swej pracy magisterskiej z dwujęzyczności brata.

7. **zachowywać || zachowywać się**

Po każdej kłótni rodzinnej Bolek .... milczenie, a Lolek – jak zwykle – .... wobec niego arogancko.

8. **zadawać || zadawać się**

Przez całe życie Bolek nie .... z nikim, ponieważ Lolek .... mu metodycznie i celowo cierpienia.

9. **zajmować || zajmować się**

Na starość Lolek .... rzeźbieniem świątków w wielkim atelier, a Bolek .... narożny pokój w willi sąsiada.

10. **znać || znać się**

Lolek .... dobrze Kraków, a Bolek .... dobrze na intrygach.

OCEŃ SAM SIEBIE

>[9] bdb • [9] + db • [8] db • [7] +dst • >[6] dst • <[6] ndst

Jeśli w zadaniu testowym jest więcej niż dziesięć jednostek – przelicz sam!

ZADANIE 73

Copyright by S. Mędak

Polecenie oraz WZÓR – jak w zadaniu testowym numer 69.

1. **zalecać || zalecać się**

Hillary od lat .... do Billego, a Billy .... jej rozsądek.

2. **zapalać || zapalać się**

Gdy Hillary .... do jakiegoś pomysłu, Billy .... fajkę pokoju.

3. **zapominać / zapominać się**

Gdy Billy .... raz w życiu, Hillary .... swego nazwiska.

4. **zbierać || zbierać się**

Gdy Billy .... do ataku, Hillary .... dane.

5. **zdawać || zdawać się**   Gdy Billy .... urząd, Hillary .... spać.
6. **zmieniać || zmieniać się**   Gdy Billy .... fajkę, Hillary .... na twarzy.
7. **znać || znać się**   Hillary .... na tytoniu, a Billy .... cenę cygar.
8. **zrywać || zrywać się**   Billy .... boki ze śmiechu, a Hillary co noc .... spocona ze snu.
9. **zwracać || zwracać się**   Billy .... do narodu, podczas gdy Hillary nie .... uwagi na docinki koleżanek.
10. **żegnać || żegnać się**   Gdy Billy .... Monikę, Hillary .... pobożnie w pustym kościele.

Wyboru czasowników do zadania testowego numer 65 – 71 dokonano na podstawie *Praktycznego słownika łączliwości składniowej czasowników polskich*, op. cit.

OCEŃ SAM SIEBIE
> [9] bdb • [9] + db • [8] db • [7] +dst • >[6] dst • <[6] ndst

Jeśli w zadaniu testowym jest więcej niż dziesięć jednostek – przelicz sam!

ZADANIE 74
Copyright by S. Mędak

Proszę wpisać w miejsce kropek właściwe połączenia składniowe podkreślonych czasowników (kolumna B) z wyrazami z kolumny A.

WZÓR
(łóżko)   Miał ulubiony tapczan. || Po sytym posiłku uwielbiał leżeć na tapczanie.

A.   **B.**
(charaktery)   1. Rozróżniał w mig ludzkie charaktery. || Znał się ....
(chrzest)   2. Odbył się chrzest dziewczynki. || Nadano jej .... trzy imiona.
(drzwi)   3. Zrobił sobie piękną wizytówkę i powiesił ją ....
(gitara)   4. Wziął gitarę i zaczął śpiewać. || Akompaniował sobie ....
(konto)   5. Mam trochę pieniędzy w domu. || Resztę pieniędzy trzymam ....
(nos)   6. Ma okulary, ale nie ma nosa. || Jak to?! Okulary nosi się przecież ....!
(plotki)   7. Lubiła plotki. || Większą cześć dnia spędzała .... u koleżanek.
(ryby)   8. Twój mąż łowi ryby? – Tak. On znowu jest ....
(wiśnie)   9. Miał spirytus i wiśnie. || Zrobił nalewkę na spirytusie ....
(zakupy)   10. Wszyscy przed świętami robią zakupy || Ja też jestem ....

OCEŃ SAM SIEBIE

>[9] bdb • [9] + db • [8] db • [7] +dst • >[6] dst • <[6] ndst

Jeśli w zadaniu testowym jest więcej niż dziesięć jednostek – przelicz sam!

ZADANIE 75

Copyright by S. Mędak

Polecenie – jak w zadaniu testowym numer 74.

WZÓR
(polityka)   Interesowała go polityka. → <u>Angażował się</u> **w politykę.**

A.   **B.**

(czoło)   1. Skąd ten guz na twoim czole? || Wpadałam na latarnię i <u>uderzyłam się</u> ………. .

(grzyby)   2. Uwielbiam zbierać grzyby. || W tym roku lasy wyjątkowo <u>obfitują</u> ………. .

(dobry sprzęt)   3. Brakuje mi dobrego sprzętu w biurze. || Muszę <u>wyposażyć</u> biuro ………. .

(oczy)   4. Oczom nie wierzę, że ocalał! || Można powiedzieć, że śmierć <u>zajrzała</u> mu ………. .

(okropna pogoda)   5. Była okropna pogoda. || Powiedział: Nie mogę <u>iść na spacer</u> ………. tak ………. .

(stare futro)   6. Wyjęła z szafy stare futro z lisa. || <u>Ubrała się</u> ………. z lisa.

(ściana)   7. Chciał coś zawiesić na ścianie. Wziął młotek i gwóźdź. || <u>Wbił</u> gwóźdź ………. .

(ta dal)   8. Widział bezkresną dal. || <u>Wpatrywał się</u> ……………, jak w obraz.

(taniec)   9. Miał ochotę na ten taniec. || Poprosił tancerkę i <u>puścił się</u> z nią ……………… .

(ten dół)   10. Przed nim był dół, którego nie zauważył. || Szedł i <u>wpadł</u> ………. .

OCEŃ SAM SIEBIE

>[9] bdb • [9] + db • [8] db • [7] +dst • >[6] dst • <[6] ndst

Jeśli w zadaniu testowym jest więcej niż dziesięć jednostek – przelicz sam!

ZADANIE 76

Copyright by S. Mędak

Polecenie – jak w zadaniu testowym numer 74.

WZÓR
(ta dziewczyna)   <u>Patrzyłem na tę dziewczynę</u> **jak zaczarowany.**

ZADANIA TESTOWE

A.	B.
(dobre rady)	1. Nigdy nie zważał .... innych.
(moja sympatia)	2. Zwykle czekałem .... przed pomnikiem Zwycięstwa.
(obiecana pożyczka)	3. Liczyłem ....
(ostateczna rozmowa)	4. Wreszcie zdecydowałam się .... z tobą.
(podchwytliwe pytania)	5. Nie lubiłem odpowiadać .... rodziców.
(najbliższe przyczółki)	6. Czołgi skierowały się .... nieprzyjaciela.
(pierwszy samolot)	7. Wstałem późno i nie zdążyłem .... do Tirany.
(świeże powietrze)	8. Kiedy boli mnie głowa, wychodzę ....
(wszyscy / wszystko)	9. Lubiła narzekać .... i ....
(poważne zarzuty)	10. Znowu naraziła się .... kolegów.

OCEŃ SAM SIEBIE

>[9] bdb • [9] + db • [8] db • [7] +dst • >[6] dst • <[6] ndst

Jeśli w zadaniu testowym jest więcej niż dziesięć jednostek – przelicz sam!

ZADANIE 77

Copyright by S. Mędak

Polecenie – jak w zadaniu testowym numer 74.

WZÓR

(konferencja)	**Dzisiaj byłem cały dzień na konferencji. ǁ Jutro też pójdę na konferencję.**
(imieniny)	1. Byłeś .... Jacka? ǁ Nie. Pójdę .... Jacka w sobotę.
(masło)	2. Wydałem dużo pieniędzy .... ǁ Zrobię .... jajecznicę.
(palce)	3. Chodził koło niej .... ǁ Ona i tak próbowała mu nadepnąć ....
(parter)	4. Ktoś puka, zejdź .... ! ǁ To robotnicy stukają ....
(poczta)	5. Idę .... po odbiór przesyłki. ǁ Będę na pewno stała w kolejce ....
(postój)	6. Gdzie on jest? .... taksówek? ǁ Dobrze. Już idę .... taksówek.
(pusta ściana)	7. Patrzyła .... w pokoju. ǁ Miała ochotę coś powiesić ....
(trąbka)	8. Położył swą dłoń .... ǁ A potem pięknie zagrał ....
(urlop)	9. Gdzie się wybierasz ....? ǁ Nigdzie. Już byłem ....!
(Węgry)	10. Jedziecie ....? ǁ Jedziemy, bo mieszkamy ....

OCEŃ SAM SIEBIE

>[9] bdb • [9] + db • [8] db • [7] +dst • >[6] dst • <[6] ndst

Jeśli w zadaniu testowym jest więcej niż dziesięć jednostek – przelicz sam!

ZADANIE 78

Copyright by S. Mędak

Polecenie – jak w zadaniu testowym numer 74.

WZÓR
(szyny)   Kupiłem mu pociąg i szyny. || Kupiłem dziecku pociąg, który jeździ po szynach.

A.	B.
(babcia)	1. Jest tak piękna, jak jej babcia. || Urodę ma na pewno ....
(biura / gabinety)	2. Są biura i gabinety. || Plotki najczęściej krążą .... i ....
(chód)	3. Miał specyficzny chód. || Zawsze poznawałem go ....
(deser)	4. Najpierw deser, potem kawa. || Kawę wypijemy dopiero ....
(długa przerwa)	5. Mówił i nagle zrobił długą przerwę. || Zaczął na nowo mówić dopiero ....
(góry)	6. Uwielbiała góry. Całymi dniami chodziła ....
(zapach)	7. Czuć było zapach kapusty. || .... poznałem, że na obiad będzie bigos.
(kolacja)	8. Najpierw kolacja, potem dyskusja. || Dyskusję rozpoczniemy dopiero ....
(morze)	9. Chciał zostać marynarzem, bo uwielbiał morze. || Chciał żeglować ....
(mroźna zima)	10. Była mroźna zima, a potem wiosna. || Ciepła wiosna nastąpiła ... .
(noce)	11. W dzień pracował, uczył się w nocy. || Od lat uczył się ....
(ręce)	12. Uwielbiał jej ręce. || Godzinami mógł ją całować ....
(rusztowanie)	13. Przede mną było rusztowanie. ||Wdrapałem się .... na dach domu.
(Turek)	14. Byłem trzeci. Pierwszy był Kurd, drugi Turek. || Byłem trzeci ....
(wsie)	15. Badała gwary na wsi. || Jeździła .... i nagrywała rozmowy z wieśniakami.

OCEŃ SAM SIEBIE
\>[9] bdb • [9] + db • [8] db • [7] +dst • >[6] dst • <[6] ndst
Jeśli w zadaniu testowym jest więcej niż dziesięć jednostek – przelicz sam!

ZADANIE 79

Copyright by S. Mędak

Polecenie – jak w zadaniu testowym numer 74.

ZADANIA TESTOWE

WZÓR

(śmierć)   Skąd ma tę wiadomość o jej śmierci? → <u>Dowiedział się o jej śmierci z gazet.</u>

A.   **B.**

(ból)   1. Boli cię głowa? → Ten nieznośny wiatr <u>przyprawia</u> mnie .... głowy.

(herbata)   2. Chcesz herbaty? → Nie pytaj dwa razy. Przecież <u>prosiłem</u> cię .. ..

(honor)   3. On ma honor?! → Tak, twierdzi, że <u>bije się</u> .... rodziny.

(mur)   4. Dobrze, że jest tutaj mur. Robi mi się słabo! → Szybko <u>oprzyj się</u> .... !

(nasze dziecko)   5. Nie przejmujesz się dzieckiem! → Ty też <u>nie troszczysz się</u> ....

(rodzina)   6. Czy rodzina go jeszcze interesuje? → Tak. On ciągle <u>mówi</u> ....

(spotkanie)   7. Czy pamiętasz, że jutro mamy spotkanie? → Tak. <u>Pamiętam</u> ....

(stypendium)   8. Dostałeś stypendium? → Nie. Ciągle <u>staram się</u> ....

(tamte lata)   9. Wracała myślami do tamtych lat? → Tak. <u>Wspominała</u> ....

(wojna)   10. Pamiętał okres wojny? → Tak. Nigdy nie udało mu się <u>zapomnieć</u> ....

OCEŃ SAM SIEBIE

>[9] bdb • [9] + db • [8] db • [7] +dst • >[6] dst • <[6] ndst

Jeśli w zadaniu testowym jest więcej niż dziesięć jednostek – przelicz sam!

ZADANIE 80

Copyright by S. Mędak

Polecenie – jak w zadaniu testowym numer 74.

WZÓR

(zgoda)   Miałem zgodę rodziców. || <u>Zrobiłem to za zgodą rodziców.</u>

A.   **B.**

(drzwi)   1. On już jest za drzwiami?! || Nie. Jeszcze go <u>nie wyrzucono</u> ....!

(jeden dzień)   2. Pożycz mi tę książkę na jeden dzień. || Na pewno <u>przeczytam</u> ją i oddam ci ją ....

(kolana)   3. Zamoczyłem tylko nogi, ponieważ w tym jeziorze woda <u>sięga</u> jedynie ....

(namowa)   4. To była namowa jego kolegów. || Ukradł samochód .... kolegów.
(obiad)   5. Zjadł obiad w restauracji, a potem nie zapłacił .... i wyszedł po angielsku.
(ochroniarze) 6. Najpierw jechali ochroniarze, a potem dygnitarz. || Dygnitarz jechał ....
(odwaga)   7. Jest odważny! Ma odwagę! || Doceniono go wreszcie i dano mu medal ....
(rok)   8. Jeszcze będę tutaj rok. || Wyjadę za granicę dopiero ....
(sprawunki)   9. Ciągle wychodzi do różnych sklepów. || Ciągle chodzi ....
(zdrowie)   10. Za kogo pijesz ten toast? || Piję ten toast .... solenizanta.

OCEŃ SAM SIEBIE
>[9] bdb • [9] + db • [8] db • [7] +dst • >[6] dst • <[6] ndst
Jeśli w zadaniu testowym jest więcej niż dziesięć jednostek – przelicz sam!

ZADANIE 81
Copyright by S. Mędak

Polecenie – jak w zadaniu testowym numer 74.

WZÓR
(śmietana)   **Brakowało jej śmietany do zupy. → Musiała pójść do sklepu po śmietanę.**

A.   **B.**
(bilet)   1. Chcesz bilet na mecz? → Musisz iść .... do kasy stadionu.
(brzegi)   2. Napełniłeś wodą wannę? || Tak. Napełniłem ją ....
(jedno piwo)   3. Władku, kupiłem dwa piwa. || Zaraz wypijemy ....
(jezioro)   4. Często chodzę nad jeziora. || Lubię patrzeć na ptaki pływające ....
(ksiądz)   5. Babcia zaniemogła. Potrzebowała księdza. → Szybko pobiegłem ....
(obiad)   6. Jadł obiad o dwunastej. Potem odpoczywał. || Odpoczywał zawsze ....
(praca)   7. Kończył pracę o osiemnastej. || Natychmiast .... wracał do domu.
(rada)   8. Potrzebuję mądrej rady. || I dlatego przyszedłem do ciebie ....
(strome schody)   9. Popatrzyła na wysokie schody. || Z trudem wchodziła ....
(twarz)   10. Masz bardzo złą twarz. || Widać ...., że nie jesteś dziś w humorze.

ZADANIA TESTOWE

OCEŃ SAM SIEBIE
>[9] bdb • [9] + db • [8] db • [7] +dst • >[6] dst • <[6] ndst
Jeśli w zadaniu testowym jest więcej niż dziesięć jednostek – przelicz sam!

ZADANIE 82
Copyright by S. Mędak

Proszę użyć właściwych przypadków w połączeniu z przyimkiem *w*, który wyraża stan, w jakim ktoś/coś pozostaje i wpisać właściwe formy wyrazów podanych w tabeli A w miejsce kropek (kolumna B).

WZÓR
(bieda) | Był nędzarzem przez całe życie. | → Żył całe życie w <u>biedzie</u>.

A.		B.
1. *(bieg)*	Biegł, i biegnąc minął się z nim.	→ Minął się z nim w ....
2. *(cena)*	Owoce w tym roku były drogie.	→ Owoce w tym roku były w ....
3. *(cwał)*	Koń cwałował, bo się przestraszył.	→ Koń puścił się w ....
4. *(bezruch)*	Całe dni spędzała bez ruchu.	→ Ona całymi dniami tkwiła w ....
5. *(milczenie)*	Patrzyła na mnie i milczała.	→ Patrzyła na mnie w ....
6. *(moda)*	Wszyscy kupowali kanarki.	→ Kanarki były w ....
7. *(pień)*	W lesie pozostały tylko pnie drzew.	→ Ktoś wyciął las w ....
8. *(samotność)*	Była przez całe życie samotna.	→ Żyła w ....
9. *(sława)*	Był sławny i pokazywał to wszystkim.	→ Chodzi w .... od ponad trzydziestu lat.
10. *(uparcie)*	Uparł się i nie chciał zmienić zdania.	→ Trwał od wielu lat w ....

Opracowano na podstawie *Język polski à la carte*, cz. III, op. cit.

OCEŃ SAM SIEBIE
>[9] bdb • [9] + db • [8] db • [7] +dst • >[6] dst • <[6] ndst
Jeśli w zadaniu testowym jest więcej niż dziesięć jednostek – przelicz sam!

ZADANIE 83
Copyright by S. Mędak

Proszę użyć właściwych przypadków w połączeniu z przyimkiem *między* i wpisać właściwe formy wyrazów podanych w kolumnie A w miejsce kropek (kolumna B).

WZÓR

(drzewo)	Były drzewa. Szedł w kierunku drzew.	→ **Wszedł między** drzewa. → **Po chwili stanął między drzewami.**

A.		**B.**
(kobiety)	Była grupa kobiet.	1. → Ktoś wszedł między ....
	Kobiety siedziały na trawniku.	2. → Mężczyzna siedział między ....
(książki)	Chciał schować dokumenty.	3. → Wcisnął dokumenty między ....
	Na półce stały książki. Szukał dokumentów.	4. → Dokumenty były między ....
(samochody)	Stały dwa samochody.	5. → Wjechał fiatem między ....
		6. → Znalazł miejsce między ....
(suknie)	W butiku było wiele sukien.	7. → Długo przebierała między ....
(wieżowce)	Tam, gdzie biegł, były wieżowce.	8. → Wbiegł między ....
		9. → Stał między dwoma ....
(wzgórza)	Ta rzeka płynie tu od tysięcy lat.	10. → Ta rzeka płynie między .... od tysięcy lat.

Opracowano na podstawie *Język polski à la carte*, cz. III, op. cit.

OCEŃ SAM SIEBIE

> [9] bdb • [9] + db • [8] db • [7] +dst • >[6] dst • <[6] ndst

Jeśli w zadaniu testowym jest więcej niż dziesięć jednostek – przelicz sam!

ZADANIE 84

Copyright by S. Mędak

Proszę użyć właściwych przypadków w połączeniu z przyimkiem *między* i wpisać właściwe formy wyrazów podanych w kolumnie A w miejsce kropek (kolumna B).

WZÓR

(1914 || 1939)	Działo się to w latach 1914–1939.	→ Działo się to między tysiąc dziewięćset czternastym i tysiąc dziewięćset trzydziestym dziewiątym rokiem.

A.		B.
1. *(czerwony || bordo)*	Co to za kolor?! Czerwony, bordo?	→ To jest kolor między .... a ....
2. *(kariera || rodzina)*	Miał do wyboru: kariera lub rodzina.	→ Musiał wybrać między .... a ....
3. *(komedia || tragedia)*	Co to za sztuka?	→ To coś między .... a ....
4. *(łokieć || nadgarstek)*	Gdzie ci pękła kość?	→ Kość pękła mi między .... a ....
5. *(okno || szafa)*	Jest okno, szafa i stół.	→ Stół będzie stać między .... a ....
6. *(on || ja)*	Nie mogła zdecydować: on czy ja.	→ Nie mogła zdecydować między .... a ....
7. *(praca || studia)*	Chciał pracować i studiować.	→ Wahał się między .... a ....
8. *(rzeka || las)*	Z prawej strony jest łąka, z lewej las.	→ Szedł między .... a ....
9. *(synowie || córki)*	Miał dużo pieniędzy.	→ Rozdał wszystko między .... i ....
10. *(szósta || siódma)*	Dziecko spało dość spokojnie.	→ Budziło się tylko między .... i ....

Opracowano na podstawie *Język polski à la carte*, cz. III, op. cit.

OCEŃ SAM SIEBIE

\>[9] bdb • [9] + db • [8] db • [7] +dst • >[6] dst • <[6] ndst

Jeśli w zadaniu testowym jest więcej niż dziesięć jednostek – przelicz sam!

ZADANIE 85

Copyright by S. Mędak

Proszę użyć właściwych przypadków w połączeniu z przyimkiem *nad* (część I) oraz *pod* (część II) i wpisać właściwe formy wyrazów podanych w kolumnie A w miejsce kropek (kolumna B i C).

WZÓR

(jezioro)	Jakie piękne jezioro!	→ Idziemy nad <u>jezioro</u>!	Już byłem nad <u>jeziorem</u>.

I.

A.		B.	C.
1. *(morze)*	Jakie duże morze!	→ Chodź nad ....!	Nie. Wieje silny wiatr nad ....

	A.	B.	C.
2. *(ocean)*	Jaki olbrzymi ocean!	→ Jutro jadę nad	Nigdy nie byłem nad ....!
3. *(rzeka)*	Jaka czysta rzeka!	→ Idziemy nad	Od lat mieszkam nad ....!
4. *(staw)*	Jak duży staw!	→ Biegniemy nad	Już jesteśmy nad ....

II.

	A.	B.	C.
5. *(drzewo)*	Jakie piękne małpy!	→ Jedna schowała się pod	Druga siedziała pod ....
6. *(góra)*	Jaka wielka góra!	→ Jedni stoją pod	Inni wchodzą pod ....
7. *(koc)*	Jaki ciepły koc!	→ Wcisnąłem się pod	Było mi ciepło pod ....
8. *(parasol)*	Jaki wielki parasol!	→ Wejdź pod ....!	Dobrze. Teraz stoję pod ....
9. *(stół)*	Jakie śliczne koty!	→ Jeden wszedł pod	Drugi siedział pod ....
10. *(szafa)*	Jaka stara szafa!	→ Schowam list pod	List zostanie ukryty pod ....

OCEŃ SAM SIEBIE

>[9] bdb • [9] + db • [8] db • [7] +dst • >[6] dst • <[6] ndst

Jeśli w zadaniu testowym jest więcej niż dziesięć jednostek – przelicz sam!

ZADANIE 86

Copyright by S. Mędak

Proszę użyć właściwych przypadków w połączeniu z przyimkiem *pod* i wpisać właściwe formy wyrazów podanych w kolumnie A w miejsce kropek (kolumna B).

WZÓR

(Babia Góra)	Nazywali się Babińscy.	Mieszkali pod <u>Babią Górą</u>.

A. | | **B.**

	A.	B.
1. *(Grunwald)*	Grunwald! Tutaj była słynna bitwa.	Bitwa pod .... odbyła się w 1410 roku.
2. *(kamienica)*	Coś się dzieje w tej kamienicy?	Ludzie stoją pod .... i rozmawiają.
3. *(kołdra)*	Gdzie jest kot? Znowu na szafie?!	Nie. Tym razem schował się pod ....

4. *(Kraków)*	Wieś Gaj leży 3 km od Krakowa.	Jest to najładniejsza wieś pod ....
5. *(pomnik)*	Pomnik to częste miejsce spotkań.	My też spotkamy się pod ....
6. *(opieka)*	Nie macie już córeczki w domu?	Niestety. Oddaliśmy ją pod .... babci.
7. *(Paryż)*	Wszyscy chcą mieszkać w Paryżu.	A ja wolę mieszkać pod ....
8. *(prąd)*	Był silny prąd na rzece.	Wiosłowanie pod .... bardzo mnie osłabiło.
9. *(szczyt)*	To schronisko jest bardzo wysoko.	Prawie pod .... tej wysokiej góry.
10. *(wierzba)*	Mam piękną wierzbę w ogrodzie.	Lubię siedzieć pod ....

OCEŃ SAM SIEBIE
>[9] bdb • [9] + db • [8] db • [7] +dst • >[6] dst • <[6] ndst
Jeśli w zadaniu testowym jest więcej niż dziesięć jednostek – przelicz sam!

ZADANIE 87
Copyright by S. Mędak

Proszę użyć właściwych przypadków w połączeniu z przyimkiem *poza* i wpisać właściwe formy wyrazów podanych w kolumnie A w miejsce kropek (kolumna B).

WZÓR

(miasto)	Wczoraj wyjechaliśmy poza <u>miasto</u>!	Spędziliśmy kilka godzin poza <u>miastem.</u>
(felietony)	1. Nie pisał nic poza	2. Poza .... nie wychodził. *(pot.)*
(granica)	3. Wyjechaliśmy poza .... kraju.	4. Poza .... kraju była rozległa puszcza.
(koszary)	5. Żołnierze wyszli poza	6. Spędzili poza .... całą dobę.
(stół / wanna)	7. W kuchni nie ma niczego poza	8. W łazience nie ma niczego poza ....
(Warszawa)	9. Wyjeżdżam na wakacje poza	10. Wakacje spędzam poza ....

OCEŃ SAM SIEBIE
>[9] bdb • [9] + db • [8] db • [7] +dst • >[6] dst • <[6] ndst
Jeśli w zadaniu testowym jest więcej niż dziesięć jednostek – przelicz sam!

ZADANIE 88

Copyright by S. Mędak

Proszę użyć właściwych przypadków w połączeniu z przyimkiem *przed* i wpisać właściwe formy wyrazów podanych w kolumnie A w miejsce kropek (kolumna B).

WZÓR

(sąd królewski) — Dostałem wezwanie do sądu królewskiego. || → Zostałem wezwany przez sąd królewski. → Ten słynny proces miał się odbyć przed <u>sądem królewskim</u>.

A.   **B.**

1. *(dom)* — Był chory i siedział cały czas w domu. || → Miał ochotę wyjść przed .... → Kiedy poczuł się lepiej, spędzał kilka chwil przed ....

2. *(góra)* — Wybraliśmy jako punkt marszu górę Nadziei. || → Zajechaliśmy samochodem przed .... Nadziei. → Staliśmy przed .... zachwyceni jej pięknem.

3. *(poczta)* — Stał w kolejce na poczcie już godzinę. || → Zmęczony wyszedł przed .... → Przed .... zauważył swojego kolegę, który szedł na pocztę.

4. *(posiadłość)* — Mieszkała od lat w tej posiadłości. || → Zajeżdżała karetą przed .... → Ludzie zatrzymywali się przed .... i podziwiali jej złotą karetę.

5. *(urząd podatkowy)* — Celem ataku zbuntowanych był urząd podatkowy. || → Niektórzy zbuntowani chcieli iść przed .... → Przed .... czekali na nich uzbrojeni po zęby policjanci.

6. *(chata)* — To była wiejska chata jego rodziców. || → Podjechał mercedesem przed .... Zatrzymał się przed .... swoich rodziców na chwilę i po chwili szybko odjechał.

OCEŃ SAM SIEBIE

>[9] bdb • [9] + db • [8] db • [7] +dst • >[6] dst • <[6] ndst

Jeśli w zadaniu testowym jest więcej niż dziesięć jednostek – przelicz sam!

ZADANIE 89

Copyright by S. Mędak

Proszę użyć właściwych przypadków w połączeniu z przyimkiem *za* i wpisać właściwe formy podkreślonych wyrazów (kolumna A) w miejsce kropek (kolumna B).

WZÓR

Wyjeżdżacie <u>za granicę</u>?   → Nie. Już byliśmy dwa razy za <u>granicą</u>.

ZADANIA TESTOWE

A.
1. Człowiek wypadł za burtę!
2. On stoi za drzewem?
3. Rzuciłeś książkę za łóżko?
4. Schowałeś się za szafę?
5. Spójrz za okno!
6. On pracował za innych.
7. Stanął za twoimi plecami?
8. Tęsknisz za Władkiem?
9. Wyrzuciłaś go za drzwi?
10. Wywędrował za morze.

B.
→ Popatrzcie na tonącego za ....
→ Nie. On się schował za ....
→ Tak. Twoja książka leży teraz za ....
→ Tak. Stoję za .... już od godziny.
→ A cóż ciekawego dzieje się za ....?!
→ Ona rozglądała się za ....
→ Tak. Schował się za ....
→ Tak. Oddałabym życie za ....!
→ Tak. Już od kilku minut jest za ....
→ A za .... były tylko skaliste góry.

OCEŃ SAM SIEBIE

>[9] bdb • [9] + db • [8] db • [7] +dst • >[6] dst • <[6] ndst

Jeśli w zadaniu testowym jest więcej niż dziesięć jednostek – przelicz sam!

ZADANIE 90

Copyright by S. Mędak

Proszę użyć właściwych przypadków w połączeniu z przyimkiem *za* i wpisać właściwe formy z kolumny A w miejsce kropek (kolumna B).

WZÓR
chwila   **Zadzwonię do ciebie za chwilę.**

A.
1. *dzień*
2. *godzina*
3. *miesiąc*
4. *rok*
5. *kadencja*
6. *każde podejście*
7. *każdy raz*
8. *każdy wybuch*
9. *moje młode lata*
10. *moje życie*
11. *panowanie*
12. *raz*

B.
Jak szybko upływa dzień za ....
Wyjdziemy stąd za ....
Pojadę na wakacje za ....
Życie mijało jej beztrosko rok za ....
Za .... wójta Marchewki nie było we wsi żadnych konfliktów.
Oblewała egzaminy za .... *(pot.)*
Za .... popełniała te same błędy.
Podskakiwaliśmy za .... podczas bombardowania miasteczka.
Za .... nie było, ani coca coli, ani gumy do żucia.
To się nie zmieni za ....
Za .... króla Bolka poddanym żyło się zupełnie dobrze.
Raz za .... zza okien dolatywały głuche dźwięki młota pneumatycznego.

13. *referendum*   Wszyscy byliśmy za .... w sprawie wejścia Polski do UE.

14. *stare meble*   Prowadził komis i jeździł po Polsce za ....
                        ....

15. *żadne skarby świata* Babcia nie chciała opuścić swego domu za ....
                        ....

OCEŃ SAM SIEBIE
>[9] bdb • [9] + db • [8] db • [7] +dst • >[6] dst • <[6] ndst
Jeśli w zadaniu testowym jest więcej niż dziesięć jednostek – przelicz sam!

ZADANIE 91
Copyright by S. Mędak

Proszę użyć właściwych przypadków w połączeniu z przyimkiem *z* lub *za* i wpisać właściwe formy z kolumny A w miejsce kropek (kolumna B).

WZÓR
(ręce)   Nie wiedział, gdzie ma schować ręce. → Nie wiedział, co ma zrobić z <u>rękami</u>
                                                                              a. <u>rękoma</u>.

A.   **B.**
1. *(całe, serce)*   Miał dobre serce. → Kochał z ....
2. *(jakaś kwota)*   Nikt nie wie, ile za to zapłacił. → Kupił to za ....
3. *(kowboj)*   Chciał wyglądać jak kowboj. → Kupił strój i przebrał się za ....
                        ....
4. *(mąż)*   Znalazła wreszcie kandydata na męża. → W grudniu wychodzi za ....
5. *(oczy)*   Miała takie same oczy jak matka. → Z .... była podobna do matki.
6. *(pisarz)*   Był znanym publicystą. → Uważał się jednak za ....
7. *(rozrywka)*   Nie chodził na żadne dyskoteki. → Książki starczały mu za ....
                        ....
8. *(słodycze)*   Lubiła bardzo słodycze. → Przepadała za ....
9. *(zabytki)*   Włochy to kraj zabytków. → Włochy są znane z ....
10. *(złodziej)*   Myślał, że jestem złodziejem. → Uważał mnie za ....

Opracowano na podstawie *Język polski à la carte*, cz. III, op. cit.

OCEŃ SAM SIEBIE
>[9] bdb • [9] + db • [8] db • [7] +dst • >[6] dst • <[6] ndst
Jeśli w zadaniu testowym jest więcej niż dziesięć jednostek – przelicz sam!

ZADANIE 92

Copyright by S. Mędak

Powiedz to inaczej.
Proszę wpisać w miejsce kropek w kolumnie B właściwe połączenia alternatywne.

WZÓR
0. chronić || zapomnienie
przed czym || *od czego*

0. Chrońmy „małe" języki <u>przed zapomnieniem</u> || <u>od zapomnienia</u>!

A.

1. **chronić się || zimno** *(rzecz.)*
przed czym || *od czego*

2. **czuwać || chore dziecko**
nad kim || *przy kim*

3. **dopominać się || swoje, prawa**
o co || *czego*

4. **dopominać się || szef**
u kogo || *od kogo*

5. **dyskutować || ta propozycja**
co || *o czym* || *nad czym*

6. **głosować || poprawki do ustawy**
co || *nad czym*

7. **kłamać || żona**
kogo || *komu*

8. **kłaść coś || półka**
na co || *na czym*

9. **kosztować || te owoce**
co || *czego*

10. **lać || szklanki**
do czego || *w co*

B.

1. Człowiek musi się chronić ....
   || ....

2. Matka czuwa ....
   || ....

3. Każdy powinien się dopominać ....
   || ....

4. Podwyżki należy się dopominać ....
   || ....

5. Trzeba dłużej dyskutować ....
   || .... || ....

6. Głosujemy jeszcze raz .... do ustawy || .... do ustawy.

7. Czy warto kłamać ....
   || ....?

8. Zawsze kładę książki ....
   || ....

9. Czy chciałabyś skosztować ....
   || ....

10. Lał ciepły krakowski grzaniec ....
    || ....

OCEŃ SAM SIEBIE
>[9] bdb • [9] + db • [8] db • [7] +dst • >[6] dst • <[6] ndst
Jeśli w zadaniu testowym jest więcej niż dziesięć jednostek – przelicz sam!

ZADANIE 93

Copyright by S. Mędak

Polecenie i WZÓR – jak w zadaniu testowym numer 92.

A.

1. budować || najbiedniejsi
dla kogo || komu

2. łowić || sieć
w co || czym

3. maszerować || czwórki
czym (jak) || w czym (jak)

4. mieszać kogoś || te afery
do czego || w co

5. nabierać coś || szufla
na co || czym

6. namawiać kogoś || przejażdżka
do czego || na co

7. objadać się || słodycze
czego || czym

8. oczekiwać || listonosz
kogo || na kogo

9. oczekiwać || odpowiedź
czego || na co

10. odpadać (coś) || sufit
od czego || z czego

B.

1. Państwo buduje domy ....
|| ....

2. Czasami łowię ryby ....
|| ....

3. Żołnierze maszerowali ....
|| ....

4. Nie mieszaj mnie ....
|| ....!

5. Nabieraj szybciej węgiel ....
|| ....!

6. Muszę namówić cię ....
|| ....!

7. Miała to do siebie, że objadała się ....
|| ....!

8. Już od godziny oczekuję ....
|| ....!

9. Od tygodnia oczekuję ....
|| ....!

10. Znowu tynk odpada ....
|| ....!

ZADANIA TESTOWE

ZADANIE 94

Copyright by S. Mędak

Polecenie i WZÓR – jak w zadaniu testowym numer 92.

A.

1. oszczędzać || węgiel
co || czego

2. pomagać komuś || prowadzenie
przy czym || w czym

3. porównywać kogoś || matka
do kogo || z kim

4. poświęcać coś || dzieci
dla kogo || komu

5. przechodzić || rzeka
co || przez co

6. przekazywać || inni
dla kogo || komu

7. przelatywać || ulica
co || przez co

8. przepływać || rury
czym || przez co

9. przesiadać się || kajaki
do czego || na co

10. przesyłać || poczta
czym || przez co

11. przesyłać || kurier
kim || przez kogo

12. przydawać się || biedni
komu || rzad. dla kogo

B.

1. Zimą oszczędzamy ....
   || ....

2. Pomagam babci .... domu
   || .... domu

3. Dlaczego wszyscy porównują mnie ....
   .... || ....?

4. Poświęcała życie ....
   || ....

5. Zawsze przechodzę ....
   || .... w tym samym miejscu.

6. Przekazujemy dary ....
   || ....

7. Ten czarny kot ciągle przelatuje ....
   .... || .... *(pot.)*

8. Woda przepływa ....
   || ....

9. Po krótkim spływie tratwami przesiadaliśmy się .... || ....

10. Wszystkie dokumenty przesyłamy
    .... || ....

11. Ważne dokumenty przesyłamy ....
    .... || ....

12. Te rzeczy przydają się ....
    || ....

13. przydawać się || bigos
do czego || na co

13. Okrawki z wędlin przydają się ....
.... || ....

14. przynosić || dzieci
dla kogo || komu

14. Przynosiła ....
|| .... wiele dobrych rzeczy.

15. przypominać komuś || status społeczny
co || o czym

15. Często przypominała mu jego ....
.... || .... jego ....

16. rozbierać coś || myśli
czym || w czym

16. Długo rozbierała ....
|| .... propozycję ożenku.

17. rozdawać || biedni dmieszkańcy
komu || między kogo

17. Rozdawali paczki ....
|| ....

18. rozmawiać || nietolerancja
na temat czego || o czym

18. Często rozmawiali ....
|| ....

19. rozmawiać || uczniowie
na temat kogo || o kim

19. Nauczyciele lubią rozmawiać ....
|| ....

OCEŃ SAM SIEBIE
>[9] bdb • [9] + db • [8] db • [7] +dst • >[6] dst • <[6] ndst
Jeśli w zadaniu testowym jest więcej niż dziesięć jednostek – przelicz sam!

ZADANIE 95

Copyright by S. Mędak

Polecenie i WZÓR – jak w zadaniu testowym numer 92.

1. rozsyłać coś || znajomi
do kogo || komu || po kim

1. Rozsyłał .... || ....
|| .... kopie swoich artykułów.

2. rozwodzić się || polityka
nad czym || o czym

2. Lubił się rozwodzić ....
|| ....

3. różnić się || kolor
czym || pod względem czego

3. Domy różniły się wyłącznie ....
dachu || .... dachu.

4. rumienić się || wstyd
od czego || z czego

4. Często rumieniła się ....
|| ....

ZADANIA TESTOWE

5. rumienić się || syn
za kogo || z powodu kogo

5. Często rumieniła się ....
|| ....

6. rzucać || kamienie
co || czym

6. Lubił rzucać ....
|| .... do strumyka.

7. siadać || fotel
na czym || w czym

7. Wieczorami siadała ....
|| .... i oglądała telewizję.

8. siadać || stół
przy czym || za czym

8. Siadali ....
|| .... i zaczynali grać w karty.

9. skarżyć się || nauczyciel
do kogo || komu (pot.) || przed kim; przestarz.

9. Uczniowie lubili skarżyć się ....
|| .... || ....

10. składać coś || biurko
na co || na czym

10. Składała .... || ....
pisma do podpisu przez szefa.

OCEŃ SAM SIEBIE
>[9] bdb • [9] + db • [8] db • [7] +dst • >[6] dst • <[6] ndst
Jeśli w zadaniu testowym jest więcej niż dziesięć jednostek – przelicz sam!

ZADANIE 96

Copyright by S. Mędak

Polecenie i WZÓR – jak w zadaniu testowym numer 92.

1. składać coś || skarbonka
do czego || w czym

1. Systematycznie składała pieniądze ....
.... || ....

2. spacerować || brzeg
czym || nad czym

2. Uwielbiała spacerować ....
morza || .... morza.

3. spać || łóżko
na czym || w czym

3. Kot nauczył się spać ....
|| ....

4. spóźnić się || minuta
ile || o ile

4. Spóźniłem się tylko ....
|| ....

5. sprzątać || łazienka
co || w czym

5. Codziennie sprzątała ....
|| ....

6. stawiać coś || lada
na co || na czym

6. Stawiała zamówione towary .... || ....

7. strzelać || tarcza
do czego || w co

7. Znakomicie strzelał .... || ....

8. szukać czegoś || kieszenie
po czym || w czym

8. Bez przerwy szukał czegoś .... || ....

9. tłumaczyć się || szef
komu || przed kim

9. Często musiałem tłumaczyć się .... || ....

10. uciekać || góry
czym || przez co

10. Uciekali przed najeźdźcą .... || ....

11. udawać się do kogoś || porada
o co || po co

11. Zbyt często udajesz się do niego .... || ....

12. udowadniać || zeznania
czym || przez co

12. Sąd udowadnia jego czyny .... || ....

13. ujmować coś || piękne słowa
w co || w czym

13. Każdy komplement ujmował .... || ....

14. ujść || zagłada
czego || czemu

14. W czasie ataku tylko nieliczni uszli .... || ....

15. umawiać się || cena
co do czego || o co

15. Zawsze umawialiśmy się z producentem .... || .... towaru.

16. umierać || głód
w skutek czego || z czego

16. Miliony ludzi w świecie umiera .... || ....

17. umierać || swoi
za kogo || dla kogo ||

17. Na polu bitwy żołnierze umierali .... || ....

18. upominać się || swoje, dziecko
o kogo ||; rzad. za kim

18. Upominała się u sąsiada .... || ....

19. urządzać coś || rodzice
dla kogo || komu

19. Urządzamy wielki jubileusz .... || ....

ZADANIA TESTOWE

20. umierać || ojczyzna
dla czego || za co

20. Umierał z uśmiechem na twarzy ....
.... || ....

OCEŃ SAM SIEBIE
>[9] bdb • [9] + db • [8] db • [7] +dst • >[6] dst • <[6] ndst
Jeśli w zadaniu testowym jest więcej niż dziesięć jednostek – przelicz sam!

ZADANIE 97
Copyright by S. Mędak

Polecenie i WZÓR – jak w zadaniu testowym numer 92.

1. ustawać || zmęczenie
od czego || z czego

1. Wszyscy ustawali ....
|| ....

2. ustawiać coś || półki
na co || na czym

2. Przez całe popołudnie ustawiała książki
.... || ....

3. ustępować komuś || miejsce
co || czego

3. Starszym należy ustępować ....
.... || .... w autobusie.

4. wieszać coś || gdańska szafa
do czego || w czym ||

4. Wieszała wszystkie suknie ....
|| ....

5. wjeżdżać || czołgi
czym || na czym

5. Wojsko wjeżdżało do miasta ....
.... || ....

6. wjeżdżać czymś || las
do czego (gdzie) || w co (gdzie)

6. A teraz wjeżdżamy na saniach ....
.... || ....!

7. wjeżdżać czymś || drzewo
w co || na co

7. Uważaj, bo wjeżdżasz ....
|| ....!

8. wjeżdżać czymś || rzeka
do czego || w co

8. Olbrzymimi transporterami wjeżdżali ...
.... || ....

9. wkładać coś || koperty
do czego || w co

9. Wkładała cały dzień pisma ....
.... || ....

10. wlewać coś || butelki
do czego || w co

10. Wlewała mleko ....
|| .... i podawała je dzieciom.

11. wołać || ratunek
czego || o co

11. Tonący wołał rozpaczliwie .... || ....

12. wozić coś || taczki
czym || na czym || w czym

12. Cały dzień woził .... || .... || .... cement do budowy domu.

13. wpływać || zatoka
do czego (gdzie) || w co (gdzie)

13. Pancernik *Potiomkin* majestatycznie wpływał .... || ....

14. wpuszczać coś || spodnie
do czego || w co

14. Zawsze wpuszczam bluzkę .... || ....

15. wpuszczać coś || okno
czym (którędy) || przez co

15. Wpuszczała gołębie .... || .... i karmiła je w kuchni.

16. wracać || myśli
czym || w czym

16. Często wracał .... || .... do dzieciństwa.

17. wrzucać coś || zupa
do czego || w co

17. Wrzucała po kawałku kiełbasy .... || ....

18. wskakiwać || autobus / dwójka
do czego || w co

18. Szybko wskakiwał ...., a potem ...., która jechała do zajezdni tramwajów.

19. wskakiwać || woda
do czego || w co

19. Chłopcy jeden po drugim z radością wskakiwali .... || ....

20. wybierać kogoś || sejm
do czego || na co

20. Dlaczego wybierają źle wychowanych kandydatów .... || ....?

OCEŃ SAM SIEBIE
>[9] bdb • [9] + db • [8] db • [7] +dst • >[6] dst • <[6] ndst
Jeśli w zadaniu testowym jest więcej niż dziesięć jednostek – przelicz sam!

ZADANIE 98

Copyright by S. Mędak

Polecenie i WZÓR – jak w zadaniu testowym numer 92.

ZADANIA TESTOWE

1. **wygrywać || biegi**
   co || w czym

1. Ten sportowiec zawsze wygrywał .... || ....

2. **wyskakiwać || okna**
   czym (którędy) || przez co

2. Podczas pożaru ludzie wyskakiwali .... || ....

3. **wzywać kogoś || świadek**
   jako kogo || na kogo

3. Znowu wzywają mnie .... || ....

4. **wzywać || pomoc**
   czego || na co

4. Ranni rozpaczliwie wzywali .... || ....

5. **zabezpieczać coś || napaść**
   od czego || przed czym

5. Szybko zabezpieczali miasto .... || .... wroga.

6. **zaczynać coś || kujawiak**
   od czego || czym

6. Każdy bal zaczynali .... || ....

7. **zadawać czemuś || owies**
   co || czego

7. Wieczorem zadawał koniom .... || ....

8. **zakopywać coś || ziemia**
   w czym ||; rzad. w co

8. Niektóre zwierzęta zakopują pokarm .... || ....

9. **zapisywać coś || księga**
   do czego || w czym

9. Codzienne przychody skrupulatnie zapisywała .... || ....

10. **zapominać || wszystko**
    co || czego

10. Od kilku dni zapominam .... || ....

OCEŃ SAM SIEBIE
>[9] bdb • [9] + db • [8] db • [7] +dst • >[6] dst • <[6] ndst
Jeśli w zadaniu testowym jest więcej niż dziesięć jednostek – przelicz sam!

ZADANIE 99

Copyright by S. Mędak

Polecenie i WZÓR – jak w zadaniu testowym numer 92.

1. **zastawać kogoś || sprzątanie**
   na czym || przy czym

1. Ciągle zastaję cię .... || ....

2. zastępować kogoś || prace domowe
przy czym || w czym

2. Czasami zastępuję żonę ....
|| ....

3. zatrzymywać kogoś || obiad
na czym ||; rzadziej na co

3. Często zatrzymywał mnie ....
.... || ....

4. zauważać coś || człowiek
u kogo || w kim

4. Lekarz szybciej zauważa zmiany ....
.... || ....

5. zbierać się || droga powrotna
do czego || w co

5. Po wspaniałych wakacjach z trudem zbieraliśmy się ....
|| ....

6. zwalniać kogoś || odpowiedzialność
od czego || z czego

6. Nigdy nie zwalniam moich podwładnych
.... || ....

7. zwozić coś || sanie
na czym || czym

7. Zimą zwoziliśmy drewno ....
|| .... do domu.

8. [coś] kończy się || oberek
czym || na czym

8. Każda wiejska zabawa kończy się ....
.... || ....

9. [coś] rozpoczyna się || mazur
czym || od czego

9. Każdy bal rozpoczynał się ....
.... || ....

10. [coś] rzuca || pasażerowie
kim || kogo

10. Od kilku chwil samolot rzucał ....
.... || ....

11. [coś] sięga || kolana
czego || do czego || po co

11. W słynnym Balatonie woda sięga
.... || .... || ....

12. [coś] skacze || wyboje
na czym || po czym

12. Stara czeska Škoda skakała jak żaba
.... || .... polskich dróg.

13. [coś] służy komuś || przykład
czym || jako co || za co

13. Jej postępowanie służyło dzieciom ....
.... || ....
.... || ....

14. [coś] zaczyna się || ceremonialne powitanie
czym || od czego

14. Wszelkie konferencje zaczynają się ....
.... || ....
....

ZADANIA TESTOWE

15. [ktoś / coś] wpada || woda
do czego || w co

15. Wyszedł od nas i wpadł jak kamień ......
.... || ....

Zadania testowe od numeru 91 – 96 opracowano na podstawie *Praktycznego słownika łączliwości składniowej czasowników polskich*, op. cit.

OCEŃ SAM SIEBIE
>[9] bdb • [9] + db • [8] db • [7] +dst • >[6] dst • <[6] ndst
Jeśli w zadaniu testowym jest więcej niż dziesięć jednostek – przelicz sam!

ZADANIE 100
Copyright by S. Mędak

Proszę wpisać w miejsce kropek właściwe połączenia składniowe czasowników *zapominać / zapomnieć*.

WZÓR
(wszystkie informacje) — Od pewnego czasu zapominała wszystkie informacje przekazywane jej przez rodzinę.
(moje przestrogi) — Kochanie, dlaczego zapominasz moich przestróg?!

(człowiek) — 1. W żadnym wypadku nie należy zapominać .... i jego istnieniu!
(dawne obietnice) — 2. Czy zapomniałaś już ...., które ja wciąż pamiętam!
(dawni koledzy) — 3. Nie wstydzisz się tego, że zapomniałaś ....?!
(gra) — 4. Nie ćwicząc, zapominam .... na fortepianie.
(imieniny) — 5. O czym zapominacie? – Zbyt często zapominacie .... rodziców.
(ja) — 6. Nie zapominaj ...., kiedy wyjedziesz do wymarzonych USA!
(ja, wyrządzone krzywdy) — 7. Rzadko zapominam ....
(jedzenie) — 8. Nie pracuj cały dzień i nie zapominaj ....!
(kanapki) — 9. Syneczku, znowu zapomniałeś .... Zabierz je ze sobą, są w kuchni.
(kłamstwa) — 10. Z trudem zapominała .... męża.
(moje rady) — 11. O czym zapominasz? – Zapominasz ....!

(mówić) 12. Dlaczego on nie mówi po polsku?! Czyżby zapomniał .... po polsku?!

(nieudane wieczory) 13. Szybko zapominam .... z tą kobietą.

(wyrządzone krzywdy) 14. Czasami zapominała .... jej ....

(ona) 15. Nigdy nie zapomnę .... przysługi, którą mi wyświadczyła.

(podpisanie) 16. O czym zapomina ta klientka? – Najczęściej zapomina .... czeku.

(starzy rodzice) 17. Z braku czasu coraz częściej młodzi ludzie zapominają ....

(swoje, obowiązki) 18. O czym zapomina ten pan? – On zapomina ....!

(swój, bliscy) 19. Zbyt często zapominasz ...., kochanie!

(swój, kod) 20. Wciąż zapominam .... karty bankowej.

(przygotowane śniadanie) 21. Po otrzymaniu telegramu zawiadamiającego o śmieci matki, zapomniał .... wcześniej ....

(ty) 22. Nigdy nie zapomnę .... tego, co mi uczyniłeś, Karolu!

(wszystko) 23. Zapomniał ...., czego wczoraj się nauczył.

(zapłacić) 24. Znowu zapomniałeś .... za przeprowadzone rozmowy telefoniczne!

(zapakować) 25. Nie zapomnij .... do walizki mojego parasola.

Powyższe zadanie testowe opracowano na podstawie *Praktycznego słownika łączliwości składniowej czasowników polskich*, op. cit.; hasło 920, str. 704–705.

VII. MOWA ZALEŻNA – MOWA NIEZALEŻNA (transformacje)

ZADANIE 101

Copyright by S. Mędak

Proszę zamienić zdania w mowie niezależnej na zdania w mowie zależnej zgodnie z poniżej podanym wzorem.

WZÓR
Mędrzec powiedział: „*Czy nie możesz nauczyć się w końcu odmiany czasowników nieregularnych?*"
– Mędrzec powiedział, że mógłbym się w końcu nauczyć odmiany czasowników nieregularnych.

1. Pewien myśliciel zapytał: „*Czy nie możesz zrozumieć tego, co do ciebie mówię?*".
– Pewien myśliciel zapytał, ...
2. Szef zapytał: „*Czy nie może pan pójść do lekarza, zamiast narzekać na zawroty głowy?*".
– Szef zapytał, ...
3. Pewien dowcipniś zapytał: „*Czy nie możesz, Zosiu, przestać palić w dni nieparzyste?*".
– Pewien dowcipniś zapytał, ...
4. Policjant spytał: „*Czy nie może pan nauczyć się trudniejszych znaków zakazu i nakazu?*".
– Policjant spytał, ...
5. Siostra zapytała: „*Czy nie możesz mi wybaczyć chociaż raz w życiu kolejnego kłamstwa?*".
– Siostra zapytała, ...

OCEŃ SAM SIEBIE
>[9] bdb • [9] + db • [8] db • [7] +dst • >[6] dst • <[6] ndst
Jeśli w zadaniu testowym jest więcej niż dziesięć jednostek – przelicz sam!

ZADANIE 102

Copyright by S. Mędak

Polecenie – jak w zadaniu testowym numer 101.

WZÓR
Student powiedział: „*Miałem przeczucie, że ten profesor obleje mnie na egzaminie*". *(pot.)*
– Student powiedział, że miał przeczucie, że ten profesor obleje go na egzaminie. *(pot.)*

1. Rozbitek wykrzyknął: „*Zawsze miałem w życiu dużo szczęścia*".
– Rozbitek wykrzyknął, ...

2. Matka powiedziała: „Nigdy nie zgadzałam się z waszym ojcem w kwestii wychowania dzieci".
– Matka powiedziała, ...
3. Sędzia powiedział: „Ten osobnik jest notorycznym przemytnikiem".
– Sędzia powiedział, ...
4. Siostra powiedziała: „Zawsze kochałam najmłodszego braciszka".
– Siostra powiedziała, ...
5. Piotr powiedział: „Nigdy nie rozumiałem, czego chce ode mnie szef".
– Piotr powiedział, ...

OCEŃ SAM SIEBIE
>[9] bdb • [9] + db • [8] db • [7] +dst • >[6] dst • <[6] ndst
Jeśli w zadaniu testowym jest więcej niż dziesięć jednostek – przelicz sam!

ZADANIE 103
Copyright by S. Mędak

Polecenie – jak w zadaniu testowym numer 101.

WZÓR
Kat zapytał skazanego: „Czy wie pan, kim jestem?"
– **Kat zapytał skazanego, czy skazany wie, kim on jest.**

1. Ojciec zapytał syna: „Synku, z kim tym razem pojedziesz na wakacje?".
– Ojciec zapytał syna, ...
2. Ojciec zapytał syna: „Kiedy wreszcie zaczniesz zarabiać na swoje własne utrzymanie?".
– Ojciec zapytał syna , ...
3. Syn zapytał ojca: „Ojcze, dlaczego nie okazujesz więcej szacunku dla mamy?".
– Syn zapytał ojca, ...
4. Siostra zapytała nas: „Czy macie ochotę iść ze mną na spacer?".
– Siostra zapytała nas, ...
5. Zapytaliśmy siostry: „Jakim prawem uważasz się za najmądrzejszą w rodzinie?".
– Zapytaliśmy siostry, ...

OCEŃ SAM SIEBIE
>[9] bdb • [9] + db • [8] db • [7] +dst • >[6] dst • <[6] ndst
Jeśli w zadaniu testowym jest więcej niż dziesięć jednostek – przelicz sam!

ZADANIE 104
Copyright by S. Mędak

Polecenie – jak w zadaniu testowym numer 101.

ZADANIA TESTOWE

WZÓR
Kolega zapytał mnie: „Podoba ci się ta dziewczyna?"
– **Kolega zapytał mnie, czy podoba mi się ta dziewczyna.**

1. Bezrobotny zapytał mnie: „*Ma pan czas na partyjkę brydża?*".
– Bezrobotny zapytał mnie, ...
2. Jego największy konkurent zapytał go: „*Zrobi pan to dla mnie?*".
– Jego największy konkurent zapytał go, ...
3. Mój chłopiec zapytał mnie: „*Wyjdziesz za mnie za mąż?*".
– Mój chłopiec zapytał mnie, ...
4. Ojciec zapytał mnie: „*Synku, ożenisz się wreszcie, czy też zostaniesz starym kawalerem?*".
– Ojciec zapytał mnie, ...
5. Sekretarka z pracy zapytała mnie: „*Napisze pan do mnie kartkę z wakacji?*".
– Sekretarka z pracy zapytała mnie, ...

OCEŃ SAM SIEBIE
>[9] bdb • [9] + db • [8] db • [7] +dst • >[6] dst • <[6] ndst
Jeśli w zadaniu testowym jest więcej niż dziesięć jednostek – przelicz sam!

ZADANIE 105
Copyright by S. Mędak

Polecenie – jak w zadaniu testowym numer 101.

WZÓR
Opiekunka krzyknęła do dziecka: „Uspokój się!"
– **Opiekunka krzyknęła do dziecka, żeby się dziecko uspokoiło.**

1. Pewna żona powiedziała do męża przez telefon: „*Wyjdź natychmiast z kasyna gry!*".
– Ona powiedziała, ...
....
2. Znudzony mąż powiedział do żony: „*Opowiedz mi wreszcie jakiś śmieszny kawał!*".
– Znudzony mąż powiedział do żony, ...
....
3. Mała dziewczynka powiedziała do bociana: „*Bocianie, bocianie przynieś mi małego braciszka!*".
– Mała dziewczynka powiedziała do bociana, ...
....
4. Syty gospodarza powiedział do głodnych robotników: „*Zróbcie sobie przerwę na podwieczorek!*".
– Syty gospodarza powiedział do głodnych robotników, ...
....

5. Zdenerwowany przechodzień powiedział do kierowcy: „*Puknij się w czoło, nerwowy kierowco!*".
– Zdenerwowany przechodzień powiedział do kierowcy, ...
....

6. Matka powiedziała do swojego synka: „*Siedź spokojnie i nie wychylaj się przez okno w pociągu!*".
– Matka powiedziała do swojego synka, ...
....

7. Szef rządu powiedział do swoich ministrów: „*Panowie, poddajcie się jak najszybciej do dymisji!*".
– Szef rządu powiedział do swoich ministrów, ...
....

8. Ksiądz powiedział do wiernych: „*Idźcie w spokoju! Msza skończona*".
– Ksiądz powiedział do wiernych, ...
....

9. Szef grupy speleologów powiedział: „*Niechaj wam wszystkim świeci słońce*".
– On powiedział, ...
....

10. Optymista powiedział do grupy zebranych pesymistów: „*Niechaj wam ziemia lekką będzie!*".
– Optymista powiedział do grupy zebranych pesymistów, ...
....

OCEŃ SAM SIEBIE
>[9] bdb • [9] + db • [8] db • [7] +dst • >[6] dst • <[6] ndst
Jeśli w zadaniu testowym jest więcej niż dziesięć jednostek – przelicz sam!

ZADANIE 106
Copyright by S. Mędak

Polecenie – jak w zadaniu testowym numer 101.

WZÓR
Egzaminator powiedział z uśmiechem na twarzy: „*Znowu nie zdał pan egzaminu*".
– On powiedział z uśmiechem na twarzy, że znowu nie zdałem egzaminu.

1. Mama powiedziała: „*Byłaś bardzo naiwna, córeczko!*".
– Mama powiedziała, ...

2. Monika powiedziała: „*Od kilku lat kochała się w słynnym prezydencie pewnego kraju*".
– Monika powiedziała, ...

3. Ona powiedziała ze złością: „*Następnym razem spotkamy się na cmentarzu*".
– Ona powiedziała ze złością, ...

ZADANIA TESTOWE

4. Student powiedział: „Jeszcze nigdy nie miałem tylu tak ciekawych i długich zajęć".
— Student powiedział, ...
5. Właścicielka budki *Totalizator Sportowy* powiedziała: „Znowu pan nic nie wygrał".
— Właścicielka budki *Totalizator Sportowy* powiedziała, ...
....
6. Spikerka telewizyjna powiedziała telewidzom: „Od jutra ulewne deszcze, burze, gradobicia".
— Spikerka powiedziała, ...
7. Sprzedawczyni powiedziała do koleżanki: „Jak ja nienawidzę klientów, którzy zadają pytania".
— Sprzedawczyni powiedziała, ...
....
8. Matka powiedziała do córki: „Nigdy w życiu nie zgodzę się na twoje małżeństwo z rozsądku".
— Ona powiedziała, ...
9. Babcia powiedziała do wnuczki: „Za swoich młodych lat miałam więcej szacunku do starszych".
— Ona powiedziała, ...
10. Wnuczka powiedziała babci: „Na twoim miejscu babciu myślałabym raczej o chorym dziadku".
— Wnuczka odpowiedziała babci, ...
....

OCEŃ SAM SIEBIE
>[9] bdb • [9] + db • [8] db • [7] +dst • >[6] dst • <[6] ndst
Jeśli w zadaniu testowym jest więcej niż dziesięć jednostek – przelicz sam!

ZADANIE 107
Copyright by S. Mędak

Polecenie – jak w zadaniu testowym numer 101.

WZÓR
Rzymska pisarka powiedziała: „Chciałoby się, by sława była zwycięstwem cnoty".
— **Rzymska pisarka powiedziała, że chciałoby się, by sława była zwycięstwem cnoty".**

1. Córka powiedziała: „Rozwiodłabym się z nim, gdybym tyko mogła".
— Córka powiedziała, ...
2. Spragniony brunet powiedział: „Napiłbym się ciemnego piwa".
— Spragniony brunet powiedział, ...
3. Józef Karol powiedział: „Zniszczyłbym tego pana, gdybym mógł".
— Józef Karol powiedział, ...

4. Wygłodzony chory powiedział: „*Zjadłbym wreszcie dużą, tłustą golonkę*".
– Wygłodzony chory powiedział, ...

5. Jan powiedział do Józefa: „*Chciałbym mieć na drugie imię Karol, tak jak ty*".
– Jan powiedział do Józefa, ...

OCEŃ SAM SIEBIE
>[9] bdb • [9] + db • [8] db • [7] +dst • >[6] dst • <[6] ndst
Jeśli w zadaniu testowym jest więcej niż dziesięć jednostek – przelicz sam!

ZADANIE 108
Copyright by S. Mędak

Polecenie – jak w zadaniu testowym numer 101.

WZÓR
On powiedział: „*Będę dzisiaj spał cały dzień*" .
– Powiedział, że będzie dzisiaj spał cały dzień.

1. Powiedziałaś: „*Będę cię kochać aż do grobowej deski*".
– Powiedziałaś, ...

2. Ona powiedziała: „*Będę robiła na drutach jesiennymi wieczorami skarpetki dla męża*".
– Ona powiedziała, że ....

3. On powiedział: „*Będę naprawiał samochód przez całe popołudnie*".
– On powiedział, ...

4. Oni zdecydowali: „*Będziemy głosować na tych, na których nikt nie będzie głosował*".
– Oni zdecydowali, ...

5. Ci państwo powiedzieli: „*Będziemy zwiedzali tylko te miejsca, których nikt nie zwiedzał*".
– Ci państwo powiedzieli, ...

OCEŃ SAM SIEBIE
>[9] bdb • [9] + db • [8] db • [7] +dst • >[6] dst • <[6] ndst
Jeśli w zadaniu testowym jest więcej niż dziesięć jednostek – przelicz sam!

ZADANIE 109
Copyright by S. Mędak

Proszę przekształcić poniższe wypowiedzi zgodnie z podanym wzorem.

WZÓR
Ona powiedziała, żebym przeczytał jej tę książkę. → Powiedziała: „*Przeczytaj mi tę książkę!*".

ZADANIA TESTOWE

1. Oni powiedzieli, że mógłbym skończyć najlepszy amerykański uniwersytet, gdybym chciał.
   Powiedzieli: „...".
2. On powiedział, że Zosia ma tylko jedną zaletę.
   Powiedział: „...".
3. Ona powiedziała, że rozwiodłaby się z nim, gdyby tylko mogła.
   Powiedziała: „...".
4. Jakiś przechodzień powiedział mi na skrzyżowaniu, żebym się puknął w czoło.
   Powiedział do mnie: „..".
5. Monika powiedziała, że od dawna kocha się w nowym prezydencie swego kraju.
   Powiedziała: „...".
6. On powiedział, żebyśmy wyprowadzili się stąd jak najszybciej.
   Powiedział: „..!".
7. On powiedział, że znowu nad Polską będą przechodziły burze, ulewy i huragany.
   Powiedział: „...".
8. Ona powiedziała, że chciałby się ze mną spotkać.
   Powiedziała: „...".
9. Oni zapytali, kiedy znowu ich odwiedzimy.
   Zapytali: „..".
10. Ona powiedziała, że wczoraj była na policji.
    Powiedziała: „..".

OCEŃ SAM SIEBIE
>[9] bdb • [9] + db • [8] db • [7] +dst • >[6] dst • <[6] ndst
Jeśli w zadaniu testowym jest więcej niż dziesięć jednostek – przelicz sam!

ZADANIE 110
Copyright by S. Mędak

Proszę przekształcić poniższe wypowiedzi zgodnie ze wzorem.

WZÓR
Ron Hubbard powiedział: *Nie tłumacz się. Przyjaciele zrozumieją, a wrogowie i tak nie uwierzą.*

→ **Hubbart powiedział, <u>żeby się nie tłumaczyć, bowiem przyjaciele zrozumieją, a wrogowie i tak nie uwierzą.</u>**

1. **Antygon III Doson powiedział:** *Niech mnie bogowie chronią od przyjaciół. Z nieprzyjaciółmi sam sobie dam radę.*

→ ....

2. **Benjamin Franklin rzekł:** *Miej oczy szeroko otwarte przed ślubem i przymykaj je później.*

→ ....

3. **Johann W. von Goethe powiedział:**   *Kpić z ludzi może tylko ten, kto ich bardzo kocha.*

→ ....

4. **Alfred Hitchcock wymyślił:**   *Miłość to partia kart, w której wszyscy oszukują: mężczyźni, by wygrać, kobiety, by nie przegrać.*

→ ....

5. **Jarosław Iwaszkiewicz ostrzega:**   *Nie szukaj nigdzie przyjaciół. Oni zawsze mają tyle do załatwienia.*

→ ....

6. **Adam Mickiewicz napisał:**   *Mierz siły na zamiary, a nie zamiar podług sił.*

→ ....

7. **Ktoś dowcipny odkrył:**   *Miłość jest jak rozmowa telefoniczna: najpierw się na nią czeka, a potem okazuje się, że to pomyłka.*

→ ....

8. **Ktoś mądry doradza nam:**   *Idź przez życie z podniesionym czołem, a nie z zadartym nosem.*

→ ....

9. **Bułat Okudżawa się zwierzał:**   *Ja się w życiu wolę bać. Bylebym wiedział – kogo?*

→ ....

10. **Oskar Wilde doradza:**   *Zawsze przebaczaj swoim wrogom. Nic ich bardziej nie potrafi rozzłościć.*

→ ....

A TERAZ OCEŃ SAM SIEBIE

>[9] bdb • [9] + db • [8] db • [7] +dst • >[6] dst • <[6] ndst

Jeśli w zadaniu testowym jest więcej niż dziesięć jednostek – przelicz sam!

ZADANIE 111

Copyright by S. Mędak

Polecenie i WZÓR – jak w zadaniu testowym numer 110.

1. Ktoś mądry radził: *Bądź szczery wobec samego siebie, a nie będziesz fałszywym względem drugich.*

....

2. Ktoś mądry powiedział: *Bądź takim, abyś nie musiał czerwienić się sam przed sobą.*

....

3. Ktoś mądry wymyślił: *Cały kłopot polega na tym, że głupcy są pewni siebie, a mądrzy pełni wątpliwości.*

....

4. Ktoś mądry zapytał i poradził: *Chcesz wiedzieć o nim prawdę? Policz, ile ma krawatów, a ile książek.*

....

ZADANIA TESTOWE

5. Ktoś mądry oświadczył: Cudze chwalicie, swego nie znacie, sami nie wiecie, co posiadacie.

....

6. Ktoś mądry wymyślił: Czas to pieniądz, a pieniądz to więcej niż czas.

....

7. Ktoś mądry odkrył: Człowiek jest lepszy aniżeli jego własne czyny.

....

8. Ktoś mądry powiedział: Człowiek uczyni wiele, by go lubiano, i uczyni wszystko, by mu zazdroszczono.

....

9. Mądry dentysta odpowiedział mi: Czujemy tylko ten ząb, który nas boli.

....

10. Ktoś mądry wykrzyknął: Czyje panowanie, tego religia.

....

11. Ktoś mądry doszedł do wniosku: Dawniej podania przekazywano z ust do ust – dziś z biurka na biurko.

....

12. Ktoś mądry rzekł: Demokracja to forma sprawowania władzy polegająca na tym, że mówisz, co chcesz, robisz, co ci każą.

....

13. Pewien Rosjanin napisał: Dla jednych życie zaczyna się po czterdziestce, dla innych dopiero po setce.

....

14. Ktoś mądry doszedł do wniosku: Dla Polaków można czasem coś dobrego zrobić, ale z Polakami nigdy.

....

15. Ktoś doświadczony powiedział z goryczą: Dobre kobiety są lepsze niż dobrzy mężczyźni. Złe kobiety są gorsze niż źli mężczyźni.

....

16. Ktoś mądry powiedział: Dobrze, że człowiek nie może iść za własnym pogrzebem, bo by mu serce z żalu pękło.

....

17. Ktoś mądry powiedział: Doradzając przyjacielowi, staraj się mu pomóc, a nie sprawić przyjemność.

....

18. Ktoś mądry powiada: Droga w górę jest drogą w dół.

....

19. Ktoś mądry wydedukował: Dużo ludzi nie wie, co z czasem robić. Czas nie ma z ludźmi tego kłopotu.

....

20. Ktoś mądry powiedział: *Dyktatura to państwo, w którym wszyscy boją się jednego, a jeden wszystkich.*

....

A TERAZ OCEŃ SAM SIEBIE
>[9] bdb • [9] + db • [8] db • [7] +dst • >[6] dst • <[6] ndst
Jeśli w zadaniu testowym jest więcej niż dziesięć jednostek – przelicz sam!

ZADANIE 112
Copyright by S. Mędak

Proszę przekształcić poniższe wypowiedzi zgodnie ze wzorem.

WZÓR
Mądry człowiek powiedział mi, żebym był uroczy dla swoich wrogów, bowiem nic ich bardziej nie złości. → Mądry człowiek powiedział mi: „*Bądź uroczy dla swoich wrogów, bowiem nic ich bardziej nie złości*".

1. Doświadczony polityk powiedział, że dyplomata to człowiek, który dwukrotnie się zastanowi, zanim nic nie powie.
→ ....

2. Pewien polityk powiedział, że dyplomata to taki człowiek, który pamięta o urodzinach żony, nie pamiętając jednocześnie o jej wieku.
→ ....

3. On zapytał mnie, czy jeśli dzisiaj jestem starszy niż wczoraj, czy jestem lepszy?
→ ....

4. Pewien uczony powiedział, że dziwne jest to, że ludzie mogą myśleć o śmierci, kiedy jest tyle do zrobienia w życiu.
→ ....

5. On powiedział, że elegancka kobieta, idąc z wizytą, zostawia zmartwienia w domu.
→ ....

6. Wielki reżyser oświadczył, że film, który można opowiedzieć, to nie jest udany film.
→ ....

7. Oświadczył bez zmrużenia oka, że garb szpeci człowieka, ale zdobi wielbłąda.
→ ....

8. Powiedział, że gdy „KRYTYK" krytykuje cudze utwory, czuje się jak generał.
→ ....

9. Pewien ornitolog napisał, że gdy człowiek obrasta w piórka, nie znaczy, że będą z nich skrzydła.
→ ....

10. Rzekł z odrobiną emfazy w głosie, że gdy dwaj robią to samo, to nie jest to samo.
→ ....

ZADANIA TESTOWE

11. Publicznie oświadczył, że gdy naród nie chce już czytać swych poetów, składa im hołdy.
→ ....

12. Powiedział, że gdy tysiąc ludzi mówi to samo, to jest albo vox Dei, albo wielkie głupstwo.
→ ....

13. Orzekł, że gdyby ludzie myśleli o tym, co mówią, to nie mówiliby tego, co myślą.
→ ....

14. Wyznał mi, że gdyby nie wyjątki, zasady byłyby nie do zniesienia.
→ ....

15. Optymista krzyczał na cały głos, że gdyby ten świat nie był najlepszy z możliwych, Bóg nie byłby go stworzył.
→ ....

16. Powiedział, że giną zawsze inni, bo gdy giniemy my, nie ma już innych.
→ ....

17. Wyznał mi, że głęboka rzeka nie huczy.
→ ....

18. Po latach doświadczeń zrozumiał, że głupiec i mędrzec nie widzą tego samego drzewa.
→ ....

19. Powiedział z mądrą miną, że głupiec zawsze znajdzie głupszego od siebie, który będzie go uwielbiał.
→ ....

20. Uczeni zgodnie oświadczyli, że głupiec, który zrozumiał, już nim nie jest.
→ ....

ZADANIE 113

Copyright by S. Mędak

Polecenie i WZÓR – jak w zadaniu testowym numer 112.

1. Powiedział, że głupstwa można mówić, byle nie profesorskim tonem.
→ ....

2. Doszedł do wniosku, że głupszym od nieuka jest głupiec uczony.
→ ....

3. Stwierdził, że gratulacje to najbardziej uprzejma forma zawiści.
→ ....

4. Oświadczył, że historia jest najlepszym nauczycielem, ale ma najgorszych uczniów.
→ ....

5. Powiedział z przekonaniem, że i do zakutych łbów dostaje się woda sodowa.
→ ....

6. Wykrzyknął, że idioci i geniusze są wolni od obowiązku rozumienia dowcipów.
→ ....

7. Powiedział, że im mniej ludzie myślą, tym więcej mówią.
→ ....

8. Napisał w swoim felietonie, że im więcej się dziś czyta książek, tym bardziej odnosi się wrażenie, że analfabetom nie dzieje się krzywda.

→ ....

9. Rzekł z całkowitym przekonaniem, że istnieje tylko jedna grupa ludzi, która myśli o pieniądzach więcej niż bogaci, a mianowicie ubodzy.

→ ....

10. Oktawian August powiedział do grupy rzymskich karierowiczów, żeby spieszyć się powoli!

→ ....

OCEŃ SAM SIEBIE

>[9] bdb • [9] + db • [8] db • [7] +dst • >[6] dst • <[6] ndst

Jeśli w zadaniu testowym jest więcej niż dziesięć jednostek – przelicz sam!

VIII. NIEOSOBOWE FORMY CZASOWNIKÓW

ZADANIE 114

Copyright by S. Mędak

Proszę wpisać w miejsce kropek (kolumna C) właściwe formy bezosobowe lub trzecioosobowe czasowników z kolumny A w czasie gramatycznym zgodnym z sensem zawartym w poszczególnych wypowiedziach.

WZÓR
(dnieć)	Za oknem zrobiło się jasno.	Obudził się i zobaczył, że już <u>dnieje</u>.

A.	**B.**	**C.**
1. *(grzmieć)*	Zaczyna się burza.	Za chwilę ....
2. *(kropić)*	Na niebie pojawiły się kolejne chmury.	Widzisz synku, znowu .... deszcz.
3. *(lać)*	Przepowiadali dzisiaj silne ulewy.	I rzeczywiście, cały dzień .... jak z cebra.
4. *(ocieplać się)*	Na południe Polski wkrótce dotrze wyż.	Na południu Polski trochę ....
5. *(słychać)*	Zbliżamy się do oceanu.	.... złowieszczy szum oceanu.
6. *(sypać)*	Wreszcie prawdziwa zima!	.... białym puchem.
7. *(świecić)*	Słońce wyszło zza chmur.	Znowu .... słońce.
8. *(świtać)*	Za chwilę będzie świt.	Już ....!
9. *(zmierzchać)*	Za chwilę będzie zmierzch.	.... szybko.
10. *(żółknąć)*	Jest już jesień.	Wszystko ....

Opracowano na podstawie *Język polski à la carte*, cz. III.

OCEŃ SAM SIEBIE
>[9] bdb • [9] + db • [8] db • [7] +dst • >[6] dst • <[6] ndst
Jeśli w zadaniu testowym jest więcej niż dziesięć jednostek – przelicz sam!

ZADANIE 115

Copyright by S. Mędak

Proszę przekształcić zdania podmiotowe na zdania bezpodmiotowe według poniżej podanego wzoru.

WZÓR
Pisali o nim, jakby był geniuszem. → **Pisano** o nim, jakby był geniuszem.

1. Pchali się przy wejściu do autobusu. → ....
2. Mówili w tym domu tylko po polsku. → ....
3. Na ogół rozmawiali tylko o pogodzie. → ....
4. Na osiedlu wszędzie myli okna. → ....
5. Podczas stanu wojennego nadawali w radio wyłącznie muzykę poważną. → ....
6. Remontowali mieszkanie przez trzy dni. → ....
7. Słuchali tylko muzyki techno. → ....
8. W tym kraju narzekają na wszystko. → ....
9. Zawsze otwierali ten sklep o szóstej. → ....
10. Zawsze zamykali ten butik o dwunastej. → ....

OCEŃ SAM SIEBIE
>[9] bdb • [9] + db • [8] db • [7] +dst • >[6] dst • <[6] ndst
Jeśli w zadaniu testowym jest więcej niż dziesięć jednostek – przelicz sam!

ZADANIE 116

Copyright by S. Mędak

Proszę wpisać w miejsce kropek właściwe formy czasu przeszłego leksemów zgromadzonych w kolumnie A.

ZADANIA TESTOWE

WZÓR
(trzeba)   Trzeba się zastanowić, gdzie wyjedziemy na zasłużony urlop. || <u>Trzeba było</u> wcześniej się zastanowić, gdzie wyjedziecie na wasz zasłużony urlop.

A.   **B.**
1. *(można)*   Nie można z nim się dogadać. *(pot.)* || Nie .... się z nim dogadać. *(pot.)*
2. *(należy)*   Należy zastanowić się nad tym, co chcesz powiedzieć. || .... się zastanowić nad tym, co chciałaś powiedzieć.
3. *(nie sposób)*   Nie sposób wyjść z tego egipskiego labiryntu. || .... wyjść z tego labiryntu.
4. *(niepodobieństwo)* Niepodobieństwem jest, aby go nie zauważyła. || ...., aby go nie widziała.
5. *(niepodobna)*   Niepodobna, by on nas nie odwiedził. || ...., by on nas nie odwiedził.
6. *(warto)*   Warto się uczyć tzw. małych języków. || .... się uczyć tzw. małych języków.
7. *(widać)*   Wszędzie widać coraz większą nędzę. || Wszędzie .... coraz większą nędzę.
8. *(wolno)*   Niektórym wszystko wolno robić. || Niektórym wszystko .... robić.
9. *(wypada)*   Nie wypada iść bez prezentu na ślub. || Nie .... iść bez prezentu na ślub.
10. *(żal)*   Żal rozstawać się z życiem. || .... rozstawać się z życiem.

OCEŃ SAM SIEBIE
>[9] bdb • [9] + db • [8] db • [7] +dst • >[6] dst • <[6] ndst
Jeśli w zadaniu testowym jest więcej niż dziesięć jednostek – przelicz sam!

ZADANIE 117

Copyright by S. Mędak

Proszę wpisać w miejsce kropek właściwe formy czasu przyszłego leksemów zgromadzonych w kolumnie A.

WZÓR
(trzeba)   Trzeba się zastanowić, gdzie wyjedziemy na zasłużony urlop. || <u>Trzeba się będzie</u> wcześniej zastanowić, gdzie wyjedziecie na wasz zasłużony urlop.

A.	B.
(można)	1. Nie można tego zrobić. || Nie .... tego zrobić.
	2. Właściwie nic nie można mu zarzucić. || Właściwie nic nie .... mu .... zarzucić podczas procesu.
(nie sposób)	3. Nie sposób to przeczytać. || .... to przeczytać, co napisałeś.
(niepodobieństwo)	4. Niepodobieństwem jest, aby mnie nie zauważyła mnie w tak znakomitym filmie. || ...., jeśli powie, że nic o mnie nie słyszała.
(trzeba)	5. Przy tej okazji trzeba wspomnieć o jego zasługach. || Przy tej okazji .... wspomnieć o jego bezdyskusyjnych zasługach dla potomnych.
(warto)	6. Nie warto inwestować teraz w Polsce. || .... inwestować dopiero za trzy lata.
(widać)	7. Na wprost ma pan okno, przez które widać wspaniały górski pejzaż. || Musisz wcześniej umyć to okno, bo nie .... tego wspaniałego pejzażu.
(wolno)	8. Tutaj wolno mówić, co się chce. || Niech mi .... powiedzieć, że w tym kraju nie ma żadnej tolerancji.
	9. Czy wolno tutaj rozbić namiot? || Dopiero za rok .... tutaj rozbijać namioty.
(żal)	10. Żal rozstawać się z życiem. || .... rozstawać się z życiem.

OCEŃ SAM SIEBIE
>[9] bdb • [9] + db • [8] db • [7] +dst • >[6] dst • <[6] ndst
Jeśli w zadaniu testowym jest więcej niż dziesięć jednostek – przelicz sam!

ZADANIE 118

Copyright by S. Mędak

Proszę przekształcić zdania podmiotowe z kolumny A na zdania bezpodmiotowe i wpisać je w czasie teraźniejszym (kolumna B) oraz przeszłym (kolumna C) według poniżej podanego wzoru.

WZÓR

	czas teraźniejszy	czas przeszły
Mówią o tym głośno.	**a. Mówi się o tym głośno.**	|| **b. Mówiło się o tym głośno.**

ZADANIA TESTOWE

A.	B. czas teraźniejszy	C. czas przeszły
1. Budują dużo nowych domów.	a.	‖ b. ....
2. Piszą często o nim w gazetach.	a.	‖ b. ....
3. Kupują i sprzedają.	a.	‖ b. ....
4. Codziennie wstajemy o świcie.	a.	‖ b. ....
5. Mam trochę szczęścia. *(pot.)*	a.	‖ b. ....
6. Narzekają bez przerwy.	a.	‖ b. ....
7. Remontują stare kamienice w rynku.	a.	‖ b. ....
8. W sejmie dyskutują bez końca.	a.	‖ b. ....
9. Wspominamy stare czasy.	a.	‖ b. ....
10. Żyjemy jakoś. *(pot.)*	a.	‖ b. ....

OCEŃ SAM SIEBIE

>[9] bdb • [9] + db • [8] db • [7] +dst • >[6] dst • <[6] ndst

Jeśli w zadaniu testowym jest więcej niż dziesięć jednostek – przelicz sam!

ZADANIE 119

Copyright by S. Mędak

Proszę wpisać w miejsce kropek formy czasu przeszłego podkreślonych czasowników.

WZÓR
Cały dzień pada.   **Nie wychodziłem z domu, bo cały dzień padało.**

1. Znowu boli mnie noga.   .... mnie noga, więc poszedłem do lekarza.

2. Chmurzy się.   ...., więc nie poszliśmy na plażę.

3. W pociągach regionalnych cuchnie tytoniem.   W tym wagonie strasznie .... tanim tytoniem. *(pot.)*

4. Dnieje.   Już ...., kiedy kładłam się do łóżka po całonocnej pracy.

5. Najpierw grzmi, a potem się błyska.   Najpierw ...., a potem ....

6. Od rana kłuje mnie coś w boku. *(pot.)*   Przez cały dzień .... mnie coś w prawym boku.

7. Kręci mi się w głowie od alkoholu.   Nie piła, bo .... jej .... w głowie po pierwszym kieliszku.

8. Mdli mnie, kiedy tego słucham. — .... mnie, kiedy tego słuchałam.

9. Mży. — Choć .... od godziny, nie zrezygnowaliśmy ze spaceru.

10. Ociepla się. — ...., bo zbliżała się wiosna.

11. Pachnie jaśminem. — Cudownie .... jaśminem.

12. Paraliżuje mnie! — Oby cię do końca ....!

13. Chyba mi się tutaj spodoba. — Oby mu .... gdzieś wreszcie ....!

14. Powiedzie ci się w Albanii, kochanie! — .... mi .... w Mongolii, powiedzie się też w Tiranie!

15. Przerywa zaporę na Wiśle. — Niestety, ... zaporę na Wiśle.

16. Poczekaj, przypomni mi się to za chwilę! — .... mi .... to, o czym zapomniałem. *(pot.)*

17. Chyba za chwilę rozpada się na dobre. — Niestety, ... na dobre!

18. Już się rozwidnia. — Już ...., kiedy wracaliśmy nad ranem do domu.

19. To się na pewno kiedyś stanie! — To .... już ...., panie Havranek!

20. Od lat szczęści się Władkowi! — Jemu ...... zawsze ....

21. Szumi mi w uszach od kilku godzin. — Była zdenerwowana, bo .... jej w uszach od rana.

22. Już się ściemnia. — Zaświeciłem lampkę, bo ....

23. Śnieży. — Od kilku dni ...., więc wszędzie było biało i pięknie.

24. Już świta. — Kiedy wychodziliśmy z balu sylwestrowego, już ....

25. Jesteś szczęściarzem, na pewno to ci się uda! — Miałaś rację Kasandro, wreszcie mi .... to ....!

26. Jeśli wykrzyczy nienawiść, ulży mu się. — .... mu ......, kiedy wykrzyczał nienawiść do świata.

27. Zanosi się na deszcz. — Nie poszliśmy nad morze, ponieważ .... na deszcz.

28. Zbiera się na deszcz. — Kiedy wychodziliśmy z domu .... na deszcz.

ZADANIA TESTOWE

29. <u>Zbiera</u> mi <u>się</u> na płacz, kiedy on wyjeżdża.   .... mi .... na płacz, kiedy powiedział: *żegnaj*!

30. Już <u>się zmierzcha</u>.   Była jesień, więc .... wcześnie.

OCEŃ SAM SIEBIE
> [9] bdb • [9] + db • [8] db • [7] +dst • >[6] dst • <[6] ndst

Jeśli w zadaniu testowym jest więcej niż dziesięć jednostek – przelicz sam!

ZADANIE 120
Copyright by S. Mędak

Proszę wpisać w miejsce kropek formy czasu przeszłego podkreślonych czasowników.

WZÓR
<u>Kusi</u> mnie.   <u>Kusiło</u> mnie, żeby zadać mu to pytanie.

1. Babcię <u>łamie</u> w kościach. *(pot.)*   Od wilgoci i z zimna babcię .... w kościach.

2. <u>Boli</u> mnie w krzyżu. *(pot.)*   Od ciężkiej pracy .... mnie w krzyżu.

3. <u>Chce</u> mi się pić.   .... mi się pić, a nie miałem nic do picia.

4. Czegoś mu <u>brakuje</u>.   Co to za człowiek! Zawsze mu czegoś ....

5. <u>Czuć</u> gazem.   Sprawdziłem piecyk gazowy, bo w łazience .... gazem.

6. Kiepsko mi <u>się wiedzie</u>.   Kiepsko mi ...., dopóki nie znalazłam pracy.

7. <u>Mdli</u> mnie.   Ilekroć oglądałem DTV, natychmiast mnie ....

8. <u>Nudzi</u> mi <u>się</u>.   .... mi .... w tej posiadłości po twoim wyjeździe.

9. <u>Pachnie</u> od niej perfumami.   Zawsze od niej .... drogimi perfumami.

10. <u>Robi</u> mi <u>się</u> słabo.   Zawsze .... mi .... słabo na widok krwi.

11. <u>Rwie</u> dziadka w kolanie. *(pot.)*   Ponieważ dziadka .... w kolanie, nie wstał na śniadanie.

12. Słabo <u>słychać</u>.   Nie zrozumiałem, co mówił, bo słabo .... przez telefon.

13. Szarpie pociągiem.   Spadła mi filiżanka kawy, ponieważ .... pociągiem.

14. Śmierdzi benzyną.   Tu, gdzie była stacja benzynowa zawsze .... benzyną.

15. Zależy mu na studiach.   Bratu bardzo .... na studiach i dlatego uczył się pilnie.

OCEŃ SAM SIEBIE
>[9] bdb • [9] + db • [8] db • [7] +dst • >[6] dst • <[6] ndst
Jeśli w zadaniu testowym jest więcej niż dziesięć jednostek – przelicz sam!

ZADANIE 121
Copyright by S. Mędak

Proszę przekształcić zdania na wypowiedzi w czasie teraźniejszym (punkt A) oraz w czasie przeszłym (punkt B), używając wyrazów podanych w nawiasach.

WZÓR
(dużo)   W Pałacu Kongresowym odbywają się konferencje międzynarodowe.
A. W Pałacu kongresowym odbywa się dużo konferencji międzynarodowych.
B. W Pałacu kongresowym odbywało się dużo konferencji międzynarodowych.

1. **(dziesiątki)**   Zmęczone staruszki spacerują ze swoimi wnukami po parku.
   A. ....
   B. ....

2. **(kilka)**   W tym muzeum etnograficznych wiszą sukmany miejscowych górali.
   A. ....
   B. ....

3. **(kilku)**   W tej kamienicy mieszkają obcokrajowcy z różnych krajów świata.
   A. ....
   B. ....

4. **(mało)**   Tylko nieliczni klienci kupują te drogie futra lub pelisy.
   A. ....
   B. ....

5. **(mnóstwo)**   Pielgrzymi idą powoli w kierunku sanktuarium maryjnego.
   A. ....
   B. ....

ZADANIA TESTOWE

6. **(niewielu)** Zmarznięci podróżni czekają na peronie na opóźniony pociąg ekspresowy.
   A. ....
   B. ....

7. **(parę)** Dzieci często chorują na wirusowe choroby zakaźne.
   A. ....
   B. ....

8. **(paru)** Panowie tańczą zdecydowanie lepiej niż panie.
   A. ....
   B. ....

9. **(setki)** Samochody tkwią w korku gigancie na autostradzie.
   A. ....
   B. ....

10. **(wielu)** W czasie przerwy uczniowie biegają po szkolnym boisku i baraszkują.
    A. ....
    B. ....

OCEŃ SAM SIEBIE
>[9] bdb • [9] + db • [8] db • [7] +dst • >[6] dst • <[6] ndst
Jeśli w zadaniu testowym jest więcej niż dziesięć jednostek – przelicz sam!

ZADANIE 122
Copyright by S. Mędak

Proszę przekształcić poniższe zdania na zdania z formami nieosobowymi czasowników.

WZÓR
Dawniej biedni ludzie chodzili po prośbie. → Dawniej chodzono po prośbie.

1. Śmiali się często ze mnie. → ....
2. Tańczyli, pili i śpiewali. → ....
3. Urządzali wystawne przyjęcia. → ....
4. W końcu zatrzymali mordercę. → ....
5. W maju wyjeżdżali na majówki. → ....
6. W okresie kryzysu liczyli każdy grosz. → ....
7. W prasie pisali wiele na temat nietolerancji. → ....
8. Wysłali wszystkie zawiadomienia do zainteresowanych. → ....
9. Zauważyli wreszcie, że jest pracowita. → ....
10. Zmieniali nam często godziny pracy. → ....

OCEŃ SAM SIEBIE
>[9] bdb • [9] + db • [8] db • [7] +dst • >[6] dst • <[6] ndst
Jeśli w zadaniu testowym jest więcej niż dziesięć jednostek – przelicz sam!

ZADANIE 123
Copyright by S. Mędak

Proszę wpisać w miejsce kropek formy nieosobowe podkreślonych czasowników.

WZÓR

| Zaprosili bezrobotnych na wystawny obiad. || Zaproszono bezrobotnych na wystawny obiad. |

1. Odwieźli do szpitala chorą kobietę. || .... do szpitala chorą kobietę.

2. Podarli wszystkie brudnopisy. || .... wszystkie brudnopisy.

3. Powiedzieli, że wszystko będzie dobrze. || ...., że wszystko będzie dobrze.

4. Powiesili nowy harmonogram zajęć. || .... nowy harmonogram zajęć.

5. Przypatrywali się gwiazdom. || .... gwiazdom.

6. Spalili wszystkie dokumenty. || .... wszystkie dokumenty.

7. Uszyli aktorom nowe kostiumy. || .... aktorom nowe kostiumy.

8. Wymienili stare okna na nowe. || .... stare okna na nowe.

9. Wystrzelili nowy statek kosmiczny. || .... nowy statek kosmiczny.

10. Zabrali się do pracy. || .... do pracy.

OCEŃ SAM SIEBIE
>[9] bdb • [9] + db • [8] db • [7] +dst • >[6] dst • <[6] ndst
Jeśli w zadaniu testowym jest więcej niż dziesięć jednostek – przelicz sam!

IX. ODMIANA CZASOWNIKÓW (w tym czasowników homonimicznych)

ZADANIE 124

Copyright by S. Mędak

Proszę wpisać w miejsce kropek właściwe formy czasu teraźniejszego (czasowniki niedokonane) lub czasu przyszłego (czasowniki dokonane) wyrazów zgromadzonych w kolumnie A.

WZÓR
nieść   Wezbrana rzeka niesie połamane gałęzie, konary drzew oraz plastikowe torebki.

A.   **B.**

gryźć   1. Przepraszam na chwilę, coś mnie .... w szyję. Pewnie jest to ten sam komar.

grzęznąć a. grząźć   2. Na tej błotnistej drodze *(my)* .... zawsze w błocie aż po kolana.

jeść   3. Kiedy dzieci są głodne, zawsze .... łapczywie.

kłaść się   4. *(Ja)* .... spać, bo jestem bardzo zmęczona.

paść   5. Kiedy wrócę z pracy, natychmiast .... na łóżko i odpocznę sobie.

pleść   6. Kochanie, nie lubię, kiedy .... mi bzdury o dozgonnej miłości.

trzeć   7. *(Ja)* .... jabłko na tarce, aby babcia mogła je zjeść.

wieść   8. Od lat *(ja)* .... ciekawe i wesołe życie artysty – malarza.

wieźć   9. Zobacz! Nasza sąsiadka znowu .... na targ świeże sery i masło.

znieść   10. On ciągle powtarza, że dłużej nie .... samotności po śmierci żony.

OCEŃ SAM SIEBIE
>[9] bdb • [9] + db • [8] db • [7] +dst • >[6] dst • <[6] ndst
Jeśli w zadaniu testowym jest więcej niż dziesięć jednostek – przelicz sam!

ZADANIE 125

Copyright by S. Mędak

Proszę wpisać w miejsce kropek właściwe formy czasu przeszłego czasowników zgromadzonych w kolumnie A.

WZÓR
nieść   Niosło ją tam jakieś złe przeczucie.

A.
gryźć
grzęznąć a. grząźć
jeść
kłaść się

paść
pleść

trzeć

wieść

wieźć
znieść

B.
1. Od kilku tygodni .... mnie jakieś dziwne uczucie samotności.
2. W mokrym piasku nogi .... mi po kostki.
3. Był głodny, a więc .... łapczywie.
4. Podczas wakacji na wsi, *(on)* .... na trawie i obserwował niebo.
5. Kiedy spotkaliśmy się, *(my)* .... sobie w objęcia.
6. Co rano Salomea .... swój długi warkocz, przeglądając się w lustrze.
7. Babcia .... ziemniaki na tarce, aby nam przygotować placki ziemniaczane.
8. Szliśmy powoli, bowiem ścieżka .... stromo pod wysoką górę.
9. Jakaś biedna kobieta .... na wózku makulaturę.
10. Wszystkie niepotrzebne rzeczy *(my)* .... do piwnicy.

OCEŃ SAM SIEBIE
>[9] bdb • [9] + db • [8] db • [7] +dst • >[6] dst • <[6] ndst
Jeśli w zadaniu testowym jest więcej niż dziesięć jednostek – przelicz sam!

ZADANIE 126

Copyright by S. Mędak

Proszę wpisać w miejsce kropek właściwe formy czasu przeszłego czasowników niedokonanych oraz dokonanych zgromadzonych w kolumnie A.

WZÓR
blednąć   Czyjaś twarz stawała się blada. On bladł i ona bladła. Oni bledli i one bladły.

A.
1. **dopłynąć**

2. **dźwignąć się**

3. **kichnąć**

4. **klęknąć**

B.
Z trudem płynęliśmy do brzegu. On .... i ona .... Oni ...., one też ....

Trudno jest dźwigać się z nędzy. On .... Ona .... Oni .... i one też ....

Wszyscy mieli katar. On .... głośno. Ona też .... Oni .... One też .... głośno.

Ja klęknąłem do modlitwy. On też .... Ona też .... Wszyscy wierni .... Wszystkie kobiety .... do modlitwy.

ZADANIA TESTOWE

5. **krzyknąć** — Krzyknąłem z przerażenia. On też .... Ona również .... One .... Oni również ....
6. **kwitnąć** — Rozpoczęła się wiosna. Drzewa .... jak oszalałe. Róże też ....
7. **minąć** — Minęła wojna. Złe czasy też ....
8. **moknąć** — Ja moknąłem na deszczu. Ona też .... Oni też ....
9. **nacisnąć** — Nacisnąłem guzik dzwonka. Ona też .... On również ....
10. **odetchnąć** — Byliśmy bardzo zmęczeni. Karol .... chwilę. Jego żona też .... Oni również .... One również ....
11. **odgadnąć** — Wreszcie odgadłem prawidłową odpowiedź. Ona też .... Oni .... i one też ....
12. **przemarznąć** — Były wielkie mrozy. My .... podczas spaceru. Oni też .... Dzieci .... i ci panowie też ....
13. **przysięgnąć** — Ja jej przysiągłem miłość. Ona mi też ...., że mnie będzie kochać przez całe życie.
14. **rosnąć** — Było lato. Drzewa pięknie .... Róże pięknie .... Wszystko pięknie ....
15. **słabnąć** — Babcia stawała się coraz słabsza. Dziadek też .... Rodzice też ....
16. **więdnąć** — W połowie jesieni drzewa .... również mój entuzjazm.
17. **zamknąć** — Ona .... wszystkie okna w salonie. One .... drzwi.
18. **zniknąć** — Samochód .... za zakrętem. Piękna dziewczyna .... wraz ze znikającym samochodem.
19. **zrosnąć się** — On szybko .... ze swoim miastem, a ona .... z lokalnym teatrem.
20. **żółknąć** — Liście .... już na początku jesieni. On .... pod wpływem choroby.

OCEŃ SAM SIEBIE

>[9] bdb • [9] + db • [8] db • [7] +dst • >[6] dst • <[6] ndst

Jeśli w zadaniu testowym jest więcej niż dziesięć jednostek – przelicz sam!

ZADANIE 127

Copyright by S. Mędak

Proszę wpisać w miejsce kropek właściwe formy czasu teraźniejszego (kolumna B i C) czasowników zamieszczonych w kolumnie A.

WZÓR

biec (rzad. biegnąć)	(Ja) biegnę chodnikiem.	‖ Ty biegniesz ulicą.
A.	**B.**	**C.**
1. **grozić**	(ja) .... mu pięścią.	‖ Ty .... jej procesem sądowym.
2. **grzać się**	(ja) .... przy ognisku.	‖ Ty .... też przy ognisku.
3. **kazać**	(ja) .... ci iść do łóżka.	‖ Ty .... jej wyjść z łóżka.
4. **kłaść się**	(ja) .... spać wcześnie.	‖ Ty .... spać nad ranem.
5. **krakać**	(ja) Nigdy nie	‖ Ty ciągle ...., jak zła wróżka.
6. **nosić się**	(ja) .... sportowo.	‖ Ty .... nad wyraz modnie.
7. **piać**	(ja) .... z zachwytu nad tobą.	‖ Ty .... peany na swoją cześć.
8. **piec (się)**	(ja) .... dla ciebie ciasto.	‖ Ty, rozleniwiony, ... na słońcu.
9. **słać**	(ja) .... łóżko po śniadaniu.	‖ Ty .... łóżko przed przyjściem gości.
10. **tłuc (się)**	(ja) .... pieprz w moździerzu.	‖ Ty .... po kuchni. *(pot.)*

OCEŃ SAM SIEBIE

>[9] bdb • [9] + db • [8] db • [7] +dst • >[6] dst • <[6] ndst

Jeśli w zadaniu testowym jest więcej niż dziesięć jednostek – przelicz sam!

ZADANIE 128

Copyright by S. Mędak

Proszę wpisać w miejsce kropek właściwe formy czasu teraźniejszego (kolumna B) oraz czasu przyszłego kolumna C).

WZÓR

nakręcać ‖ nakręcić	Zwykle ty nakręcasz stary zegar.	‖ Dziś ja go nakręcę.
A.	**B.**	**C.**
1. **uodporniać ‖ uodpornić**	(ja) .... organizm.	‖ Może go wreszcie ....

ZADANIA TESTOWE

2. **upraszczać || uprościć**	*(ja)* .... to działanie.	|| Może je sensownie ....
3. **uprzedzać || uprzedzić**	*(ja)* .... was zawsze.	|| Jutro też was ....
4. **uprzykrzać || uprzykrzyć**	On .... mi życie.	|| Na pewno mi je skutecznie ....
5. **urabiać || urobić**	On .... moją psychikę.	|| Na pewno ją skutecznie ....
6. **usprawniać || usprawnić**	*(ja)* .... ten proces.	|| Może wkrótce go ....
7. **uśmierzać || uśmierzyć**	Te środki .... ból.	|| Może wreszcie go ....
8. **zapalać || zapalić**	*(ja)* Teraz .... papierosa.	|| Za chwilę tobie też ....
9. **zapraszać || zaprosić**	*(ja)* .... ciebie.	|| Jego też ....
10. **zwracać || zwrócić**	*(ja)* Zawsze .... pieniądze.	|| Jemu też je ....

OCEŃ SAM SIEBIE
>[9] bdb • [9] + db • [8] db • [7] +dst • >[6] dst • <[6] ndst
Jeśli w zadaniu testowym jest więcej niż dziesięć jednostek – przelicz sam!

ZADANIE 129
Copyright by S. Mędak

Proszę wpisać w miejsce kropek właściwe formy czasowników o znaczeniu momentalnym. Kolumna A – czas przeszły; kolumna B – czas teraźniejszy.

WZÓR

(chrząknąć / chrząkać)	Ktoś <u>chrząknął</u> znacząco.	Nie lubię kiedy ktoś <u>chrząka</u>.
	A.	B.
1. *(cofnąć / cofać)*	Ktoś nagle .... samochód.	Nie lubię, kiedy ktoś ....
2. *(dotknąć / dotykać)*	Ktoś mnie nagle	Nie lubię, kiedy ktoś mnie ....
3. *(drgnąć / drgać)*	Ktoś nagle .... z przerażenia.	Nie lubię, kiedy ktoś ....
4. *(gwizdnąć / gwizdać)*	Ktoś nagle .... za mną.	Nie lubię, kiedy ktoś za mną ....

5. *(kichnąć / kichać)*	Ktoś nagle .... obok mnie.	Nie lubię, kiedy ktoś ....
6. *(kopnąć / kopać)*	Ktoś raz .... psa.	Nie lubię, kiedy ktoś .... psa.
7. *(krzyknąć / krzyczeć)*	Ktoś nagle .... głośno.	Nie lubię, kiedy ktoś głośno ....
8. *(mrugnąć / mrugać)*	Ktoś nagle .... do mnie.	Nie lubię, kiedy ktoś .... do mnie.
9. *(pchnąć / pchać)*	Ktoś nagle .... mnie w autobusie.	Nie lubię, kiedy ktoś mnie ....
10. *(westchnąć / wzdychać)*	Ktoś .... raz głęboko.	Nie lubię, kiedy ktoś ....

Na podstawie: *Język polski à la carte*, cz. III.

OCEŃ SAM SIEBIE
>[9] bdb • [9] + db • [8] db • [7] +dst • >[6] dst • <[6] ndst
Jeśli w zadaniu testowym jest więcej niż dziesięć jednostek – przelicz sam!

ZADANIE 130
Copyright by S. Mędak

Proszę wpisać w miejsce kropek właściwe formy czasu teraźniejszego czasowników zgromadzonych w kolumnie A.

WZÓR
(bywać) Często *(ja)* <u>bywam</u> na spotkaniach naszego klubu emerytów.

A.
1. *(czytywać)*

2. *(darowywać)*

3. *(dobudowywać)*

4. *(dodrukowywać)*

5. *(dogadywać się)*

6. *(dokazywać)*

B.
Zazwyczaj *(on)* .... powieści detektywistyczne.

Narzeczony nieustannie .... mi bardzo drogie prezenty.

Od kilku lat *(oni)* .... piętro do istniejącego już domu.

Rokrocznie *(oni)* .... pieniądze, aby ukryć rosnącą inflację.

Zawsze *(ja)* .... z obcokrajowcami po angielsku.

Dzieci zwykle .... w domu pod nieobecność rodziców.

ZADANIA TESTOWE

7. *(dokonywać)*	Od wielu wieków Francuzi .... cudów w dziedzinie kulinarnej.	
8. *(dolatywać)*	Setki ptaków .... codziennie na tę wysepkę.	
9. *(dopasowywać)*	Dlaczego *(ty)* nigdy nie .... wydatków do zarobków?	
10. *(dopisywać)*	Dlaczego pogoda nigdy nie .... nam podczas wyjazdów na wieś?	
11. *(dowiadywać się)*	Zwykle *(ja)* .... wszystkiego ostatni.	
12. *(grywać)*	Od lat *(ona)* .... epizodyczne role w teatrze.	
13. *(mawiać)*	«Słowo wróblem wyleci, a wołem wraca» – .... często moja babcia.	
14. *(miewać)*	Czy często .... pani bóle w klatce piersiowej? – zapytał lekarz.	
15. *(obgadywać się)*	Dlaczego te dziewczynki ciągle .... wzajemnie?!	
16. *(obiecywać)*	Zosiu, codziennie .... mi, że zmienisz swoje postępowanie.	
17. *(odgadywać)*	Józefie Karolu, rzadko *(ja)* .... twoje pokrętne łamigłówki.	
18. *(odpisywać)*	Marysia regularnie .... Józefowi na wszystkie listy.	
19. *(zapytywać)*	*(ja)* .... was, czego ode mnie chcecie?	
20. *(zagadywać)*	Chłopcy .... siedzące obok dziewczyny.	

OCEŃ SAM SIEBIE

>[9] bdb • [9] + db • [8] db • [7] +dst • >[6] dst • <[6] ndst

Jeśli w zadaniu testowym jest więcej niż dziesięć jednostek – przelicz sam!

ZADANIE 131

Copyright by S. Mędak

Polecenie i WZÓR – jak zadaniu testowym numer 130.

1. *(odkrywać)*	Dziwne, że dopiero teraz *(ty)* .... piękno tej okolicy!
2. *(odpoczywać)*	Jesienią *(my)* co rok .... kilka tygodni w Egipcie.
3. *(odwoływać)*	On rzadko .... swoje zajęcia na uczelni.
4. *(opracowywać)*	Codziennie rano *(ja)* .... plan działań ekipy na cały dzień.
5. *(pisywać)*	Ona zawsze .... tam, gdzie można otrzymać wysokie honoraria.

6. *(pokazywać)* — Ty ciągle .... świat widziany oczami dziecka!

7. *(popisywać się)* — Dlaczego z rzadka *(ty)* .... swoją wiedzą?!

8. *(powoływać się)* — Dlaczego *(ty)* ciągle .... na mnie! Nie jestem autorytetem!

9. *(poznawać)* — Lubię wiosnę, bo zawsze wiosną .... nową dziewczynę.

10. *(przebywać)* — Mój dziadek od miesiąca .... na leczeniu w sanatorium.

11. *(przegotowywać)* — Mam taki zwyczaj, że zawsze .... wodę dwukrotnie.

12. *(przesiadywać)* — Kiedy mam czas, zwykle *(ja)* .... u sąsiadki.

13. *(przygotowywać się)* — Marysiu, chyba za długo .... do tej podróży!

14. *(ukrywać się)* — Od miesięcy *(on)* .... przed wierzycielami.

15. *(wypytywać)* — Dlaczego ciągle *(ty)* .... mnie o wszystko tak drobiazgowo!

16. *(wyrywać)* — Te słodycze są tak dobre, że dzieci .... je sobie z rąk.

17. *(zakrywać)* — Niektóre kobiety przed wyjściem na ulicę .... sobie głowę.

18. *(zapisywać)* — Mam taki zwyczaj, że .... ciekawe przysłowia w notesie.

19. *(zdobywać)* — W tej grze zawsze *(ja)* .... dziewięćdziesiąt punktów na sto.

20. *(zmywać)* — Przez osiem godzin dziennie *(ona)* .... talerze w restauracji.

OCEŃ SAM SIEBIE

\>[9] bdb • [9] +db • [8] db • [7] +dst • >[6] dst • <[6] ndst

Jeśli w zadaniu testowym jest więcej niż dziesięć jednostek – przelicz sam!

ZADANIE 132

Copyright by S. Mędak

Polecenie – jak zadaniu testowym numer 130.

WZÓR

maleć — W całej Europie jest niż demograficzny: liczba urodzonych dzieci niepokojąco <u>maleje</u>.

ZADANIA TESTOWE

A.

1. **bieleć**	Szare płótno na słońcu ....? – Tak synku. Szare płótno staje się białe lub bardzo jasne.
2. **błękitnieć**	Mamo, czy to las .... na horyzoncie? – Tak synku. Ten las na tle horyzontu wydaje się błękitny.
3. **boleć**	Mamo, martwisz się, bo wyjeżdżam? – Która matka nie .... nad tym, że jej dziecko wyjeżdża za granicę w poszukiwaniu pracy?
4. **butwieć**	Zobacz mamo, jak front naszego domu zapada się od wilgoci. – Masz rację synku. Drewno już .... wszędzie pod wpływem powietrza.
5. **czernieć**	Mamo wszystkie nasze sztućce .... Tak synku, srebrne sztućce nabierają koloru ciemnego.
6. **czerstwieć**	Mamo, zawiń pieczywo w czystą ściereczkę, inaczej pieczywo .... ! – Dobrze. Wiem, że nie lubisz zeschniętego chleba, syneczku.
7. **delikatnieć**	Cieszę się, że wreszcie .... mi ręce. – Widzisz mamo, a nie mówiłem, że nie powinnaś pracować fizycznie!
8. **dojrzeć** *(dk)*	Mamo, wyjmij z lodówki avocado, bo ono nigdy tam nie ....! – Masz rację synku. Ten owoc jest wciąż twardy.
9. **dorośleć**	Mamo, w tym roku nie pojadę z wami na wakacje. – Wiem synku. Teraz młodzież szybciej ....
10. **drożeć**	Mamo, będę mniej jadł, bo żywność strasznie ....! – To znakomity pomysł, bo od dzisiaj podnieśli również opłaty za prąd i gaz.

ZADANIE 133

Copyright by S. Mędak

Polecenie i WZÓR – jak w zadaniu testowym numer 130.

A.

1. **dziecinnieć**	Mamo, czy nasz dziadziuś .... ? – Tak, synku, dziadziuś od roku zachowuje się jak dziecko pod względem psychicznym i umysłowym.
2. **dziwaczeć**	Mamo, dlaczego nasza babcia na starość ....? – Nie, synku. Mama zawsze lubiła mówić na głos do siebie i unikała ludzi.
3. **gęstnieć**	Tato, zjeżdżamy z gór, bo mgła już .... – Masz rację synku. Już niczego nie widzę.
4. **głupieć** *(pot.)*	Mamo, dlaczego moi koledzy mówią, że *(ja)* .... w szkole z każdym dniem? – Nie wiem synku. Ja też .... przed twoją wychowawczynią i nie wiem, jak się mam zachować.

5. **istnieć**   Synku, czego nauczyłeś się na lekcji katechizmu? – Mama, ksiądz powiedział nam, że Bóg .... pod trzema postaciami.

6. **jaśnieć**   Mamo, czy wiesz, że ty .... na tle twoich koleżanek! – Naprawdę, synku, myślisz, że wyróżniam się czymś na tle innych?

7. **jełczeć**   Mamo, nie kupuj tego taniego masła, bo ono szybko ....! – Masz rację synku, masło śmietankowe szybko ma nieprzyjemny zapach i smak.

8. **linieć**   Mamo, kupimy nowego psa, bo nasz Burek już .... Ależ synku, każdy pies zmienia okresowo sierść. A konie .... dwa razy w roku: wiosną i w jesieni.

9. **ładnieć**   Mamo, ty .... z dnia na dzień! – To nieprawda synku! Nigdy nie byłam ładna, a wydaje mi się nawet, że jestem coraz brzydsza.

10. **łysieć**   Mamo, zauważyłaś, że tato coraz bardziej ....? – No cóż, każdy mądry mężczyzna traci włosy na głowie, mój przemądrzały synku.

OCEŃ SAM SIEBIE
>[9] bdb • [9] + db • [8] db • [7] +dst • >[6] dst • <[6] ndst
Jeśli w zadaniu testowym jest więcej niż dziesięć jednostek – przelicz sam!

ZADANIE 134
Copyright by S. Mędak

Polecenie i WZÓR – jak w zadaniu testowym numer 130.

A.

1. **markotnieć**   Mamo, dlaczego tata od roku ....? – Widzisz synku, tato jest coraz smutniejszy, bo stracił dobrze płatną pracę i dlatego jest przygnębiony, posępny i ponury.

2. **mądrzeć**   Mamo, ja rosnę z każdym dniem, ale nie .... – To nieprawda synku. Jesteś coraz mądrzejszy.

3. **mdleć**   Iwona zawsze .... na widok krwi, a chce zostać lekarką! – Tak synku. Twoja siostrzyczka zbyt często traci przytomność, ale tylko na chwilę.

4. **mętnieć**   Mamo, nie lubię, kiedy .... ci oczy. – Widzisz synku, zbyt często w życiu płakałam i teraz moje spojrzenie traci dawny blask i dawną wyrazistość.

5. **mężnieć**   Mamo, czy kobiety też ....? – Jeśli któraś z kobiet staje się coraz bardziej barczysta, muskularna i silniejsza, to dlaczego nie?

ZADANIA TESTOWE

6. **mizernieć**	Mamo, mam wrażenie, że ...., od kiedy zaczęłaś jeść mizerię na obiad. – Synku, jem mniej, bo muszę absolutnie do poniedziałku się odchudzić.
7. **niedołężnieć**	Mamo, od ilu lat człowiek ....? – Niektórzy w tydzień po odejściu na zasłużoną emeryturę stają się niesprawni ruchowo.
8. **nieruchomieć**	Mamo, dlaczego ...., kiedy słyszysz zgrzyt klucza w zamku? – Zawsze przestaję się poruszać, kiedy nie jestem pewna, kto za chwilę wejdzie do naszej garsoniery.
9. **niszczeć**	Mamo, czy niezamieszkałe domy ....? – Domy jak człowiek, pozbawione opieki stopniowo ulegają zrujnowaniu.
10. **normalnieć**	Mamo, dlaczego mówisz, że tata na starość .... ? – Bo przestał stawiać sobie i innym nierealne wymagania.

OCEŃ SAM SIEBIE

>[9] bdb • [9] + db • [8] db • [7] +dst • >[6] dst • <[6] ndst

Jeśli w zadaniu testowym jest więcej niż dziesięć jednostek – przelicz sam!

ZADANIE 135
Copyright by S. Mędak

Proszę wpisać w miejsce kropek właściwe formy czasu teraźniejszego czasowników z kolumny A.

WZÓR

pochmurnieć	**Czy błękit nieba nadal pochmurnieje? || Mam wrażenie, że już zupełnie spochmurniał. Jest już zupełnie ciemny.**

A.

1. **pokornieć**	Czy ten więzień ....? || Wydaje się, że dość szybko spokorniał. Nie przejawia już ochoty do buntu.
2. **posępnieć**	Dlaczego ona na widok swojego szefa ....? || Nie wiem. Sposępniała, kiedy wspomniałem o jej szefie. Natychmiast straciła humor.
3. **poważnieć**	Czy on z wiekiem choć trochę ....? || Spoważniał szybko po pierwszej porażce życiowej. Być może dojrzał?
4. **powszednieć**	Dlaczego wszystko ci ....? || Może nie wszystko. Nie spowszedniały mi podróże. Nowe kraje nie straciły dla mnie uroku niezwykłości.
5. **przytomnieć**	Czy pacjentka .... po omdleniu? || Ona oprzytomniała zaraz po przybyciu do szpitala. Wróciła zupełnie do siebie.

6. **rdzewieć**	Karoseria mercedesa jak stara miłość – nigdy nie .... || To dziwne, bo moja zupełnie zardzewiała. Jest pokryta kruchą, żółtobrunatną warstwą rdzy.
7. **robaczywieć**	Czy te jabłka .... ? || Widzę, że prawie wszystkie zrobaczywiały. Są miękkie i mają brunatne plamy!
8. **sinieć**	Synku, czy uszy nie .... ci na mrozie? || Mamo, jestem cały zsiniały z zimna.
9. **starzeć się**	Twój pies już ....? || On już się zestarzał, choć nie widać tego, bo to jest pies o sierści koloru siwego.
10. **szczupleć**	Kochanie, ty chyba .... z niedożywienia?! || Ależ skąd! Zeszczuplałam po operacji. Jestem teraz wysmukła jako drzewo bambusowe.

ZADANIE 136

Copyright by S. Mędak

Proszę wpisać w miejsce kropek właściwe formy czasu przeszłego czasowników zgromadzonych w kolumnie A.

WZÓR
nowocześnieć	**Warszawa nowocześniała od zakończenia wojny i wciąż nowocześnieje.**

A.
1. **obojętnieć**	Babcia stopniowo .... na wszystko i coraz bardziej obojętnieje.
2. **pęcznieć**	Jego nienawiść do mnie .... od lat i wciąż jeszcze pęcznieje.
3. **pleśnieć**	Stare mury .... od wilgoci i nadal pleśnieją.
4. **płowieć**	Zawsze latem .... mi włosy i wciąż mi płowieją.
5. **potężnieć**	Polska od lat .... w Europie i wciąż potężnieje.
6. **próchnieć**	W sadzie drzewa zawsze ...., a teraz jeszcze szybciej próchnieją.
7. **szaleć**	Ona od lat .... za pięknym Józefem Karolem i wciąż za nim szaleje.
8. **topnieć**	Śniegi .... od miesiąca i wciąż jeszcze topnieją.
9. **truchleć**	Ona od lat .... ze strachu przed swoim mężem i wciąż jeszcze truchleje.

10. **trzeźwieć** On .... od dwóch dni i wciąż jeszcze trzeźwieje.

OCEŃ SAM SIEBIE
>[9] bdb • [9] + db • [8] db • [7] +dst • >[6] dst • <[6] ndst
Jeśli w zadaniu testowym jest więcej niż dziesięć jednostek – przelicz sam!

ZADANIE 137
Copyright by S. Mędak

Proszę wpisać w miejsce kropek (kolumna B) właściwe formy czasu teraźniejszego (czasowniki niedokonane) lub czasu przyszłego (czasowniki dokonane) wyrazów z kolumny A.

WZÓR
sadzać — Jego ukochana nieprzytomnie osuwa się na chodnik. Tadeusz podnosi ją i sadza na stojącej obok ławce.

A.

leżeć || kłaść || położyć

odpocząć || wypocząć || spocząć

siadać || usiąść

posadzić || siedzieć

stać || stawiać || postawić

B.

1. Józef Karol .... na łóżku i wpatruje się bezmyślnie w sufit. || 2. Jego żona Kasandra .... chorą córeczkę Kingę obok niego i wychodzi na plotki do sąsiadki. ||3. Kasandra wie, że córeczka za chwilę .... swą rączkę na ramieniu ojca i zaśnie.

4. Karolu! .... dopiero podczas urlopu – krzyknął do swego podwładnego kierownik budowy. *Teraz pracuj!* – dodał. ||
5. *Jutro poproszę szefa o dzień urlopu* – pomyślał zmęczony Karol. ...., bo jestem przepracowany. || 6. A teraz .... na chwilę, bo ledwo trzymam się na nogach.

7. Państwo Optołowiczowie .... do obiadu punktualnie o trzynastej. || 8. Kiedy ...., przy stole zapadnie grobowa cisza. Wszystkie ich cztery córeczki zamierają ze strachu.

9. Kochanie, jak .... dziecko przy stole, skoro sama od godziny 10. .... za stołem i objadasz się smakołykami?

11. Ona .... od kilku minut na rękach, twierdząc, że ćwiczy siłę ducha. || 12. Potem trener .... ją na podłodze. || 13. Czasami trener mówi: *Dziś nie .... pani w pozycji pionowej, bo jest pani za ciężka.*

wisieć || wieszać || powiesić   14. Zobacz, jaki piękny obraz .... na ścianie w tej galerii. || 15. Ten mężczyzna, który .... ikonę i żegna się to chyba prawosławny? || 16. Józefie Karolu, ... nasze płaszcze na wieszaku i zwiedzajmy tę wystawę.

OCEŃ SAM SIEBIE
>[9] bdb • [9] + db • [8] db • [7] +dst • >[6] dst • <[6] ndst
Jeśli w zadaniu testowym jest więcej niż dziesięć jednostek – przelicz sam!

ZADANIE 138
Copyright by S. Mędak

Proszę wpisać w miejsce kropek właściwe formy czasu przeszłego czasowników z kolumny A.

WZÓR
posadzić   Poprosiłem gości do salonu i <u>posadziłem</u> ich przy suto zastawionym stole.

A.
1. **kłaść**   Kiedy Kasandra .... chorą córeczkę obok męża, dziecko zaczynało płakać.
2. **leżeć**   Józef Karol .... na łóżku i bezmyślnie wpatrywał się w sufit.
3. **odpocząć**   Szef .... sobie po sytym obiedzie i wrócił na chwilę na budowę.
4. **położyć**   Mała Kinga .... swą rączkę na brzuchu ojca i zasnęła.
5. **postawić**   Trener .... na podłodze kobietę, która stała na rękach.
6. **powiesić**   Małżonkowie .... płaszcze na wieszakach i zaczęli zwiedzać wystawę.
7. **sadzać**   Tadeusz nieraz .... na ławce swą często omdlewającą narzeczoną.
8. **siadać**   Państwo Gęsińscy zawsze .... do stołu w olbrzymim skupieniu.
9. **siedzieć**   Gęsiński i Gęsińska .... przy stole w grobowej ciszy i czekali na posiłek.
10. **spocząć**   Gdy kierownik zniknął, zmęczony robotnik budowlany .... na chwilę.

ZADANIA TESTOWE

11. **stać** — Tęga kobieta .... na rękach i twierdziła, że w ten sposób ćwiczy siłę ducha.
12. **stawiać** — Po każdym ćwiczeniu trener .... ćwiczącą kobietę na podłodze.
13. **usiąść** — Para małżeńska .... przy stole i oczekiwała na zamówiony posiłek.
14. **wieszać** — Jakiś człowiek .... ikony na ścianach i żarliwie się modlił.
15. **wisieć** — Piękne obrazy .... w słynnej galerii zwanej *Na Błonie*.
16. **wypocząć** — Robotnik wziął jeden dzień urlopu i wreszcie sobie ....

ZADANIE 139
Copyright by S. Mędak

Proszę wpisać w miejsce kropek właściwe formy czasu teraźniejszego (czasowniki niedokonane) lub czasu przyszłego (czasowniki dokonane) homonimów fonetycznych z kolumny A.

WZÓR
(*dowieść* || *dowieźć*)
a. Jestem pewny, że wkrótce <u>dowiodę</u> swojej niewinności.
b. Wkrótce beczkowozy <u>dowiozą</u> wodę pitną dla ludzi.

A.
1. (*obwieść* || *obwieźć*)
   1. Rzemieślnik .... to arcydzieło malarstwa prymitywnego złotą ramką.
   2. Przewodnik .... nas saniami po bezkresnej puszczy.
2. (*odwieść* || *odwieźć*)
   3. Mam nadzieję, że wkrótce ktoś mądry .... cię od tego ożenku.
   4. Po pogrzebie organista .... księdza na plebanię.
3. (*powieść* || *powieźć*)
   5. Nie martw się! Anioły wkrótce .... jej duszę do królestwa niebieskiego.
   6. Specjalna ekipa .... urnę z prochami na miejsce wiecznego spoczynku.
4. (*przywieść* || *przywieźć*)
   7. Jego Magnificencjo, umyślni .... tego śmiałka przed twoje oblicze.
   8. Mama na pewno .... mi z Japonii samurajskie miecze.
5. (*rozwieść* || *rozwieźć*)
   9. Mam wrażenie Józefie, że nie .... mnie z moją żoną!
   10. Zaproszenia .... po mieście specjalnie do tego wyznaczony kurier.

6. (*uwieść* || *uwieźć*)   11. Karolu, zobaczysz, że pewnego dnia .... twoją żonę!

12. Wiemy, że terroryści .... zakładników w niewiadomym kierunku.

7. (*wieść* || *wieźć*)   13. Ta kobieta .... oczyma za każdym przystojnym mężczyzną.

14. Jakaś staruszka .... na wózku na targ polne kwiaty.

9. (*wywieść* || *wywieźć*)   15. Nie denerwujcie się! Ta droga na pewno .... nas na szczyt góry.

16. Tego dysydenta za chwilę KGB .... w głąb Rosji i będzie spokój.

10. (*zawieść* || *zawieźć*)   17. Mam wrażenie, że nikt się na tym pewnym człowieku nie ....

18. Proszę się nie denerwować! Za chwilę sanitariusz .... pana do właściwej kliniki.

OCEŃ SAM SIEBIE

\>[9] bdb • [9] + db • [8] db • [7] +dst • >[6] dst • <[6] ndst

Jeśli w zadaniu testowym jest więcej niż dziesięć jednostek – przelicz sam!

ZADANIE 140

Copyright by S. Mędak

Proszę wpisać w miejsce kropek właściwe formy czasu przeszłego homonimów fonetycznych z kolumny A.

WZÓR
(*dowieść* || *dowieźć*)   a. Cieszę się, że wreszcie <u>dowiodłem</u> swojej słuszności.
b. Autobusy <u>dowiozły</u> turystów do wyznaczonego miejsca.

A.
1. (*obwieść* || *obwieźć*)   1. W którym wieku krakowianie .... miasto murem?

2. Nasz niemiecki przyjaciel .... nas latem po całej Bawarii.

2. (*odwieść* || *odwieźć*)   3. Bardzo żałuję, że ona nie .... go od tego zamiaru.

4. Czy twoja córka .... już dziadka do domu starców?

ZADANIA TESTOWE

3. (*powieść* || *powieźć*)

5. Artystka .... dłonią po powierzchni obrazu i zaczęła go werniksować.
6. Długo nie czekali, bo dowódca .... ich natychmiast do walki.

4. (*przywieść* || *przywieźć*)

7. Twoje wspomnienia .... mi na pamięć moje dzieciństwo.
8. Przyjaciółka .... mi z Rzymu statuetkę pięknego Rzymianina.

5. (*rozwieść* || *rozwieźć*)

9. Ten znakomity i drogi adwokat .... już setki małżeństw.
10. Już pora na śniadanie, a mleczarze nie .... jeszcze mleka.

6. (*uwieść* || *uwieźć*)

11. Dlaczego o kobiecie, która .... chłopca, mówi się z pogardą?
12. Każdy wie, że to właśnie Hades .... krzyczącą z trwogi Persefonę.

7. (*wwieść* || *wwieźć*)

13. Ponieważ pomylił trasę, ... nas w bagniste tereny.
14. Oni .... za dużo papierosów i mieli kłopoty z urzędem celnym.

8. (*wywieść* || *wywieźć*)

15. Gospodarz .... konia ze stajni i zaprzągł go do karety.
16. (*my*) .... już wszystkie stare meble na wieś do dziadków.

9. (*zawieść* || *zawieźć*)

17. Mówili, że znają dobrze okolicę, a .... nas na bezdroża.
18. Józef Karol .... tajnych współpracowników na wystawną kolację swoim wspaniałym białym mercedesem.

10. (*zwieść* || *zwieźć*)

19. Piotr – jak zwykle .... mnie kolejnymi obietnicami.
20. Wysłużona kolejka linowa .... ze szczytu ostatnich turystów.

OCEŃ SAM SIEBIE

>[9] bdb • [9] + db • [8] db • [7] +dst • >[6] dst • <[6] ndst

Jeśli w zadaniu testowym jest więcej niż dziesięć jednostek – przelicz sam!

ZADANIE 141

Copyright by S. Mędak

Proszę wpisać w miejsce kropek właściwe formy homonimów podanych w nawiasach. W przypadku czasowników proszę wpisać formy czasu zgodnego z sensem podanych wypowiedzi.

WZÓR

czasownik || czasownik || rzeczownik

(I *napaść* || II *napaść* || III *napaść*)

a. Jakiś mężczyzna napadł na kantor wymiany waluty.
b. Napasł krowy na pastwisku i wracał do domu zadowolony.
c. Ten film wywołał falę protestów i napaści w całym kraju.

1. (I *brać* / II *brać*)
   a. Kiedy mój znajomy tenor .... prysznic, lubił słuchać głośnej muzyki.
   b. Mickiewicz w *Panu Tadeuszu* świetnie przedstawił .... szlachecką.

2. (I *piec* / II *piec*)
   a. Moja babcia umiała .... świetne mazurki, serniki i podpłomyki.
   b. Każdy .... hutniczy zanieczyszcza środowisko naturalne.

3. (I *postać* / II *postać*)
   a. Aby kupić bilety na dobre koncerty, trzeba .... w długich kolejkach.
   b. Ten polityk to bardzo malownicza .... w świecie polityków.

4. (I *powieść* / II *powieść*)
   a. Generał krzyknął do przerażonych dowódców: Trzeba najpierw .... armię do ataku, aby sprawdzić jej przygotowanie bojowe.
   b. Mówi się, że *Lalka* B. Prusa to pierwsza polska .... egzystencjalna.

5. (I *przepaść* / II *przepaść*)
   a. Patrzyłem na oddalających się jeźdźców, aż .... w ciemnościach nocy.
   b. Drogi, które wiją się nad .... są niebezpieczne, acz piękne.

6. (I *śmieć* / II *śmieć*)
   a. Władku, nie .... cię prosić o coś, na czym mi bardzo zależy.
   b. Raz na tydzień śmieciarze wywożą .... z naszej posesji.

7. (I *wić* / II *wić*)
   a. Kiedy królowie polscy wzywali pospolite ruszenie, rozsyłali ....
   b. Wiosną każdego roku ptaki .... gniazda pod okapami naszego domu.

8. (I *wieść* / II *wieść*)
   a. Wszystkie drogi i ścieżki .... w tym rejonie ku puszczy.
   b. To jedyna dobra ...., jaką otrzymaliśmy od rodziny w tym roku.

9. (I *zapaść* / II *zapaść*)
   a. Kurtyna .... po zakończeniu przedstawienia. Czas wracać do domu!
   b. Przeżyła ostatnio ...., więc martwimy się o jej zdrowie.

ZADANIA TESTOWE

OCEŃ SAM SIEBIE
>[9] bdb • [9] + db • [8] db • [7] +dst • >[6] dst • <[6] ndst
Jeśli w zadaniu testowym jest więcej niż dziesięć jednostek – przelicz sam!

ZADANIE 142
Copyright by S. Mędak

Polecenie – jak w zadaniu testowym numer 141.

WZÓR
(I *grab* / II *grab*)   1. Kochanie, nie <u>grab</u> już tych grządek w ogrodzie!
   2. Zobacz ten piękny <u>grab</u> o jasnoszarej, gładkiej korze!

1. (I *bój się* / II *bój*)   a. Nie .... synku! Ten pies nie gryzie i jest łagodniejszy od ludzi.
   b. .... *to jest ostatni"* – to pierwsze słowa refrenu Międzynarodówki.

2. (I *klucz* / II *klucz*)   a. Nie .... chytrusie bocznymi trasami! Jedź płatną autostradą!
   b. Znowu zgubiłeś wszystkie .... od mieszkania, więc czekaj i patrz na ten .... żurawi, które odlatują na Madagaskar!

3. (I *krój* / II *krój*)   a. Zosiu, nie .... tak grubych kromek chleba, bo chleb jest coraz droższy!
   b. Ten .... sukienki zupełnie nie pasuje do twojej figury, kochanie.

4. (I *krzew* / II *krzew*)   a. Ojcze, ... u swych dzieci zamiłowanie do nauki!
   b. Zetnij ten .... dzikiej róży, który zasłania jedyne okno w oficynie.

5. (I *łup* / II *łup*)   a. Wacku nie .... klienta, bo nie jesteś handlarzem! *(pot.)*
   b. Z radością na ustach dzielili wielkie .... zdobyte podczas walki.

6. (I *łów* / II *łów*)   a. Nędzarzu, nie .... ryb w Wiśle, bo to jest rzeka pełna zanieczyszczeń!
   b. Czy pamiętasz słowa piosenki: *Pojedziemy na ...., na ...., towarzyszu mój.*

7. (I *mów* / II *mów*)   a. Kochanie, nie .... takich rzeczy przy małych dzieciach!
   b. Nie znosił uroczystych .... i nigdy nie przychodził na uroczystości.

8. (I *myśl* / II *myśl*) a. Bolku, nie .... już o tym, co było wczoraj! Zapomnij o przeszłości.
   b. Na samą .... o spotkaniu z nią zamierał ze strachu.

9. (I *napój* / II *napój*) a. Włodku, ... wreszcie konia i zaprowadź go stajni!
   b. Herbata to ulubiony .... ludzi spragnionych a oszczędnych.

10. (I *nasyp* / II *nasyp*) a. Kochanie, ... cukru do cukierniczki i postaw ją na stole!
    b. Ten wysoki .... wzdłuż torów chroni las przed pożarami.

11. (I *pal* / II *pal*) a. Babciu nie .... tak dużo cygar! Zniszczysz sobie cerę.
    b. Wbijanie skazańców na .... to najokrutniejszy sposób egzekucji.

12. (I *płacz* / II *płacz*) a. *Nie ...., kiedy odjadę, sercem będę przy tobie* – śpiewały nasze babcie.
    b. Twój .... na zawołanie, zupełnie mnie nie wzrusza!

13. (I *pościel* / II *pościel*) a. Synku, ... swoje łóżko, zanim zasiądziesz do śniadania!
    b. Jaka .... ci się podoba: biała, czy kolorowa?

14. (I *przystań* / II *przystań*) a. Lubię chodzić na .... rybacką i przyglądać się rybakom.
    b. Karolku, ... na chwilę przed tą wystawą: chcę coś zobaczyć!

15. (I *ryj* / II *ryj*) a. Drogi krecie! Nie .... już dłużej w moim ulubionym warzywniku!
    b. .... lub morda jest to przedłużenie przedniego odcinka szczęki i żuchwy u niektórych zwierząt.

16. (I *sól* / II *sól*) a. Babciu, nie .... zupy, bo ją już wystarczająco posoliłam!
    b. ..... wydobywana w kopalni soli w Wieliczka nazywa się .... wielicką.

17. (I *śledź* / II *śledź*) a. Mamo, nie .... mnie na każdym kroku, bo szybko stracisz wzrok!
    b. Słony .... bałtycki jest tradycyjną potrawą wigilijną w Polsce.

18. (I *wykup* / II *wykup*) a. Karolu, ... działkę z rąk zwaśnionej rodziny i postaw na niej zamek!
    b. Na .... zakładników rząd tego kraju wydał kilka milionów euro.

ZADANIA TESTOWE

19. (I *zakup* / II *zakup*) a. Drogi wierny! .... mszę za duszę twoich najbliższych zmarłych!
b. Od lat zastanawiamy się nad .... nowego sedesu do łazienki.

20. (I *zamieć* / II *zamieć*) a. Władku, ... chociaż raz porządnie swoją izbę i wymieć z izby wszystkie niepotrzebne papiery!
b. Znowu zgubimy się pośród tej niespodziewanej .... śnieżnej.

OCEŃ SAM SIEBIE
>[9] bdb • [9] + db • [8] db • [7] +dst • >[6] dst • <[6] ndst
Jeśli w zadaniu testowym jest więcej niż dziesięć jednostek – przelicz sam!

ZADANIE 143
Copyright by S. Mędak

Proszę wpisać w miejsce kropek właściwe formy homonimów podanych w nawiasach. W przypadku czasowników proszę wpisać formy czasu zgodnego z sensem podanych wypowiedzi.

WZÓR
0. (I *czuli* || II *czuli*)   a. Podczas spaceru więźniowie czuli na swoich plecach wzrok strażników.
b. Ojciec wiedział, że dorastający synowie byli czuli na punkcie własnej godności.

1. (I *byli* || II *byli*)   a. Polacy .... w swej historii bardzo walecznym narodem.
b. .... współpracownicy Służby Bezpieczeństwa są wciąż wśród nas.

2. (I *goli* || II *goli*)   a. Dziadka codziennie .... fryzjer z renomowanego salonu.
b. .... młodzieńcy biegali nad brzegiem morza i grali w piłkę.

3. (I *krwawi* || II *krwawi*)   a. Pańska rana zbyt mocno ....! – powiedział do pacjenta zaniepokojony lekarz.
b. .... tyrani wciąż żyją na wolności.

4. (I *martwi* || II *martwi*)   a. Córeczko, od pewnego czasu .... mnie twoja naiwność!
b. Wracaliśmy do schroniska .... po całodziennym marszu.

5. (I *biegli* || II *biegli*) a. Jacyś mężczyźni szybko .... w kierunku płonącego domu.
b. .... sądowi odpowiadali na pytania szefa komisji śledczej.

6. (I *jadło* || II *jadło*) a. Wygłodzone dziecko .... szybko podaną przez pielęgniarkę zupę.
b. .... na tym weselu było liche i skąpe, za to trunków co niemiara.

7. (I *miał* || II *miał*) a. Każdy z turystów .... na sobie ciężki plecak i laskę w ręku.
b. Drobno pokruszony węgiel to ...., którym pali się w ciepłowniach.

8. (I *pierze* || II *pierze*) a. Babcia od czasu do czasu .... ubranka swoich wnuków.
b. .... to puch niektórych ptaków, którym wypycha się drogie kurtki.

9. (I *zamiecie* || II *zamiecie*) a. Ja nie zamiotę podłogi! Niech babcia ją .... – powiedział i wyszedł.
b. Kiedy są zawieje, ... oraz gołoledź nie używam samochodu.

10. (I *zapadnie* || II *zapadnie*) a. Wyrok .... dopiero jutro – powiedział sędzia, opuszczając salę obrad.
b. W tym starym zamczysku były wciąż czynne trzy ...., czyli pułapki.

OCEŃ SAM SIEBIE
>[9] bdb • [9] + db • [8] db • [7] +dst • >[6] dst • <[6] ndst
Jeśli w zadaniu testowym jest więcej niż dziesięć jednostek – przelicz sam!

ZADANIE 144

Copyright by S. Mędak

Proszę wpisać w miejsce kropek właściwe formy czasu przeszłego (punkt A) i przyszłego (punkt B).

WZÓR
(móc)   A. Dawniej *(ty)* **mogłeś** to robić.
B. Od jutra *(ty)* **nie będziesz mógł** już tego robić!

1. *(dopomóc)* A. Synku, *(ja)* .... ci raz, bo wiem, że znalazłeś się w trudnej sytuacji finansowej.
B. Potem ci też *(ja)* ...., jeśli tylko zajdzie tak potrzeba.

ZADANIA TESTOWE

2. *(pomóc)*   **A.** Dawniej ci *(ja)* ...., bo wymagała tego sytuacja.
                 B. W przyszłości też ci *(ja)* ...., bo mam dobre serce.

3. *(przemóc)*   **A.** W poprzedniej walce *(ty)* .... swojego największego przeciwnika.
                 B. W przyszłości też go *(ty)* ...., bo jesteś od niego silniejszy i lepszy.

4. *(wspomóc)*   **A.** *(my)* .... cię w potrzebie, bowiem zawsze tak czynimy w stosunku do ubogich i chorych.
                 B. Potem też cię *(my)* ...., bo naszym celem jest udzielanie wszystkim potrzebującym pomocy materialnej i duuchowej.

5. *(wymóc)*   **A.** Krystyno, ... na nim zgodę, podczas gdy moje groźby nie zrobiły na nim żadnego wrażenia.
                 B. Na każdym człowieku *(ja)* .... zgodę upartą perswazją.

6. *(wzmóc)*   **A.** Buntownicy .... swą działalność strajkową i mogą przyczynić nam wiele kłopotów.
                 B. Mam nadzieję, że już jej bardziej nie .... w obliczu oddziałów policji.

7. *(zaniemóc)*   **A.** Babcia znowu .... ciężko i od wczesnych godzin rannych nie wstaje z łóżka.
                 B. Mam nadzieję, że przynajmniej dziadek nie .... dzisiaj.

8. *(zmóc)*   **A.** Ostrym ciosem on .... mnie w walce.
                 B. Dokonał tego w walce na szable, ale ducha mego on nigdy nie ....!

OCEŃ SAM SIEBIE
>[9] bdb • [9] + db • [8] db • [7] +dst • >[6] dst • <[6] ndst
Jeśli w zadaniu testowym jest więcej niż dziesięć jednostek – przelicz sam!

ZADANIE 145

Copyright by S. Mędak

Proszę wpisać w miejsce kropek właściwe formy czasu przeszłego (punkt A) oraz czasy przyszłego (punkt B). czasowników w nawiasach.

WZÓR
(zbiec)   **0. A.** Wszyscy rabusie <u>zbiegli</u> z posterunku policji pod osłoną nocy. || **B.** Nie przejmuj się, dwa miesiące w tym słynnym areszcie <u>zbiegną</u> ci jak z bata strzelił.

(dociec)   **1. A.** Czy już *(ty)* .... logicznych przyczyn jej złego postępowania? || **B.** Wciąż żyję nadzieją, że ich kiedyś ....
            ....

(dopiec) 2. A. Jego żarty tak jej ...., że uciekła od niego po tygodniu. B. Synku poczekaj chwilę, *(ja)* .... resztę placuszków i zaraz podam je na stół.

(nadbiec) 3. A. Zwabiony głośnym krzykiem policjant szybko .... || B. Pod koniec tego tygodnia .... porywiste wiatry, przejmujące chłodem – powiedział.

(odbiec) 4. A. Pewna kobieta .... stąd szybko i po chwili wróciła. || B. Myślę, że ochota na sen w tym hałasie tak szybko .... mi, jak szybko się pojawiła.

(przybiec) 5. A. Zawołany przez właściciela pies natychmiast .... do swojego pana. || B. Mam nadzieję, że tym razem na metę pierwszy .... Polak.

(spiec) 6. A. W upalnym słońcu Portugalii Bianka .... sobie plecy i ramiona. || B. Niech pan nie leży w tak ostrym słońcu, bo .... sobie pan plecy – powiedział jakiś plażowicz do leżącego na brzuchu czarnoskórego turysty.

(ściec) 7. A. Wody po roztopach już .... do rzek. B. || Karolu, poczekaj chwilę, aż serwatka z tego twarogu .... a. .... do końca.

(ubiec) 8. A. Ponad dziesięć lat życia .... mi w obcych krajach. || B. Wiem, że to zwierzę nie .... nawet dziesięciu kroków po kontuzji lewej kończyny.

(uciec) 9. A. Koń wyrwał się z rąk woźnicy i .... w niewiadomym kierunku. B. Mamy go – wykrzyknął otyły i zadyszany żandarm. Już nam nie ....!

(upiec / upiec się) 10. A. Myślisz, że on tym razem też .... własną pieczeń przy czyimś ogniu?! || B. Ten kawałek mięsa z wołu nie .... nawet za trzy godziny.

(wbiec) 11. A. Drzwi otworzyły się z hałasem i do salonu .... rozpłakana Bianka. ||B. Za chwilę rozszalały tłum kibiców .... na boisko stadionu.

(wściec się) 12. A. Ojciec ...., kiedy wróciłem do domu nad ranem. || B. Mama na pewno .... za te bohomazy, które narysowałeś na ścianie pokoju.

(wyciec) 13. A. Z dużej beczki .... 200 litrów przedniego szampana. || B. Jestem przekonana, że z tego sekretariatu .... każda podana przeze mnie informacja.

OCEŃ SAM SIEBIE
>[9] bdb • [9] + db • [8] db • [7] +dst • >[6] dst • <[6] ndst
Jeśli w zadaniu testowym jest więcej niż dziesięć jednostek – przelicz sam!

ZADANIE 146

Copyright by S. Mędak

Proszę wpisać w miejsce kropek właściwe formy czasu teraźniejszego czasowników z kolumny A. Tam, gdzie to konieczne proszę wpisać formy alternatywne.

WZÓR

(głaskać)   **0.** Jeśli *(my)* <u>głaszczemy</u> *a. rzadziej* <u>głaskamy</u> jakąś osobę, rzecz lub zwierzę, to przesuwamy po nich ręką powoli, delikatnie i zwykle pieszczotliwie.
01. Jeśli czyjaś opinia lub jakieś zdarzenie <u>głaszcze</u> naszą ambicję, dumę, próżność, to pochlebia nam i sprawia nam przyjemność.

A.

(klaskać)   **1.** Kiedy *(my)* .... albo *(rzadziej)* ...., to uderzamy dłonią w dłoń, aby wyrazić zachwyt, uznanie, aprobatę.
2. Mówimy, że coś ...., jeśli wydaje taki dźwięk, jak przy uderzaniu dłonią w dłoń.

(klękać)   **3.** Kiedy *(my)* ...., to zginamy nogi w kolanach i opieramy kolana na ziemi.

(krakać)   **4.** Kiedy kruki lub wrony ...., to wydają niskie, gardłowe dźwięki.
5. Mówimy, że ktoś ...., jeśli mówi, że coś się nie powiedzie lub że się źle skończy.

(mlaskać)   **6.** Jeśli ktoś .... lub ...., to wargami i językiem wydaje charakterystyczny odgłos, zwykle podczas jedzenia.
7. Mówimy, że jakaś płynna lub półpłynna substancja ...., jeśli wydaje dźwięk podobny do dźwięku wydawanego przez człowieka podczas jedzenia.

(pluskać; pluskać się)   **8.** Jeśli woda .... to uderza o coś, wydając charakterystyczny dźwięk.
9. Jeśli ktoś .... w wodzie, to się w niej porusza, bawiąc się lub kąpiąc.

(płukać)   **10.** Jeśli *(my)* .... jakąś rzecz, to zmywamy z niej brud lub np. mydło, polewając ją wodą, zanurzając w wodzie lub wypełniając wodą.
11. Jeśli chory .... usta lub gardło, to dezynfekuje je poprzez wielokrotne nabieranie i wypluwanie jakiegoś płynu.

(płakać)   **12.** Kiedy jakaś kobieta ...., to cieką jej łzy z oczu.
13. Mówimy, że coś w nas ...., jeśli odczuwamy głęboki smutek, żal.
14. Mówimy w języku potocznym, że ludzie .... z jakiegoś powodu, jeśli się użalają lub nad czymś ubolewają.

(skakać) **15.** Kiedy *(my)* .... z jakiegoś miejsca położonego na pewnej wysokości, to odbijamy się z niego, aby opaść w dół.

Znaczenia czasowników w powyższym ćwiczeniu podano na podstawie: *Inny słownik języka polskiego PWN*, Wydawnictwo Naukowe PWN, Warszawa 2000.

OCEŃ SAM SIEBIE
>[9] bdb • [9] + db • [8] db • [7] +dst • >[6] dst • <[6] ndst
Jeśli w zadaniu testowym jest więcej niż dziesięć jednostek – przelicz sam!

ZADANIE 147
Copyright by S. Mędak

Proszę wpisać w miejsce kropek właściwe formy czasu teraźniejszego czasowników z kolumny A. Tam, gdzie to konieczne proszę wpisać formy alternatywne.

WZÓR
(guzdrać się) **0.** Guzdrałą możemy nazwać kogoś, kto <u>się guzdrze</u> *a.* rzadziej <u>guzdra się</u>, czyli robi coś powoli.

A.

(karać) **1.** Kara to cierpienie lub niewygody, jakie ktoś musi znosić dlatego, że zrobił coś złego. Za zrobienie czegoś złego, np. popełnienia przestępstwa sądy surowo ....

2. Mówimy, że ktoś .... jakieś przewinienia, wykroczenia, przestępstwa, jeśli stosuje karę za ich popełnienie.

(kazać) **3.** Jeśli osoba, której jesteśmy podporządkowani .... nam coś zrobić, powinniśmy lub musimy to zrobić.

(lizać) **4.** Lizak to okrągły kawałek cukierkowej masy osadzonej na patyku, którą dzieci .... z przyjemnością.

(mazać) **5.** Mazak to inaczej flamaster, którym *(my)* .... po czymś, np. po murze lub piszemy nim na białej tablicy szkolnej.

(orać) **6.** Oracz to rolnik, którzy .... pole, czyli przewraca wierzchnią warstwę ziemi na drugą stronę za pomocą pługa.

7. Mówimy w języku potocznym: „Każdy .... *jak może*", mając na myśli to, że każdy zarabia jak potrafi, pracuje jak potrafi.

8. W języku środowiskowym studenci mówią, że .... jak woły jeden dzień przed egzaminami.

(wiązać) **9.** Jeśli ktoś .... krawat, to przeplata i zaciska jego końce w taki sposób, żeby powstał węzeł, dzięki któremu umocujemy go tam, gdzie chcemy.

(żebrać) **10.** Żebrak to ktoś, kto .... i utrzymuje się z jałmużny otrzymywanej zwykle na ulicy lub pod kościołem.

ZADANIA TESTOWE

Znaczenia czasowników w powyższym ćwiczeniu podano na podstawie: *Inny słownik języka polskiego PWN*, Wydawnictwo Naukowe PWN, Warszawa 2000.

OCEŃ SAM SIEBIE
>[9] bdb • [9] + db • [8] db • [7] +dst • >[6] dst • <[6] ndst
Jeśli w zadaniu testowym jest więcej niż dziesięć jednostek – przelicz sam!

ZADANIE 148
Copyright by S. Mędak

Proszę wpisać w miejsce kropek właściwe formy:
a. 1., 2. osoby liczby pojedynczej; 3. osoby liczby mnogiej czasu teraźniejszego (czasowniki niedokonane) lub, b. 1., 2. osoby liczby pojedynczej; 3. osoby liczby mnogiej czasu przyszłego (czasowniki dokonane).

WZÓR

(dorwać się)   0. Jeśli ktoś dorwał się do czegoś, to uzyskał dostęp do tego i zwykle bardzo intensywnie z tego korzysta. W języku potocznym mówimy: *Jeśli on się dorwał do władzy, ja również się dorwę, ty również się dorwiesz, oni też się dorwą.*

(naderwać)   1. Jeśli naderwaliśmy sobie ścięgno lub mięsień, to na skutek nadmiernego wysiłku uległy one uszkodzeniu i sprawiają, że odczuwamy ból. Może się tak zdarzyć, że ja .... sobie ścięgno, ty też sobie .... i oni też sobie ....

(narwać)   2. Jeśli narwaliśmy sobie kwiatów, to rwąc zgromadziliśmy ich pewną ilość. Wiosną ja .... sobie kwiatów na łąkach, ty też sobie .... i inni też ich ....

(nazwać)   3. Ja .... swego synka Cyprianem, ty .... swego Kamilem, a oni .... swe bliźnięta Bolkiem i Lolkiem.

(oberwać)   4. Mówimy w języku potocznym, że ktoś oberwał od chuligana. Może się zdarzyć, że ja .... kuflem w głowę w jakiejś restauracji, ty też .... i oni też .... od kogoś po uszach.

(oderwać się)   5. Jeśli ktoś przestał być związany z jakąś grupą ludzi, mówimy, że się od nich oderwał. Może się zdarzyć, że i ja .... od jakiejś osoby; ty .... od dawnych przyjaciół, a twoi przyjaciele .... od ciebie.

(odezwać się)   6. Jeśli on się nie odezwał do mnie od kilku miesięcy, ja też nie .... do niego. Mam nadzieję, że ty też .... nie .... i rodzice też .... nie ....

(poderwać)	**7.** Józef Karol poderwał piękną dziewczynę na dyskotece w Wieliczce. Jeśli on ją poderwał, ja również .... jakąś dziewczynę i ty również .... kogoś. *(pot.)*
(porwać)	**8.** Jeśli ona porwała wszystkie moje listy i wyrzuciła do kosza, ja również .... wszystkie jej listy i pocztówki i też je wyrzucę do kosza na śmieci.
(pozwać)	**9.** Jeśli on wytoczył mi proces w sądzie i pozwał mnie do sądu, ja też .... go do sądu.
(przerwać)	**10.** Jeśli mojemu bratu nie chce się studiować i przerwał studia, ja też wkrótce je .... i zacznę jakąś pracę zarobkową.
[(rozerwać (się)]	**11.** Jeśli kogoś próbujemy rozerwać, to robimy coś, aby ta osoba przyjemnie spędziła czas. Mam nadzieję, że dowcipną rozmową z nim sam .... i on też ...... chociaż trochę ....
(rwać)	**12.** Rwała polne kwiaty i układała piękne bukiety. Ja też je .... i układam dla niej jeszcze piękniejsze bukiety, na które ona pewnie nie spojrzy.
(urwać się)	**13.** Jeśli nam się coś urwało, to skończyło się coś z czego czerpaliśmy korzyści. W języku potocznym powiemy: *Wkrótce* .... *mi .... paczki z Ameryki;* .... *również tobie; im też* .... *(pot.).*
(wezwać)	**14.** Jeśli ktoś wezwał kogoś do czegoś, to powiedział coś w oficjalny sposób, aby go nakłonić do tego. Pewny siebie dyrektor powie: *Wkrótce* .... *do siebie tego nieposłusznego podwładnego i innych też* ....
(wyrwać)	**15.** Wyrwałeś kartki z mojego zeszytu. Ja też .... kartki z twojego zeszytu.
(wyzwać)	**16.** On mnie wyzwał na pojedynek. Ja też go .... i rozłożę go na łopatki.
(zawezwać)	**17.** Jeśli szef zawezwał cię na ważną rozmowę, pewnie mnie też wkrótce .... Może innych też ....
(zerwać)	**18.** Zerwaliście najpiękniejsze kwiaty z mojego ogrodu, a więc ja też .... wasze kwiaty z waszego ogrodu.
	19. Ciotka zerwała stosunki z naszą rodziną, a więc ja też .... z nią wszelkie kontakty.
	20. Już tylu chłopców zerwało ze mną zaręczyny, a więc teraz ja je z tobą ....

Znaczenia czasowników w powyższym ćwiczeniu podano na podstawie: *Inny słownik języka polskiego PWN*, Wydawnictwo Naukowe PWN, Warszawa 2000.

OCEŃ SAM SIEBIE
>[9] bdb • [9] + db • [8] db • [7] +dst • >[6] dst • <[6] ndst
Jeśli w zadaniu testowym jest więcej niż dziesięć jednostek – przelicz sam!

X. ODMIANA CZASOWNIKÓW RUCHU I NIE TYLKO

ZADANIE 149
Copyright by S. Mędak

Proszę wpisać w miejsce kropek odpowiednie formy czasownika *wychodzić / wyjść* **w czasie gramatycznym wynikającym z poniżej podanych informacji.**

WZÓR
Jeśli wyszliśmy skądś, to idąc, opuściliśmy to miejsce.
→ **Zerwał się rozwścieczony i wyszedł z przyjęcia.**

1. Jeśli statek wypłynął z portu, to oznacza, że już go nie ma w porcie.
→ Statek już .... z portu.
2. Jeśli słońce wyszło, to wyłoniło się zza chmur i zaczęło świecić.
→ Czekali, aż słońce ...., aby zrobić zdjęcia do filmu.
3. Jeśli coś uleciało skądś, to się stamtąd wydostało na zewnątrz.
→ Przez nieszczelne okna .... dużo ciepła.
4. Jeśli ktoś ma coraz mniej włosów na głowie, to oznacza, że mu wypadają.
→ Rozpaczał nad tym, że po każdym czesaniu włosy .... mu garściami.
5. Jeśli coś odkryliśmy ze zdziwieniem, to coś np. się ujawniło ku naszemu zdumieniu.
→ Podczas poprawiania tekstów, ... błędy, które trzeba poprawić.
6. Jeśli ktoś opuścił więzienie lub inny zakład zamknięty, to zakończył swój pobyt tam.
→ Skorumpowani politycy zbyt często .... z aresztu za kaucją.
7. Jeśli ktoś skończył pięcioletnie studia, to je ukończył.
→ Wszyscy moi synowie .... z uczelni z tytułem magistra.
8. Jeśli ktoś zrezygnował z członkostwa jakiejś organizacji, to już nie jest jej członkiem.
→ Nie podporządkował się dyrektywom szefa partii i .... z rządu.
9. Jeśli ktoś urodził się w rodzinie chłopskiej, to z niej się wywodzi.
→ Mimo, że on .... z rodziny chłopskiej nie chce mieć żadnego kontaktu z ziemią i ze wsią.
10. Jeśli książka lub gazeta została wydana, to znajduje się już w sprzedaży.
→ Ten dziennik .... od przyszłego miesiąca w ograniczonym nakładzie.

Koncepcję powyższego zadania testowego opracowano na podstawie hasła *wyjść*: *Inny słownik języka polskiego PWN*, Wydawnictwo Naukowe PWN, Warszawa 2000.

OCEŃ SAM SIEBIE
>[9] bdb • [9] + db • [8] db • [7] +dst • >[6] dst • <[6] ndst
Jeśli w zadaniu testowym jest więcej niż dziesięć jednostek – przelicz sam!

ZADANIE 150

Copyright by S. Mędak

Proszę wpisać w miejsce kropek odpowiednie formy czasownika *przychodzić / przyjść* **w czasie gramatycznym wynikającym z poniżej podanych informacji.**

WZÓR
Jeśli ktoś przyszedł gdzieś, zwłaszcza do miejsca, w którym jesteśmy, to idąc znalazł się tam.
→ Widzieliśmy, że ona od kilku tygodni <u>przychodziła</u> do pracy zmęczona.

1. Jeśli ktoś przyszedł do jakiejś pracy, to zaczął w niej pracować.
→ Jedni odchodzą na emeryturę, inni .... na ich miejsca.
2. Jeśli wiadomość, przesyłka lub towar przyszły do adresata lub odbiorcy, to zostały mu przekazane.
→ Od kilku dni z podległych mu jednostek .... same niepomyślne informacje.
3. Jeśli coś przyszło, to nastąpiło w określonym czasie.
→ Wreszcie .... moda na czapki uszatki.
4. Jeśli komuś przyszła ochota na coś, to doznał tego lub odczuł.
→ Dlaczego .... ci ochota na tak ryzykowną podróż?
5. Jeśli ktoś zdenerwował się, potem przyszedł do równowagi, to odzyskał dobre samopoczucie.
→ Nie była bardzo łagodnego usposobienia i niełatwo .... do równowagi.
6. Jeśli komuś coś przyszło w jakiś sposób, to musiał on włożyć określony wysiłek, aby to osiągnąć.
→ Pisanie wierszy .... mi lekko.
7. Jeśli ktoś odzyskał szybko siły, przytomność zdrowie, mówimy iż chory szybko .... do siebie.
8. Mówimy, że przyszło nam coś zrobić, jeśli zrobiliśmy to zmuszeni sytuacją.
→ Na starość .... babci mieszkać w wynajętym małym pokoju bez kuchni.
9. Mówimy, że komuś nie przyszło nic z czegoś, jeśli nie osiągnął żadnych korzyści z czegoś.
→ Wiedzieli tak wiele i nic im z tego nie ....
10. Kiedy doszliśmy do wniosku, że nie warto żałować rzeczy osiągniętych bez wysiłku, mówimy: „Łatwo ...., łatwo poszło".

Koncepcję powyższego zadania testowego opracowano na podstawie hasła *przyjść*: *Inny słownik języka polskiego PWN*, Wydawnictwo Naukowe PWN, Warszawa 2000.

OCEŃ SAM SIEBIE
>[9] bdb • [9] + db • [8] db • [7] +dst • >[6] dst • <[6] ndst
Jeśli w zadaniu testowym jest więcej niż dziesięć jednostek – przelicz sam!

ZADANIE 151
Copyright by S. Mędak

Proszę wpisać w miejsce kropek odpowiednie formy czasownika *podchodzić / podejść* w czasie gramatycznym wynikającym z poniżej podanych informacji.

WZÓR
Jeśli ktoś podszedł do jakiejś osoby, miejsca, rzeczy, to idąc zbliżył się do nich. → Ujrzawszy zbliżających się gości wszyscy członkowie rodziny podeszli do nich, aby się przywitać.

1. Jeśli ktoś podszedł pod górę, to idąc, znalazł się na wzniesieniu owej góry. → Narciarze zakosami .... w górę, aby po kilkuminutowym wysiłku zjechać z niej w ciągu paru sekund.
2. Jeśli ktoś podszedł jakieś dzikie zwierzę, to zbliżył się do niego tak, aby go nie spłoszyć. → Ekipa badaczy już dwa razy .... do niedźwiedzia, który za każdym razem wyczuwał obecność ludzi.
3. Jeśli ktoś podszedł kogoś, to podstępnie nakłonił go do czegoś, aby osiągnąć swój cel. → Raz dałam się .... sprytnej dziennikarce, która potem skompromitowała mnie w lokalnej prasie.
4. Jeśli jakaś ciecz podeszła pod coś, to zebrała się pod tym czymś. → Silne fale .... spodem i systematycznie rozmywały zapory przygotowane ze skarp i ciężkiej gliny.
5. Jeśli ktoś podszedł do egzaminu, to przystąpił do niego. → Za każdym razem kiedy *(ja)* .... do egzaminu z gramatyki oblewał mnie zimny pot.
6. Jeśli ktoś podszedł do czegoś w określony sposób, to tak potraktował tę rzecz. → Niektórzy nauczyciele .... do problemów uczniów z życzliwością i otwartym sercem.
7. Jeśli samolot podchodzi do lądowania, to przygotowuje się, aby wylądować bezpiecznie. → Niech pan popatrzy jak ten samolot .... do lądowania: płynnie oraz pewnie.
8. Jeśli coś podchodzi do czegoś, to zbliża się do tego lub sięga tego. → Musimy przyciąć te krzewy, bo .... niemal do połowy chodnika.
9. Jeśli coś podeszło komuś, to mu się trafiło i okazało się użyteczne do czegoś. → W kolejnej partyjce brydża karta znowu mi .... *(pot.)*
10. Jeśli Jasio jest gburowaty, nieprzystępny lub rozłoszczony, żartobliwie mówimy: On jest dziś taki, że bez kija nie ....

Koncepcję powyższego zadania testowego opracowano na podstawie hasła *podejść*: *Inny słownik języka polskiego PWN*, Wydawnictwo Naukowe PWN, Warszawa 2000.

OCEŃ SAM SIEBIE
>[9] bdb • [9] + db • [8] db • [7] +dst • >[6] dst • <[6] ndst
Jeśli w zadaniu testowym jest więcej niż dziesięć jednostek – przelicz sam!

ZADANIE 152

Copyright by S. Mędak

Proszę wpisać w miejsce kropek odpowiednie formy czasownika *wchodzić / wejść* w czasie gramatycznym wynikającym z poniżej podanych informacji.

WZÓR
Jeśli weszliśmy w miejsce wyznaczone pewnymi granicami, to idąc znaleźliśmy się w nim. → Spacerowała po swej posiadłości i nawet nie zauważyła, kiedy weszła na teren sąsiada.

1. Jeśli weszliśmy na jakieś wyżej położone miejsce, to stawiając krok lub idąc znaleźliśmy się na nim. → Małpa sprytnie przeniosła leżak, ... na niego i zaczęła skakać jak małe dziecko.
2. Jeśli jakaś rzecz weszła w coś, to zgłębiła się w tym. → W to dębowe drewno żaden gwóźdź nie ....
3. Jeśli gdzieś weszło ileś osób lub rzeczy, to tyle się ich tam zmieściło. → Jak to się stało, że do tej małej sali .... tak dużo studentów?!
4. Jeśli jakiś film wszedł na afisz, to zaczyna być grany w kinach. → Od jutra .... na ekrany wszystkich kin polskich ostatni film o papieżu.
5. Jeśli jakiś towar wszedł na rynek, to oznacza, że jest na nim obecny. → Dzięki książce opisującej skandale towarzyskie powieść Karola P. .... nawet na azjatyckie rynki.
6. Jeśli jakiś kraj wszedł na jakąś drogę, to jego rząd zaczął postępować w pewien sposób. → To małe państewko wreszcie .... na drogę demokracji.
7. Jeśli jakaś partia nie weszła do parlamentu, to nie należy do niego. → W wyniku wyborów partie prawicowe nie .... do parlamentu.
8. Jeśli jakaś dolegliwość weszła nam w jakąś część ciała, to zaczęliśmy ją odczuwać w tej części ciała. → Od kilku dni jakiś nerwoból .... mi pod lewą łopatkę.
9. Jeśli jakieś przepisy zaczęły obowiązywać, mówimy, że np. zawieszenie broni w naszym kraju .... w życie wczoraj, punktualnie o godzinie dwudziestej czwartej.
10. Jeśli Jasio przyzwyczaił się do czegoś, gruntownie się z czymś obeznał, coś stało się jego drugą naturą, możemy powiedzieć, że np. nieustanne igranie z losem .... Jasiowi w krew tak dalece, że nikt już nie ma wpływu na owego Jasia.

Koncepcję powyższego zadania testowego opracowano na podstawie hasła *wejść*:
Inny słownik języka polskiego PWN, Wydawnictwo Naukowe PWN, Warszawa 2000.

OCEŃ SAM SIEBIE
>[9] bdb • [9] + db • [8] db • [7] +dst • >[6] dst • <[6] ndst
Jeśli w zadaniu testowym jest więcej niż dziesięć jednostek – przelicz sam!

ZADANIE 153

Copyright by S. Mędak

Proszę wpisać w miejsce kropek odpowiednie formy czasownika *przechodzić / przejść* **w czasie gramatycznym wynikającym z poniżej podanych informacji.**

WZÓR
Jeśli przeszliśmy jakąś odległość, to przebyliśmy ją, idąc. → **W ciągu godziny harcerze <u>przeszli</u> ponad 7 kilometrów po błotnistym terenie.**

1. Jeśli przeszliśmy skądś dokądś, to idąc, przemieściliśmy się z tego pierwszego miejsca w to drugie. → Kiedy dzieci zaczynają hałasować w kuchni, rodzice .... do wyciszonej sypialni i wypoczywają.
2. Jeśli przeszliśmy coś, to idąc, minęliśmy to i nie zauważyliśmy tego. → Mam wrażenie, że chyba *(my)* .... już ten dom, bo tutaj kończy się ulica Niezapominajek.
3. Jeśli przeszliśmy przez coś, to przedostaliśmy się na drugą stronę tego. → Złodzieje .... przez parkan i obrabowali posiadłość pod nieobecność właściciela.
4. Jeśli coś przeszło przez jakąś rzecz, to przedostało się przez nią lub przeniknęło. → Po zalaniu łazienki, woda .... przez strop i zalała całe pierwsze piętro.
5. Jeśli ktoś przeszedł coś, to odbył to lub doświadczył tego. → W okresie zimy wielu ludzi .... grypę.
6. Mówimy, że ktoś przeszedł wiele w życiu, jeśli doznał wielu krzywd. → Dziadkowie sprawiają wrażenie jakby .... w życiu niejedno nieszczęście.
7. Jeśli coś przeszło do historii, to stało się jej częścią. → Do historii dziejów Polski szybko .... działalność Związku Zawodowego *Solidarność*.
8. Jeśli jakaś rzecz przeszła jakimś zapachem, to została nim przesycona. → Po zastosowaniu środków antymolowych wszystkie ubrania w szafie .... zapachem naftaliny.
9. Jeśli ktoś przeszedł z jednej pracy do drugiej, to zaczął pracować na innym stanowisku. → Panie Havranek, po obronie pracy doktorskiej .... pan natychmiast na stanowisko adiunkta.
10. Jeśli ktoś w rozmowie przeszedł na jakiś język, to zaczął mówić w tym języku. → Zorientowawszy, się, że klientka nic nie rozumiała, dwujęzyczna Ewelina natychmiast .... z polskiego na albański.

Koncepcję powyższego zadania testowego opracowano na podstawie hasła *przejść*: *Inny słownik języka polskiego PWN*, Wydawnictwo Naukowe PWN, Warszawa 2000.

OCEŃ SAM SIEBIE
>[9] bdb • [9] + db • [8] db • [7] +dst • >[6] dst • <[6] ndst
Jeśli w zadaniu testowym jest więcej niż dziesięć jednostek – przelicz sam!

POLSKI B2 i C1. MEGATEST

ZADANIE 154
Copyright by S. Mędak

Proszę wpisać w miejsce kropek właściwe formy czasowników ruchu związane z pieszym, czyli osobą idącą / przemieszczającą się pieszo.

WZÓR
Ci, którzy mieli samochody rozjechali się do swoich domów; inni się rozeszli. *(pieszo)*

1. Bogaci podjechali limuzynami pod posiadłość hrabiego; biedni .... pod nią z trwogą. *(pieszo)*
2. Ci, którzy dysponowali własnymi autami wjechali na górę; inni na nią .... *(pieszo)*
3. Czołgi wyjechały z bazy nad ranem; żołnierze .... z koszar w chwilę później. *(pieszo)*
4. Do sąsiada przyjechali wnuczkowie, do nas .... po raz trzeci komornik. *(pieszo)*
5. Dzieci sąsiadki pojechały na wakacje; moi synowie .... do lasu na jagody. *(pieszo)*
6. Kierowcy przejechali przez ten most w ciągu kilku minut; piesi .... przez niego w ciągu pół godziny.
7. Można objechać całą Szwajcarię samochodem; trudno .... ją pieszo.
8. On co tydzień jeździ na zagraniczne konferencje, ja .... do tej samej pracy pieszo od 20 lat.
9. On lubi jeździć na zagraniczne wycieczki; ja lubię .... dwa razy w tygodniu do kina. *(pieszo)*
10. On przyjeżdża do niej samochodem pełnym prezentów; ja .... *(pieszo)*, aby pożyczyć pieniędzy.
11. Oni dojechali na miejsce zbiórki rowerami; my .... tam pieszo.
12. Oni objechali całe Mazury samochodami; my .... cały region pieszo.
13. Oni przejechali przez góry samochodami; my .... je pieszo.
14. Oni zjechali z dziesiątego piętra windą, my .... z dwudziestego piętra pieszo.
15. Podczas gdy narciarze zjeżdżali z wysokiej góry na nartach; ja z niej .... pieszo.
16. Podczas gdy ona wyjeżdżała na urlop na Słowację, ja .... do biura pośrednictwa pracy. *(pieszo)*
17. Podczas gdy oni jeździli na nartach w alpejskich kurortach, my .... za pracą. *(pieszo)*
18. Staruszki wjechały na dziesiąte piętro windą; młodzi chłopcy .... tam pieszo.
19. Zamężne rodziny wyjechały na wakacje; dzieci biednych .... bawić się na podwórko przed blok.
20. Zdenerwowany ojciec odjechał gwałtownie sprzed willi, bo dowiedział się, że mama .... od niego na zawsze.

OCEŃ SAM SIEBIE
>[9] bdb • [9] + db • [8] db • [7] +dst • >[6] dst • <[6] ndst
Jeśli w zadaniu testowym jest więcej niż dziesięć jednostek – przelicz sam!

ZADANIA TESTOWE

ZADANIE 155

Copyright by S. Mędak

Proszę wpisać w miejsce kropek właściwe formy czasowników ruchu.
Czasowniki ruchu do wyboru: *chodzić, dojeżdżać, latać, odjeżdżać, pływać, polecieć, wjechać, wjeżdżać, wyjeżdżać, wypływać.*

WZÓR
Zostawiła na stole w kuchni kartkę z informacją: „*Żegnaj!*". || Potem dopisała jeszcze jedno zdanie: „*Tym razem odchodzę na zawsze!*".

1. Czekasz na dworcu kolejowym i słyszysz zapowiedź: Pociąg ekspresowy *Kinga* ...... z peronu drugiego.
2. Czekasz na przyjazd pociągu. ||Słyszysz zapowiedź: Pociąg ekspresowy z Paryża .... na peron piąty.
3. Jesteś właścicielem nowego jachtu. || Z początkiem lipca z całą rodziną .... na rejs dookoła świata.
4. Kupiłeś bilet na samolot relacji Amsterdam – Nowy Jork. || Za dwa dni .... do Nowego Jorku.
5. Lubisz na śniadanie świeże rogaliki. || Codziennie rano .... do pobliskiej piekarni po rogaliki.
6. Miałaś wypadek. || Na skutek gęstej mgły .... prosto w drzewo.
7. Nie masz samochodu, więc musisz korzystać z autobusów. ||Codziennie .... do pracy autobusem.
8. Przenosisz się do Stanów Zjednoczonych. || Mówisz koledze: Wreszcie .... do Stanów.
9. Twój brat jest marynarzem. ||Mój brat .... po wodach Oceanu Spokojnego.
10. Twój ojciec jest zawodowym pilotem. ||Mój ojciec .... już od dwudziestu lat.

OCEŃ SAM SIEBIE
>[9] bdb • [9] + db • [8] db • [7] +dst • >[6] dst • <[6] ndst
Jeśli w zadaniu testowym jest więcej niż dziesięć jednostek – przelicz sam!

ZADANIE 156

Copyright by S. Mędak

Polecenie i WZÓR – jak w zadaniu testowym numer 155.
Czasowniki ruchu do wyboru: *dojść, dopłynąć, jeździć, nadejść, nadjeżdżać, odjechać, odpłynąć, opłynąć, rozejść się, zejść, zsiąść.*

1. Babcię bolą nagi, a przed nami jeszcze dwa kilometry marszu. || Nie wiem, czy *(my)* .... do celu.

2. Józefie Karolu, tracę siły. || Ratuj mnie, bo nie .... do brzegu!
3. Na co pan czeka? Na statek?! || Pański statek już dawno ...., panie Havranek.
4. Nie lubię jeździć na nartach. || Lubię .... na łyżwach.
5. Podczas jazdy zepsuł mi się rower. || Musiałem .... z niego i prowadzić go przez całą resztę drogi.
6. Śpieszę na przystanek autobusowy. || O, właśnie .... mój autobus!
7. Tańczyliśmy, bawiliśmy się i śpiewaliśmy przy ognisku. ||O północy wszyscy .... do namiotów.
8. Wszyscy czekali na deszcz. || Tego wieczoru .... pierwszy monsunowy deszcz.
9. Zdenerwowany, wsiadł do swojego samochodu. || ...., nie pożegnawszy się z nami.
10. Zobacz, jak mała i piękna wyspa. || Tę wyspę możemy .... kajakiem.

OCEŃ SAM SIEBIE
> [9] bdb • [9] + db • [8] db • [7] +dst • >[6] dst • <[6] ndst
Jeśli w zadaniu testowym jest więcej niż dziesięć jednostek – przelicz sam!

ZADANIE 157
Copyright by S. Mędak

Polecenie i WZÓR – jak w zadaniu testowym numer 155.
Czasowniki ruchu do wyboru: *chodzić, odejść, odjechać, podchodzić, podjechać, przechodzić, przychodzić, rozjechać się, schodzić, wejść, wschodzić, wyjechać, zachodzić, zjeżdżać się.*

1. Była znakomitą robotnicą. || Zawsze .... do pracy pół godziny wcześniej.
2. Co za widoki z tego szczytu góry! || Nie mam wcale ochoty .... z tego szczytu, bo jest tak pięknie!
3. Czy pamiętasz ten znakomity film *Niepotrzebni mogą* .... C. Reeda?
4. Jeśli chcesz zobaczyć panoramę Krakowa, musisz .... na Kopiec Kościuszki!
5. Mam ciężkie bagaże. || Proszę .... pod samo wejście hotelu, panie kierowco.
6. Mamo, dlaczego kiedy wstaję świeci słońce, a kiedy idę spać, słońca już nie ma? || Syneczku, słońce .... rano, świeci przez cały dzień i .... wieczorem.
7. Na pogrzebie byli wszyscy członkowie rodziny. ||Po pogrzebie wszyscy .... do swoich domów.
8. Odprowadzasz swojego synka do przedszkola? || Ależ skąd! Mój synek już od roku .... do szkoły.
9. Wnuczek .... babcię od tyłu i tak ją przestraszył, że babcia zemdlała ze strachu.
10. Proszę pana, tutaj jest zakaz zatrzymywania i postoju. || Proszę natychmiast stąd ....!
11. Radzę ci .... z kraju, w którym nie ma tolerancji i panuje rasizm!

12. To bardzo niebezpieczne skrzyżowanie. || Moje dzieci nigdy nie .... same przez to skrzyżowanie.

13. Uwielbiał krakowski Rynek. || Codziennie .... przez niego, udając się do Collegium Novum.

14. Uwielbiam Święta Bożego Narodzenia. || Cała nasza rodzina .... na święta do babci.

15. Za oknami jej salonu rozciągało się bezkresne morze. Lubiła .... do okna i patrzeć w błękitną dal.

Zadania testowe 155–157 opracowano na podstawie *Język polski à la carte*, cz. III.

OCEŃ SAM SIEBIE
>[9] bdb • [9] + db • [8] db • [7] +dst • >[6] dst • <[6] ndst
Jeśli w zadaniu testowym jest więcej niż dziesięć jednostek – przelicz sam!

XI. ALTERNACJE W ODMIANIE CZASOWNIKÓW

ZADANIE 158
Copyright by S. Mędak

Proszę wpisać w miejsce kropek właściwe formy 1. lub 2. osoby liczby pojedynczej czasu teraźniejszego poniższych czasowników.

WZÓR
(brać)   W każdą sobotę *(ja)* <u>biorę</u> plecak i wyruszam w góry.

(chlustać)	1. Zwykle podlewam kwiaty konewką, a nie .... ich wodą, jak ty!
(głaskać)	2. Dlaczego *(ty)* .... mnie jakbym była kotem?!
(gwizdać)	3. *(ja)* Zwykle ...., kiedy chcę wyrazić dezaprobatę dla kogoś.
(jeździć)	4. Tym starym trabantem *(ja)* .... już od dwudziestu lat!
(karać)	5. *(ja)* Nigdy nie .... dzieci za niewinne przewinienia.
(kazać)	6. Dlaczego *(ty)* ciągle .... mi czekać pod drzwiami?!
(nosić)	7. *(ja)* Nigdy nie .... kalesonów podczas zimy.
(pisać)	8. Jeśli *(ty)* .... z błędami – naucz się zasad ortografii!
(płacić)	9. Kiedy zapraszam kogoś do restauracji, zawsze *(ja)* .... za rachunek.
(płakać)	10. Kiedy ty ...., mnie też zbiera się na płacz.
(prać)	11. Dbam o swój wygląd i noszę zawsze świeże koszule, które sam ....
(prosić)	12. Śpiewaj jeszcze Cyganie – *(ja)* .... cię bardzo!
(szeptać)	13. Dlaczego chodzisz po kuchni i .... coś do siebie?!
(widzieć)	14. Ty zawsze .... więcej niż powinieneś widzieć!
(wozić)	15. *(ja)* .... codziennie dziecko do przedszkola, a ty sobie śpisz!

OCEŃ SAM SIEBIE
>[9] bdb • [9] + db • [8] db • [7] +dst • >[6] dst • <[6] ndst
Jeśli w zadaniu testowym jest więcej niż dziesięć jednostek – przelicz sam!

ZADANIE 159
Copyright by S. Mędak

Proszę wpisać w miejsce kropek właściwe formy 3. osoby liczby pojedynczej czasu przeszłego (kolumna B – rodzaj męskoosobowy; kolumna C – rodzaj niemęskoosobowy) podkreślonych czasowników z kolumny A.

ZADANIA TESTOWE

WZÓR

Proszę wyjąć ręce z kieszeni.	On wyjął ręce z kieszeni.	Ona też wyjęła ręce z kieszeni.

A.	B.	C.
1. Proszę kichnąć.	On .... głośno.	Ona .... jeszcze głośniej.
2. Proszę kopnąć piłkę.	On .... piłkę.	Ona też .... piłkę.
3. Proszę mrugnąć.	On........................... do niej.	Ona też .... do niego.
4. Proszę nacisnąć na klakson.	On .... na klakson.	Ona też ....
5. Proszę odjąć pięć od dwóch.	On .... pięć od dwóch.	Ona też ....
6. Proszę pchnąć drzwi.	On .... mocno drzwi.	Ona .... drzwi jeszcze mocniej.
7. Proszę płynąć w prawo.	On .... w prawo.	Ona .... w lewo.
8. Proszę wziąć swoje rzeczy.	On .... swoje rzeczy.	Ona też .... swoje.
9. Proszę zacząć lekcję.	On .... lekcję.	Ona .... lekcję.
10. Proszę zdjąć płaszcz.	On .... swój płaszcz.	Ona też .... swój płaszcz.

OCEŃ SAM SIEBIE

>[9] bdb • [9] + db • [8] db • [7] +dst • >[6] dst • <[6] ndst

Jeśli w zadaniu testowym jest więcej niż dziesięć jednostek – przelicz sam!

ZADANIE 160

Copyright by S. Mędak

Polecenie i WZÓR – jak w zadaniu testowym numer 159.

A.	B.	C.
(kliknąć)	1. On .... na tę ikonę.	Ona też ....
(krzyknąć)	2. On .... głośno.	Ona .... jeszcze głośniej.
(machnąć)	3. On .... ręką.	Ona też .... ręką.
(odburknąć)	4. On .... jej coś.	Ona też mu coś ....
(stanąć)	5. On .... w kolejce.	Ona nie ...., bo nie miała czasu.
(trzasnąć)	6. On .... drzwiami.	Ona też .... drzwiami ze złości.
(westchnąć)	7. On .... głęboko.	Ona .... jeszcze głębiej.
(zamknąć)	8. On .... oczy.	Ona też .... swoje oczy.
(zasnąć)	9. On .... szybko.	Ona też .... szybko.
(zerknąć)	10. On .... na nią.	Ona też .... na niego.

OCEŃ SAM SIEBIE

>[9] bdb • [9] + db • [8] db • [7] +dst • >[6] dst • <[6] ndst

Jeśli w zadaniu testowym jest więcej niż dziesięć jednostek – przelicz sam!

ZADANIE 161

Copyright by S. Mędak

Proszę wpisać w miejsce kropek właściwe formy 1. osoby liczby pojedynczej (kolumna B) oraz 3. osoby liczby pojedynczej czasu przyszłego czasowników z kolumny A.

WZÓR

| *(zabrać)* | *(ja)* Zabiorę się do pracy. | On też się zabierze do pracy. |

A.	B.	C.
(odnieść)	1. *(ja)* .... książki do biblioteki.	On .... zakupy do domu.
(odwieźć)	2. *(ja)* .... cię do domu.	On .... cię na lotnisko.
(przewieźć)	3. *(ja)* .... rzeczy do domu.	On też .... swoje rzeczy.
(przynieść)	4. *(ja)* .... ci prezent.	On na pewno .... ci szczęście.
(rozwieść się)	5. *(ja)* .... z żoną.	On też .... ze swoją żoną.
(ugnieść)	6. *(ja)* .... ciasto na makaron.	On .... glinę do rzeźbienia.
(uprać)	7. *(ja)* .... ci wszystkie koszule.	On .... swoje spodnie.
(wynieść)	8. *(ja)* .... skrzynki z magazynu.	On .... śmieci do zsypu.
(wywieźć)	9. *(ja)* .... dziecko na wieś.	On .... żonę na wakacje.
(zawieźć)	10. *(ja)* .... towar do klienta.	On .... turystów na dworzec.

OCEŃ SAM SIEBIE

>[9] bdb • [9] + db • [8] db • [7] +dst • >[6] dst • <[6] ndst

Jeśli w zadaniu testowym jest więcej niż dziesięć jednostek – przelicz sam!

ZADANIE 162

Copyright by S. Mędak

Proszę wpisać w miejsce kropek właściwe formy 3. osoby liczby pojedynczej czasu przeszłego czasowników z kolumny A.

WZÓR

| *(nieść)* | Nie było żadnego wózka na dworcu. | Ona niosła dwie ciężkie walizki w obydwu rękach. On również niósł ciężkie walizki. |

A.		
1. *(odwieźć)*	Ona .... go do szpitala.	On .... ją do sanatorium.
2. *(podwieźć)*	Ona .... mnie do domu.	On .... mnie do pracy.
3. *(przewieźć)*	Ona .... rzeczy do teściów.	On .... swoje rzeczy do hotelu.

4. (*przynieść*)	Ona .... pranie z magla.	On .... do domu żółwia.
5. (*przywieźć*)	Ona .... narzeczonego z wakacji.	On .... z wakacji muszelki.
6. (*rozwieść się*)	Ona .... z drugim mężem.	On .... z trzecią żoną.
7. (*rozwieźć*)	Ona .... towar do sklepów.	On .... towar do restauracji.
8. *(ugnieść)*	Ona .... ciasto na makaron.	On .... glinę do rzeźbienia.
9. *(wynieść)*	Ona .... biżuterię z domu.	On .... śmieci do zsypu.
10. *(wywieźć)*	Ona .... dziecko na wieś.	On .... żonę na wakacje.
11. (*zawieźć*)	Ona .... dziecko do szkoły.	On .... syna do przedszkola.
12. (*zwieźć*)	Ona .... gości windą na parter.	On .... kolejką linową chorego turystę.

OCEŃ SAM SIEBIE

>[9] bdb • [9] + db • [8] db • [7] +dst • >[6] dst • <[6] ndst

Jeśli w zadaniu testowym jest więcej niż dziesięć jednostek – przelicz sam!

XII. PREFIKSY CZASOWNIKÓW

ZADANIE 163
Copyright by S. Mędak

Proszę wpisać nad poziomymi kreskami odpowiednie prefiksy korespondujące z sensem załączonych wypowiedzi. **Prefiksy:** *na–, o–, od–, roz–, u–, wy–, z–, za–.*

WZÓR
Jedna pielęgniarka pobierała krew do analizy, druga zbierała w gabinecie rzeczy niepotrzebne.

1. Babcia __bierała się na rekolekcje, a wnuczek __bierał się do snu.
2. Czasami __bierała dzieci do dziadków, a czasami __bierała się z dziećmi na górskie wycieczki.
3. Dziewczyna __bierała lalkę w kolorowe szmatki, a chłopczyk __bierał uschniętą choinkę.
4. Mama __bierała ziemniaki na obiad, a ojciec __bierał telefony w swoim gabinecie.
5. On __bierał stary dom, a jego syn __bierał się w garnitur do wyjścia na zabawę.
6. Ona __bierała czarne jagody w lesie, a on __bierał jej ukradkiem zebrane owoce z koszyka.
7. Ona __bierała się powoli do wyjścia z domu, a on dopiero __bierał się w garnitur.
8. Ona __bierała się dwa razy dziennie w nowe kreacje, a on __bierał się od roku w te same stare dżinsy.
9. Ona __bierała po posiłku talerze ze stołu, a on __bierał palcami bakalie z ciasta.
10. Po ciężkiej chorobie szybko __bierał sił i mógł się sam __bierać rano i __bierać wieczorem.

OCEŃ SAM SIEBIE
>[9] bdb • [9] + db • [8] db • [7] +dst • >[6] dst • <[6] ndst
Jeśli w zadaniu testowym jest więcej niż dziesięć jednostek – przelicz sam!

ZADANIE 164
Copyright by S. Mędak

Proszę wpisać nad poziomymi kreskami odpowiednie prefiksy korespondujące z sensem załączonych wypowiedzi. **Prefiksy:** *do–, na–, ob–, od(e)–, roz(e) –, u–, wy–, za–, z(e)–.*

WZÓR
Pielęgniarka pobrała krew do analizy, a lekarz zabrał się do oględzin chorej pacjentki.

ZADANIA TESTOWE

1. Ania __brała lalkę w kolorowe szmatki, a Jacek __brał uschniętą choinkę i wyrzucił ją na podwórko.
2. Mama __brała ziemniaki na obiad, a ojciec __brał niemowlę do kąpieli.
3. On wreszcie __brał ten stary dom, a jego syn __brał z ziemi gruz i wywiózł go na polną drogę.
4. Ona __brała dziecko z przedszkola, a on __brał od kolegi pożyczone pieniądze.
5. Ona __brała niepotrzebne rzeczy ze stołu, a on __brał odpowiednie nakrycie na stół.
6. Ona __brała owoce spod jabłoni, a on __brał z kosza najpiękniejsze jabłka i je zjadł.
7. Po powrocie ze szpitala chory szybko __brał sił i natychmiast __brał się do pracy w swoim gabinecie.
8. __brała najpiękniejszą suknię z kolekcji i __brała się w nią na imieniny babci.
9. W sobotę mama __brała nas do dziadków, a w niedzielę __brała się z nami na wycieczkę górską.
10. Wczoraj babcia __brała się na rekolekcje późnym wieczorem, a wnuczek __brał się na dyskotekę.

OCEŃ SAM SIEBIE
>[9] bdb • [9] + db • [8] db • [7] +dst • >[6] dst • <[6] ndst
Jeśli w zadaniu testowym jest więcej niż dziesięć jednostek – przelicz sam!

ZADANIE 165
Copyright by S. Mędak

Proszę wpisać nad poziomymi kreskami odpowiednie prefiksy korespondujące z sensem załączonych wypowiedzi. Prefiksy: *do–, na–, od–, po–, pod–, przy–, roz–, u–, wy–, za–.*

WZÓR
Pielęgniarka podawała chorym lekarstwa, a lekarz wydawał salowym dyspozycje na następny dzień.

1. Babci zawsze __dawało się upiec dobre ciasto, ponieważ zawsze __dawała do niego świeżych jajek.
2. Najpierw __dawali program pod głosowanie członków komisji, a dopiero potem go __dawali w radiu.
3. Najpierw __dawał swemu dziełu zamierzony kształt, a potem __dawał je długotrwałej obróbce.
4. Najpierw __dawała do stołu u bogatej rodziny, a potem __dawała ulotki reklamowe na ulicach.
5. Niepotrzebne przedmioty __dawała do taniego komisu lub __dawała między biednych.
6. __dawali na złom stare samochody, które nie __dawały się do użytku.

7. __dawała się całkowicie wychowaniu dzieci, bowiem __dawało jej się, że to jest główny cel jej życia.
8. __dawał nam się w pracy, bo miał często pomysły, które __dawały nam się w programowaniu.
9. __dawał kolejną kolację, bowiem __dawał, że jest bogaczem.
10. __dawał jej cierpienia, a potem __dawał, że o niczym nie pamięta.

OCEŃ SAM SIEBIE
> [9] bdb • [9] + db • [8] db • [7] +dst • >[6] dst • <[6] ndst
Jeśli w zadaniu testowym jest więcej niż dziesięć jednostek – przelicz sam!

ZADANIE 166
Copyright by S. Mędak

Proszę wpisać nad poziomymi kreskami odpowiednie prefiksy korespondujące z sensem załączonych wypowiedzi. **Prefiksy:** *na–, o–, od–, prze–, roz–, u–, w–, wy–.*

WZÓR
W sytuacjach krytycznych mawiał do siebie: „*Nigdy nie jest tak źle, żeby nie mogło być gorzej*". Siadał za ulubionym stolikiem w kawiarni i zamawiał sobie dużą kawę.

1. Ciągle __mawiał mnie na wycieczkę w góry, a ja mu ciągle __mawiałem, bo nie mam czasu.
2. Kiedy __mawiał do zebranych, __mawiał każdy wyraz z niezwykłą starannością.
3. Najpierw __mawiał dyskusyjne problemy z wszystkimi, a potem __mawiał z każdym osobno.
4. __mawiał na zebraniach kwieciście, porywająco, a żona __mawiała mu, że jest nudny.
5. __mawiała się ze mną do pubu, w którym __mawiała ze mną tzw. *biznesplan* na następny dzień.
6. Dlaczego, kochanie, __mawiasz się ze mną co sobotę, a w piątek __mawiasz spotkania?
7. Koledzy najpierw __mawiali mu nielojalność wobec nich, a potem __mawiali się z nim na brydża.
8. Współpracownik Józefa K. __mawiał z nim o jego niechlubnej przeszłości.
9. Pan Włodek __mawia w siebie, że jest niezastąpiony i wszędzie niezbędny.
10. Babcia, przejęta radami domowego lekarza uparcie __mawia wnuczkowi szparagi na deser.

OCEŃ SAM SIEBIE
> [9] bdb • [9] + db • [8] db • [7] +dst • >[6] dst • <[6] ndst
Jeśli w zadaniu testowym jest więcej niż dziesięć jednostek – przelicz sam!

ZADANIE 167

Copyright by S. Mędak

Proszę wpisać nad poziomymi kreskami odpowiednie prefiksy korespondujące z sensem załączonych wypowiedzi. Prefiksy: *do–, na–, ob–, prze–, roz–, z–, za–.*

WZÓR
Myślał długo i w końcu wy_myślił coś genialnego.

1. Brakło mu czasu, aby __myśleć rzecz do końca.
2. Janina, nie __myślając się długo, sprzedała dom, pożegnała się z rodziną i wyjechała za granicę.
3. Najpierw przyrzekła mi rękę, a potem się __myśliła i wyszła za kogoś innego.
4. Nie podjęła jeszcze decyzji. Powiedziała, że się __myśli i odpowie dopiero za kilka dni.
5. Nie wiedziałeś o wszystkim, ale powinieneś __myślić się, że chodzi o coś poważnego.
6. Od dawna __myślał się nad najlepszym rozwiązaniem tego problemu.
7. Od pewnego momentu mama __myślała się, że ojciec ją zdradza z inną kobietą.
8. On zawsze układa w myśli sposób rozwiązania problemu, __myśla każdy szczegół, a potem decyduje.
9. Kłamał i __myślał wyssane z palca historyjki o swym ziemiańskim pochodzeniu i bogatych rodzicach.
10. Zatapiała się w myślach, wpadała w zadumę, __myślała się, patrząc na stare, pożółkłe już fotografie.

OCEŃ SAM SIEBIE
>[9] bdb • [9] + db • [8] db • [7] +dst • >[6] dst • <[6] ndst
Jeśli w zadaniu testowym jest więcej niż dziesięć jednostek – przelicz sam!

ZADANIE 168

Copyright by S. Mędak

Proszę wpisać nad poziomymi kreskami odpowiednie prefiksy korespondujące z sensem załączonych wypowiedzi. Prefiksy: *na–, od–, po–, prze–, roz–, s–, u–, wy–.*

WZÓR
Janino, nie ma już wędliny na stole! Czy mogłabyś do_kroić kiełbasy i szynki?

1. Aby zobaczyć jaki jest ananas w środku musisz go najpierw __kroić na dwie połówki.
2. Dlaczego __kroiłaś tak dużo ogórków na mizerię na dwie osoby?
3. Kochanie, __krój tort na osiem równych kawałków!

4. Krawcowa już __kroiła mi sukienkę, ale nie zdążyła jej uszyć na czas.
5. Nie możesz zjeść całego kawałka sera. Musisz __kroić chociaż trochę, aby babcia mogła go spróbować!
6. Przed wrzuceniem pomidorów do zupy musisz je wcześniej __kroić w drobne kwadraty.
7. Pyszna szynka. __krój dzieciom po plasterku tej szynki! A mnie __krój jej trochę więcej.
8. To ciasto jest spalone. Muszę __kroić to, co jest spalone.
9. Z jednego metra materiału nie da się __kroić bluzeczki, o której pani marzy!
10. Z jabłek musisz najpierw __kroić ich zgniłe części, a dopiero potem przygotować z nich kompot.

OCEŃ SAM SIEBIE
>[9] bdb • [9] + db • [8] db • [7] +dst • >[6] dst • <[6] ndst
Jeśli w zadaniu testowym jest więcej niż dziesięć jednostek – przelicz sam!

ZADANIA TESTOWE

XIII. ODMIANA I SKŁADNIA LICZEBNIKÓW NA SMUTNO I WESOŁO

Więcej ćwiczeń z zakresu odmiany i składni liczebników w: *Liczebnik też się liczy!*, op. cit.

ZADANIE 169
Copyright by S. Mędak

W miejsce kropek proszę wstawić właściwe formy liczebników zawartych w nawiasach kwadratowych.

WZÓR
Setki *[setka]* osób wykluczonych z rynku pracy żyje / żyją w skrajnej nędzy.

ŻYJĄ W SKRAJNEJ NĘDZY

(1)Coraz więcej Polaków nie ma co jeść. W ubiegłym roku prawie .... [4] miliony naszych rodaków żyło w skrajnej nędzy, czyli poniżej lub na poziomie ustalonego przez Główny Urząd Statystyczny minimum egzystencji. (2)Rok temu statystyki wskazywały na .... [3] miliony, a w .... [1997] na .... [2] miliony. (3)Oznacza to, że w ciągu .... [5] lat liczba najbiedniejszych się podwoiła. (4)Aby lepiej sobie wyobrazić rozmiar dramatu, warto wiedzieć, że .... [4] miliony osób mieszka w sumie w .... [5] największych miastach Polski: Warszawie, Krakowie, Łodzi, Wrocławiu i Poznaniu. Ubóstwem zagrożone są prawie wszystkie osoby wykluczone z rynku pracy na skutek bezrobocia. (5)Jak wynika z raportu GUS, w .... [2002] roku skrajne ubóstwo dotykało co .... [4] rodzinę, w której przynajmniej .... [1] osoba była bez pracy. (6)W rodzinach, w których wszyscy dorośli mieli pracę, ubóstwo występowało znacznie rzadziej – dotykało co .... [12] rodzinę. (7)W ubiegłym roku wśród osób liczących co najmniej .... [65] lat, co .... [13] osoba żyła w skrajnym ubóstwie.

Dziennik Polski, nr 133 z 9 czerwca 2003. Przedruk z: S. Mędak, *Liczebnik też się liczy!*, Universitas, Kraków 2004, str. 221.

OCEŃ SAM SIEBIE
>[9] bdb • [9] + db • [8] db • [7] +dst • >[6] dst • <[6] ndst
Jeśli w zadaniu testowym jest więcej niż dziesięć jednostek – przelicz sam!

ZADANIE 170
Copyright by S. Mędak

Proszę wpisać w miejsce kropek właściwe formy liczebników zawartych w nawiasach kwadratowych. Zdanie oznaczone symbolem zero (0) jest przykładem.

POLSKI B2 i C1. MEGATEST

(0) Polska grupa etniczna w USA – raport z <u>trzydziestego listopada dwa tysiące czwartego</u> roku. [30. 11. 2004 roku]

Z tych danych wynika, że amerykańskie społeczeństwo starzeje się, ale jest lepiej wykształcone i lepiej zarabia. Europę jako główne źródło napływu imigrantów zastąpiły Azja i Ameryka Łacińska. ⁽¹⁾Biuro przewiduje, że w .... [2050] roku biali będą w mniejszości. Swe wnioski Biuro opierało na tych rodzinach, które otrzymały do wypełniania tzw. długie formularze Spisu. Kongres Polonii Amerykańskiej należał do tych organizacji, które wzywały do używania tych właśnie formularzy spisu z roku .... [2000], bowiem zawierały one pytania o pochodzenie etniczne lub narodowość.

⁽²⁾Średni wiek społeczeństwa wynosi prawie .... [40] lat, a ponad .... [14] procent ludności ma .... [62] lata lub więcej. ⁽³⁾.. [11] procent społeczeństwa urodziło się za granicą, z czego ponad połowa przybyła z Ameryki Łacińskiej, a prawie .... [15] procent z Europy. ⁽⁴⁾Analiza danych Biura wykazuje, że ponad .... [3] procent społeczności USA uważa się za Polaków, co stanowi liczbę .... [9 292 875] osób. ⁽⁵⁾Dla porównania, do włoskiego pochodzenia przyznaje się około .... [6] procent, a do irlandzkiego około .... [12] procent społeczeństwa. ⁽⁶⁾Ponad .... [92] procent, spośród tych, którzy ankiety wypełnili, posiada obywatelstwo tego kraju.

⁽⁷⁾Dane wykazują, że aż .... [37] procent urodzonych w Europie zarabia ponad .... [50 000] dolarów na rodzinę rocznie przy średniej .... [37 371] dolarów rocznie.

(...) ⁽⁸⁾Największy odsetek wyborców o polskich korzeniach – ponad .... [17] procent mieszka w okręgu Chicago. (9) Nieco tylko mniej mieszka w .... [5] okręgu kongresmana Rahma Emanuela – ponad .... [15] procent, w .... [13] okręgu ponad .... [13] procent, w .... [4] okręgu niewiele ponad .... [13] procent.

Na podstawie: L. Kuczyński, *Dziennik Związkowy*, 26–28.03.2004; strona internetowa: http://artographix.net/sn/index.php?id=33dc95a.

OCEŃ SAM SIEBIE
\>[9] bdb • [9] + db • [8] db • [7] +dst • >[6] dst • <[6] ndst
Jeśli w zadaniu testowym jest więcej niż dziesięć jednostek – przelicz sam!

ZADANIE 171

Copyright by S. Mędak

Proszę wpisać w miejsce kropek właściwe formy liczebników zawartych w nawiasach kwadratowych.

WZÓR
Piotrusiu, ile jest programów w tym komputerze? – [22] || W tym komputerze są dwadzieścia dwa pirackie programy.

1. Pani stażystko, ile błędów zrobiła pani podczas zajęć? – [8] || Bardzo mi przykro, zrobiłam aż .... błędów!
2. Ile rozdziałów jest w tej książce? – [19] || W tej książce jest ponad .... rozdziałów.
3. Ile kilometrów przejechałeś tym samochodem? – [14 000] || Przejechałem dopiero .... kilometrów.
4. Ilu uczniów ma pani w grupie? – [4] || Mam tylko .... zdolnych uczniów w grupie!
5. Ile euro otrzymam za sto złotych? – [25] || Zgodnie z aktualnym kursem bankowym otrzymasz około .... euro.
6. Ile zarabia nauczyciel akademicki w Polsce? – [2800] || Nauczyciel akademicki w roku 2013 zarabiał średnio .... złotych miesięcznie.
7. Ile godzin zajęć w ciągu tygodnia musi przeprowadzić adiunkt z tytułem doktora w polskich uniwersytetach? – [7] || Adiunkt zatrudniony w uniwersytecie musi przeprowadzić tylko .... godzin zajęć tygodniowo.
8. Ile godzin dziennie spędzasz przed ekranem komputera? – [5] || Przed ekranem komputera spędzam około .... godzin dziennie, a przed telewizorem resztę dnia.
9. Ile dni tutaj pani zostanie? – [10] || Zostanę tutaj około .... długich dni.
10. Ile zaproponowano ci za ten stary samochód? – [4] | Zaproponowano mi .... razy więcej, niż ty mi proponowałeś dziesięć lat temu!

OCEŃ SAM SIEBIE
>[9] bdb • [9] + db • [8] db • [7] +dst • >[6] dst • <[6] ndst
Jeśli w zadaniu testowym jest więcej niż dziesięć jednostek – przelicz sam!

ZADANIE 172

Copyright by S. Mędak

Proszę wpisać w miejsce kropek właściwe formy liczebnika *dwa*.

WZÓR
Nie dla każdego dwa razy dwa *(2)* równa się cztery.

1. .... *(2)* jest pierwszą liczbą parzystą.
2. .... *(2)* pijanych akrobatów przygotowywało się do swego numeru popisowego.
3. .... *(2)* panowie objęli rządy w księstwie wbrew woli milionów obywateli.
4. .... *(2)* profesorów uniwersytetu pobiło znanego reżysera teatru.
5. .... *(2)* rodziców *(jeden ojciec i drugi ojciec)* sprzeczało się między sobą.
6. .... *(2)* mierni aktorzy grali w filmie role nieudaczników.
7. .... *(2) (jeden ojciec i drugi ojciec)* rodzice dyskutowali ze sobą o pogodzie.
8. .... *(2) (mężczyzna i mężczyzna)* ludzie tańczyli rytualny taniec afrykański.
9. .... *(2)* sąsiadki zakłócają spokój doktorantowi zajmującemu się filozofią ciszy.
10. .... *(2)* bociany stały na łące i dzieliły się kawałkami żabiego udka.
11. .... *(2)* czołgi nieprzyjaciela zbliżały się do budynku nocnego klubu.
12. .... *(2)* dojrzałe jabłka wisiały na drzewie i nie chciały spaść na ziemię.
13. .... *(2)* kaczki mimo próśb całego stada zdecydowały, że nie odlecą na zimę do cieplejszych krajów.
14. .... *(2)* klienci czekali na ekspedientkę, która wyszła na zakupy.
15. .... *(2)* kobiety szły spacerkiem ku bramom piekieł.
16. .... *(2)* koty spały razem z psem na łóżku.
17. .... *(2)* księży prowadziło kondukt żałobny miejscowego VIP–a.
18. .... *(2)* elektrownie atomowe przestały wytwarzać energię elektryczną.
19. .... *(2)* pacjentom amputowano ręce i nogi.
20. .... *(2)* policjantów zapukało o świcie do drzwi mieszkania swego kolegi.
21. .... *(2)* premierów wymieniło pozdrowienia w swych ojczystych narzeczach.
22. .... *(2)* sportowe samochody *formuły 1* wypadły z bieżni numer dwa.
23. .... *(2)* staruszków szło powoli w kierunku cmentarza.
24. .... *(2)* szefów miejskiej rzeźni podjechało do biura ciężarówką.
25. .... *(2)* zawodniczki nie zauważyły mety i biegły dalej.

OCEŃ SAM SIEBIE

>[9] bdb • [9] + db • [8] db • [7] +dst • >[6] dst • <[6] ndst

Jeśli w zadaniu testowym jest więcej niż dziesięć jednostek – przelicz sam!

ZADANIE 173

Copyright by S. Mędak

Proszę wpisać w miejsce kropek właściwe formy liczebnika *dwa*.

WZÓR

Gdzie dwóch *(2)* się bije tam trzeci korzysta. || Rzuciła dwa *(2)* grzyby w barszcz, a on krzyknął: tego już za wiele! || Zawsze chciał upiec *(2)* pieczenie przy jednym ogniu. || Nic dwa *(2)* razy się nie zdarza! || Historii Polski nie da się opowiedzieć w dwóch | dwu *(2)* słowach!

ZADANIA TESTOWE

I.
1. Aż .... (2) pracownicy są podejrzani o zamordowanie szefa rzeźni.
2. Do naszej szkoły przyszli pieszo .... (2) nowi uczniowie bez tornistrów i książek.
3. Do naszej szkoły przyszło .... (2) nowych uczniów ze swoimi dziewczynami.
4. Dopiero po zakończeniu zawodów .... (2) biegaczy dowieziono samochodem na metę.
5. Dostałem list z pogróżkami od .... (2) najlepszych przyjaciół.
6. Kurs kroju i szycia prowadzi .... (2) instruktorów z tytułami doktora.
7. Od kilku godzin .... (2) policjanci zakłócają spokój w mieście.
8. Po miesiącu zwolniono .... (2) ministrów, którzy nigdy nie pojawili się w swych gabinetach.
9. Prowadziła telekonferencję z .... (2) byłymi mężami na temat podziału majątku.
10. Przez niedopatrzenie daliśmy nagrody .... (2) najgorszym uczniom w szkole.
11. Przyglądasz się tym .... (2) chłopcom, jakbyś miała wątpliwości co do ich płci.
12. Rozmawiali od kilku godzin o .... (2) takich, co ukradli księżyc.
13. Tylko .... (2) aktorów (*jeden aktor i drugi aktor*) pojawiło się na premierze nowej sztuki.
14. Tylko nas .... (2; *on i on*) nie zrozumiało tego, co zrozumiał cały naród.
15. W ciągu miesiąca odwiedziło tę wystawę tylko .... (2) przypadkowych przechodniów.
16. W pierwszych rzędach wielkiej sali widowiskowej teatru było tylko .... (2) widzów.
17. W tym pokoju mieszka .... (2) staruszków czekających na eksmisję.
18. Widzę tutaj tylko .... (2) panów, którzy są zainteresowani moją osobą.
19. Wybieram się od lat z .... (2) kolegami na Madagaskar jak sójka za morze.
20. Zrobiło mi się żal tych .... (2) ciągle śmiejących się kloszardów.

OCEŃ SAM SIEBIE
>[9] bdb • [9] + db • [8] db • [7] +dst • >[6] dst • <[6] ndst
Jeśli w zadaniu testowym jest więcej niż dziesięć jednostek – przelicz sam!

II.
1. Był tak słaby, że nie mógł zrobić .... (2) kroków na oblodzonym chodniku.
2. Ciągle rozmyślała o .... (2) zaplanowanych, a wciąż jeszcze nie zrealizowanych morderstwach.
3. Czekaliśmy na przejazd przez wschodnią granicę około .... (2) dni, zachwycając się operatywnością straży granicznej oraz celników.
4. Czułem się źle przez .... (2) tygodnie, a teraz czuję się jeszcze gorzej.
5. Czy słyszysz chrapliwe ryki tych .... (2) rogaczy walczących ze sobą na leśnej polanie?!
6. Ekspert długo przyglądał się .... (2) identycznym obrazom podarowanym muzeum przez złodzieja.
7. Kij zawsze ma .... (2) końce i nie zawsze jest sękaty.
8. Kochanie, czy możesz przesunąć tę szafę gdańską o .... (2) kroki dalej?!

9. Lubiła siedzieć godzinami na plaży ze swoimi .... (2) białymi kotami.
10. Miała przed sobą .... (2) główki kapusty i zastanawiała się, co ma zrobić z .... (2) głąbami.
11. Moja córka od .... (2) lat chodzi do przedszkola z tym samym chłopcem.
12. Musi pan przejechać przez .... (2) mosty, a po przejechaniu trzeciego, skręcić na czwarty.
13. Od .... (2) lat nie mogę spać, bo boję się ciemności.
14. Po .... (2) latach pracy doszedł do wniosku, że im więcej pracował, tym mniej zarabiał.
15. Pożyczę ci .... (2) najnowsze dramaty tego autora, nigdy nie wystawiane na scenie.
16. Przyjechał do nas .... (2) miesiące temu w odwiedziny i mówi, że czuje się jak u siebie w domu.
17. Siedział na .... (2) wielkich fotelach i zastanawiał się nad kupnem trzeciego.
18. Spotykała się z nami co .... (2) lata na kolejnych pogrzebach członków rodziny.
19. Wciąż myślała o tych .... (2) poniedziałkach, które całkowicie zmieniły jej życie.
20. Za granicę wyjeżdżam za .... (2) minuty, a wrócę do ojczyzny dopiero na starość.

OCEŃ SAM SIEBIE
>[9] bdb • [9] + db • [8] db • [7] +dst • >[6] dst • <[6] ndst
Jeśli w zadaniu testowym jest więcej niż dziesięć jednostek – przelicz sam!

III.
1. Bardzo lubiłem te .... (2) stare kobiety prowadzące od lat klub dla młodzieży.
2. Były to dwie chude, mizerne, delikatne, podobne do siebie jak .... (2) krople wody dziewczynki.
3. Co .... (2) głowy, to nie jedna – powiedział kat i z przyjemnością popatrzył na trzecią.
4. Dał wymarzone prezenty .... (2) dziewczynkom i sam się rozpłakał.
5. Na śniadanie jadła tylko .... (2) bułeczki z dużą ilością wędliny, tłustego sera oraz litrami keczupu.
6. Nie mogła doczekać się południa, a na zegarze ciągle była za .... (2) minuty dwunasta.
7. Nie możemy sobie poradzić z .... (2) najmłodszymi córkami, które atakują starsze siostrzyczki.
8. Nie oddałem do biblioteki .... (2) pożyczonych gazet, w których napisano, że jestem kleptomanem.
9. Policja interesuję się .... (2) sprawami, które nie powinny interesować policji.
10. Powiedział to tylko .... (2) osobom, a za chwilę wiedzieli wszyscy.
11. Przyglądał się .... (2) zakonnicom wpatrującym się w rozszalałe fale górskiej rzeki.
12. Przyszedł do nas na imieniny z .... (2) pięknymi różami w butonierce.
13. Rozmawiali o .... (2) blondynkach, które od lat były tematem dowcipów brunetek.

ZADANIA TESTOWE

14. Rozmawiał tylko z .... *(2)* kobietami, które nie miały nic do powiedzenia.
15. Stał na baczność na .... *(2)* krzywych nogach i salutował brygadzie maszerujących majorów.
16. Szedł, pomagając sobie .... *(2)* laskami o pozłoconych końcówkach.
17. W tym pokoju mieszkają .... *(2)* Włoszki, które nigdy ze sobą nie rozmawiają.
18. Wszędzie, gdzie tylko się pojawił, łapał .... *(2)* sroki za ogon.
19. Wyszła z pracy tylko na .... *(2)* minuty i nigdy już do niej nie powróciła.
20. Za .... *(2)* godziny będzie pełnia księżyca, a więc zaoszczędzimy trochę na energii elektrycznej.

OCEŃ SAM SIEBIE
>[9] bdb • [9] + db • [8] db • [7] +dst • >[6] dst • <[6] ndst
Jeśli w zadaniu testowym jest więcej niż dziesięć jednostek – przelicz sam!

IV.
1. Choć był szczęśliwy, wyglądał jak .... *(2)* nieszczęścia.
2. Choć mu opadły jedynie .... *(2)* skrzydła, czuł się jak ktoś bez prawej ręki.
3. Czerpał myśli do swojej powieści o potopie z .... *(2)* źródeł natchnienia.
4. Jego Wysokość nie może zasypiać na tronie z .... *(2)* berłami na głowie – rzekła do męża królowa i sama zasiadła na bogato zdobionym fotelu.
5. Kochanie, powiedz to krótko, w .... *(2)* słowach, bez wstępu, argumentacji i błędów składniowych!
6. Mam jeden mały pokoik na strychu z .... *(2)* olbrzymimi oknami weneckimi.
7. Czy wiesz, że wystarczy, abyś dopisała .... *(2)* zera, a twoja liczba zwiększy się o sto razy?!
8. Powiedział, co wiedział w .... *(2)* słowach i wyszedł na długie rozmowy ze związkami zawodowymi.
9. Proszę nie czekać przed bramą więzienia, bo mamy tylko .... *(2)* wolne miejsca.
10. Ta powieść rzeka jest ciekawa tylko w .... *(2)* miejscach: na początku i na końcu.
11. Wpadł w .... *(2)* zasadzki, które przygotował na swoich kolegów kłusowników.
12. Wyciągnął z puchnącej ręki .... *(2)* żądła pszczoły, a potem zabił przelatującą osę.
13. Z .... *(2)* jabłek nie zrobisz szarlotki, ani dyplomu technika gastronomii.
14. Zaproponowano jej rok temu pracę modelki i od tego momentu je na śniadanie tylko .... *(2)* ziarnka kukurydzy.
15. Zwiedziliśmy .... *(2)* wspaniałe muzea założone we wczesnym średniowieczu, po upadku Rzymu.

Zadania testowe od numeru 169 do 173 opracowano na podstawie podręcznika *Liczebnik też się liczy!*, op. cit.

OCEŃ SAM SIEBIE
>[9] bdb • [9] + db • [8] db • [7] +dst • >[6] dst • <[6] ndst
Jeśli w zadaniu testowym jest więcej niż dziesięć jednostek – przelicz sam!

ZADANIE 174
Copyright by S. Mędak

Proszę wpisać w miejsce kropek właściwe formy liczebników zbiorowych *dwoje – troje – czworo – pięcioro* **itd.**

WZÓR
<u>Dwoje</u> *(2)* **ludzi całowało się od godziny na ławce w parku.** || <u>Dwoje</u> *(2)* **kociąt piło mleko ze złotej miski.**

1. .... *(2)* najgorszych studentów nie zdało egzaminu z etyki.
2. .... *(2)* przyjaciół odwiedziło nas dzisiaj o świecie.
3. .... *(2)* rodzeństwa przyjechało na święta wielkanocne dopiero we wtorek.
4. .... *(2)* zakochanych siedziało na jednej huśtawce.
5. .... *(2)* dzieci bawi się na podwórku w piaskownicy.
6. .... *(3)* adwokatów ma tutaj swoje ekskluzywne biura.
7. .... *(3)* wnucząt przyjechało do umierającej babci.
8. .... *(3)* kurcząt słodko spało w kurniku dla indyków.
9. .... *(4)* bliźniąt przywieziono na oddział zakaźny szpitala.
10. .... *(4)* małych szczeniąt leżało bez ruchu w koszyku z jajkami.
11. .... *(4)* skrzypiec połączyło swe dźwięki w ciągu jednej sekundy.
12. .... *(4)* źrebiąt biegało gęsiego przez łąkę.
13. .... *(5)* Chińczyków zachorowało na żółtaczkę.
14. .... *(5)* niemowląt miało objawy tej samej choroby zakaźnej.
15. .... *(6)* małych jagniąt pędziło za stadem rozszalałych owiec.

Opracowano na podstawie *Liczebnik też się liczy!*, op. cit.

OCEŃ SAM SIEBIE
>[9] bdb • [9] + db • [8] db • [7] +dst • >[6] dst • <[6] ndst
Jeśli w zadaniu testowym jest więcej niż dziesięć jednostek – przelicz sam!

ZADANIE 175
Copyright by S. Mędak

Proszę wpisać w miejsce kropek właściwe formy liczebników zbiorowych.

ZADANIA TESTOWE

WZÓR
Brakuje nam wciąż dwojga (2) ludzi różnej płci do przeprowadzenia badań.

1. Całe życie jadł za trzech, a pracował za .... (2) .
2. Chodziła do lasu na jagody z .... (2) dzieci, które bały się wilków.
3. Cieśla przyglądał się z uwagą .... (2) drzwiom wykonanym z plastiku przez firmę *Finestra*.
4. Czy mógłbyś podrzucić .... (2) drew do wygasającego pieca martenowskiego?
5. Do tego małego przedszkola uczęszcza sto .... (31) dzieci miliarderów.
6. Do tej szkoły chodzi .... (3) dzieci mojego konkurenta.
7. Do wypełnienia całego wagonu nożycami brakuje nam jeszcze .... (2) nożyc.
8. Dyskutujemy często o .... (3) najmłodszych dzieciach, które wkrótce oddamy rodzinom zastępczym.
9. Egzaminu z prawa nie zdało dziewięćdziesięcioro .... (9) studentów na stu studentów.
10. Grupa .... (13) dzieci wyjechała na jagody w celach zarobkowych.
11. Grupa dwadzieściorga .... (3) uczestników olimpiady zrezygnowała z olimpiady.
12. Grupa trzydzieściorga .... (6) harcerzy i harcerek opuściła poligon wojskowy.
13. Jakaś chora pani z .... (2) dzieci czeka na lekarza.
14. Jedno dziecko płakało, a .... (2) się śmiało do rozpuku z płaczącego dziecka.
15. Jedno dziecko pożerało oczami jedzenie, a .... (3) innych nie chciało jeść.
16. Jesienią chodził na grzyby z .... (2) rodzeństwa, choć już kilkakrotnie zatruł się grzybami.
17. Jest tak zimno, że wciągnąłem na siebie .... (2) ocieplanych kalesonów.
18. Muszę się opiekować .... (6) szczeniąt sąsiada.
19. Nie każdy człowiek ma .... (2) lewych rąk, ... (2) złych oczu i .... (2) długich uszu.
20. On tam na pewno był. Ona tam była. I ja tam byłam. Było nas tam chyba .... (3).

Opracowano na podstawie *Liczebnik też się liczy!*, op. cit.

OCEŃ SAM SIEBIE
>[9] bdb • [9] + db • [8] db • [7] +dst • >[6] dst • <[6] ndst
Jeśli w zadaniu testowym jest więcej niż dziesięć jednostek – przelicz sam!

ZADANIE 176
Copyright by S. Mędak

Polecenie – jak w zadaniu testowym numer 175.

WZÓR
Myślę ciągle o trojgu *(3)* **zaginionych dzieciach podczas manifestacji bezrobotnych.**

1. Na liście ubiegających się o rodziny zastępcze było już sto .... *(5)* dzieci.
2. Na przydział mieszkań socjalnych oczekuje sto trzydzieści .... *(3)* bezrobotnych leniuchów.
3. Na spotkanie ze znanym pisarzem przyszło sto trzydzieścioro .... *(3)* jego małoletnich wielbicielek.
4. Na zajęciach nie było .... *(4)* studentów z grupy, która liczy jednego studenta i cztery studentki.
5. Nie było dzisiaj na lekcji tańca .... *(2)* dziewcząt, które mają dwie lewe nogi do tańca.
6. Opiekujemy się .... *(2)* dziewcząt z sąsiedniego sierocińca.
7. Po śmierci męża została sama z .... *(2)* małych dzieci na ręku.
8. Policjanci dokonali w ciągu dnia .... *(2)* oględzin dwóch najbardziej ekskluzywnych klubów w mieście.
9. Przyglądam się z dużym zainteresowaniem .... *(2)* dzieciom czytającym plakaty wyborcze.
10. Przygotowaliśmy już specjalne miejsce dla .... *(3)* wybrednych szczeniąt.
11. Rozmawiałem już z .... *(4)* kandydatów na miss świata i mister świata.
12. Rozmyślam czasami o .... *(2)* rodzeństwa, z którymi nigdy się nie spotkałem.
13. To bardzo udane małżeństwo. Spacerują zawsze we .... *(2)*, ale tylko nocą.
14. W całym domu – na czworo drzwi – nie domyka się .... *(3)* drzwi.
15. W tej szkole jest tysiąc pięćdziesięcioro .... *(2)* uczniów o najwyższym wskaźniku inteligencji.
16. W tym samym dniu obchodzimy .... *(2)* urodzin naszych śmiertelnych wrogów.
17. W tym tygodniu mamy .... *(2)* imienin, na które nikt nie pójdzie.
18. Włamywacze rozbili .... *(2)* złoconych drzwi i weszli do skarbca.
19. Z sześciuset jajek wylęgło się tylko .... *(3)* chorych kurcząt.
20. Zaprzężono do .... *(3)* sań konie, które nie chciały ruszyć z miejsca.

ZADANIE 177

Copyright by S. Mędak

Polecenie i WZÓR – ja w zadaniu testowym numer 175.

1. Dyrektor szkoły wezwał rodziców wszystkich uczniów klas maturalnych. → Na wezwanie dyrektora przyszło tylko .... *(33)* rodziców, którzy nie mieli matury.

ZADANIA TESTOWE

2. Jedno niemowlę zaczęło płakać. Po chwili zaczęło płakać drugie niemowlę. → .... (2) niemowląt – jedno przez drugie – płakało coraz głośniej.

3. Kobieta i mężczyzna rozmawiali ludzkim głosem na ulicy. → .... (2) ludzi rozmawiało ludzkim głosem na ulicy.

4. Matka jednego z uczniów dyskutowała przed wywiadówką z ojcem innego ucznia. → .... (2) rodziców dyskutowało ze sobą na korytarzu na temat nauczyciela swoich dzieci.

5. Miał trzy siostry i dwóch braci. → Dał identyczne prezenty .... (5) skłóconych ze sobą rodzeństwa.

6. Najpierw weszły dwie studentki. Po chwili pojawiło się dwóch studentów. → .... (4) studentów oczekiwało na wyjście wykładowcy z przytulnej auli.

7. Na pogrzebie babci był dziadek, byłem ja, była moja żona i jedna z ciotek. → Było nas .... (4) na przygotowanym i zapiętym na ostatni guzik przez babcię pogrzebie.

8. Na pomoc natychmiast pospieszyłem ja, moja żona i moja mama. → My .... (3) jako pierwsi pospieszyliśmy na pomoc skłóconym teściom.

9. On była rozbitkiem życiowym. Ona też była rozbitkiem. → .... (2) rozbitków dziękowało kapitanowi statku pasażerskiego za uratowanie im życia.

10. On to zrozumiał. Ona też to bardzo szybko zrozumiała. → Ci .... (2) potrafią zrozumieć w mig nawet to, czego ja nie potrafię zrozumieć.

11. On wygrał rozrywki szachowe. Jego siostra też wygrała w tym samym turnieju. → Długo mówiono o .... (2) rodzeństwa – zwycięzcach dwuosobowego turnieju.

12. Państwo młodzi wyszli z kościoła po zakończeniu ceremonii ślubu kościelnego. → Drużbowie szli przy .... (2) państwa młodych z minami ochroniarzy.

13. Spędziłem cudowny wieczór sylwestrowy z żoną. → Spędziliśmy kolejny już dwudziesty piąty wieczór sylwestrowy tylko we .... (2).

14. To, co mówił nauczyciel zrozumiał tylko jeden chłopiec i jedna mała dziewczynka. → Tylko ich .... (2) z grupy pięćdziesięciu osób zrozumiało, co mówił nauczyciel.

15. To zadanie z fizyki jądrowej może rozwiązać tylko profesor, albo jego asystentka. → Tylko ich .... (2) może rozwiązać tę sprytną łamigłówkę.

16. Wczoraj dotarła do mnie wiadomość o ciężkiej chorobie brata i siostry. → Ta wiadomość o .... (2) rodzeństwa dotarła do mnie o dzień za późno.

17. W tej trudnej sprawie zaangażowani są pan adwokat i pani adwokat. → Zaangażowaliśmy do tej sprawy .... (2) znakomitych i najtańszych w mieście adwokatów.

18. Za kilka dni przyjedzie dwóch Amerykanów i jedna Amerykanka. → Niedługo będziemy mieli .... (3) bardzo bogatych gości z USA.

19. Znana aktorka grała rolę Julii u boku bardzo popularnego i energicznego aktora. .... (2) znanych aktorów grało główne role dramatyczne w utworze nieżyjącego już Szekspira.

20. Z prawej strony szła jedna para ambasadorstwa, z lewej druga. → Świeżo rozwiedziony premier szedł ze spuszczoną głową przy .... (4) szczęśliwych ambasadorstwa.

Opracowano na podstawie *Liczebnik też się liczy!*, op. cit.

OCEŃ SAM SIEBIE
>[9] bdb • [9] + db • [8] db • [7] +dst • >[6] dst • <[6] ndst
Jeśli w zadaniu testowym jest więcej niż dziesięć jednostek – przelicz sam!

ZADANIE 178
Copyright by S. Mędak

Proszę wpisać w miejsce kropek właściwe formy liczebnika *oba – obydwa*.

WZÓR
Biorę jeden podręcznik pełen błędów i ten drugi też biorę. → Wezmę <u>oba / obydwa</u> podręczniki do poprawy.

1. Chłopiec rzucił kamieniami w jedno i w drugie okno. → Chłopiec rzucił kamieniami w .... okna bez szyb.
2. Czarny syjamski kot siedział na kanapie. Potem dołączył do niego drugi kot syjamski. → .... / .... koty syjamski siedziały na dwuczęściowej kanapie.
3. Dziadek ucałował swoją wnuczkę w jeden, a potem w drugi policzek. → Dziadek ucałował wnuczkę w .... / .... zapłakane policzki.
4. I jedno i drugie okno w pokoju zostały zabite deskami. → Lubiłem te .... / .... okna w pokoju z widokiem na morze.
5. Jeden pies i drugi były dzikimi psami. → .... / .... psy zachowywały się jak głodne dziki.
6. Jeden pies już szczeka, a drugi zaczyna szczekać. → .... / .... psy szczekają na siebie.
7. Jedno mieszkanie przeznaczone do wynajęcia było zniszczone. Drugie mieszkanie było też zniszczone. → .... / .... mieszkania nadawały się wyłącznie do remontu.
8. Musisz jutro dać jeść i jednemu psu i drugiemu. → Musisz jutro dać jeść .... psom rano i wieczorem.
9. Wezmę podręcznik *Czas na borowiki* i ten drugi też biorę. → Wezmę .... / .... podręczniki do poprawy.
10. W tym podręczniku jest wiele nieścisłości. W drugim podręczniku jest jeszcze więcej nieścisłości i błędów. → W .... / .... podręcznikach jest wiele rażących nieścisłości i błędów.

Opracowano na podstawie *Liczebnik też się liczy!*, op. cit.

OCEŃ SAM SIEBIE
>[9] bdb • [9] + db • [8] db • [7] +dst • >[6] dst • <[6] ndst
Jeśli w zadaniu testowym jest więcej niż dziesięć jednostek – przelicz sam!

ZADANIE 179

Copyright by S. Mędak

Proszę wpisać w miejsce kropek właściwe formy liczebnika *obaj / obydwaj*.

WZÓR
Czułem się znakomicie w towarzystwie jednego kolegi i w obecności drugiego. →
Z oboma / z obu; z obydwu; *rzad.* **obydwoma kolegami nie mogłem czuć się inaczej.**

1. I jeden i drugi skoczek byli w świetnej formie fizycznej. → .... / ....
skoczkowie byli od kilkunastu lat w świetnej formie.
2. Jakiś mężczyzna patrzył na kobietę, która siedziała w kawiarni. Jego sąsiad z lewej też na nią patrzył. → .... / .... mężczyźni patrzyli na siebie krzywo.
3. Jeden kandydat na premiera przedstawił swój program działania. Drugi też przestawił swój program. → .... / .... kandydaci nie mieli w zasadzie nic ciekawego do przedstawienia.
4. Jeden mężczyzna szedł miarowym krokiem. Drugi też. → .... / .... mężczyźni szli bez celu miarowym krokiem.
5. Jeden zatrzymany odpowiadał na pytania zadawane przez policjanta. Drugi podejrzany też musiał odpowiadać. → .... / .... zatrzymani odpowiadali jeden przez drugiego na ciekawe pytania policjanta.
6. Miał dwóch braci. Utrzymywał z nimi dobre stosunki. → Z .... / .... / .... / .... braćmi utrzymywał dobre stosunki, bo nie miał innego wyjścia.
7. Najstarszy kuzyn opowiadał ciekawie. Młodszy też nie ustępował najstarszemu w swych opowieściach. → .... / .... kuzyni (kuzynowie) opowiadali sobie bez przerwy ciekawe historie.
8. Najpierw przewieziono do więzienia jednego skazanego, a potem drugiego. → .... / .... / .... skazanych przewieziono do więzienia na sygnale.
9. Oskarżony opuścił sąd. Za nim podążyli dwaj adwokaci. → Skazany opuścił sąd razem z .... / .... adwokatami, którzy po rozprawie opuścili swą pracę na zawsze.
10. Przed ministrem stał jeden i drugi zwycięzca w mistrzostwach gminy. → Minister gratulował tak pięknego zwycięstwa .... / .... / .... gminnym zwycięzcom.

Opracowano na podstawie *Liczebnik też się liczy!*, op. cit.

OCEŃ SAM SIEBIE
>[9] bdb • [9] + db • [8] db • [7] +dst • >[6] dst • <[6] ndst
Jeśli w zadaniu testowym jest więcej niż dziesięć jednostek – przelicz sam!

POLSKI B2 i C1. MEGATEST

ZADANIE 180
Copyright by S. Mędak

Proszę wpisać w miejsce kropek właściwe formy liczebnika *obie / obydwie.*

WZÓR
Dwie kobiety kłóciły się głośno i głośno krzyczały. → Obie | Obydwie kobiety krzyczały tak głośno, że nikt nie wiedział o co się kłócą.

1. Jedna dziewczynka już śpi. Druga poszła spać godzinę temu. → .... / .... dziewczynki poszły przed chwilą do sypialni, bo nie lubią marzyć, a śnić.
2. Jedna siostra pomagała mi od dawna. Druga też była zawsze chętna do pomocy. → .... / .... siostry chętnie mi pomagały w dzieleniu majątku po zmarłym dziadku.
3. Robił ciasto na pierogi i nie mógł podnieść słuchawki telefonu. → Miał klejące się .... ręce.
4. Miał tylko dwie książki w bibliotece. → .... / .... książki spaliły się podczas pożaru mieszkania.
5. Miał dwie siostry. Utrzymywał z nimi zupełnie poprawne stosunki. → Z .... / .... / .... siostrami utrzymywał nader właściwe stosunki.
6. Najpierw zasłoniła swoje oko lewą ręką. Potem zasłoniła drugie oko prawą ręką. → Zasłoniła swoje oczy .... / .... rękami, aby wszystkim pokazać swe piękne dłonie.
7. Najstarsza córka jest na trzecim roku, a najmłodsza na drugim roku studiów UJ. → .... / .... moje córki studiują w najlepszym uniwersytecie w Polsce.
8. Trzymał ciągle ręce w kieszeniach. → Lubił trzymać .... ręce w kieszeniach cudzych marynarek.
9. Zjadłam już jedną porcję tortu. Nie mogę zjeść drugiej. → W ciągu jednego wieczora nie mogę zjeść .... / .... porcji, bo jestem na diecie.
10. Z przyjemnością rozmawiałem z jedną i z drugą sąsiadką. → Lubiłem rozmawiać z .... / .... sąsiadkami na temat innych sąsiadek.

Opracowano na podstawie *Liczebnik też się liczy!*, op. cit.

OCEŃ SAM SIEBIE
>[9] bdb • [9] + db • [8] db • [7] +dst • >[6] dst • <[6] ndst
Jeśli w zadaniu testowym jest więcej niż dziesięć jednostek – przelicz sam!

ZADANIE 181
Copyright by S. Mędak

Proszę wpisać w miejsce kropek właściwe formy liczebnika *oboje – obydwoje.*

ZADANIA TESTOWE

WZÓR

Oboje (*każde z dwojga, on i ona*) **spikerów cieszyło się niezwykłą popularnością wśród słuchaczy.**

1. .... (*każde z dwojga, on i ona*) państwo Kowalscy przychodzą do nas z wizytą raz na rok.
2. .... (*każde z dwojga, on i ona*) rodziców wzruszyło nas swoją szczodrością.
3. .... (*każde z dwojga, on i ona*) podróżnych dojechało szczęśliwie do celu.
4. .... (*każde z dwojga, on i ona*) rodzeństwa pracowało w tej samej firmie.
5. .... (*każde z dwojga, te i te*) drzwi się nie domyka.
6. .... (*każde z dwojga, on i ona*) adwokatów ma dobrą opinię w tym mieście.
7. .... (*każde z dwojga, on i ona*) senatorów ma tutaj swoje biura.
8. .... (*każde z dwojga, on i ona*) artystów podbiło publiczność swoją żywiołową grą.
9. .... (*każde z dwojga, on i ona*) dzieci miało kłopoty w szkole.
10. .... (*każde z dwojga, on i ona*) mecenasostwo często spotykają się z nami.
11. .... (*każde z dwojga, on i ona*) państwa Jabłońskich można codziennie spotkać na targu.
12. .... (*każde z dwojga, on i ona*) państwo młodzi wsiedli do samochodu.
13. .... (*każde z dwojga, on i ona*) przyjaciół odwiedziło nas dzisiaj.
14. .... (*każde z dwojga, on i ona*) rodzeństwa przyjechało na święta wielkanocne.
15. .... (*każde z dwojga, on i ona*) rodzice pokłócili się teściową.
16. .... (*każde z dwojga, on i ona*) rodziców nie zgodziło się na jej ożenek.
17. .... (*każde z dwojga, on i ona*) studentów nie zdało tego egzaminu.
18. .... (*każde z dwojga, on i ona*) uczniów zachorowało na żółtaczkę.
19. .... (*każde z dwojga, on i ona*) zakochanych siedziało na jednej huśtawce.
20. .... (*każde z dwojga, to i to*) drzwi było otwartych.

Opracowano na podstawie *Liczebnik też się liczy!*, op. cit.

OCEŃ SAM SIEBIE

>[9] bdb • [9] + db • [8] db • [7] +dst • >[6] dst • <[6] ndst

Jeśli w zadaniu testowym jest więcej niż dziesięć jednostek – przelicz sam!

ZADANIE 182

Copyright by S. Mędak

Proszę wpisać w miejsce kropek właściwe formy jednej z dwóch form liczebnika *oboje – obydwoje.*

Jesienią chodził na grzyby z obojgiem / obydwojgiem (*każde z dwojga, on i ona*) rodzeństwa.

1. Bano się tych .... (*każde z dwojga, on i ona*) włóczęgów.
2. Daliśmy prezenty na gwiazdkę .... (*każde z dwojga, on i ona*) rodzicom.
3. Dyskutował z .... (*każde z dwojga, on i ona*) uczniów, którzy mają oceny niedostateczne z polskiego.
4. Gratulowaliśmy nagrody .... (*każde z dwojga, on i ona*) kuzynostwu.
5. Każdy z .... (*on i ona*) zarządzał finansami na swój sposób.
6. Ksiądz przeprowadził rozmowę z .... (*każde z dwojga, on i ona*) państwem młodymi.
7. Nie wystarczy jedzenia dla nas .... (*każde z dwojga, on i ona*) do końca naszego pobytu na pustyni.
8. O .... (*każde z dwojga, on i ona*) skrzypkach napisano wiele pochwalnych słów.
9. Rozmawiałem już z .... (*każde z dwojga, on i ona*) kandydatów na miss i mister świata.
10. Zaprzężono konie do .... (*te i te*) sań o pozłacanych płozach i ruszyliśmy na kulig po Davos.

OCEŃ SAM SIEBIE
>[9] bdb • [9] + db • [8] db • [7] +dst • >[6] dst • <[6] ndst
Jeśli w zadaniu testowym jest więcej niż dziesięć jednostek – przelicz sam!

ZADANIE 183
Copyright by S. Mędak

Proszę wpisać w miejsce kropek właściwe formy czasu przeszłego czasowników z kolumny A w połączeniu z wyrazem *oboje*.

WZÓR
cieszyć się   **Oboje spikerów cieszyło się niezwykłą popularnością wśród słuchaczy.**

A.
dojechać   1. Oboje podróżnych .... szczęśliwie do celu.
domykać się   2. Oboje drzwi nie .... w tym starym mieszkaniu.
mieć   3. Oboje adwokatów .... dobrą opinię w tym mieście.

ZADANIA TESTOWE

można	4. Oboje państwa Jabłońskich .... codziennie spotkać na targu.
odwiedzić	5. Oboje przyjaciół .... nas dzisiaj o świcie.
podbić	6. Oboje artystów .... wiejską publiczność swoją żywiołową grą.
pracować	7. Oboje rodzeństwo .... w tej samej firmie.
przychodzić	8. Oboje państwo Kowalscy .... do nas z krótkimi wizytami.
przyjechać	9. Oboje rodzeństwo .... na święta z tygodniowym opóźnieniem.
siedzieć	10. Oboje zakochanych .... od wczoraj na tej samej huśtawce.
spotykać się	11. Oboje wujostwo często .... z nami na wystawnych kolacjach.
wsiąść	12. Oboje państwo młodzi .... do wypożyczonego samochodu.
wzruszyć się	13. Oboje rodziców .... tanimi prezentami od dzieci.
zachorować	14. Oboje uczniów .... na żółtaczkę C.
zdać	15. Oboje studentów nie .... egzaminu poprawkowego z prawa rzymskiego.

Opracowano na podstawie: *Liczebnik też się liczy!*, op. cit.

OCEŃ SAM SIEBIE
>[9] bdb • [9] + db • [8] db • [7] +dst • >[6] dst • <[6] ndst
Jeśli w zadaniu testowym jest więcej niż dziesięć jednostek – przelicz sam!

ZADANIE 184

Copyright by S. Mędak

Proszę wpisać w miejsce kropek właściwe formy liczebników od pięciu wzwyż.

WZÓR
Chodziła na lekcje tańca już od pięciu (5) lat i nie nauczyła się nawet chodzonego!

1. Ciekawa jest ta wystawa z .... (50) tłumaczeniami powieści Marii Gruchały.
2. Czekaliśmy na ich przyjazd około .... (6) dni; zrezygnowaliśmy dopiero w niedzielę.
3. Dała jedzenie .... (5) kotom, choć sama nie miała nic w ustach od kilku dni.
4. Nie mam nawet .... (5) groszy w kieszeni, bo mam od lat dziurawe kieszenie.

5. Obejrzał już .... (3755) odcinków tego serialu i za każdym razem płakał jak bóbr.

6. On ma aż .... (5) braci i ani jednej miłej siostry.

7. Po skończeniu kursu z metodyki nauczania pracowałem już w .... (5) różnych szkołach.

8. Przygotowywała wystawny obiad z .... (15) kuropatw, które zamordował jej narzeczony.

9. W tym cichym i spokojnym akademiku mieszka ponad .... (69) Włochów.

10. Znał doskonale .... (5) języków obcych, ale z natury był milczkiem.

OCEŃ SAM SIEBIE
>[9] bdb • [9] + db • [8] db • [7] +dst • >[6] dst • <[6] ndst
Jeśli w zadaniu testowym jest więcej niż dziesięć jednostek – przelicz sam!

ZADANIE 185
Copyright by S. Mędak

Proszę wpisać w miejsce kropek właściwe formy czasu przeszłego czasowników z kolumny A w połączeniu z liczebnikami użytymi w poniższych wypowiedziach.

WZÓR
zdeklarować   Aż ośmiu znakomitych aktorów zdeklarowało chęć zagrania głównej roli w *Kontrabasiście* P. Süskinda.

A.

chcieć   1. Aż trzynastu uczniów nie .... pisać sprawdzianu w postny piątek.

bawić się   2. Pięciu chłopców .... w rząd, a dziewięciu pozostałych w partię ludowodemokratyczną.

maszerować   3. Ośmiuset żołnierzy .... bez celu podczas uroczystej defilady.

opuścić   4. Ponad dziewięciuset absolwentów .... z zadowoleniem mury tej starej uczelni.

otrzymać   5. Sześciuset zbuntowanych pracowników nie .... w tym roku premii uznaniowej.

pojawić się   6. Dopiero po opuszczeniu stadionu przez kibiców trzynastu wspaniałych piłkarzy .... na murawie.

trzymać   7. Od dwudziestu lat sześciu żołnierzy .... wartę przed budynkiem ambasady USA.

wisieć   8. Pięć skradzionych obrazów .... na gilotynie w tym średniowiecznym zamczysku.

ZADANIA TESTOWE

wymienić   **9.** Ośmiu kolegów .... uściski dłoni, a dziewiąty trzymał ręce w kieszeniach.

wziąć   **10.** Pięćdziesięciu wycieńczonych piłkarzy .... udział w zgrupowaniu kondycyjnym.

OCEŃ SAM SIEBIE
\>[9] bdb • [9] + db • [8] db • [7] +dst • >[6] dst • <[6] ndst
Jeśli w zadaniu testowym jest więcej niż dziesięć jednostek – przelicz sam!

ZADANIE 186
Copyright by S. Mędak

Proszę wpisać w miejsce kropek właściwe formy liczebnika *pięć*.

WZÓR
Od roku usunięto ze stanowisk tylko pięciu *(5)* ministrów.

1. Do nowej prywatnej szkoły wyższej zgłosiło się od roku dopiero .... *(5)* kandydatów.
2. Dostałem prezenty od .... *(5)* znajomych, których nie lubię.
3. Dowódca walczył po rycersku o ten ważny przyczółek tylko z .... *(5)* żołnierzami.
4. Koncert nie podobał się .... *(5)* ciągle niezadowolonym widzom.
5. Od tygodnia czekamy na wiadomość o .... *(5)* zaginionych taternikach.
6. Podoba mi się tych .... *(5)* panów rządzących twardą ręką naszym upadającym księstwem.
7. Pożyczyłem pieniądze od .... *(5)* kolegów, z którymi natychmiast straciłem kontakt.
8. Udekorowano .... *(5)* zwycięzców niezliczoną ilością wieńców laurowych.
9. Uwielbiam tych .... *(5)* dowcipnych polityków w moherowych czapkach na głowie.
10. Zrobiło mi się żal tych .... *(5)* bezrobotnych stojących w kolejce po bilety miesięczne.

OCEŃ SAM SIEBIE
\>[9] bdb • [9] + db • [8] db • [7] +dst • >[6] dst • <[6] ndst
Jeśli w zadaniu testowym jest więcej niż dziesięć jednostek – przelicz sam!

ZADANIE 187

Copyright by S. Mędak

Proszę wpisać w miejsce kropek właściwe formy wyrażenia *dziesięcioro studentów*.

WZÓR
Dziesięcioro studentów otrzymało dyplomy z rąk ministra edukacji.

1. Wszyscy gratulowali ...., którzy otrzymali tak cenne dyplomy.
2. Tłumy kolegów stały w kolejce przed ...., aby dostać ich autografy.
3. Następnego dnia profesor natychmiast spotkał się z .... w swym pięknym gabinecie.
4. Gazety rozpisywały się o ...., których przyjął w gabinecie słynny profesor.
5. Ja też byłam na spotkaniu u .... wydanym dla zaproszonych gości.
6. Z zainteresowaniem przyglądałam się .... tak łatwo nawiązującym kontakt z wielkimi tego świata.
7. Cieszyłam się, że poznałam ...., o których mówiono nawet w telewizji.
8. Zazdrościłam .... ich sukcesów, o których było tak głośno w prasie i TV.
9. Marzyłam, aby znaleźć się kiedyś w grupie .... najwspanialszych ....
10. Przez całą noc śniłam, że w moim pokoju na poddaszu grupa .... bawiła się ze mną aż do białego rana.

Zadanie testowe numer 175 opracowano na podstawie *Język polski à la carte*, cz. III.

OCEŃ SAM SIEBIE
>[9] bdb • [9] + db • [8] db • [7] +dst • >[6] dst • <[6] ndst
Jeśli w zadaniu testowym jest więcej niż dziesięć jednostek – przelicz sam!

ZADANIE 188

Copyright by S. Mędak

Proszę podkreślić jedną, właściwie skonstruowaną wypowiedź w każdej jednostce zestawu.

ZADANIA TESTOWE

WZÓR
Przy stole siedzi (3, osoba).
a. Przy stole siedzi trzecia osób. || <u>**b.** Przy stole siedzą trzy osoby.</u> || **c.** Przy stole siedzi troje osób.

1. W tym pokoju jest (3, *stół*; 1, *krzesło*; 6, *szafa*).
a. W tym pokoju są trzy stoły, jest jedno krzesło i sześć szaf. || **b.** W tym pokoju jest trzy stoły, jeden krzesło i sześć szafa. || W tym pokoju jest trzeciego stołu, jednego krzesła i sześć szaf.

2. W klinice pracuje (2, *lekarz*).
a. W klinice pracuje dwóch lekarzy. || **b.** W klinice pracują dwoje lekarze. || **c.** W klinice pracuje dwa lekarze.

3. Moja siostra ma (4, *syn*).
a. Moja siostra ma czterech synów. || **b.** Moja siostra ma cztery synowie. || **c.** Moja siostra ma czwarty syn.

4. Opiekowała się (3, *dziecko*).
a. Opiekowała się trojgiem dziećmi. || **b.** Opiekowała się trojgiem dzieci. || **c.** Opiekowała się troje dzieci.

5. (5, *ochroniarz, czuwać*) nad porządkiem w holu supermarketu.
a. Pięć ochroniarzy czuwało nad porządkiem w holu supermarketu. || **b.** Pięciu ochroniarzy czuwało nad porządkiem w holu supermarketu. || **c.** Pięciu ochroniarzy czuwają nad porządkiem w holu supermarketu.

Zadanie testowe numer 176 opracowano na podstawie *Język polski à la carte*, cz. III.

Miejsce do wpisania właściwych połączeń:
[1 ....]   [2 ....]   [3 ....]   [4 ....]   [5 ....]

OCEŃ SAM SIEBIE
>[9] bdb • [9] + db • [8] db • [7] +dst • >[6] dst • <[6] ndst
Jeśli w zadaniu testowym jest więcej niż dziesięć jednostek – przelicz sam!

XIV. ODMIANA NAZW WŁASNYCH – NAZWISKA I IMIONA

ZADANIE 189

Copyright by S. Mędak

Proszę wpisać w miejsce kropek właściwe formy imion i nazwisk.

WZÓR

Eliza Orzeszkowa	Nocą, najbardziej lubię czytać powieści Elizy Orzeszkowej.
Federico Fellini	1. Uwielbiam filmy ....
Ignacy Paderewski	2. Czy znasz muzykę ....?
Jan Matejko	3. Czy ten wspaniały obraz, to również dzieło ....?
Jerzy Kowalewski	4. Czy znasz mojego kolegę ....?
Julka Kwaśniewska	5. Nigdy nie lubiłem ....
Konstanty Lipka	6. Nie lubię Marka Nowaka i ....
Maria Konopnicka	7. Uwielbiam wiersze ....
Samuel Linde	8. Wreszcie kupiłem słownik .... wydany w XIX wieku!
Tadeusz Kościuszko	9. W *Wikipedii* jest wiele informacji na temat .... – polskiego i amerykańskiego generała.
Marceli Trapszo	10. Dlaczego nazwisko .... kojarzymy z Mieczysławą Ćwiklińską – wielką polską aktorką?

OCEŃ SAM SIEBIE

>[9] bdb • [9] + db • [8] db • [7] +dst • >[6] dst • <[6] ndst

Jeśli w zadaniu testowym jest więcej niż dziesięć jednostek – przelicz sam!

ZADANIE 190

Copyright by S. Mędak

Proszę wpisać w miejsce kropek właściwe formy podkreślonych imion oraz nazwisk.

WZÓR

Budda Budda Siakjamuni to założyciel buddyzmu. – Czytałem wiele o tym oświeconym, oczyszczonym i przebudzonym, w pełni doskonałym Buddzie.

ZADANIA TESTOWE

1. Gołąb — Kto nazywa się Gołąb? – Jakiś ornitolog od godziny szuka pana ....

2. Grudzień — Grudzień to znane nazwisko w Polsce. A ja nie znam żadnego ....

3. Idzi — Mam na imię Idzi, bo imieniny .... są aż 5 razy w roku: 10 stycznia, 7 lutego, 23 kwietnia, 14 maja i 1 września.

4. Marusarzówna — Marusarzówna?! Mistrzyni sportów narciarskich. Polska potrzebuje takiej drugiej ....

5. Salomea Pamuła — Salomea Pamuła to moja koleżanka z pracy. – Nigdy nie widziałeś ....?

6. Sapieha — Sapieha był arcybiskupem krakowskim. W swoim czasie wiele się mówiło o Adamie ....

7. Sęp Szarzyński — Sęp Szarzyński to jedno nazwisko, a nie dwa. Kto dziś jeszcze pamięta o ....?

8. Szober — Szober to wielki językoznawca. Każdy dobry student zna nazwisko ....

9. Wałęsa — Wałęsa – to wielkie nazwisko. Pokojową Nagrodę Nobla przyznano właśnie prezydentowi Polski ....

10. Worek — Czy jest tutaj pan Worek? – Niestety, nie ma pana ....

OCEŃ SAM SIEBIE
>[9] bdb • [9] + db • [8] db • [7] +dst • >[6] dst • <[6] ndst
Jeśli w zadaniu testowym jest więcej niż dziesięć jednostek – przelicz sam!

ZADANIE 191
Copyright by S. Mędak

Proszę wpisać w miejsce kropek właściwe formy pokreślonych imion, nazwisk oraz przezwisk.

WZÓR
Pobóg–Malinowski — **Władziu, czy jest w Wikipedii nazwisko Pobóg Malinowski? – Kochanie, nie ma w tej encyklopedii nazwisk Pobóg–Malinowskiego.**

1. Aszkenazi — Vladimir Aszkenazi to wielki rosyjski pianista. – Byłem wiele razy na koncertach ....

2. Baba Jaga — Kto to jest Baba Jaga? – Nie znam żadnej .... i nic nie słyszałem o ....

3. Bruno Schulz — Bruno Schulz mieszkał w Drohobyczu koło Lwowa, dom numer 12 przy rynku. – Wiem, wiem. Czytałem wszystkie utwory ....

4. Danaidy — Nie pamiętam, kim były Danaidy, lecz wiem, co to jest beczka ....

5. Dubczek a. Dubček — Aleksander Dubczek?! – Jesteś Słowakiem i nie znasz ....! To znany polityk, który zginął w wypadku samochodowym.

6. Eustachy — Eustachy to imię pochodzenia greckiego. Imieniny .... są 10 grudnia.

7. Ingrid Klio — Znasz moją koleżankę Ingrid Klio? – Znam, ale nigdy nie rozmawiałem z tą twoją ...., bo zachowuje się jak planetoida z grupy asteroid.

8. Jerzy Giedroyć — Czy wiesz, że Jerzy Giedroyć urodził się w Mińsku na Białorusi, a zmarł w Maison–Laffitte pod Paryżem. – Tak, wiem. Byłem na pogrzebie .... w Warszawie.

9. Kunegunda — Kunegunda?! To piękne imię. – W naszej grupie mamy aż pięć .... – studentek z Węgier.

10. Lehr– Spławiński — Tadeusz Lehr–Spławiński to wybitny slawista z Krakowa. – Rozmawialiśmy o .... podczas konferencji slawistów w Tokio.

OCEŃ SAM SIEBIE
>[9] bdb • [9] + db • [8] db • [7] +dst • >[6] dst • <[6] ndst
Jeśli w zadaniu testowym jest więcej niż dziesięć jednostek – przelicz sam!

XV. ODMIANA NAZW WŁASNYCH – NAZWY GEOGRAFICZNE I ETNICZNE

ZADANIE 192

Copyright by S. Mędak

Proszę wpisać w miejsce kropek właściwe formy nazw geograficznych lub etnicznych.

WZÓR

| Zakopane | Uwielbiał jeździć na wakacje do Zakopanego. |

Apeniny / Andy	1. Znasz powieść E. de Amicisa zatytułowaną *Od* .... *do* .... ?
Biała Podlaska	2. Mój przyjaciel mieszka w ....
Białoruś	3. Polska na wschodzie graniczy z .... i Ukrainą.
Bielsko–Biała	4. Marzę o tym, aby mieszkać w ....
Kamianna	5. Najlepszy miód pszczeli można kupić tylko w .... blisko Krynicy.
Karpaty	6. Czy to prawda, że nazwisko legendarnego Frankensteina kojarzy się z ....?
Kieleckie	7. Urodziłem się w ...., skąd pochodził laureat nagrody Nobla – Henryk Sienkiewicz.
Łemko	8. Mój kolega jest dumny z tego, że jest ....
Łemkowszczyzna	9. Łemkowie zamieszkiwali na obszarach zwanych ....
Łódź	10. Czy można popłynąć łodzią z Krakowa do miasta ....?

OCEŃ SAM SIEBIE

>[9] bdb • [9] + db • [8] db • [7] +dst • >[6] dst • <[6] ndst

Jeśli w zadaniu testowym jest więcej niż dziesięć jednostek – przelicz sam!

ZADANIE 193

Copyright by S. Mędak

Proszę wpisać w miejsce kropek właściwe formy podkreślonych wyrazów.

WZÓR

| Oslo | Nie wiedziałem, że Oslo jest nieodmieniane w języku polskim przez przypadki. – Jakie to ma znaczenie, jeśli nigdy nie byłeś w Oslo? |

1. Chicago   Chicago – to największe poza Polską skupisko Polaków. – Tak, tak. Duża część Polaków z .... mieszka w dzielnicy Polish Village, potocznie nazwanej *Jackowo*.

2. Chile   Nie wiedziałem, że Chile leży w Ameryce Łacińskiej. – Czy Santiago to miasto, które jest w ....?

3. Davos   Znasz Davos – ten kurort w szwajcarskich górach? – Co rok jeżdżę z premierem do .... na Światowe Forum Ekonomiczne.

4. Delhi   Delhi liczy ponad 17 milionów mieszkańców! – Czy chciałbyś mieszkać w ....?

5. Detroit   Które miasto w Ameryce założyli francuscy handlarze futrami? – Oczywiście miasto Detroit! Za tydzień jadę właśnie do ....

6. Ebro   Ebro? To jest rzeka? – Oczywiście. Saragossa leży nad ....

7. Gobi   Gobi – to pustynia żwirowo-kamienna o powierzchni 2 mln km². – Marzy mi się dłuższy spacer po ....

8. Honolulu   Honolulu kojarzy nam się z Bazą Pearl Harbor. – Byłem w tej Bazie magazynierem, ale nigdy nie byłem w ....

9. Katmandu   Katmandu to nazwa stolicy Nepalu i nazwa doliny. – W Dolinie .... znajduje się 7 obiektów wpisanych na listę UNESCO.

10. Lesbos   Znana historia z VII wieku p.n.e.! Safona, Lesbos ... i inne kobiety. – Bardzo chciałabym mieszkać na ....

11. Lourdes   Lourdes to największy w świecie ośrodek kultu maryjnego. – Byłem we wszystkich ośrodkach tego typu, ale nie byłem jeszcze w ....

12. Monachium   Minga po bawarsku to Monachium, a po włosku Monaco. – Moja ciocia od roku mieszka w .... i uczy się tam języka bawarskiego.

13. Peru   Peru to największy kraj andyjski. Stolicą .... jest Lima.

14. Portofino   Portofino to małe miasto w regionie Lugurii. – Wszyscy zakochani jeżdżą teraz na weekendy do ....

15. Santiago   Santiago de Chile to stolica Chile. – To zaskakujące! Byłem już w .... de Compostella, de Kuba, ale nigdy nie byłem w .... de Chile.

16. Skopie   Czy wiesz, że stolicą Macedonii jest Skopie?! Wiem. Od 1945 roku mieszkam w ....!

17. Solferino   Solferino – mała lombardzka mieścina. – A ja słyszałem tak wiele o ....!

18. Tokio   Tokio to największe miasto świata. Tak, tak. W .... mieszka około 33,75 miliona pracowitych jak mrówki ludzi.

19. Toledo   Toledo to jeden z najcenniejszych klejnotów hiszpańskiej architektury. Latem w .... temperatury wahają się od 40 do 45°C.

20. Wagram   Franz, pamiętasz jeszcze Wiedeń, Wagram, arcyksięcia Karola Ludwika? – Tak, tak. Dostaliśmy porządnie pod .... od tego małego Korsykanina, którego nazwiska już nie pamiętam. Ale bitwę trudno zapomnieć nawet po tylu latach!

OCEŃ SAM SIEBIE
>[9] bdb • [9] + db • [8] db • [7] +dst • >[6] dst • <[6] ndst
Jeśli w zadaniu testowym jest więcej niż dziesięć jednostek – przelicz sam!

ZADANIE 194
Copyright by S. Mędak

Proszę wpisać w miejsce kropek (kolumna B) właściwe formy nazw geograficznych i etnicznych z kolumny A.

WZÓR
Ustrzyki Dolne   Jeśli mieszkasz w Ustrzykach Dolnych – to wracasz do Ustrzyk Dolnych, a nie do Ustrzyków.

A.   **B.**
1. **Bojko**   Spotkałem już dziewczynę z Łemkowszczyzny, która jest Łemkinią, kobietę z Huculszczyzny, która była Huculką. Teraz poznałem feministkę, która jest ....
2. **Erewan**   Byłem już w Jerewaniu, w Erywaniu, a teraz jadę do .... – stolicy Armenii.
3. **Erywań**   Na wakacje jedziemy na Zakaukazie do stolicy Armenii – ....
4. **Hercegowina**   Czy wiesz, że mieszkaniec Bośni i Hercegowiny to ...., a nie Bośniak.
5. **Himalaje**   Znam doskonale górskie pasmo Siwalik, ale nie znam całych ....
6. **Kresowianin**   Czy wiesz, że mieszkaniec Kresów Wschodnich to .... a nie Kresowiak? – Tak. Wiem to od Wincentego Pola.
7. **Kurdystan**   Pani Aniu, proszę zapamiętać na całe życie, że mieszkaniec kraju podzielonego między Turcję, Irak, Iran, Syrię to Kurd; a jego mieszkanka to ...., a nie Kurdka!
8. **Mekka**   Nigdy nie byłem w .... – świętym mieście islamu.
9. **Samosierra**   Mówisz o Somosierze czy też .... – tej słynnej przełęczy w Hiszpanii?!
10. **Tuluza**   Czy wiesz, że mieszkaniec Tuluzy to ...., a domy z czerwonej cegły to specjalność tuluska a nie tuluzka?!

OCEŃ SAM SIEBIE
>[9] bdb • [9] + db • [8] db • [7] +dst • >[6] dst • <[6] ndst
Jeśli w zadaniu testowym jest więcej niż dziesięć jednostek – przelicz sam!

ZADANIE 195
Copyright by S. Mędak

Proszę wpisać w miejsce kropek (kolumna B) właściwe formy nazw geograficznych podanych w kolumnie A.

WZÓR
Białystok   Wielu mądrych i wielkich ludzi urodziło się w <u>Białymstoku.</u>

A.	B.
1. **Bug**	Dawniej miał kilka posiadłości wzdłuż ...., a teraz mówi, że nie ma nic, bo pochodzi zza ....
2. **Bytom**	Najlepsze koszule szyje się w ....
3. **Chyżne**	Jakiś Krakowianin wymyślił dowcip, że wszystkie drogi krzyżują się w ...., małej wsi w gminie Jabłonka.
4. **Kolbuszowa**	Jadę na wycieczkę do ...., miasta leżącego nad rzeką Nil, zwanego Paryżem Wschodu.
5. **Kraków**	Starsi turyści mówią, że zbliżają się ku Krakowu; młodsi, że zbliżają się ku .... Komu wierzyć?!
6. **Krasnystaw**	Nie sposób ominąć .... w drodze z Lublina do Lwowa.
7. **Kurpie**	Znam kilku .... zamieszkujących tereny dwu różnych puszcz.
8. **Poznań**	Czy wiesz, że pierwsi Polanie pojawili się właśnie w .... już w VI wieku?!
9. **Psie Pole**	Pamiętasz Bolesławie naszą bitwę z 1109 roku stoczoną na .... pod Wrocławiem? – Waw, nigdy jej nie zapomnę, Henryku.
10. **Rabka Zaryte**	Nie wiem, co można zwiedzać w ...., ponieważ nie ma tej miejscowości w żadnej encyklopedii.
11. **Rabka Zdrój**	W każdej encyklopedii znajdziesz informacje o .... – słynnym *Mieście Dzieci Świata*.
12. **Skarżysko-Kamienna**	Ktoś dowcipny powiedział, że wszystkie tory kolejowe prowadzą do ...., pięknego miasta w województwie świętokrzyskim.

ZADANIA TESTOWE

13. **Supraśl** Jeśli masz pieniądze i czas, możesz wynająć luksusowy apartament w .... i kąpać się w ....

14. **Toruń** Jedź do ....! – miasta wpisanego na listę dziedzictwa UNESCO. To niepowtarzalna osada kultury łużyckiej.

15. **Tychy** Katowiczanie nie jeżdżą do tych .... – miasta przeciągów i wiejących codziennie wiatrów. Wolą używać formy regionalnej: *Nie, nigdy już nie pojadę do tych wietrznych Tychów.*

OCEŃ SAM SIEBIE

>[9] bdb • [9] + db • [8] db • [7] +dst • >[6] dst • <[6] ndst

Jeśli w zadaniu testowym jest więcej niż dziesięć jednostek – przelicz sam!

XVI. ODMIANA RZECZOWNIKÓW I PRZYMIOTNIKÓW
(w tym rzeczowników nieregularnych i osobliwych)

ZADANIE 196

Copyright by S. Mędak

Proszę wpisać w miejsce kropek właściwe formy rzeczowników zamieszczonych w kolumnie A.

WZÓR
brzemię   Mówimy o <u>brzemieniu</u> czegoś, np. obowiązków, gdy jest to trudne do zniesienia.

A.   **B.**
imię   1. Nadam swoim dzieciom wyłącznie staropolskie ....
               2. Tadeusz zakochał się na zabój w skromnej panience o .... Marianna.
plemię   3. Wiele ...., łącząc się, tworzyło w przeszłości nowe państwa.
               4. Ten region zamieszkiwały niegdyś .... celtyckie.
ramię   5. Od lat dźwigał na swoich .... odpowiedzialność za całą firmę.
               6. Współdziałali ze sobą, dążyli do jednego celu ramię przy ....
               7. Padły sobie w .... po chwili wahania.
znamię   8. .... to plamka lub wypukłość na skórze, zwykle ciemnego koloru.
               9. Tak się stało, iż na jednym ramieniu miała aż dwa ....
               10. Nie lubił tego dziwnego .... o kształcie myszki na ciele swej narzeczonej, zwanej Myszką.

OCEŃ SAM SIEBIE
>[9] bdb • [9] + db • [8] db • [7] +dst • >[6] dst • <[6] ndst
Jeśli w zadaniu testowym jest więcej niż dziesięć jednostek – przelicz sam!

ZADANIE 197

Copyright by S. Mędak

Polecenie i WZÓR – jak w zadaniu testowym numer 196.

A.   **B.**
bliźnię   1. .... to dwoje dzieci, które mają tych samych rodziców i urodziły się tego samego dnia.

ZADANIA TESTOWE

	2. Ludzie spod znaku .... wyróżniają się pracowitością i zaradnością.
cielę	3. Kiedy zamawiasz kotlet cielęcy, pamiętaj o niewinnych ...., zabijanych przez rzeźników.
	4. Cielęcina to dość drogie i delikatne mięso z zabitych ....
jagnię	5. Delikatna, chrupiąca pieczeń jagnięca to mięso z najwyżej czteromiesięcznych małych .... owcy.
kurczę	6. Rzadko widzimy kwokę, która wodzi swoje .... Częściej zjadamy jedno z nich w potrawce, mówiąc: *Jakie pyszne* ....
	7. Dziś na obiad nie będzie .... w potrawce, ale będzie potrawka z kaszą.
niemowlę	8. Pamiętam tego chłopca od małego, niemal od ....
orlę	9. Orlę to pisklę orła, a sportowcy z najniższej grupy wiekowej nazywają się po polsku młodzicy albo ....
pisklę	10. Z dwu .... mogą wyrosnąć dwa piękne ptaki.
prosię	11. Zamówił na wystawną kolację w restauracji dwa pieczone na rożnie ....
szczenię	12. Mam na sprzedaż rasowe i rodowodowe ....
zwierzę	13. Lew to dzikie i duże zwierzę. Istoty żywe takie jak psy, konie, słonie to ....
	14. Podobno owca była pierwszym udomowionym ....
źrebię	15. Ta wspaniała, rasowa klacz wydała na świat dwa cudowne ....

OCEŃ SAM SIEBIE

>[9] bdb • [9] + db • [8] db • [7] +dst • >[6] dst • <[6] ndst

Jeśli w zadaniu testowym jest więcej niż dziesięć jednostek – przelicz sam!

ZADANIE 198

Copyright by S. Mędak

Polecenie i WZÓR – jak w zadaniu testowym numer 196.

A.	B.
budyń	1. Zrobię deser z mleka, mąki ziemniaczanej i soku. – Nie chcę. Nie cierpię ....!
cień	2. Zobacz, tutaj jest cień. Nie ma słońca. – Dobrze, siądziemy sobie w .... platana.

deseń	3. Zrobię deseń na tkaninie. Mam kilka wzorów nowych ....
grzebień	4. Dlaczego łysi nie używają *(sg.)* ....? – Bo nie mają ani grzebieni, ani włosów.
jęczmień	5. Bolesny obrzęk na brzegu powieki przypomina ziarnko ....
kamień	6. .... to nie tylko kawałki skały, ale również rzadkie minerały.
korzeń	7. Amerykański etos demokratyczny .... swymi sięga protestanckich i anglosaskich początków.
	8. Nasze .... to związki z krajem i kulturą, w których dorastaliśmy.
krzemień	9. Aby wydobyć iskrę i rozpalić ogień nasi praprzodkowie używali ....
odcień	10. Błękit, szafir i turkus to trzy .... koloru niebieskiego.
	11. Zbyt często spotykałem się z sympatią zaprawioną .... pobłażliwej ironii.
pierścień	12. Błysnął mi w oczy .... ze złota, który nosił na swym tłustym palcu.
płomień	13. Po odkryciu zdrady męża, księżna łowicka, rzuciła się z dwojgiem dzieci w ....
promień	14. Ostatnie .... zachodzącego słońca złociły włosy przepięknej blondynki.
strumień	15. Na wesele Antka i Martyny wino lało się .... do białego rana.

OCEŃ SAM SIEBIE
>[9] bdb • [9] + db • [8] db • [7] +dst • >[6] dst • <[6] ndst
Jeśli w zadaniu testowym jest więcej niż dziesięć jednostek – przelicz sam!

ZADANIE 199

Copyright by S. Mędak

Proszę wpisać w miejsce kropek właściwe, alternatywne formy rzeczowników zamieszczonych w kolumnie A.

WZÓR
chochla   Wygłodzony marynarz – rozbitek zjadł już pięć A. <u>chochli</u> || B. <u>chochel</u> zupy i prosił swego wybawcę o szóstą.

ZADANIA TESTOWE

A.	B.
dłoń	1. Otarł pot z czoła swymi A. .... || B. .... i wszedł do łazienki pod prysznic.
dzień	2. Zarezerwowałem cztery A. .... ||B. .... na przeczytanie powieści Marii Dąbrowskiej zatytułowanej „Noce i A. .... || B. ....".
gęba	3. Przede mną stało pięć osób. Ci ludzie patrzyli na mnie z rozdziawionymi gębami, a ja patrzyłem z politowaniem na ich pięć rozdziawionych, tępych A. .... ||B. ....
gęś	4. W zagrodzie były dwie złośliwe kaczki i stado hodowlanych gęsi. Nikt nie mógł uwierzyć, że dwie kaczki potrafiły rządzić wszystkimi hodowlanymi A. .... || B. ....
kiść	5. Kiść to skupisko kwiatów lub owoców wyrastających z jednej gałązki lub łodygi. Kwiaciarka przygotowała piękny bukiet z pięcioma A. .... || B. .... akacji.
komża	6. Mam pięciu synów ministrantów. Potrzebuję dla nich aż pięciu A. .... || B. .... || C. ....
kość	7. Życzliwego innym, dobrego i uczciwego człowieka określamy w polszczyźnie mianem: *poczciwy z* A. .... ||B. ....
	8. Sam zjadł smakowite kawałki mięsa, a jego pies musiał zaspokoić swój głód rzuconymi przez pana na ziemię A. .... || B. ....
kuchnia	9. W tej kamienicy jest tylko pięć ślepych A. .... || B. .... Pozostałe mieszkania mają widne kuchnie z oknami wychodzącymi na oliwny gaj.
ość	10. Znowu kupiłaś rybę z A. .... || B. ....! – Tak. Pamiętaj, że nie ma ryby bez ości i człowieka bez wad.
pięść	11. Miał tak silne A. .... ||B. ...., że kiedy uderzał nimi w stół, wszystkie kieliszki spadały ze stołu na posadzkę.
płeć	12. Ludzie obojga płci to ludzie, wśród których są i mężczyźni i kobiety. Te dwie A. .... || B. .... określamy czasami jako płeć piękną i płeć brzydką.
	13. Czy niebiańskie istoty, zwane aniołami mają jedną, czy dwie A. .... || B. ....?
postać	14. Żeń–szeń ma cztery A. .... || B. ....: **a.** może być wywarem, **b.** proszkiem, **c.** maścią, **d.** wyciągiem.
	15. Chciał postać chwilę nad brzegiem morza. Kiedy w ciemności zamajaczyły trzy dziwne A. .... || B. .... – uciekł w te pędy gdzie pieprz rośnie.
przepaść	16. Proszę państwa, przed nami urzekające miejsca między stromymi i wysokimi zboczami górskimi. Oto dwie najbardziej znane i najbardziej uczęszczane przez samobójców A. .... || B. .... w tym kraju.

OCEŃ SAM SIEBIE
>[9] bdb • [9] + db • [8] db • [7] +dst • >[6] dst • <[6] ndst
Jeśli w zadaniu testowym jest więcej niż dziesięć jednostek – przelicz sam!

ZADANIE 200

Copyright by S. Mędak

Proszę wpisać w miejsce kropek właściwe, alternatywne formy rzeczowników zamieszczonych w kolumnie A, tam, gdzie jest to konieczne.

WZÓR – jak w zadaniu testowym numer 196.

A.	B.
statua	1. NY szczyci się Statuą Wolności. Żadne miasto nie ma tak pięknej A. .... || B. ....
studnia	2. Gdyby w Afryce było więcej A. .... || B. .... głębinowych, mieszkańcy tego kontynentu nie umieraliby z powodu niedoboru wody.
suknia	3. Powiedziała: *Nie suknia zdobi człowieka* i kupiła pięć A. .... || B. .... u Diora.
torba	4. Mówimy, że ktoś poszedł z torbami, choć nie miał przy sobie żadnych A. ....
wataha	5. Przed szefem bandy stała wataha niebezpiecznych opryszków. Szef wydał rozkaz A. .... || B. .... i sam ruszył do boju.
Wielkanoc	6. Malowała wielkanocne pisanki i rozmyślała o zeszłorocznej A. .... || B. ....
wieś	7. Kupił za wygraną w totolotka dwie A. .... || B. .... letniskowe i wyjechał w góry.
willa	8. Na małym wzgórzu stało siedem A. .... || B. .... siedmiu wspaniałych obywateli małego miasteczka, w którym mieszkali sami bezrobotni.
wiśnia	9. Z pięciu małych A. .... || B. .... nie zrobisz nalewki z wiśni!
zbroja	10. Zbroja to sztywna ochrona rycerza. Na polu bitewnym leżało kilka A. ....

OCEŃ SAM SIEBIE
>[9] bdb • [9] + db • [8] db • [7] +dst • >[6] dst • <[6] ndst
Jeśli w zadaniu testowym jest więcej niż dziesięć jednostek – przelicz sam!

ZADANIE 201

Copyright by S. Mędak

Proszę wpisać w miejsce kropek właściwe, alternatywne formy rzeczowników zamieszczonych w kolumnie A.

WZÓR – jak w zadaniu testowym numer 196.

A.	B.
anioł	1. Kiedy ukazali mu się A. .... || B. .... rzekł: *Niech nas* C. .... *mają w swej opiece.*
berbeć *(pot.)*	2. Już jako młoda panienka miała dwóch małych A. .... || B. ...., których kochała prawdziwą i dojrzałą, matczyną miłością.
błazen	3. Na scenie politycznej pojawiły się znowu dwa A. .... kompromitujące swym zachowaniem udręczone kłótniami malutkie księstwo na Pacyfiku.
	4. Przed księciem nagle pojawili się dwaj B. ...., aby rozweselić po stracie ukochanej żony smutne oblicze księcia.
cerber	5. Dwaj dobrze umięśnieni A. .... w czarnych uniformach pilnowali porządku podczas obrad okrągłego stołu.
	6. Dwa groźne B. .... pilnowały wejścia do posiadłości zwanej Hadesem, wybudowanej przez lokalnego multimilionera znad Wisły.
czarodziej	7. Moi koledzy wszystko potrafią zrobić i dlatego uważam ich za A. .... || B. ....
człowiek	8. Kiedy czuł się bezradny, siadał i powtarzał: „*I bądź tu mądry A. .... || B. .... , i weź tu wybierz gorsze od złego!*".
	9. Uważała się za królową szos i krzyczała do niedoświadczonych kierowców: *Jak ty jeździsz* A. .... || B. .... !
faryzeusz	10. Zakłamani, obłudni ludzie to A. .... || B. ....
karzeł	11. Miał dwóch braci. Jeden był karłem, drugi też. Wstydził się, że jego bracia to A. ....
	12. Podobno człowiek sam decyduje o tym, czy będzie bohaterem, czy karłem. A. ...., które znam nie zawsze decydowały o swoim losie.
kat	13. Skazany z olbrzymią uwagą przyglądał się A. .... || B. ...., który przygotowywał się do ścięcia jego głowy.
	14. Powiedział: *Pal go* A. *(pl.)* .... *!* i trzasnął głośno drzwiami.
	15. Rzekł: *Daj go* A. .... ||B. ....! i zrezygnował z dalszej dyskusji.
król	16. Poznał już trzech koronowanych A. .... i był z tego dumny.
	17. Trzech B. .... to święto katolickie, które obchodzimy szóstego stycznia.

majster	**18.** Piscator to wielki majster teatru. Kantor i Grotowski to też wielcy A. .... || B. .... polskiego teatru.
oszust	**19.** W dzielnicy biedy grasowali A. .... || B. ...., którzy podawali się za agentów ubezpieczeniowych.
sędzia	**20.** Zaangażowano do słynnego procesu najlepszego A. .... || B. .... w mieście.
	21. Kibice, którzy nie lubili A. .... || B. .... Kalosza, nazywali go po prostu kaloszem.
	22. Po długiej rozmowie z B. .... był przekonany, że przegra proces.
tato	**23.** Tato mi nie uwierzy, ale ja A. .... || B. .... to wkrótce udowodnię!
zakrystian	**24.** Dwaj A. .... || B. .... zapalili świece przed mszą i zaczęli się gorliwie modlić.

OCEŃ SAM SIEBIE
>[9] bdb • [9] + db • [8] db • [7] +dst • >[6] dst • <[6] ndst
Jeśli w zadaniu testowym jest więcej niż dziesięć jednostek – przelicz sam!

ZADANIE 202
Copyright by S. Mędak

Proszę wpisać w miejsce kropek właściwe, alternatywne formy rzeczowników zamieszczonych w kolumnie A.

WZÓR – jak w zadaniu testowym numer 196.

A.	B.
gronostaj	**1.** Miała na sobie płaszcz podszyty białymi skórkami gronostaja. Na to podszycie zabito zimą kilkanaście zupełnie niewinnych A. .... || B. ....
koń	**2.** Starym koniem nazywamy dorosłego mężczyznę zachowującego się nieodpowiednio do swojego wieku. || Od lat zajmowała się dwoma starymi A. .... ||B. ...., którym nie chciało się pracować i w wieku trzydziestu lat byli wciąż na jej utrzymaniu.
	3. Patrzył na zaprzęg z sześcioma dorodnymi A. .... rasy arabskiej.
kundel	**4.** Po trawniku wałęsało się parę rasowych psów i kilku A. .... || B. ....
mól	**5.** Otworzyła starą szafę i zobaczyła chmarę A. .... oraz resztki swojego futra.

ZADANIA TESTOWE

orzeł	6. Rzucił A. .... kawałek świeżej padliny i próbował go sfotografować.
	7. Godłem Polski jest wizerunek orła białego w koronie. Nikt już nie pamięta, że władze PRL w 1945 roku usunęły B. .... na ponad 50 lat koronę z głowy.
truteń	8. W tym roku zbiory miodu okazały się nikłe, ze względu na znaczną przewagę w roju A. .... || B. .... nad pszczołami robotnicami.
wąż	9. Podobnie jak wśród ludzi, niektóre gatunki A. .... || B. .... są jadowite.
zając	10. Babcia przygotowywała pasztet na komunię wnuczka z dwu zabitych przez dziadka podczas polowania niewinnych A. .... || B. ....

OCEŃ SAM SIEBIE
>[9] bdb • [9] + db • [8] db • [7] +dst • >[6] dst • <[6] ndst
Jeśli w zadaniu testowym jest więcej niż dziesięć jednostek – przelicz sam!

ZADANIE 203
Copyright by S. Mędak

Proszę wpisać w miejsce kropek właściwe, alternatywne formy rzeczowników zamieszczonych w kolumnie A.

WZÓR – jak w zadaniu testowym numer 196.

A.	B.
awans	1. Podczas gdy jego koledzy otrzymywali z rąk szefa kolejne A. .... || B. ...., Franek cieszył się wyłącznie z opinii sumiennego nauczyciela.
bobslej	2. Nie uprawiał A. .... || B. .... od kilku dni, gdyż śnieg zasypał tory saneczkowe.
hokej	3. Lubił A. .... || B. .... i codziennie grał w C. .... Czasami oglądał D. .... w telewizji.
kier	4. Jeśli masz A. .... || B. ...., to zawistuj w kiery!
kleks	5. Syneczku, nie pisz piórem, bo znowu zrobisz A. .... || B. .... w zeszycie!
modrzew	6. W modrzewiowej alei stało już niewiele zdrowych A. ....

nos	7. Oprócz tego, że miał duży A. ...., miał B. .... , jeśli chodzi o dobór pracowników.
organ	8. A. .... || B. .... władzy to urzędy lub instytucje związane ze sprawowaniem władzy.
	9. B. .... takie jak: serce, nerki mogą być transplantowane.
pas	10. Ograniczając wydatki na szkolnictwo, minister użył zwrotu *zaciskać* A. ...., odruchowo luzując B. .... u spodni.

OCEŃ SAM SIEBIE
> [9] bdb • [9] + db • [8] db • [7] +dst • >[6] dst • <[6] ndst

Jeśli w zadaniu testowym jest więcej niż dziesięć jednostek – przelicz sam!

ZADANIE 204

Copyright by S. Mędak

Proszę wpisać w miejsce kropek właściwe, alternatywne formy rzeczowników zamieszczonych w kolumnie A.

WZÓR – jak w zadaniu testowym numer 196.

A.	B.
raz	1. Od tygodnia nie odezwał się do mnie ani A. ....
	2. Jesteś inteligentna, a więc zrozumiesz to od A. ....
	3. Dostałeś sto euro kieszonkowego. – Nie. Dostałem półtora A. .... więcej.
	4. Ile A. .... ona występowała w paryskiej Olimpii?
	5. Chuligani bili przechodnia, a on się zasłaniał od bolesnych A. ....
romans	6. Czytała najbardziej wzruszające A. .... || B. .... i miała przed oczyma A. .... || B. .... , które nawiązała w czasach młodości.
śmieć	7. Mario, wyrzuć te A. .... || B. .... do kosza!
	8. Józefie, już wyrzuciłam wszystkie A. .... || B. .... do kontenera.
świat	9. Nie znasz A. .... || B. ...., bo nie lubisz podróżować!
	10. Wybudowano nowy hotel w Warszawie na rogu Nowego A. .... || B. .... i drugiej ulicy, której nazwy nie pamiętam.

OCEŃ SAM SIEBIE
> [9] bdb • [9] + db • [8] db • [7] +dst • >[6] dst • <[6] ndst

Jeśli w zadaniu testowym jest więcej niż dziesięć jednostek – przelicz sam!

ZADANIE 205

Copyright by S. Mędak

Proszę wpisać w miejsce kropek właściwe, alternatywne formy rzeczowników zamieszczonych w kolumnie A.

WZÓR – jak w zadaniu testowym numer 196.

A.	B.
dobro	1. Choć poznał dobrze zło tego świata, wolał myśleć o A. .... ‖ B. ...., pięknie oraz prawdzie – trzech podstawowych dla niego wartościach.
oczko	2. Jej dwa małe, świdrujące A. .... ‖B. .... złośliwie błysnęły.
	3. A. .... to krążki tłuszczu pływające na powierzchni płynu, zwykle rosołu.
państwo	4. Myślę o A. .... Gęsińskich złożonych od tygodnia ptasią grypą.
	5. Państwem w A. .... nazywamy instytucję, która ma całkowitą niezależność od władz, albo dąży do tego, aby ją mieć.
pasmo	6. Mówimy o A. .... ‖ B. .... lądu, wody, dymu, samochodów, jeśli mają one lub tworzą podłużny kształt.
	7. I oto, drodzy państwo – przed nami kilka A. .... ‖ B. .... górskich, które powstały w epoce polodowcowej.
ślepie	8. Nawet w ciemności widać było dwie pary błyszczących A. .... ‖ B. .... lwa i lwicy.
ucho	9. Niektórzy użytkownicy języka polskiego skłonni są mówić o dwu A. .... ‖ B. .... dzbana i o dwu A. .... ‖ B. .... torby podróżnej.
	10. Ta torba nie nadaje się do niczego. Ona nie ma A. .... ‖ B. .... lub ‖ C. ....

OCEŃ SAM SIEBIE

\>[9] bdb • [9] + db • [8] db • [7] +dst • >[6] dst • <[6] ndst

Jeśli w zadaniu testowym jest więcej niż dziesięć jednostek – przelicz sam!

ZADANIE 206

Copyright by S. Mędak

Proszę wpisać w miejsce kropek właściwe, alternatywne formy rzeczowników zamieszczonych w kolumnie A.

WZÓR – jak w zadaniu testowym numer 196.

A.	B.
bazyliki	1. Bazyliki to są zbiory praw wydanych w IX wieku przez cesarza Leona. Ta biblioteka dysponuje pełnym zbiorem A. .... || B. ...., który zastępuje kodeks Justyniana.
Bieszczady	2. Jedni mówią, że udają się na wakacje do A. ....; inni mówią, że jadą do B. ....
niebiosa	3. Widziała błysk, jakby się rozwarły całe niebiosa. Po chwili zobaczyła siebie w A. .... || B. ...., w towarzystwie przystojnych aniołów.
otręby	4. Zakładam fermę hodowlaną i dlatego potrzebuję tony A. .... || B. .... jako paszy dla bydła.
sanie	5. Przygotowano dwoje A. .... || B. .... i rozpoczęto jazdę po śniegu.
	6. Zaprzęgliśmy konie do sań i pojechaliśmy A. .... || B. .... na kulig.
stalle	7. Przewodnik prowadził nas w kierunku ozdobnych A. .... || B. .... w prezbiterium kościoła.
Tychy	8. Mieszkaniec jednego ze śląskich miast mówi, że jest z A. ....; inni mówią, że jest z *(reg.)* B. ....
wnuki	9. Jedni dziadkowie mówią, że ich A. .... są już dorośli, inni mówią, że ich B. .... są dorosłe.
żarna	10. Jeśli chcesz widzieć, do czego dawniej służyły żarna, musisz się udać do muzeum A. .... || B. ...., znajdującego się w miejscowości Mączka.

OCEŃ SAM SIEBIE

>[9] bdb • [9] + db • [8] db • [7] +dst • >[6] dst • <[6] ndst

Jeśli w zadaniu testowym jest więcej niż dziesięć jednostek – przelicz sam!

ZADANIE 207

Copyright by S. Mędak

Proszę wpisać w miejsce kropek właściwe formy wyrazów zgromadzonych w grupach I–IV.

WZÓR

chuligan	Chuligan to ktoś, kto niszczy dobra innych. || <u>Chuligani</u> często wybijają szyby w oknach cudzych samochodów.

ZADANIA TESTOWE

I.

chan 1. Chan to władca feudalny u ludów wschodnich. || W Mongolii i Turcji żyli ....

kapitan 2. Oficer, który ma stopień wyższy od porucznika to kapitan. || Naszym portem na rzece Kwai zarządzają dwaj byli .... armii amerykańskiej.

kasztelan 3. Kasztelan to dawniej w Polsce urzędnik. || Niektórzy .... krakowscy są znani wielu krakowianom, krakowiakom oraz krakusom.

pan 4. „Starsi ...." to popularny warszawski kabaret z okresu PRL–u.

II.

szambelan 5. Jeden chciał zostać szambelanem d'Annecy, a drugi szambelanem Vitrol. Obaj .... / .... przegrali w wyborach wstępnych – podała brukowa prasa francuska.

III.

dziekan 6. Dziekan to ktoś, kto kieruje wydziałem jakiejś uczelni. || .... są również w sądzie.

fan *(pot.)* 7. Fan to wielbiciel jakiegoś wokalisty. || Moi bracia to zagorzali .... Kazika.

furman 8. Furman to właściciel furmanki. || Dwaj .... profesjonalnie prowadzili swoje wozy.

furtian 9. Furtian to zakonnik pilnujący furty. || W klasztorze dwaj .... pilnowali jednej furty.

hetman 10. Hetman to dawniej w Polsce dowódca wszystkich wojsk. || Jan Zamoyski i Jan Sobieski to dwaj znani .... || .... polscy.

kapelan 11. Kapelan to duchowny pracujący np. w wojsku. || Dwaj moi bracia to .... w więzieniu.

kapłan 12. Kapłan zajmuje się obowiązkami kultowymi w świątyni. || Niektórzy .... składają bóstwom rytualne ofiary.

kompan 13. Kompan to słowo, które wychodzi z użycia. || Częściej mówimy *moi koledzy* niż ...., nawet wtedy, gdy myślimy o kompanach od kieliszka.

meloman 14. Prawdziwi, poważni .... mogą słuchać muzyki poważnej godzinami.

pleban 15. Pleban to inaczej proboszcz. W liczbie mnogiej mówimy *dwaj proboszczowie / dwaj proboszcze* albo dwaj ....

sułtan 16. Sułtanat to państwo, w którym rządzi sułtan. || W dwu zwaśnionych państwach rządzili dwaj skłóceni ze sobą ....

szaman	17. Przed zbliżającym się cyklonem dwaj .... odprawili rytuał zaklinania wiatru.
tyran	18. Tyran to okrutny władca, stosujący przemoc i terror. || Oprócz władców są jeszcze .... w różnych miejscach pracy i w domach.
ułan	19. Ułan to prawie legendarny polski żołnierz lekkiej kawalerii uzbrojony w szablę. || Do dziś Polacy śpiewają popularną piosenkę: *Przybyli .... pod okienko*.
weteran	20. Weteran to stary i doświadczony żołnierz, uczestnik minionej wojny. || Oprócz zasłużonych weteranów II wojny światowej są również .... ruchu robotniczego.

IV.

Cygan	21. Po obejrzeniu filmu A. Petrovicia *I Even Met Happy Gypsies* doszedłem do wniosku, że .... to szczęśliwe plemię.
Hiszpan	22. Hiszpan to ktoś, kto pochodzi z Hiszpanii. || .... mieszkają też w Peru.
krajan	23. Krajan to człowiek pochodzący z mojego kraju. || Prawie wszyscy Polacy to moi ukochani ....
młodzian	24. Młodzian to młody chłopiec niekoniecznie szarmancki. || .... to często bohaterowie różnych utworów z epoki romantyzmu.
zakrystian	25. Zakrystian to osoba świecka, dbająca o porządek w kościele. || .... bardzo często zbierają datki na tacę podczas odprawiania mszy w kościołach.

OCEŃ SAM SIEBIE
>[9] bdb • [9] + db • [8] db • [7] +dst • >[6] dst • <[6] ndst
Jeśli w zadaniu testowym jest więcej niż dziesięć jednostek – przelicz sam!

ZADANIE 208
Copyright by S. Mędak

Proszę wpisać w miejsce kropek właściwe formy rzeczowników rodzaju męskiego (męskoosobowego, męskonieżywotnego oraz męskożywotnego) zgromadzonych w kolumnie A.

WZÓR

cietrzew	Cietrzew to duży ptak podobny do kury domowej. || Czy naprawdę kura jest podobna do <u>cietrzewia</u>?

A.

czerw	1. Czerw to postacie rozwojowe pszczoły miodnej. || W tym sezonie było niewiele ....

ZADANIA TESTOWE

drop	2. Drop to najcięższy z ptaków latających. ‖ Myśliwy ustrzelił pięknego .... ze swej dubeltówki.
drób	3. Drób to ptactwo domowe. Pieczone mięso z .... jest smaczne.
gołąb	4. Gołąb to ptak roślinożerny. ‖ Nie lubię tego ...., który grucha za oknem, kiedy ja śpię.
jastrząb	5. Jastrząb to ptak mięsożerny o wyjątkowo bystrym wzorku. Przez lornetkę obserwowałem ...., który wypatrywał kuropatw.
jedwab	6. Jedwab to materiał połyskliwy i gładki. ‖ Była to piękna kobieta i miała skórę jak z ....
karp	7. Karp to ryba słodkowodna. ‖ Nigdy nie lubiłem .... po żydowsku.
kiełb	8. Kiełb to mała ryba słodkowodna. ‖ Jeśli ktoś ma pstro w głowie, mówimy, że ten ktoś ma .... we łbie.
modrzew	9. Modrzew to drzewo iglaste, parkowe. ‖ Pan Havranek w swojej chacie kazał sobie założyć na ściany boazerię z ....
nów; blm	10. Nów to faza księżyca. ‖ Kiedy z Ziemi księżyc jest niewidoczny, mówimy, że księżyc jest na / w ....
ołów	11. Ołów to ciężki, łatwo topliwy metal ‖ Kiedy czujemy się ociężali, mówimy, że mamy nogi jak z ....
paw	12. Paw to ptak leśny o mieniącym się upierzeniu. ‖ Nigdy nie mów w doborowym towarzystwie, że ktoś po spożyciu większej ilości alkoholu puścił .... *(pot.)*
tułów	13. Tułów to ciało bez kończyn i głowy. ‖ Dziś na zajęciach z wychowania fizycznego ćwiczymy przez godzinę skłony ....
żółw	14. Żółw to długowieczny gad pokryty pancerzem. ‖ Chciałbym mieć na sobie pancerz .... i żyć tak długo, jak ten gad.
żuraw	15. Żuraw to nie tylko ptak bagienny z długimi nogami, ale również: **a.** urządzenie do wyciągania wody ze studni; **b.** urządzenie do podnoszenia ciężarów; zwykle w portach. ‖ Jeśli ktoś zagląda gdzieś, do czegoś, ze znacznej odległości lub z góry czegoś, mówimy, że ten ktoś zapuszcza ....

OCEŃ SAM SIEBIE

\>[9] bdb • [9] + db • [8] db • [7] +dst • >[6] dst • <[6] ndst

Jeśli w zadaniu testowym jest więcej niż dziesięć jednostek – przelicz sam!

ZADANIE 209
Copyright by S. Mędak

Proszę wpisać w miejsce kropek właściwe formy mianownika liczby mnogiej przymiotników podanych w kolumnie A.

WZÓR

głuchy   Czy tutaj, tylko ten pan jest głuchy? – Ależ skąd! Tutaj wszyscy są głusi.

A.	B.
bosy	1. Ktoś, kto jest bosy, ma nagie stopy. – Tak jak Karmelici .... z masywu góry Karmel.
cichy	2. On jest cichy i niewiele mówi. – Tutaj pracują sami tajemniczy i .... ludzie.
dorosły	3. Dorosły Amerykanin nie przepada za rozrywkami dla dzieci. – To nie jest prawda. .... czasami przepadają za tego rodzaju rozrywkami.
głupi	4. Zrobi to dla ciebie, bo jest głupi! – .... są czasami mądrzejsi do ciebie!
nasz	5. Dzisiaj nasz zespół gra ważny mecz. – Na pewno wygrają ....!
obcy	6. Ja jestem tutaj obcy. On jest obcy. – Wszyscy tutaj jesteśmy ....
tajemniczy	7. Jeden tajemniczy mężczyzna, drugi też tajemniczy. Sami .... mężczyźni!
wasz	8. Wasz profesor jest już bardzo stary. – .... profesorowie też są starzy.
wesoły	9. Najpierw wszedł jeden wesoły pan, potem drugi. – W sali byli sami .... panowie.
zdrowy	10. Dziadek jest zdrowy. Babcia też jest zdrowa. – Cieszę się, że są sami ....

OCEŃ SAM SIEBIE
>[9] bdb • [9] + db • [8] db • [7] +dst • >[6] dst • <[6] ndst
Jeśli w zadaniu testowym jest więcej niż dziesięć jednostek – przelicz sam!

ZADANIE 210
Copyright by S. Mędak

Proszę wpisać w miejsce kropek właściwe formy liczby mnogiej podkreślonych przymiotników.

WZÓR

duży   Ktoś, kto jest duży, nie zachowuje się w ten sposób. – Ale my nie jesteśmy duzi!

ZADANIA TESTOWE

krępy	1. Ten krępy olbrzym ma siłę! – Tak. .... mężczyźni są na ogół bardzo silni.
lepszy	2. Kto jest lepszy z matematyki, ty, czy twoi bracia? – Moi bracia są o wiele ....
mały	3. Ten chłopiec jest mały, drugi też. – Wszyscy chłopcy w tej rodzinie są ....
niezadowolony	4. Tu siedzi jeden niezadowolony klient, tam drugi. – Dzisiaj są sami .... klienci!
olbrzymi	5. Co za olbrzymi mężczyzna?! – Wszyscy koszykarze są ....
ostatni	6. Zawsze byłem ostatni! – Pamiętaj, że .... kiedyś będą pierwszymi!
przyjazny	7. Taksówkarz był zaskakująco przyjazny. – Wszyscy taksówkarze są ....
słaby	8. Ten człowiek jest stary i słaby. – Tutaj leżą sami ludzie starzy i ....
uroczy	9. Mój sąsiad to uroczy i usłużny starszy pan. – Moi sąsiedzi też są ....
zły	10. Zły człowiek to człowiek samotny. – Myślę, że .... ludzie są nieszczęśliwi.

OCEŃ SAM SIEBIE

>[9] bdb • [9] + db • [8] db • [7] +dst • >[6] dst • <[6] ndst

Jeśli w zadaniu testowym jest więcej niż dziesięć jednostek – przelicz sam!

ZADANIE 211

Copyright by S. Mędak

Proszę wpisać w miejsce kropek (w segmentach od A do K) właściwe formy pokreślonych przymiotników.

WZÓR
0. Słowem kaczy określamy te cechy, które są charakterystyczne dla ptaka – kaczki.
1. Jeśli ktoś porusza się, chodzi po gabinecie jak kaczka, mówimy do kolegi z biura: Popatrz na tego kobolda o kaczym chodzie!
2. Jeśli ktoś lubi jajecznicę lub omlet, radzimy: Zrób sobie omlet z dwu kaczych jaj i daj mi spokój!
3. Jeśli ktoś trafnie strzela, mówimy w języku potocznym: Wali, jak w kaczy kuper.

A. Słowem **byczy** określamy cechy, które uważa się za charakterystyczne dla byka.
1. Jeśli zauważysz wielkiego i silnego mężczyznę wychodzącego z siłowni, powiesz: Popatrz, na jego .... kark i .... łeb. Ma zapewne .... siłę.

A2. Przymiotnika **byczy** używamy w potocznej polszczyźnie wtedy, kiedy chcemy wyrazić pozytywną ocenę kogoś lub czegoś.
2. Jeśli masz przez przypadek szefa, który zachowuje się jak normalny człowiek, powiesz o nim: Ale .... chłop ten mój szef!
3. Jeśli wrócisz zadowolony z imprezy u kolegi, powiesz komuś, kto z niej wyszedł po pięciu minutach: To była naprawdę wspaniała, ... zabawa. Żałuj, że tak szybko wyszedłeś!

B. Słowem **cielęcy** określamy to, co się odnosi do cielęcia lub pochodzi od cielęcia.
1. Na delikatne ręce swej narzeczonej na pewno kupisz w prezencie rękawiczki z .... skóry.
2. Jeśli chcesz ugościć ważną dla ciebie osobę, niezawodnym daniem będzie kotlet .... z wcześniej zabitego przez rzeźnika cielęcia.

B1. Jako **cielęce** możemy określić coś: **a.** co świadczy o czyjejś naiwności, głupocie, braku krytycyzmu; **b.** co jest związane z okresem dzieciństwa i wczesnej młodości, okresem radosnym i figlarnym jakiejś osoby; **c.** co jest związane z głupim, przesadnym, bezpodstawnym uwielbieniem czegoś / kogoś.
3. Jeśli widzisz młodą żonę wpatrzoną w swego męża jak w święty obraz, możesz powiedzieć: Ona wpatrywała się w swojego męża z .... zachwytem.
4. Jeśli jakiś znany pisarz pochodzi z Wileńszczyzny, oczytany krytyk napisze: Ten znakomity pisarz właśnie na Wileńszczyźnie spędził swe .... lata. || Z rozrzewnieniem wspomina w swym arcydziele .... lata spędzone we Lwowie.
5. Jeśli setki wielbicielek twórczości rzeczonego twórcy udaje się na każde jego spotkanie z czytelnikami, powiesz: Od lat fanki popularnego twórcy z Wileńszczyzny otaczają go .... uwielbieniem.

C. Słowem **koński** określamy te cechy, które są charakterystyczne dla konia.
1. Jeśli ktoś ma silny organizm i nigdy nie choruje, mówimy: To jest człowiek o .... zdrowiu.
2. Jeśli ktoś przechodzi intensywną kurację, mówi: Aplikują mi .... dawkę lekarstw.
3. Jeśli ktoś zaleca się w sposób niedelikatny, mówimy: To nie zaloty, ale to są .... zaloty.
4. Jeśli ktoś nosi związane wysoko z tyłu głowy długie włosy, mówimy: Ale ma .... ogon!

D. Słowem **lwi** określamy cechy, które uważa się za charakterystyczne dla lwa.
1. Jeśli ktoś ma talent, energię i temperament, mówimy: Ponownie pokazał .... pazur poety.
2. Jeśli ktoś jest bardzo odważny, mówimy: To człowiek o naprawdę .... sercu.

3. Jeśli ktoś pozna Ryszarda, który niczego się nie boi, nazwie go: Ryszardem .... Serce.

4. Jeśli ktoś ma bujne, spadające na wszystkie strony włosy, mówimy: Ona ma .... czuprynę.

E. Słowem <u>łabędzi</u> określamy to, co dotyczy łabędzia, np. należy do niego lub jest zrobione z jego piór.

1. Jeśli artystka operetkowa o długiej, smukłej szyi ma w swej dłoni piękny wachlarz i udaje, że na scenie jest zbyt gorąco, jako widz będziesz miał możliwość patrzeć na przepiękną subretkę o .... szyi, wachlującą się .... wachlarzem.

2. Jeśli będziesz miał okazję uczestniczyć w pożegnaniu ważnego szefa, na odejście którego czekałeś latami, powiesz: Mowa pożegnalna szefa przed odejściem na zasłużoną emeryturę była jego .... śpiewem.

F. Jako **małpie** określamy to, co jest charakterystyczne dla małp.

1. Jeśli ktoś jest zręczny i wspina się na coś bez trudu, mówimy: Wspina się z .... zręcznością.

2. Jeśli ktoś ci dokucza, przedrzeźniając cię, mówisz: Mamo, on stroi do mnie .... miny.

3. Jeśli jakiś plac jest przeznaczony do zabaw i ćwiczeń, mówimy: Ćwiczyłem w .... gaju.

4. Jeśli ktoś zaczyna się wygłupiać z nudów, mówimy: Mój mąż znowu dostał .... rozumu.

G. Słowem <u>orli</u> określamy te cechy, które są charakterystyczne dla orła.

1. Jeśli ktoś ma duży i zakrzywiony nos, mówimy: Jest mu do twarzy z tym .... nosem.

2. Jeśli ktoś jest spostrzegawczy, ma świetny wzrok, mówimy: To człowiek o .... wzroku.

H. Słowem <u>ośli</u> określamy cechy, które uważa się za charakterystyczne dla osła.

1. Jeśli ktoś jest uparty, mówimy: Z .... uporem bronił swych złudnych idei.

2. Jeśli kogoś uważamy za głupiego, mówimy: Ona ma .... głowę.

3. Jeśli ktoś jest najgorszym uczniem w klasie, mówimy: Siedzi w .... ławce.

4. Jeśli ktoś nie umie jeździć na nartach, mówisz: Niech pan ćwiczy na ...... łączce, a nie na stromej górze!

5. Jeśli uczeń ma zeszyt z niedbale zagiętymi kartkami, mówimy: Masz w zeszycie .... uszy.

I. Jako **ptasie** określamy to, co ma związek z ptakiem: należy do niego i jest dla niego charakterystyczne.

1. Jeśli słyszymy w lesie śpiew i „rozmowy" ptaków, mówimy: Co za piękna, ... wrzawa.

2. Jeśli ktoś patrzy dziwnie, nienaturalnie, mówimy: Wlepiła we mnie swe .... spojrzenie.

Przymiotnika **ptasi** używamy również w wypowiedziach nie mających żadnego związku z jakimkolwiek ptakiem.

3. Jeśli ktoś żyje w dobrobycie i niczego mu nie brakuje, ma służbowego szofera do własnych usług mówimy: Mojemu szefowi brakuje tylko .... mleczka.

4. Jeśli kogoś uważamy za ograniczonego intelektualnie, zwracamy się do niego delikatnie, w ten oto sposób: Ty .... móżdżku, najpierw mnie zapytaj, zanim coś zrobisz.

J. Słowem **sowi** określamy cechy, które uważa się za charakterystyczne dla sowy.

1. Jeśli masz koleżankę, która swym wyglądem i charakterem przypomina sowę, możesz powiedzieć: Daję ci przykład Ani – dziewczyny o .... oczach i pazurach oraz o .... słuchu.

K. Słowem **żabi** określamy cechy, które uważa się za charakterystyczne dla żaby.

1. Jeśli słyszymy nieprzyjemny ludzki głos, który przypomina dźwięki wydawane przez żaby, mówisz: Znowu rozlega się po sali .... skrzek tej starszej pani.

2. Jeśli zauważysz na dnie zbiornika wodnego, w którym zamieszkują żaby galaretowatą substancję odżywczą, powiesz: Zobacz, jak dużo tutaj .... skrzeku! Będzie w tym roku urodaj na żaby.

3. Jeśli zauważysz w restauracji Francuza zajadającego się .... udkami, powiesz mu *smacznego* i z niesmakiem szybko opuścisz salę.

OCEŃ SAM SIEBIE
>[9] bdb • [9] + db • [8] db • [7] +dst • >[6] dst • <[6] ndst
Jeśli w zadaniu testowym jest więcej niż dziesięć jednostek – przelicz sam!

XVII. ODMIANA ZAIMKÓW

ZADANIE 212

Copyright by S. Mędak

Proszę wpisać w miejsce kropek właściwe formy zaimków nieokreślonych.
Wyrazu do wyboru: *cokolwiek, coś, czyjkolwiek, gdziekolwiek, jakikolwiek, jakiś, kogokolwiek, komukolwiek, ktokolwiek, ktoś, którekolwiek, którykolwiek.*

WZÓR
On zna to miasto lepiej niż ktokolwiek z nas, mieszkających tu od lat!

1. .... puka do drzwi. Możesz otworzyć? – Nigdy nie otwieram drzwi, jeśli nie wiem, kto to jest!
2. Czy .... z tych ćwiczeń jest plagiatem? – Moim zadaniem – żadne!
3. Czy pytał go ktoś o jego zdanie na ten temat? – Nie wiem, czy .... pytał go o jego zdanie.
4. Nic nie mów! .... powiesz, obróci się przeciwko nam!
5. Kochanie, posłuchaj uważnie! Mam ci .... ważnego do przekazania.
6. Kończymy zebranie. Czy .... z państwa chciałby jeszcze zabrać głos?
7. Kto wczoraj był w biurze? – Nikogo nie było. Przyszedł tylko .... pan, który zaraz wyszedł.
8. Który parasol mam wziąć? – Weź .... Wszystkie pasują do czarnego płaszcza.
9. Możesz obrażać wszystkich. Możesz obrażać ...., oprócz mnie!
10. Nie sądzę, żeby .... na tym zależało. Wszyscy mają tego dość!
11. Nikogo nie podejrzewam o to. Gdybym miał .... podejrzewać, to tylko ciebie!
12. Pamiętaj, że głos każdego człowieka jest ważny. .... głos usłyszysz, śpiesz z pomocą!
13. Wszyscy wiedzieli, że .... zaproponuje, nikt się jej nie sprzeciwi.
14. Wykluczył każdy kompromis. Nie godzi się na .... kompromis.
15. Zwracał na siebie uwagę, ... się pojawił. Był to niezwykły człowiek!

OCEŃ SAM SIEBIE
>[9] bdb • [9] + db • [8] db • [7] +dst • >[6] dst • <[6] ndst
Jeśli w zadaniu testowym jest więcej niż dziesięć jednostek – przelicz sam!

ZADANIE 213

Copyright by S. Mędak

Proszę wpisać w miejsce kropek właściwe formy zaimków nieokreślonych.
Wyrazu do wyboru: *dokądkolwiek, jakąkolwiek, jakikolwiek, kiedykolwiek, którejkolwiek, którykolwiek, skądkolwiek.*

WZÓR
Możesz wyjść za mąż lub nie. Jakkolwiek zdecydujesz, pogodzimy się z twoją decyzją.

1. Będę na ciebie czekał. O .... godzinie przyjedziesz, zastaniesz mnie w domu.
2. Czujesz się lepiej? – Czuję się dzisiaj lepiej niż .... w życiu.
3. Gdzie pójdziesz, nie mając domu?! Pójdę sobie .... Tam, gdzie mnie oczy poniosą.
4. Jest bezrobotny, a więc na pewno przyjmie .... pracę.
5. Najchętniej bym stąd wyjechał. ...., byle tylko stąd wyjechać.
6. Nie przyjmiemy żadnych warunków. Jeśli rząd postawi .... warunek – strajkujemy!
7. Papież Jan Paweł II był wszędzie witany przez tłumy. .... pojechał, wszędzie były tłumy.
8. Skąd oczekujesz pomocy? – Oczekuję pomocy .... Wszystko mi jedno skąd.
9. To bardzo słaba sztuka. Nie wiem, czy .... teatr w Polsce przeniósł ją na scenę.
10. Z której strony rozpoczynamy wycinanie lasu? Rozpoczynajcie z .... strony.

OCEŃ SAM SIEBIE
>[9] bdb • [9] + db • [8] db • [7] +dst • >[6] dst • <[6] ndst
Jeśli w zadaniu testowym jest więcej niż dziesięć jednostek – przelicz sam!

ZADANIE 214
Copyright by S. Mędak

Proszę wpisać w miejsce kropek właściwe formy następujących wyrazów: *czyimś, gdzieś, jakaś, jakieś, jakiś, kiedyś, któremuś, którymś, któryś.*

WZÓR
Nie zrozumiałeś swego błędu teraz, może kiedyś go zrozumiesz.

1. Znowu położyłem .... swoje okulary! O, przepraszam mam je na swoim nosie.
2. Było zupełnie ciemno, jedynie .... na horyzoncie błyskały jaskrawe światełka.
3. Czy mają państwo jeszcze .... pytania do mnie?
4. Panie Havranek, dlaczego jest pan dzisiaj taki .... markotny?
5. Dookoła panowała zupełna cisza, gdy nagle rozległ się .... przeraźliwy krzyk.
6. .... pani weszła do sklepu, wyciągnęła broń i zażądała od kasjerki opróżnienia kasy.
7. Jeśli .... z braci wiodło się źle, inni bracia mu pomagali.
8. Nie lubię pożyczać od kogoś pieniędzy, bo nie lubię być .... dłużnikiem.

ZADANIA TESTOWE

9. On chyba nie mieszka na tym osiedlu! – Mylisz się. On na pewno mieszka w .... z tych bloków.

10. To nie pierwszy raz, ale po raz .... z rzędu nic nie zrozumiałem z jego wykładu.

11. Proszę się nie przejmować, zaleczony ząb może pana boleć przez .... czas.

12. Siedziałem u nich .... pół godziny, a wydawało mi się, że spędziłem tam wieczność.

13. Czy wiesz, że ta pani, którą poznałem przed chwilą to .... dziwna marzycielka.

14. Ta stara, zmęczona kobieta była .... moją narzeczoną.

15. Wszystko to, co mówił było .... takie dwuznaczne i zagmatwane.

OCEŃ SAM SIEBIE
>[9] bdb • [9] + db • [8] db • [7] +dst • >[6] dst • <[6] ndst
Jeśli w zadaniu testowym jest więcej niż dziesięć jednostek – przelicz sam!

XVIII. SPÓJNIKI I WSKAŹNIKI ZESPOLENIA WEWNĘTRZNEGO

ZADANIE 215
Copyright by S. Mędak

Proszę przekształcić poniższe zdania za pomocą spójników: *dopóki... dopóty* **a.** *dopóty... dopóki* || *dopóty..., aż*.

WZÓR
Ludzie wierzą w zabobony. W pewnym momencie poznają prawdę.
→ <u>Ludzie dopóty trzymają się zabobonów, dopóki nie poznają prawdy.</u>

1. Będziesz siedział w pokoju tak długo, aż nauczysz się lekcji.
→ ....
2. Kłócili się codziennie, aż się rozwiedli.
→ ....
3. Maria długo zastanawiała się nad trudną definicją naukową. W końcu ją zrozumiała.
→ ....
4. Oblężeni w mieście trzymali się tak długo, aż zabrakło im żywności.
→ ....
5. Prosił mnie długo. W końcu dostał to, co chciał.
→ ....
6. Przypuszczenia możemy snuć tak długo, aż nie poznamy faktów.
→ ....
7. Tak długo chodziła na zajęcia, jak długo czuła się zdrowa.
→ ....
8. Tak długo przyglądali się lecącemu samolotowi, aż zniknął w przestworzach.
→ ....
9. Tak długo spotykał się z życzliwym przyjęciem, jak długo miał pieniądze.
→ ....
10. Tak długo zastanawiali się nad pójściem na spacer, że zrobiło się późno.
→ ....

Na podstawie: *Język polski à la carte*, cz. III.

OCEŃ SAM SIEBIE
>[9] bdb • [9] + db • [8] db • [7] +dst • >[6] dst • <[6] ndst
Jeśli w zadaniu testowym jest więcej niż dziesięć jednostek – przelicz sam!

ZADANIE 216
Copyright by S. Mędak

Proszę wpisać w miejsce kropek właściwe formy spójnika *żeby*.

ZADANIA TESTOWE

WZÓR
Lekarz powiedział mi, żebym natychmiast przestał palić papierosy. Trzeba uprawiać sport, żeby czuć się w pewnym wieku w miarę dobrze.

1. Chcieliśmy, ... oni pomogli mu w trudnej sytuacji finansowej.
2. Chyba na tyle znasz życie, ... zapomnieć o małych urazach do przyjaciół.
3. Co pan robi, panie prezydencie, ... ludziom żyło się coraz lepiej?
4. Deszcz przestał padać, ... po chwili rozpadać się na dobre.
5. Janku, nie przypominam sobie, ... mi to wcześniej mówił!
6. Miałeś zbyt wiele okazji, ... mi to wytłumaczyć.
7. Musisz w życiu wiele poświęcić, ... zrobić karierę.
8. Ojciec chciał, ... (my) przyjechali po niego na dworzec.
9. Ona chciała, ... (ja) odwiózł jej męża swoim samochodem na dworzec.
10. Oni prosili nas, ... ich odprowadzili do domu.
11. Przejdźmy do gabinetu, ... nas nikt nie słyszał!
12. Przeżył ciężki zawał, ... po tygodniu zginąć w czasie trzęsienia ziemi.
13. To niedopuszczalne, ... tak znane firmy dopuszczały się dumpingu.
14. Trzeba wiele szczęścia, ... wszyscy mogli przeżyć tę srogą zimę.
15. Wątpię, ... to był tylko i wyłącznie przypadek.
16. Zadzwonił do mnie .... się upewnić, że przyjdę na jego imieniny.
17. .... (ja) nawet wygrał milion w totolotka, to i tak nie będę szczęśliwy!
18. .... nie on, to sprawy potoczyłyby się o wiele pomyślniej!
19. .... świat się zawalił, ona musi dopiąć swego!
20. Za bardzo cię kocham Filipie, ... mogła odejść od ciebie.

OCEŃ SAM SIEBIE
>[9] bdb • [9] + db • [8] db • [7] +dst • >[6] dst • <[6] ndst
Jeśli w zadaniu testowym jest więcej niż dziesięć jednostek – przelicz sam!

ZADANIE 217
Copyright by S. Mędak

Proszę wpisać w miejsce kropek właściwe formy wyrazu *żeby* oraz formy czasowników (punkt 4–20) zawartych w nawiasach.

WZÓR
(żeby / odetchnąć)   Wyszedł, żeby odetchnąć świeżym powietrzem.

(żeby, –)   1. Sprawy potoczyłyby się inaczej, ... nie przypadek.

(żeby, –)	2. Zostałbym tutaj dłużej, ... nie jej usilne namawiania.
(żeby, –)	3. Życie moje potoczyłoby się inaczej, ... nie intrygi kolegów!
(żeby, dostać się)	4. Niektórzy nawet partię zmieniali, ... do władzy.
(żeby, dowiedzieć się)	5. Wczoraj zadzwonił Marek, ... o twoje zdrowie.
(żeby, ganiać)	6. Czułem się za staro, ... za dziewczynami. *(pot.)*
(żeby, kupić)	7. Czy chcesz, ... ojciec .... ci ten płaszcz?
(żeby, mieć)	8. Powiedziała to, ... czyste sumienie.
(żeby, móc)	9. Zarabiam za mało, ... pozwolić sobie na kupno samochodu.
(żeby, narzekać)	10. Co się z nią stało, ... tak ciągle .... na męża.
(żeby, przeprosić)	11. Miałeś mnóstwo okazji, ... mnie ....
(żeby, przywitać się)	12. Trzeba wstać, ... z gośćmi.
(żeby, słyszeć)	13. .... pan ...., panie Havranek, co on do niej o panu mówił!
(żeby, sprawdzić)	14. Wszedł po raz drugi do kuchni, ..., czy wyłączył gaz.
(żeby, wiedzieć)	15. Bardzo chciałabym, ... kochani ...., co ja przeszłam w życiu.
(żeby, wydawać)	16. Trzeba mieć nie po kolei w głowie, ... tyle pieniędzy!
(żeby, zdenerwować)	17. Przyszła, ... mnie ....
(żeby, zginąć)	18. Przeżył trzęsienie ziemi, ... na przejściu dla pieszych.
(żeby, zrozumieć)	19. Wstyd, ... nic nie .... z dwugodzinnego wykładu!
(żeby, żyć)	20. Dorabiam nocami, ... na jakimś poziomie.

OCEŃ SAM SIEBIE

>[9] bdb • [9] + db • [8] db • [7] +dst • >[6] dst • <[6] ndst
Jeśli w zadaniu testowym jest więcej niż dziesięć jednostek – przelicz sam!

ZADANIE 218

Copyright by S. Mędak

Proszę wpisać w miejsce kropek właściwe formy wyrazu *żeby* oraz formy czasowników zawartych w nawiasach.

ZADANIA TESTOWE

WZÓR
(żeby, być)   Co robisz, <u>żeby</u> nasze dzieci <u>były</u> szczęśliwe?

(żeby, bać się)   1. Serce mi biło, nie ....; ale dlatego, że jestem nieśmiała.

(żeby, być)   2. Kupiłem ci samochód, ... niezależna ode mnie.

(żeby, być)   3. Nie sądzę, ... to rozwiązanie .... dla mnie najlepsze.

(żeby, dopisać)   4. Poradzę sobie ze wszystkim, ... tylko .... mi zdrowie.

(żeby, mieć)   5. Nie wyjdę za niego, nawet .... zostać starą panną!

(żeby, myśleć)   6. Nie zrobię tego, ... on nie ...., że jestem aż tak naiwna.

(żeby, pęknąć)   7. On dopnie swego, ...!

(żeby, przeziębić się)   8. Marku, rób wszystko, ... znowu nie ....!

(żeby, robić)   9. Ewo, chyba na tyle znasz gramatykę, ... nie .... takich błędów!

(żeby, wiedzieć)   10. Lepiej, ... nikt nie ...., że on był szpiegiem!

(żeby, wspominać)   11. Zofio, nie przypominam sobie, ... mi o tym .... kiedykolwiek!

(żeby, wstać / wyjść)   12. Karolu, teraz cię poproszę, ... i .... z mojego domu!

(żeby, zacząć)   13. Jolu, krzyczę na ciebie, ... wreszcie.................... pracować!

(żeby, zastąpić)   14. Chciałem, ... ktoś .... mnie w obowiązkach.

(żeby, zdążyć)   15. Wyjdę wcześniej z domu, ... na pociąg!

OCEŃ SAM SIEBIE
>[9] bdb • [9] + db • [8] db • [7] +dst • >[6] dst • <[6] ndst
Jeśli w zadaniu testowym jest więcej niż dziesięć jednostek – przelicz sam!

ZADANIE 219

Copyright by S. Mędak

Proszę połączyć zdania, wykorzystując podane przed każdym zadaniem testowym wskaźniki zespolenia (spójniki, modulanty, operatory metatekstowe, relatory itp.).

POLSKI B2 i C1. MEGATEST

WSKAŹNIKI ZESPOLENIA DO WYBORU:
a • ale • bo • chociaż • i • i dlatego • mimo to • więc • że • że aż

WZÓR
Na głowie miała filcowy kapelusz. W lewej ręce miała laskę.
→ **Na głowie miała filcowy kapelusz, a w lewej ręce miała laskę.**

1. Artysta zniknął za kulisami. Publiczność wciąż klaskała.
....
2. Babcia upiekła mnóstwo ciast. Nie mogliśmy ich zjeść przez tydzień.
....
3. Bądź wymagający! Nie wymagaj od uczniów za wiele.
....
4. Budzik nie zadzwonił. Nie obudziłem się.
....
5. Był analfabetą. Nigdy nie chodził do szkoły.
....
6. Był nerwowy. Szybko się irytował.
....
7. Był niskiego wzrostu. Grał w koszykówkę.
....
8. Był tak zdenerwowany. Trzęsły mu się ręce.
....
9. Był to człowiek o stalowych nerwach. Odczuwało się w jego głosie zdenerwowanie.
....
10. Chcę pracować w Kuwejcie. Uczę się języka arabskiego.
....

OCEŃ SAM SIEBIE
>[9] bdb • [9] + db • [8] db • [7] +dst • >[6] dst • <[6] ndst
Jeśli w zadaniu testowym jest więcej niż dziesięć jednostek – przelicz sam!

ZADANIE 220

Copyright by S. Mędak

Proszę połączyć zdania, wykorzystując podane przed każdym zadaniem testowym wskaźniki zespolenia (spójniki, modulanty, operatory metatekstowe, relatory itp.).

WZÓR – jak w zadaniu testowym numer 219.
WSKAŹNIKI ZESPOLENIA DO WYBORU:
a • ale • a tak • a zatem • ale • chociaż • i ... i • jeśli *a.* jeżeli • mimo to • że

ZADANIA TESTOWE

1. Był okropny hałas za oknami. Musiałem zamknąć okna.
....

2. Był początkującym adwokatem. Miał dużo klientów.
....

3. Był to przeciętny mężczyzna. Cieszył się powodzeniem u kobiet.
....

4. Była to znakomite przedstawienie. Wszyscy je krytykowali.
....

5. Chcesz mieć większe osiągnięcia? Musisz dużo pracować.
....

6. Chcę ciastko. Bez kremu.
....

7. Chciałeś mi coś powiedzieć. Powiedz mi to teraz.
....

8. Ciągle jeszcze zima. Bardzo chciałbym, aby już było lato.
....

9. Ciągle wychodzisz z domu. Dzieci zostają w domu bez opieki.
....

10. Dzisiaj zjem wszystko. Szpinak. Marchewkę.
....

OCEŃ SAM SIEBIE
>[9] bdb • [9] + db • [8] db • [7] +dst • >[6] dst • <[6] ndst
Jeśli w zadaniu testowym jest więcej niż dziesięć jednostek – przelicz sam!

ZADANIE 221
Copyright by S. Mędak

Proszę połączyć zdania, wykorzystując podane przed każdym zadaniem testowym wskaźniki zespolenia (spójniki, modulanty, operatory metatekstowe, relatory itp.).

WZÓR – jak w zadaniu testowym numer 219.
WSKAŹNIKI ZESPOLENIA DO WYBORU:
albo • ale • bowiem • chociaż • czy • jakkolwiek • mimo to • to • więc / ani • że

1. Był silny mróz. Zamknięto wszystkie szkoły w regionie.
....

2. Byłem chory. Poszedłem do pracy.
....

3. Czuł się źle. Nie miał ochoty na jedzenie. Nie miał ochoty na rozmowę.
....

4. Dam sobie radę. Najpierw muszę wrócić do zdrowia.
....

5. Dokuczał jej często. Lubiła go.
....

6. Gdzie mam usiąść? Tu? Przy stole?
....

7. Interesował się teatrem. Jego ojciec był aktorem.
....

8. Każde mięso można smażyć. Można je też gotować.
....

9. Kochanie, podnieść się na chwilę. Poprawię pościel na łóżku.
....

10. Ma sześćdziesiąt lat. Wygląda wciąż młodo i jest atrakcyjną kobietą.
....

OCEŃ SAM SIEBIE
>[9] bdb • [9] + db • [8] db • [7] +dst • >[6] dst • <[6] ndst
Jeśli w zadaniu testowym jest więcej niż dziesięć jednostek – przelicz sam!

ZADANIE 222

Copyright by S. Mędak

Proszę połączyć zdania, wykorzystując podane przed każdym zadaniem testowym wskaźniki zespolenia (spójniki, modulanty, operatory metatekstowe, relatory itp.).

WZÓR – jak w zadaniu testowym numer 219.
WSKAŹNIKI ZESPOLENIA DO WYBORU:
a więc • ale • bowiem • chociaż • gdyż • i dlatego • nawet • więc • zatem • że

1. Chciałbym, abyś ze mną porozmawiał. Jedną chwilę.
....

2. Dzisiaj nie mam czasu na rozmowę. Porozmawiamy jutro.
....

3. Idziesz na przyjęcie. Ubierz się elegancko.
....

4. Jest tak wiele dowodów. Mógłbym je mnożyć w nieskończoność.
....

5. Jestem zobowiązany tajemnicą służbową. Nie odpowiem na pani pytanie.
....

6. Jesteś na diecie. Nie możesz jeść wysokokalorycznych potraw.
....

7. Każda jego miłość kończyła się tragicznie. Ta najpiękniejsza też.
....

8. Kończą się ciepłe dni jesienne. W przyrodzie wszystko ma swój koniec.
....

9. Ludzie byli oburzeni. Z roku na rok podnoszono podatki.
....

10. Miałem tym razem szczęście. Uniknąłem wypadku.

OCEŃ SAM SIEBIE
>[9] bdb • [9] + db • [8] db • [7] +dst • >[6] dst • <[6] ndst
Jeśli w zadaniu testowym jest więcej niż dziesięć jednostek – przelicz sam!

ZADANIE 223
Copyright by S. Mędak

Proszę połączyć zdania, wykorzystując podane przed każdym zadaniem testowym wskaźniki zespolenia (spójniki, modulanty, operatory metatekstowe, relatory itp.).

WZÓR – jak w zadaniu testowym numer 219.
WSKAŹNIKI ZESPOLENIA DO WYBORU:
a • a zatem • aczkolwiek • ale • aż • chociaż • które • ponieważ • tymczasem • więc

1. Jedzenia na weselu było w bród. Każdy mógł najeść się do woli.
....
2. Koty myją się często. Są bardzo czyste.
....
3. Krzyknął głośno. Dziecko zaczęło płakać.
....
4. Książka była trudna. Czytałem ją z olbrzymim zainteresowaniem.
....
5. Kupię właśnie tę gazetę. Chcę przeczytać artykuł napisany przez pana Mędaka.
....
6. Kupiła nowe perfumy. Te perfumy mają bardzo mocny zapach piżma.
....
7. Ma już blisko sześćdziesiątki. Ubiera się jak nastolatka.
....
8. Ma wszystko w swoim życiu. Narzeka ciągle.
....
9. Miała nadzwyczajnie duże powodzenie u chłopców. Nie była piękna.
....

10. Myślał, że życie za granicą jest łatwiejsze. Okazało się, że jest trudniejsze.

OCEŃ SAM SIEBIE
>[9] bdb • [9] + db • [8] db • [7] +dst • >[6] dst • <[6] ndst
Jeśli w zadaniu testowym jest więcej niż dziesięć jednostek – przelicz sam!

ZADANIE 224
Copyright by S. Mędak

Proszę połączyć zdania, wykorzystując podane przed każdym zadaniem testowym wskaźniki zespolenia (spójniki, modulanty, operatory metatekstowe, relatory itp.).

WZÓR – jak w zadaniu testowym numer 219.
WSKAŹNIKI ZESPOLENIA DO WYBORU:
a • a mianowicie • bo • bowiem • chociaż • i dlatego • skoro • tymczasem • więc • że

1. Jest przeciąg. Zamknij okna!

2. Marzył o tej kobiecie latami. Ona nigdy na niego nie spojrzała.

3. Maszerował i maszerował. Chciał osiągnąć swój cel.

4. Miał jedną zasadę. Nigdy nie poddawał się od razu.

5. Miał katar. Musiał mimo to wystąpić na estradzie.

6. Miałem wrażenie, że upłynęły wieki. Upłynęło tylko kilka sekund.

7. Musi pan rozluźnić mięśnie. Muszę panu zrobić zastrzyk.

8. Nastąpiła awaria sieci elektrycznej. Wszystkie tramwaje zatrzymały się na ulicy.

9. Na zakończenie roku szkolnego przyszli uczniowie i nauczyciele oraz pracownicy administracji: sekretarki, woźny, pielęgniarka szkolna, bibliotekarki.

10. Nie chcecie przyjść do mnie. W takim razie ja was odwiedzę wkrótce.

OCEŃ SAM SIEBIE
>[9] bdb • [9] + db • [8] db • [7] +dst • >[6] dst • <[6] ndst
Jeśli w zadaniu testowym jest więcej niż dziesięć jednostek – przelicz sam!

ZADANIE 225

Copyright by S. Mędak

Proszę połączyć zdania, wykorzystując podane przed każdym zadaniem testowym wskaźniki zespolenia (spójniki, modulanty, operatory metatekstowe, relatory itp.).

WZÓR – jak w zadaniu testowym numer 219.
WSKAŹNIKI ZESPOLENIA DO WYBORU:
a • ani • bo • choć • dlatego • gdyż • i to • ponieważ • tylko • więc

1. Miał duże powodzenie u dziewczyn. Nazywano go w szkole don Juanem.
....
2. Miał wielu wrogów w pracy. Kto ich nie ma?!
....
3. Muszę kupić prezent. Nie wypada iść na imieniny z pustymi rękoma.
....
4. Na ślubie byli tylko najbliżsi. Pan młody nie chciał rozgłosu.
....
5. Na urodziny dostała futro. Bardzo drogie futro.
....
6. Nałożył okulary. Chciał wybrać właściwy numer telefonu.
....
7. Petrarko, napisałeś ten tekst niedbale. Musisz go przepisać.
....
8. Nic nie mówił. Cały czas patrzył jej w oczy.
....
9. Nie chciał poddać się operacji. Stan jego zdrowia był tragiczny.
....
10. Nie mam już rodziny. Nie mam przyjaciół.
....

OCEŃ SAM SIEBIE
>[9] bdb • [9] + db • [8] db • [7] +dst • >[6] dst • <[6] ndst
Jeśli w zadaniu testowym jest więcej niż dziesięć jednostek – przelicz sam!

ZADANIE 226

Copyright by S. Mędak

Proszę połączyć zdania, wykorzystując podane przed każdym zadaniem testowym wskaźniki zespolenia (spójniki, modulanty, operatory metatekstowe, relatory itp.).

WZÓR – jak w zadaniu testowym numer 219.

WSKAŹNIKI ZESPOLENIA DO WYBORU:
a • ale • ani ... ani • bo • choć • czy • dlatego też • gdyż • i tak • tym samym

1. Miał zrobić tak. Zrobił to na opak.
....

2. Nagle zrobiło się ciemno. Jasny księżyc przykryła ciężka chmura.
....

3. Nie chciał dyskutować nad nową propozycją. To była bardzo ważna dla nas propozycja.
....

4. Nie mam ochoty jeść. Mogę się czegoś napić.
....

5. Nie miał rodziny. Nie miał przyjaciół. Nie miał znajomych.
....

6. Nie mogę teraz wyjść. Leje jak z cebra.
....

7. Nie przygotowałem się do egzaminów. Nie zdałem ich.
....

8. Nie tłumacz mu tego. Nie zrozumie.
....

9. Nie wiem, co on naprawdę robi. Słucha? Udaje, że słucha?
....

10. Nie zgłosił się na rozmowę. Został skreślony z listy kandydatów.
....

OCEŃ SAM SIEBIE
>[9] bdb • [9] + db • [8] db • [7] +dst • >[6] dst • <[6] ndst
Jeśli w zadaniu testowym jest więcej niż dziesięć jednostek – przelicz sam!

ZADANIE 227
Copyright by S. Mędak

Proszę połączyć zdania, wykorzystując podane przed każdym zadaniem testowym wskaźniki zespolenia (spójniki, modulanty, operatory metatekstowe, relatory itp.).

WZÓR – jak w zadaniu testowym numer 219.
WSKAŹNIKI ZESPOLENIA DO WYBORU:
a • ale • bo • bowiem • gdyż • lecz • ponieważ • skoro • więc • że

1. Nie mogę niczego jeść. Mogę się napić jeden łyk herbaty.
....

ZADANIA TESTOWE

2. Nie mogę zapłacić gotówką. Mam tylko czeki.
....

3. Nie mógł zasnąć. Zażył kolejną tabletkę nasenną.
....

4. Nie należy bez przerwy rozważać przeszłości. Należy patrzeć w przyszłość.
....

5. Nie powinienem tego robić. Zrobię to mimo wszystko.
....

6. Nie proś go o pomoc! Wiesz, że ci nie pomoże.
....

7. Nie przyszedł na spotkanie. Był chory.
....

8. Nie rozwiążę tego problemu. Ten problem jest dla mnie za trudny.
....

9. On nie mógł mnie zawieść. To człowiek słowny oraz uczciwy.
....

10. On tak głośno krzyczy. Aż uszy mnie bolą.
....

OCEŃ SAM SIEBIE
>[9] bdb • [9] + db • [8] db • [7] +dst • >[6] dst • <[6] ndst
Jeśli w zadaniu testowym jest więcej niż dziesięć jednostek – przelicz sam!

ZADANIE 228
Copyright by S. Mędak

Proszę połączyć zdania, wykorzystując podane przed każdym zadaniem testowym wskaźniki zespolenia (spójniki, modulanty, operatory metatekstowe, relatory itp.).

WZÓR – jak w zadaniu testowym numer 219.
WSKAŹNIKI ZESPOLENIA DO WYBORU:
a • a więc • a zatem • aż • bo • czy • gdy • kiedy • lecz • ponieważ

1. Muszę poznać tę dziewczynę za wszelką cenę. To niezwykle cenna osoba.
....

2. On nigdy nie zrozumie cierpienia innych. Jest egoistą.
....

3. Nikt jej nie słuchał. Ona dalej opowiadała.
....

4. Piękne mieszkanie! Zupełnie niefunkcjonalne.
....

5. Podobała mu się ta praca. Przychodził do pracy z przyjemnością.
....

6. Powiedz mi jedną rzecz. Naprawdę mnie kochasz?
....

7. Prosił go długo. W końcu otrzymał to, o co prosił.
....

8. Przekonał pan już wszystkich. Możemy skończyć zebranie.
....

9. Schodziliśmy ze szczytu góry. Zaczęła się gwałtowana burza.
....

10. Siedział spokojnie. Nagle usłyszał stukot do drzwi.
....

OCEŃ SAM SIEBIE
>[9] bdb • [9] + db • [8] db • [7] +dst • >[6] dst • <[6] ndst
Jeśli w zadaniu testowym jest więcej niż dziesięć jednostek – przelicz sam!

ZADANIE 229
Copyright by S. Mędak

Proszę połączyć zdania, wykorzystując podane przed każdym zadaniem testowym wskaźniki zespolenia (spójniki, modulanty, operatory metatekstowe, relatory itp.).

WZÓR – jak w zadaniu testowym numer 219.
WSKAŹNIKI ZESPOLENIA DO WYBORU:
aczkolwiek • ale • a zatem • bo • chociaż • gdyż • i że • to • tymczasem • więc • że

1. Czekałem na nich nad dworcu. Oni podjechali pod dom taksówką.
....

2. Nie krzycz na mnie! Jeszcze jedno słowo i wyjdę stąd!
....

3. Nowa sala koncertowa była piękna. Niestety, zupełnie bez akustyki.
....

4. Paliła papierosy przez 30 lat. Teraz ma kłopoty z oddechem.
....

5. Pan już nie jest nam potrzebny. Może pan odejść.
....

6. Pociąg się zatrzymał. Do stacji końcowej było niedaleko.
....

7. Powiedział: *„Nie znoszę mrozów. Czekam z utęsknieniem na wiosnę"*.
....

ZADANIA TESTOWE

8. Zawsze jest szczęśliwa. Taka jej natura.
....

9. Zdecydowała się na ślub. Niechętnie.
....

10. Zdejmij te brudne spodnie. Wypiorę je.
....

OCEŃ SAM SIEBIE
>[9] bdb • [9] + db • [8] db • [7] +dst • >[6] dst • <[6] ndst
Jeśli w zadaniu testowym jest więcej niż dziesięć jednostek – przelicz sam!

ZADANIE 230
Copyright by S. Mędak

Proszę połączyć zdania, wykorzystując podane przed każdym zadaniem testowym wskaźniki zespolenia (spójniki, modulanty, operatory metatekstowe, relatory itp.).

WZÓR – jak w zadaniu testowym numer 219.
WSKAŹNIKI ZESPOLENIA DO WYBORU:
albo • ani ... ani • a więc • bowiem • dopóki • im ... tym • jeśli *a.* jeżeli • kiedy • nadto • zatem

1. Spocznij! Zmęczyłeś się.
....

2. Śpię dłużej. Czuję się lepiej.
....

3. Taka okazja zdarza się raz na sto lat. Powinieneś z niej skorzystać.
....

4. Ten kraj jest ojczyzną mojego ojca. Ten kraj jest również moją ojczyzną.
....

5. Ten przepis prawny obowiązuje. Należy go przestrzegać.
....

6. Tę etiudę wykonasz na fortepianie. Możesz też wykonać ją na innym instrumencie.
....

7. To beznadziejna książka. Nie ma w niej ani jednej mądrej myśli.
....

8. To była przeciętna kobieta. Nie była ona mądra. Nie była ona głupia.
....

9. Wchodziłem do przedpokoju. W salonie zadzwonił telefon.
....

10. Zdasz wszystkie egzaminy. Pojedziesz na wycieczkę do Hiszpanii.
....

OCEŃ SAM SIEBIE
>[9] bdb • [9] + db • [8] db • [7] +dst • >[6] dst • <[6] ndst
Jeśli w zadaniu testowym jest więcej niż dziesięć jednostek – przelicz sam!

ZADANIE 231
Copyright by S. Mędak

Proszę połączyć zdania, wykorzystując podane przed każdym zadaniem testowym wskaźniki zespolenia (spójniki, modulanty, operatory metatekstowe, relatory itp.).

WZÓR – jak w zadaniu testowym numer 219.
WSKAŹNIKI ZESPOLENIA DO WYBORU:
albo • ale • a więc • bo • bowiem • gdyż • im ... tym • ponieważ • to • zatem

1. Twoja wina jest wielka. Jest jeszcze czas na naprawienie błędów.
....

2. Widzę, że wszystko już przygotowane do drogi. Jedziemy.
....

3. Więcej pracowałem. Więcej zarabiałem.
....

4. Wrócił do Polski po wielu latach nieobecności. Otrzymał olbrzymi spadek po rodzicach.
....

5. Wszędzie było ciemno. W mieście nastąpiła awaria sieci elektrycznej.
....

6. Wszystko mi jedno. Możesz przyjść dzisiaj. Możesz przyjść jutro.
....

7. Wyciągnął rękę. Chciał się z nim przywitać.
....

8. Wyjedziemy za chwilę. Jeszcze muszę zadzwonić do babci.
....

9. Wykonałem plan pracy. Mogę trochę odpocząć.
....

10. Wypij to lekarstwo. Przestaniesz narzekać na ból gardła.
....

OCEŃ SAM SIEBIE
>[9] bdb • [9] + db • [8] db • [7] +dst • >[6] dst • <[6] ndst
Jeśli w zadaniu testowym jest więcej niż dziesięć jednostek – przelicz sam!

ZADANIE 232

Copyright by S. Mędak

Proszę połączyć zdania, wykorzystując podane przed każdym zadaniem testowym wskaźniki zespolenia (spójniki, modulanty, operatory metatekstowe, relatory itp.).

WZÓR – jak w zadaniu testowym numer 219.
WSKAŹNIKI ZESPOLENIA DO WYBORU:
ale • a więc • bo • chociaż • choć • gdy • ponieważ • więc

1. Obudził się. Wiedział, że natychmiast zaśnie z powrotem.
....
2. On nie jest tylko świetnym pedagogiem. Jest również przyjacielem dzieci.
....
3. Pracuję całymi dniami. Muszę utrzymać żonę i troje dzieci.
....
4. Proszę rozluźnić mięśnie. Muszę panu zrobić zastrzyk.
....
5. Przełożeni doszli do wniosku, że źle pracuje. Wyrzucono go z pracy.
....
6. Rozwiązałem zadanie z fizyki. Zadanie było bardzo trudne.
....
7. Ten samochód jest praktyczny w mieście. Jest bardzo mały.
....
8. Zagrał swoją pierwszą sonatę jak profesjonalista. Był amatorem w swoim zawodzie.
....
9. Zrobił kilka kroków. Za plecami wyczuł obecność swojego prześladowcy.
....
10. Zrobiłem wszystko, co chciałaś. Dlaczego krzyczysz na mnie?
....

OCEŃ SAM SIEBIE
>[9] bdb • [9] +db • [8] db • [7] +dst • >[6] dst • <[6] ndst
Jeśli w zadaniu testowym jest więcej niż dziesięć jednostek – przelicz sam!

ZADANIE 233

Copyright by S. Mędak

Proszę przekształcić poniższe zdania, wykorzystując dowolne wskaźniki zespolenia wewnętrznego.

WZÓR
H. Heine: **Myśl jest niewidzialną naturą, a (zaś) natura jest niewidzialną myślą.**

1. Odpocznę trochę. Potem znowu wezmę się do pracy.
....

2. Ona nic nie robi. Ciągle jest zmęczona.
....

3. On jest Polakiem. Ona jest Francuzką.
....

4. Pochodził z rodziny arystokratycznej. Zachowywał się, jak człowiek z prostej rodziny.
....

5. Pociąg już odjeżdżał. On biegł jak szalony za pociągiem.
....

6. Pod hotelem stał elegancki samochód. Obok samochodu kręcił się podejrzany mężczyzna.
....

7. Policjanci poszukują przestępcy. Są już na jego tropie.
....

8. Pracowała cały dzień. Wieczorami uczyła się języków obcych.
....

9. Robił dla niej wszystko. Ona nie chciała go poślubić.
....

10. Spotkałem ją po raz pierwszy. Zakochałem się w niej od razu.
....

11. Stała na brzegu jeziora. Wpatrywała się w swoje odbicie w wodzie.
....

12. Starałem się to zrozumieć. Niczego nie zrozumiałem.
....

13. Szedł. Śpiewał piosenki, które znał z dzieciństwa.
....

14. Trzy dni pracowała w szkole. W czwartek, piątek i sobotę udzielała lekcji prywatnych.
....

15. Ty pójdziesz na spacer. Ja spokojnie posprzątam mieszkanie.
....

16. Umiał doradzać. Umiał słuchać innych.
....

17. W ogrodzie były dwa rzędy drzew owocowych. W środku rosły słoneczniki.
....

18. Włożył spodnie. Potem na spodnie włożył kombinezon.
....

ZADANIA TESTOWE

19. Wydawało mi się, że wiem niewiele. Tak naprawdę, widziałem dużo.
....

20. Zadzwoniliśmy na policję. Policjanci zjawili się dopiero po dwóch godzinach.
....

21. Zajmowała się kilkorgiem dzieci. Nie miała zupełnie czasu dla siebie.
....

22. Zarabiamy tyle samo. Ceny wzrastają z miesiąca na miesiąc.
....

23. Zawsze znalazł powód kłótni w domu. Tym razem nie.
....

24. Zazdrościli mu wszystkiego. Sami nic w życiu nie zrobili.
....

25. Ziemia kręci się wokół słońca. Jest to absolutna prawda.
....

OCEŃ SAM SIEBIE
>[9] bdb • [9] + db • [8] db • [7] +dst • >[6] dst • <[6] ndst
Jeśli w zadaniu testowym jest więcej niż dziesięć jednostek – przelicz sam!

XIX. STRONA CZYNNA – STRONA BIERNA

ZADANIE 234

Copyright by S. Mędak

Proszę wpisać w miejsce kropek (kolumna A) wszystkie typy konstrukcji reprezentujące diatezę bierną zgodnie z wzorem sporządzonym na podstawie pary aspektowej *przepisywać / przepisać*.

WZÓR
spisy lokatorów || przepisywać / przepisać

	A.	
BYĆ + imiesłów bierny:	1. niedokonany	**a.** spisy lokatorów <u>są / będą / były przepisywane</u>
	2. dokonany	**b.** spisy lokatorów <u>są / będą / były/ przepisane</u>
BYWAĆ + imiesłów bierny:	1. niedokonany	**c.** spisy lokatorów <u>bywają / bywały przepisywane</u>
	2. dokonany	**d.** spisy lokatorów <u>bywają / bywały przepisane</u>
ZOSTAĆ + imiesłów bierny	dokonany	**e.** spisy lokatorów <u>zostaną / zostały przepisane</u>

Wzór diatezy biernej opracowano na podstawie: *Gramatyka współczesnego języka polskiego. Morfologia*, str. 142.

1. *ktoś || obrażać / obrazić*

	A.	
BYĆ + imiesłów bierny:	1. niedokonany	**a.** ktoś ....
	2. dokonany	**b.** ktoś ....
BYWAĆ + imiesłów bierny:	1. niedokonany	**c.** ktoś ....
	2. dokonany	**d.** ktoś ....
ZOSTAĆ + imiesłów bierny	dokonany	**e.** ktoś ....

2. *trudności || pokonywać / pokonać*

	A.	
BYĆ + imiesłów bierny:	1. niedokonany	**a.** trudności ....
	2. dokonany	**b.** trudności ....
BYWAĆ + imiesłów bierny:	1. niedokonany	**c.** trudności ....
	2. dokonany	**d.** trudności ....
ZOSTAĆ + imiesłów bierny	dokonany	**e.** trudności ....

ZADANIA TESTOWE

3. *rozkaz || wykonywać / wykonać*

A.

BYĆ + imiesłów bierny:	1. niedokonany	**a.** rozkaz ....
	2. dokonany	**b.** rozkaz ....
BYWAĆ + imiesłów bierny:	1. niedokonany	**c.** rozkaz ....
	2. dokonany	**d.** rozkaz ....
ZOSTAĆ + imiesłów bierny	dokonany	**e.** rozkaz ....

4. *dzieci || wychowywać / wychować*

A.

BYĆ + imiesłów bierny:	1. niedokonany	**a.** dzieci ....
	2. dokonany	**b.** dzieci ....
BYWAĆ + imiesłów bierny:	1. niedokonany	**c.** dzieci ....
	2. dokonany	**d.** dzieci ....
ZOSTAĆ + imiesłów bierny	dokonany	**e.** dzieci ....

5. *życie || opisywać / opisać*

A.

BYĆ + imiesłów bierny:	1. niedokonany	**a.** życie ....
	2. dokonany	**b.** życie ....
BYWAĆ + imiesłów bierny:	1. niedokonany	**c.** życie ....
	2. dokonany	**d.** życie ....
ZOSTAĆ + imiesłów bierny	dokonany	**e.** życie ....

OCEŃ SAM SIEBIE

>[9] bdb • [9] + db • [8] db • [7] +dst • >[6] dst • <[6] ndst

Jeśli w zadaniu testowym jest więcej niż dziesięć jednostek – przelicz sam!

ZADANIE 235

Copyright by S. Mędak

Proszę przekształcić zdania w stronie czynnej na zdania w stronie biernej według poniżej załączonego wzoru.

WZÓR

- **dowodzić plutonem**

  01. Krasnal dowodzi plutonem. → Pluton jest dowodzony przez krasnala.

  02. On będzie dowodził plutonem. → Pluton będzie dowodzony przez niego.

  03. Krasnal dowodził plutonem. → Pluton był dowodzony przez krasnala.

Czasowniki o rządzie narzędnikowym

- **dyrygować tłumem** 1. Dwaj krasnale dyrygowali milionową orkiestrą. → ....

- **rządzić państwem** 2. Dwaj krasnale będą rządzić dużym państwem. → ....

- **zarządzać majątkiem** 3. Dwaj krasnale zarządzali naszym majątkiem. → ....

Czasowniki o rządzie dopełniaczowym

- **bronić twierdzy** 4. Dwóch krasnali będzie broniło twierdzy. → ....

- **dostarczyć niezapomnianych wrażeń** 5. Krasnale dostarczą każdemu z nas niezapomnianych wrażeń. → ....

- **użyć gazów** 6. Krasnale użyją gazów łzawiących w walce z manifestantami. → ....

- **zabronić noszenia broni** 7. Rodzice krasnali zabronili nam noszenia białej broni. → ....

- **zakazać angażowania się** 8. Dzielni krasnale zakażą kobietom angażowania się w życie polityczne. → ....

Czasowniki o rządzie biernikowym

- **oczarować wrogów** 9. Dwóch krasnali bez wątpienia oczaruje kolejne setki wrogów. → ....

- **odbudować zaufanie** 10. Dwóch krasnali odbuduje zaufanie państw ościennych do naszej republiki. → ....

OCEŃ SAM SIEBIE

>[9] bdb • [9] + db • [8] db • [7] +dst • >[6] dst • <[6] ndst

Jeśli w zadaniu testowym jest więcej niż dziesięć jednostek – przelicz sam!

ZADANIE 236

Copyright by S. Mędak

Proszę wpisać w miejsce kropek właściwe formy czasowników zawartych w nawiasach (kolumna B) w stronie biernej według załączonego wzoru.

ZADANIA TESTOWE

WZÓR
Czy ta bomba eksploduje? — Nie. Przed chwilą <u>została</u> już <u>zdetonowana</u>. (*zdetonować*).

A.

1. Chcą pana zdetronizować!
2. Chcecie zdławić ten strajk?!
3. Chcesz zdemolować nocny klub?!
4. Chcę rozmawiać z moim szefem!
5. Chcę zdementować tę pogłoskę.
6. Chce pan zintegrować zespół?
7. Czy statek przypłynie do brzegu?
8. Musimy zdemilitaryzować armię!
9. Musimy zdewaluować euro.
10. Musisz zdezynfekować ranę!

B.

1. — Tak?! Wczoraj *(ja)* .... (*zdetronizować*).
2. — Ten strajk już .... (*zdławić*) przez policję!
3. — Po co? Ten klub już .... (*zdemolować*).
4. — Pana szef .... wczoraj .... (*zdegradować*).
5. — Ta pogłoska .... już .... (*zdementować*).
6. — Nie. Zespół już .... (*zintegrować*).
7. — Nie. Przed chwilą statek .... (*zatopić*).
8. — Po co? Armia już .... (*zdemilitaryzować*).
9. — Tak?! Euro już .... (*zdewaluować*)!
10. — Ależ skąd! Rana już .... (*zdezynfekować*).

OCEŃ SAM SIEBIE
>[9] bdb • [9] +db • [8] db • [7] +dst • >[6] dst • <[6] ndst
Jeśli w zadaniu testowym jest więcej niż dziesięć jednostek – przelicz sam!

ZADANIE 237
Copyright by S. Mędak

Proszę przekształcić zdania w stronie czynnej na zdania w stronie biernej według załączonego wzoru.

WZÓR

(ja) Naprawiam auto.	*(ja)* Będę naprawiał auto.	*(ja)* Naprawiałem auto.
	(ja) Naprawię auto.	*(ja)* Naprawiłem auto.
<u>Auto jest naprawiane przeze mnie.</u>	<u>Auto będzie naprawiane przeze mnie.</u>	<u>Auto było naprawiane przeze mnie.</u>
	<u>Auto zostanie naprawione przeze mnie.</u>	<u>Auto zostało naprawione przeze mnie.</u>

1. Dzieci brudzą podłogę. .... | Dzieci zabrudzą podłogę. || .... | One wszystko zabrudziły. || ....

2. Kąpię niemowlę wieczorem. .... | Wykąpię je wieczorem. || .... | Już je wykąpałem. || ....

3. Małpa zrywa owoce z drzewa. .... | Ona zerwie wszystkie owoce. || .... | Ona zerwała owoce. || ....

4. Oni rozdzielają paczki. .... | Oni rozdzielą paczki. || .... | Oni już je rozdzielili. || ....

5. Piekarz piecze ciasto. .... | On będzie piekł ciasto. || .... | On już upiekł ciasto. || ....

6. Stale wynosili kiełbasę z masarni. .... | Wyniosą cały wyrób. || .... | Wynieśli tonę kiełbasy z masarni. || ....

7. Wszyscy ją oklaskują. .... | Wszyscy będą ją oklaskiwać. || .... | Wszyscy ją oklaskiwali. || ....

8. Czyszczę komin na dachu. .... | Będę czyścił komin na dachu. || .... | Wyczyściłem komin. || ....

9. Adwokat broni mnie w sądzie. .... | Adwokat będzie mnie bronił w sądzie. || .... | Adwokat mnie obronił. || ....

10. Załatwiam już tę sprawę. .... | Załatwię tę sprawę. || .... | Załatwiłem tę sprawę. || ....

OCEŃ SAM SIEBIE

>[9] bdb • [9] + db • [8] db • [7] +dst • >[6] dst • <[6] ndst

Jeśli w zadaniu testowym jest więcej niż dziesięć jednostek – przelicz sam!

ZADANIA TESTOWE

ZADANIE 238

Copyright by S. Mędak

Proszę przekształcić zdania w stronie czynnej na zdania w stronie biernej według załączonego wzoru.

WZÓR
0. Nigdy nie napiszę tego listu! → <u>Ten list nigdy nie będzie / nie zostanie napisany przeze mnie!</u>
01. Nigdy cię nie biję! → <u>Ty nigdy nie będziesz bity przeze mnie!</u>

1. Czy pan podejmie tę decyzję? → Ta decyzja nie ....
....!
2. Czy to on będzie zarządzał miastem? → Nasze miasto nie ....
....!
3. Kiedy odnowią tę część miasta? → Ta część miasta nigdy nie ....
....!
4. Nigdy nie przetłumaczysz tej książki?! → Mam wrażenie, że ta książka nigdy nie .....
....!
5. Nigdy nie zakończą tej budowy?! → Ta budowa nigdy nie ....
....!

OCEŃ SAM SIEBIE
>[9] bdb • [9] +db • [8] db • [7] +dst • >[6] dst • <[6] ndst
Jeśli w zadaniu testowym jest więcej niż dziesięć jednostek – przelicz sam!

ZADANIE 239

Copyright by S. Mędak

Proszę przekształcić zdania w stronie czynnej na zdania w stronie biernej według poniżej załączonego wzoru, uwzględniając słowo wprowadzające zamieszczone za symbolem →.

WZÓR
Lubili go wszyscy. → On <u>był lubiany przez wszystkich.</u>
Wycałowała płaczące dziecko. → Płaczące dziecko <u>zostało wycałowane przez nią.</u>

1. Dzieci stale niszczyły zabawki. → Zabawki ....
....
2. Kochali ją tylko zmarli już dziadkowie. → Ona ....
....

3. Karol zameldował Wacka w urzędzie → Wacek ....
....

4. Oni nie zaprosili nas na przyjęcie. → My ....
....

5. Ogrodnik zerwał wszystkie jabłka z jabłoni. → Jabłka ....
....

6. Ona zamknęła drzwi na klucz. → Drzwi ....
....

7. Pod koniec maja władze zmieniły datę wyborów. → Data wyborów ....
....

8. Przenieśli zajęcia na następny tydzień. → Zajęcia ....
....

9. Rafał pościelił moje łóżko. → Moje ....
10. Rodzice źle wychowywali dziecko. → Dziecko ....
....

OCEŃ SAM SIEBIE
> [9] bdb • [9] + db • [8] db • [7] +dst • >[6] dst • <[6] ndst
Jeśli w zadaniu testowym jest więcej niż dziesięć jednostek – przelicz sam!

ZADANIE 240
Copyright by S. Mędak

Proszę przekształcić zdania w stronie czynnej na zdania w stronie biernej według poniżej załączonego wzoru, uwzględniając słowo (słowa) wprowadzające, zamieszczone za symbolem →.

WZÓR
Chyba zaproszę tego gościa na wystawną kolację.
→ **Chyba ten gość będzie zaproszony przez mnie na kolację.**

1. Krasnale opuszczą wkrótce pałac. → Wkrótce ....
....

2. Krasnale wyprowadzą kraj z ciągłego kryzysu politycznego. → Kraj ....
....

3. Monter wprawi podwójne drzwi w mieszkaniu. → Podwójne ....
....

4. Obrabujemy bank o świcie. → Bank ....
5. On będzie malować portret tej dziewczyny. → Portret ....
....

6. On założy nowe konto w banku szwajcarskim. → Nowe ....
....

ZADANIA TESTOWE

7. Oni wypiją wszystko. → Wszystko ....
....

8. Położymy wszystko na właściwym miejscu. → Wszystko ....
....

9. Profesor zrecenzuje kolejną pracę doktorską. → Kolejna ....
....

10. Uważaj, bo cię ktoś popchnie! → Uważaj, bo ....
.... !

OCEŃ SAM SIEBIE
>[9] bdb • [9] + db • [8] db • [7] +dst • >[6] dst • <[6] ndst
Jeśli w zadaniu testowym jest więcej niż dziesięć jednostek – przelicz sam!

ZADANIE 241
Copyright by S. Mędak

Polecenie i WZÓR – jak w zadaniu testowym numer 240.

1. Aktorzy zagrają nową sztukę za miesiąc. → Nowa sztuka ....
....

2. Janek powie brzydkie słowo. → Brzydkie słowo ....
....

3. Kierowca spowoduje wypadek. → Wypadek ....
....

4. Marek przywiezie koledze telewizor. → Telewizor ....
....

5. Napiszę ten test na ocenę bardzo dobrą. → Ten test ....
....

6. Ocenię swojego nauczyciela. → Nauczyciel ....
....

7. On przeczyta książkę. → Książka ....
....

8. Uparci pokonają wszystkie trudności. → Wszystkie trudności ....
....

9. Sprawdzimy wasze testy. → Wasze testy ....
....

10. Wykonamy trudne zadanie. → Trudne zadanie ....
....

OCEŃ SAM SIEBIE
>[9] bdb • [9] + db • [8] db • [7] +dst • >[6] dst • <[6] ndst
Jeśli w zadaniu testowym jest więcej niż dziesięć jednostek – przelicz sam!

XX. SYNONIMIA SYNTAKTYCZNA

ZADANIE 242

Copyright by S. Mędak

Proszę przekształcić zdania według załączonego wzoru.

WZÓR
Kiedy ugotuje obiad, zabiorę się do sprzątania. → Po ugotowaniu obiadu, zabiorę się do sprzątania.

1. Kiedy dokładniej zorientuję się w sytuacji, podejmę decyzję. → ....
....
2. Kiedy on wyjdzie z domu, poczuję się zupełnie inaczej. → ....
....
3. Kiedy opracuję plan podróży, zawiadomię cię o tym. → ....
....
4. Kiedy przepracuję czterdzieści lat, pójdę na emeryturę. → ....
....
5. Kiedy przeprowadzę z nią rozmowę, będę się czuł lepiej. → ....
....
6. Kiedy rozpocznie się sezon na ogórki, zaczniemy je kisić. → ....
....
7. Kiedy skończę studia, zacznę szukać pracy. → ....
....
8. Kiedy urodzi się nasze pierwsze dziecko, zmienimy styl życia. → ....
....
9. Kiedy wytrę wszystkie szklanki, poukładam je w szafce. → ....
....
10. Kiedy załatwię wszystkie formalności, odetchnę z ulgą. → ....
....

OCEŃ SAM SIEBIE
\>[9] bdb • [9] + db • [8] db • [7] +dst • >[6] dst • <[6] ndst
Jeśli w zadaniu testowym jest więcej niż dziesięć jednostek – przelicz sam!

ZADANIE 243

Copyright by S. Mędak

Proszę przekształcić zdania z kolumny A na zdania w formie przeczącej ze spójnikiem *żeby* (kolumna B).

ZADANIA TESTOWE

WZÓR
Przypuszczam, że ona znowu się spóźni. → Nie sądzę, żeby ona się znowu spóźniła.

A.

1. Jestem przekonana, że ona się w nim kocha.
2. Myślę, że los jest sprawiedliwy.
3. Myślę, że życie jest piękne.
4. Sądzę, że wrócę już jutro.
5. Sądzę, że wyjedziecie za granicę.
6. Uważam, że on ma rację.
7. Uważam, że to jest łatwe.
8. Wierzę, że on cię odwiedzi.
9. Wierzę, że on wróci do ciebie.
10. Wydaje mi się, że znasz tę osobę.

B.

→ Nie sądzę, ... (ona) .... w nim ....
→ Nie myślę, ... los ....
→ Nie myślę, ... życie .... aż tak piękne.
→ Nie sądzę, ... (ty) .... tak szybko.
→ Nie sądzimy, ... w tym roku .... za granicę.
→ Nie uważam, ... (on) .... rację.
→ Nie uważam, ... to .... łatwe.
→ Nie wierzę, ... (on) kiedykolwiek mnie ....
→ Nie wierzę, ... (on) .... do mnie.
→ Nie wydaje mi się, ... (ja) .... tę osobę.

OCEŃ SAM SIEBIE
>[9] bdb • [9] + db • [8] db • [7] +dst • >[6] dst • <[6] ndst
Jeśli w zadaniu testowym jest więcej niż dziesięć jednostek – przelicz sam!

ZADANIE 244

Copyright by S. Mędak

Proszę przekształcić poniższe zdania, uwzględniając wyrażenia przyimkowe (rzadko przyimki) wyróżnione pogrubioną czcionką (kolumna B).

WZÓR
Nie pojadę na wakacje, ponieważ nie mam pieniędzy.   *(z powodu)* → Nie pojadę na wakacje <u>z powodu braku pieniędzy.</u>

A.

B.
wyrażenia przyimkowe:

1. Powiedział, że boli go głowa i wyszedł z sali wykładowej.

(pod pozorem) → ....
....

2. Chociaż jesteście różnej płci, macie takie same prawa.

(bez względu na) → ....
....

3. Zaczął robić fundamenty pod dom, a nie miał zezwolenia na budowę.

(bez zezwolenia) → ....
....

4. Dałem mu książkę, a on mi dał stare znaczki.

(w zamian za) → ....
....

5. Mamy różne struktury psychiczne: jedni reagują na silny stres chorobą psychosomatyczną, inni objawami psychicznymi.

(w zależności od)
→ ....
....
....
....

6. Starzejemy się i stajemy się coraz bardziej wyrozumiali dla innych.

(w miarę) → ....
....

7. Jeśli będzie deszcz, schronimy się w jakiejś najbliższej kawiarni.

(w razie) → ....
....

8. Lud tak chciał, więc został prezydentem kraju.

(z woli) → ....
....

9. Metal rdzewieje, kiedy styka się z wodą.

(przy) → ....
....

10. Mieliśmy lewarek, więc mogliśmy podnieść samochód.

(za pomocą) → ....
....

OCEŃ SAM SIEBIE
>[9] bdb • [9] + db • [8] db • [7] +dst • >[6] dst • <[6] ndst
Jeśli w zadaniu testowym jest więcej niż dziesięć jednostek – przelicz sam!

ZADANIA TESTOWE

ZADANIE 245

Copyright by S. Mędak

Polecenie i WZÓR – jak w zadaniu testowym numer 244.

1. Może pan tutaj wejść, jeśli okaże pan kartę wstępu.　(za okazaniem) → ....

2. Musiał zostać dłużej w pracy, ponieważ szef tak mu polecił.　(na polecenie) → ....

3. Nie odpisała na mój list, bo nie miała czasu.　(z braku) → ....

4. Odznaczono go, gdyż miał wyjątkowe zasługi.　(w uznaniu za) → ....

5. Ofiarowałem jej piękny album dlatego, że mi pomogła.　(z wdzięczności za) → ....

6. Organizujemy tę akcję, aby pomóc niepełnosprawnym.　(na rzecz) → ....

7. Piłsudski powrócił do władzy, bo w maju 1926 roku dokonano zamachu.　(w wyniku) → ....

8. Plac św. Piotra należy do państwa watykańskiego, bo tak zapisano w Pakcie Laterańskim.　(na mocy) → ....

9. Przestanę palić, ale dopiero od poniedziałku.　(począwszy od) → ....

10. Przyjechał do Polski, żeby założyć firmę.　(w celu) → ....

OCEŃ SAM SIEBIE

>[9] bdb • [9] + db • [8] db • [7] +dst • >[6] dst • <[6] ndst

Jeśli w zadaniu testowym jest więcej niż dziesięć jednostek – przelicz sam!

ZADANIE 246

Copyright by S. Mędak

Polecenie i WZÓR – jak w zadaniu testowym numer 244.

1. Przyjechał tutaj, ponieważ minister podpisał umowę kulturalną z Ułan Bator. (w ramach) → ....

2. Rodzice się nie zgodzili, a ona wyszła za mąż. (bez zgody) → ....

3. Stawał się bardziej tolerancyjny, ponieważ się starzał. (z upływem) → ....

4. To urządzenie działa, bo istnieje tak zwane sprzężenie zwrotne. (na zasadzie) → ....

5. Wakacje spędzę nad morzem, ponieważ tak mi poradził lekarz. (za radą) → ....

6. Wałęsa apelował, więc robotnicy wrócili do pracy pod długim strajku. (na apel) → ....

7. Widziałem ten spektakl, kiedy byłem w Paryżu. (w czasie) → ....

8. Współpracowaliśmy z Organizacją Narodów Zjednoczonych i dlatego zrealizowaliśmy program ochrony zabytków w tym regionie. (przy współpracy z) → ....

9. Wyjechali do Ameryki, gdyż chcieli szybko się dorobić majątku. (z nadzieją na) → ....

10. Wylały wszystkie rzeki w regionie, bo była wielka powódź. (na skutek) → ....

OCEŃ SAM SIEBIE

>[9] bdb • [9] + db • [8] db • [7] +dst • >[6] dst • <[6] ndst

Jeśli w zadaniu testowym jest więcej niż dziesięć jednostek – przelicz sam!

ZADANIA TESTOWE

ZADANIE 247

Copyright by S. Mędak

Polecenie i WZÓR – jak w zadaniu testowym numer 244.

1. Wyszedł, choć ona prosiła go, aby został.   (nie bacząc na) → ....

2. Zarabialiśmy mniej, bo rząd wprowadził tak zwane cięcia budżetowe.   (w związku z) → ....

3. Znał nowe metody i nauczał innych według tych metod.   (w oparciu o) → ....

4. Znał wpływowych polityków, więc uzyskał zezwolenie na budowę centrum handlowego na starym mieście.   (przy pomocy) → ....

5. Zniszczyli to miasto, bo tak rozkazał dowódca.   (z rozkazu) → ....

6. Zorganizowaliśmy tę wystawę dlatego, że pomogła nam finansowo ambasada USA w Warszawie.   (przy udziale) → ....

7. Zrobię to, bowiem to mój obowiązek.   (z poczucia) → ....

8. Zrobił to, bo kochał swoją matkę.   (z miłości dla) → ....

OCEŃ SAM SIEBIE

>[9] bdb • [9] +db • [8] db • [7] +dst • >[6] dst • <[6] ndst
Jeśli w zadaniu testowym jest więcej niż dziesięć jednostek – przelicz sam!

Zadania testowe od 244 do 247 opracowano na podstawie: E. Ucherek, *Polsko–francuski słownik przyimków*, Wydawnictwo Naukowe PWN, Warszawa 1955.

ZADANIE 248

Copyright by S. Mędak

Proszę wpisać w miejsce kropek właściwe dokończenie każdego z poniżej podanych zdań.

WZÓR
Boję się, że on tu wróci.   **Boję się jego powrotu tutaj.**

1. Cieszy mnie, że wreszcie zrozumiał.   Cieszy mnie jego ....
   ....

2. Domniemywam, że go zdradził.   Domniemywam jego ....
   ....

3. Domyślam się, że mnie ostro krytykowała.   Domyślam się jej ....
   ....

4. Jest zaskakujące, że brakuje tylu studentów dzisiaj!   Jest zaskakujący ....
   .... tylu studentów.

5. Mam nadzieję, że mi szybko wybaczysz.   Mam nadzieję na ....
   ....

6. Mam przeświadczenie, że wybrałaś słusznie.   Mam przeświadczenie o ....
   ....

7. Mam wątpliwości, czy ona postępuje bezinteresownie.   Mam wątpliwości co do jej ...
   ....

8. Mówiono mi, że odszedł z tego świata szybko. Mówiono mi o jego ....
   .... z tego świata.

9. Nie byłbym taki pewny, że on się zgodzi natychmiast. Nie byłbym pewny jego ....
   ....

10. Nie jest pewne, czy ukończymy prace w tym roku.   Nie jest pewne ....
    .... w tym roku.

OCEŃ SAM SIEBIE
>[9] bdb • [9] + db • [8] db • [7] +dst • >[6] dst • <[6] ndst
Jeśli w zadaniu testowym jest więcej niż dziesięć jednostek – przelicz sam!

ZADANIE 249

Copyright by S. Mędak

Polecenie i WZÓR – jak w zadaniu testowym numer 248.

1. Nie jestem przekonany o tym, że on jest niewinny.   Nie jestem przekonany o jego
   ....

ZADANIA TESTOWE

2. Nie jestem przekonany, czy masz rację.   Nie jestem przekonany do twojej ....

3. Nie pamiętam, jak się umawialiśmy.   Nie pamiętam o naszej ....

4. Nie wierzyła, że ludzie są uczciwi.   Nie wierzyła w .... ludzi.

5. Obawiam się, że knują przeciw niej.   Obawiałam się .... przeciw niej.

6. Pamiętam, że spotkaliśmy się tutaj.   Pamiętam nasze .... tutaj.

7. Podejrzewam, że ona jest ciężko chora.   Podejrzewam ją o ....

8. Powątpiewam, czy te działania są celowe.   Powątpiewam w ....

9. Słyszałem, że on otworzył klub dla VIP–ów.   Słyszałem o ....

10. Wątpię, czy zrealizuję swoje marzenia.   Wątpię w ....

OCEŃ SAM SIEBIE
>[9] bdb • [9] + db • [8] db • [7] +dst • >[6] dst • <[6] ndst
Jeśli w zadaniu testowym jest więcej niż dziesięć jednostek – przelicz sam!

ZADANIE 250
Copyright by S. Mędak

Polecenie i WZÓR – jak w zadaniu testowym numer 248.

1. Wierzę, że dobro zwycięży.   Wierzę w .... nad złem.

2. Wydaje się dziwne, że odszedł od niej?!   Jego .... od niej wydaje mi się dziwne.

3. Wydaje się zasadne, aby zakończyć dyskusje.   .... wydaje się zasadne w tym właśnie momencie.

4. Wyobrażam sobie, że spaceruję po Księżycu.   Już wyobrażam sobie .... po Księżycu.

5. Wyrażam wątpliwość, czy komisja jest obiektywna.   Wyrażam wątpliwość co do ....

6. Wystarczyłoby, gdyby odszedł we właściwym momencie.   Wystarczyłoby jego .... we właściwym momencie.

7. Zakładam, że odniosę sukces.   Zakładam ....

8. Zapewniano mnie, że wprowadzi się zmiany do umowy.

Zapewniano mnie o .... do umowy.

9. Zdarza się, że czasami się mylimy.

.... zdarzają się czasami każdemu.

10. Życzyłbym sobie, żebyś mnie poważnie traktował!

Życzyłbym sobie .... mojej osoby.

OCEŃ SAM SIEBIE
>[9] bdb • [9] + db • [8] db • [7] +dst • >[6] dst • <[6] ndst
Jeśli w zadaniu testowym jest więcej niż dziesięć jednostek – przelicz sam!

XXI. TRYB ROZKAZUJĄCY

ZADANIE 251

Copyright by S. Mędak

Proszę wpisać w miejsce kropek właściwe formy czasowników niedokonanych oraz dokonanych (kolumna A) w trybie rozkazującym.

WZÓR
nieść   Synku, <u>nieś</u> teczkę w ręce, a nie ciągnij jej po chodniku!

A.   **B.**
gryźć   1. Marysiu, nie .... tego jabłka tak głośno!
grzęznąć a. *grząźć* 2. Józefie, nie .... w świecie pozornych wartości!
jeść   3. Mistrzu, nie .... łapczywie, nawet kiedy jesteś głodny!
kłaść się   4. Staszku, nie .... na trawniku, bo ziemia jest jeszcze wilgotna!
paść   5. Józefo, ... mi do nóg, a wtedy ci wybaczę twoje przewinienia!
pleść   6. Włodku, nie .... już tych andronów o swoich miłostkach!
trzeć   7. Córeczko, nie .... palcami oczu, bo potem będziesz mówiła, że boli cię paluszek!
wieść   8. Turysto, nie .... tak mocno palcem po mapie, bo ją zniszczysz!
wieźć   9. Flisaku, ... nas na drugi brzeg rzeki, ale szybko!
znieść   10. Syneczku, ... z samochodu do windy wszystkie bagaże babki!

OCEŃ SAM SIEBIE
>[9] bdb • [9] + db • [8] db • [7] +dst • >[6] dst • <[6] ndst
Jeśli w zadaniu testowym jest więcej niż dziesięć jednostek – przelicz sam!

ZADANIE 252

Copyright by S. Mędak

Proszę wpisać w miejsce kropek właściwe formy 2. osoby liczby mnogiej trybu rozkazującego czasowników dokonanych i niedokonanych podanych w kolumnie A.

WZÓR
nieść   Żołnierze, <u>nieście</u> karabiny na ramionach, a nie w rękach!

A.

gryźć	1. Oskarżeni, nie .... teraz warg z bólu i nie słaniajcie się na nogach!
grzęznąć a. grząźć	2. Władcy tego świata, nie .... w świecie pozornych wartości!
jeść	3. Kochane dzieci, nie .... łapczywie, nawet kiedy jesteście bardzo głodne!
kłaść się	4. Drogie koleżanki, nie .... na trawnikach, bo pogniecicie trawę!
paść	5. Oszczercy, po moim zwycięstwie .... mi wszyscy do nóg!
pleść	6. Dziewczęta, nie .... już tych andronów o waszych miłostkach!
trzeć	7. Marysiu i Józefie, nie .... oczu, bo potem będą was boleć!
wieść	8. Józefie i Karolu nie .... bez przerwy palcami po mapie, bo ją zniszczycie!
wieźć	9. Flisacy, ... nas na drugi brzeg rzeki, ale szybko!
znieść	10. Chłopcy, ... do domu wszystkie rzeczy, które leżą na podwórku!

OCEŃ SAM SIEBIE
>[9] bdb • [9] + db • [8] db • [7] +dst • >[6] dst • <[6] ndst
Jeśli w zadaniu testowym jest więcej niż dziesięć jednostek – przelicz sam!

ZADANIE 253
Copyright by S. Mędak

Proszę przekształcić polecenia złożone ze słowa *proszę* **i czasownika w bezokoliczniku (kolumna A) na konstrukcje syntaktyczne wyrażające modalność deontyczną (wynikającą z obowiązku lub powinności) typu** *Niech on to zrobi! / Niech oni to zrobią!*

WZÓR
Proszę <u>dopłynąć</u> do brzegu!   [Panowie] → <u>Niech</u> Panowie <u>dopłyną</u> do brzegu!

A.
1. Proszę <u>biec</u> (*rzad*. <u>biegnąć</u>) szybciej!

2. Proszę <u>klęknąć</u> przed obrazem!

3. Proszę <u>krzyknąć</u> mu prosto w twarz!

B.
[Panowie] → ....!

[wierni] → ....!

[wszyscy] → ....!

ZADANIA TESTOWE

4. Proszę <u>nacisnąć</u> na dyrektora! [wszyscy] → ....
....!

5. Proszę <u>odetchnąć</u> chwilę! [wszyscy] → ....
....!

6. Proszę <u>odgadnąć</u> jego plany! [panie] → ....
....!

7. Proszę <u>przypłynąć</u> do brzegu! [wszyscy] → ....
....!

8. Proszę <u>przysięgnąć</u> na Biblię! [świadkowie] → ....
....!

9. Proszę <u>stanąć</u> tutaj! [wszyscy] → ....
....!

10. Proszę <u>zamknąć</u> podejrzanych! [strażnicy] → ....
....!

OCEŃ SAM SIEBIE
>[9] bdb • [9] + db • [8] db • [7] +dst • >[6] dst • <[6] ndst
Jeśli w zadaniu testowym jest więcej niż dziesięć jednostek – przelicz sam!

ZADANIE 254
Copyright by S. Mędak

Proszę wpisać w miejsce kropek (kolumna B) właściwe formy 2. osoby liczby pojedynczej lub 2. osoby liczby mnogiej trybu rozkazującego do czasowników podanych w kolumnie A.

WZÓR

grozić **Ciągle mi grozisz.** || **Nie <u>groź</u>**; *rzad.* **<u>gróź</u> mi kochanie, i tak się ciebie nie boję!**
Ciągle mi grozicie. || **Nie <u>groźcie</u> mi**; *rzad.* **nie <u>gróźcie</u> mi, i tak was się nie boję!**

A. **B.**

grzać **1.** Ciągle grzejesz silnik. || Nie .... silnika, tylko ruszaj!

grzać się **2.** Babciu, ciągle grzejesz się przy piecu. || Nie ...., bo potem się przeziębisz.

kazać **3.** Obyczaj każe, by gości zaprosić do salonu. || Zosiu, nie .... gościom stać w przedpokoju.

kłaść się **4.** Drogie panie, tutaj jest mokry piasek. || Nie .... na mokrym piasku!

krakać	**5.** Te wrony bez przerwy kraczą. || Nie .... wrony i tak nikt was nie usłyszy!
nosić	**6.** Kochanie, nosisz głowę zbyt wysoko. || Nie .... głowy zbyt wysoko, bo ci korona z niej spadnie!
piać	**7.** Piejesz z zachwytu nad nią już od kilku lat. || Nie ...., ona nie zwraca na to uwagi! *(pot.)*
piec	**8.** Pieczesz codziennie sernik. || Nie .... sernika, usmaż lepiej naleśniki!
słać	**9.** Ścielesz codziennie łóżka hotelowe. || Nie .... łóżek w naszej sypialni!
tłuc	**10.** Zosiu, ciągle tłuczesz pieprz w moździerzu. || Nie .... pieprzu w moździerzu, a kup w supermarkecie pieprz mielony!

OCEŃ SAM SIEBIE
>[9] bdb • [9] + db • [8] db • [7] +dst • >[6] dst • <[6] ndst
Jeśli w zadaniu testowym jest więcej niż dziesięć jednostek – przelicz sam!

ZADANIE 255

Copyright by S. Mędak

Proszę wpisać właściwe formy 2. osoby liczby pojedynczej trybu rozkazującego wybranych czasowników z poniżej podanych par aspektowych.

nakręcać || *nakręcić*	**Chcesz mieć ładną fryzurę na jutro, więc <u>nakręć</u> wieczorem włosy na wałki!**
1. *uodporniać się* || *uodpornić się*	Chcesz się mniej denerwować, więc .... na hałas!
2. *upraszczać* || *uprościć*	Chcesz mieć mniej pracy, więc .... wszelkie procedury!
3. *uprzedzać* || *uprzedzić*	Nie chcesz ich zaskoczyć, więc ich wcześniej ....!
4. *uprzykrzać* || *uprzykrzyć*	Chcesz jej dokuczyć, więc .... jej życie telefonami!
5. *urabiać* || *urobić*	Chcesz, żeby ona była taka jak ty, więc .... ją na własne podobieństwo!
6. *usprawniać* || *usprawnić*	Chcesz osiągać większe zyski, więc .... produkcję!
7. *uśmierzać* || *uśmierzyć*	Chcesz spokojnie rządzić, więc wcześniej .... bunt tłumu!
8. *zapalać* || *zapalić*	Chcesz poczuć odrażający smak papierosa, więc go ....!

9. zapraszać || zaprosić   Chcesz ją bliżej poznać, więc .... ją na wystawną kolację!

10. zwracać || zwrócić   Chcesz mieć czyste sumienie, więc .... mu pożyczkę!

OCEŃ SAM SIEBIE
>[9] bdb • [9] + db • [8] db • [7] +dst • >[6] dst • <[6] ndst
Jeśli w zadaniu testowym jest więcej niż dziesięć jednostek – przelicz sam!

ZADANIE 256
Copyright by S. Mędak

Proszę wpisać w miejsce kropek (kolumna B) właściwe formy 2. osoby liczby pojedynczej trybu rozkazującego czasowników zamieszczonych w kolumnie A.

WZÓR
cofać || cofnąć   Nie <u>cofaj</u> samochodu w prawo! || <u>Cofnij</u> go w lewo!
wrzeszczeć || wrzasnąć   Nie <u>wrzeszcz</u> za każdym razem, kiedy upadniesz! || <u>Wraśnij</u> raz, a potem zaciśnij zęby.

A.

gwizdać || gwizdnąć

kichać || kichnąć

klikać || kliknąć

krzyczeć || krzyknąć

mrugać || mrugnąć

odciskać || odcisnąć

podwijać || podwinąć

przywykać || przywyknąć

ściągać || ściągnąć

B.

1. Nie .... wielokrotnie. || .... tylko raz!

2. Nie .... bez przerwy! || .... raz, a dobrze!

3. Nie .... kilka razy na ikonę! || .... tylko jeden raz, i gotowe!

4. Nie .... na nią bez przerwy! || .... raz, a zdecydowanie!

5. Nie .... tak porozumiewawczo do wszystkich! Jeśli musisz mrugać, ... tylko raz, kiedy wszyscy na ciebie patrzą!

6. Nie .... twarogu dwa razy! || .... raz, a skutecznie!

7. Nie .... rękawów! || .... raczej spodnie do kolan!

8. Nie .... do różnych dziwactw! || .... raczej do wczesnego wstawania rano!

9. Nie .... firanek z okien! || .... raczej walizkę z szafy!

wzdychać || westchnąć 10. Nie .... bez przerwy do tej, która odeszła od ciebie! || .... raz i jak najszybciej zapomnij o wszystkim.

OCEŃ SAM SIEBIE
>[9] bdb • [9] + db • [8] db • [7] +dst • >[6] dst • <[6] ndst
Jeśli w zadaniu testowym jest więcej niż dziesięć jednostek – przelicz sam!

ZADANIE 257
Copyright by S. Mędak

Proszę wpisać w miejsce kropek (kolumna B) właściwe formy 2. osoby liczby mnogiej trybu rozkazującego czasowników zamieszczonych w kolumnie A.

WZÓR
dokazywać   Drogie dzieci, nie **dokazujcie!**

A.   **B.**
dokonywać   1. Politycy, nie .... cudów, bądźcie tylko uczciwi!
dopisywać   2. Kelnerzy, nie .... wymyślonych kwot do rachunków klientów!
obgadywać   3. Drogie panie, nie .... swoich najlepszych koleżanek!
odwoływać   4. Wykładowcy, nie .... zbyt często swoich zaplanowanych zajęć!
pokazywać   5. Kobiety, nie .... swoich wad innym!
powoływać się   6. Panowie, nie .... na obietnice dane przez umierających!
przebywać   7. Seniorzy, nie .... zbyt długo w zamkniętych pomieszczeniach!
przesiadywać   8. Internauci, nie .... całymi dniami przed ekranami komputerów!
ukrywać   9. Hipokryci, nie .... przez całe życie swego niecnego oblicza!
wypytywać   10. Koledzy, nie .... Józefa o jego jakże wątpliwą przeszłość!
wyrywać   11. Turyści, nie .... z korzeniami chronionych roślin!
zakrywać   12. Kobiety, nie .... twarzy chustami, bo jesteście piękne!
zapisywać się   13. Młodzi ludzie, nie .... do organizacji neofaszystowskich!

ZADANIA TESTOWE

zdobywać 14. Alpiniści, nie .... wszystkich szczytów świata!
zmywać 15. Domownicy, nie .... naczyń po godzinie dwudziestej drugiej!

OCEŃ SAM SIEBIE
>[9] bdb • [9] + db • [8] db • [7] +dst • >[6] dst • <[6] ndst
Jeśli w zadaniu testowym jest więcej niż dziesięć jednostek – przelicz sam!

ZADANIE 258
Copyright by S. Mędak

Proszę wpisać w kolumnie C1 i C2 właściwe formy trybu rozkazującego zgodnie z poniżej podanymi wzorami.

WZÓR
dziecinnieć **Nie chcę, by dziadziuś dziecinniał.** **Dziadziusiu, proszę cię, nie dziecinniej!**

A1.	**B1.**	**C1.**
1. *dziwaczeć*	Nie chcę, by babcia dziwaczała.	Babciu, proszę cię, nie ....!
2. *głupieć*	Mój zakochany syn głupieje.	Mój synku, nie ....!
3. *łysieć*	Nie chcę, żeby tato łysiał.	Tato, proszę cię, nie ....!
4. *markotnieć*	Brat na myśl o ślubie markotnieje.	Braciszku, nie ....! Nie jesteś sam.
5. *mdleć*	Nie chcę, żeby Kinga ciągle mdlała!	Kingo, proszę cię, nie ....!
6. *obojętnieć*	Nie chcę, żeby mama obojętniała.	Mamo, proszę cię, nie .... na wszystko!
7. *pokornieć*	Ci buntownicy zaczynają pokornieć.	Buntownicy, nie ....!
8. *poważnieć*	Nie chcę, żeby moja córka poważniała.	Córeczko, proszę cię, nie ....!
9. *szczupleć*	Nie chcę, żeby Zosia szczuplała!	Zosiu, proszę cię, nie ....!
10. *trzeźwieć*	Pijani już zaczynają trzeźwieć.	Pijani, nie .... , jeszcze macie czas!

WZÓR
liniec Pies zaczyna linieć. Trudno, niech linieje!

A2.   **B2.**   **C2.**
1. *butwieć*   Zboże od ciągłych deszczów butwieje!   Trudno, ...!

2. *czerstwieć* Chleb zaczyna już czerstwieć.   Trudno, ...!

3. *drożeć*   Papierosy znowu drożeją.   Trudno, ...!

4. *pęcznieć*   Fasola już pęcznieje.   Trudno, ...!

5. *pleśnieć*   Ser już zaczyna pleśnieć.   Trudno, ...!

6. *płowieć*   Zasłony zaczynają płowieć.   Trudno, ...!

7. *posępnieć*   Jego twarz posępnieje.   Trudno, ...!

8. *potężnieć*   Ten kraj z roku na rok potężnieje!   Trudno, ...!

9. *próchnieć*   Ta szafa już próchnieje.   Trudno, ...!

10. *topnieć*   Śniegi zaczynają topnieć.   Trudno, ...!

OCEŃ SAM SIEBIE
>[9] bdb • [9] + db • [8] db • [7] +dst • >[6] dst • <[6] ndst
Jeśli w zadaniu testowym jest więcej niż dziesięć jednostek – przelicz sam!

ZADANIE 259
Copyright by S. Mędak

Proszę wpisać w miejsce kropek właściwe formy trybu rozkazującego.
NDK *kłaść*
Karolu, nie kładź dziecka na podłodze! || Połóż dziecko na materacu!
DK   *dotknąć*
Ewo, nie dotykaj kłującej łodygi krzewu ognistego! || Dotknij raczej lśniącej skóry węża!

1. *leżeć || poleżeć*
Karolu, nie .... całymi dniami bezczynnie! || .... sobie chwilę i zabierz się do pracy!

ZADANIA TESTOWE

2. *odpoczywać || odpocząć*
Karolu, nie .... przy muzyce techno. || .... sobie przy sonatach Szopena!

3. *kłaść || położyć*
Karolu, ... swe książki na biurku! || Nie .... książek na lodówce!

4. *sadzać || posadzić*
Karolu, nie .... dziecka na wysokim taborecie! || .... je na krzesełku!

5. *stawiać || postawić*
Karolu, nie .... butów w kuchni. || .... je w przedpokoju!

6. *wieszać || powiesić*
Karolu, nie .... brudnej koszuli w szafie! || .... ją na haczyku w łazience!

7. *siadać || usiąść*
Karolu nie .... do obiadu na krześle ojca! || .... sobie gdzieś z boku.

8. *siedzieć || posiedzieć*
Karolu nie .... na słońcu godzinami! || .... chwilę i wracaj do kuchni!

9. *stawiać || postawić*
Karolu, nie .... tak ogromnej sumy na tego konia! || .... na mojego faworyta!

10. *układać || ułożyć*
Karolu, nie .... pasjansa godzinami! || .... lepiej chore dziecko do snu.

OCEŃ SAM SIEBIE
>[9] bdb • [9] + db • [8] db • [7] +dst • >[6] dst • <[6] ndst
Jeśli w zadaniu testowym jest więcej niż dziesięć jednostek – przelicz sam!

ZADANIE 260
Copyright by S. Mędak

Proszę wpisać w miejsce kropek właściwe formy 2. osoby liczby pojedynczej trybu rozkazującego czasowników zgrupowanych w kolumnie A.

WZÓR
(*dowieść || dowieźć*) Najpierw mi <u>dowiedź</u>, a potem mnie <u>dowieź</u> do domu!

A.
(*obwieść || obwieźć*) **1.** Najpierw .... plac zabaw parkanem, a potem .... gości po swej posiadłości!

(*odwieść || odwieźć*) **2.** Najpierw .... spust pistoletu, a potem .... go do mnie do biura!

3. Najpierw .... go od samobójstwa, a potem .... go do szpitala!

(powieść || powieźć)   4. Najpierw .... armię do ataku, a potem .... tę dobrą wiadomość wszystkim dowódcom!

(przywieść || przywieźć)   5. Najpierw .... ją do ołtarza, a potem .... ją na wesele!

[rozwieść (się) || rozwieźć (się)]   6. Najpierw .... z nim, a potem .... tę nowinę po znajomych!

(uwieść || uwieźć)   7. Najpierw .... ją pięknymi słowami, a potem .... ją w śnieżną biel na saniach!

(wieść || wieźć)   8. Najpierw .... oddział do ataku, a potem .... mnie do generała, mój waleczny poruczniku!

(wywieść || wywieźć)   9. Najpierw .... wniosek z przesłanek, a potem .... dzieci do babci!

(zwieść || zwieźć)   10. Najpierw .... go pozorami bogactwa, a potem .... chętnych do gry pożyczoną limuzyną!

OCEŃ SAM SIEBIE

>[9] bdb • [9] + db • [8] db • [7] +dst • >[6] dst • <[6] ndst

Jeśli w zadaniu testowym jest więcej niż dziesięć jednostek – przelicz sam!

ZADANIE 261

Copyright by S. Mędak

Proszę wpisać w miejsce kropek właściwe formy 2. osoby liczby pojedynczej lub mnogiej trybu rozkazującego czasowników zgrupowanych w kolumnie A.

WZÓR
dopomóc   Drodzy ludzie, <u>dopomóżcie</u> nam, jesteśmy bardzo biedni!

A.

pomóc   1. Chłopcy, ... tej starszej pani wdrapującej się na szczyt góry!

przemóc   2. Spragnieni, ... pragnienie i szukajcie źródła na pustyni!

3. Tchórze, ... strach i przyznajcie się do winy!

wspomóc   4. Bogacze, ... biednych i potrzebujących chociaż raz!

5. Boże, ... mnie w chorobie!

wymóc   6. Mamo, ... na ojcu obietnicę rzucenia palenia papierosów na balkonie!

wzmóc   7. Murarze, ... wysiłek w dziele odbudowy starej Nowej Huty!

8. Buntownicy, ... działalność dywersyjną i strajkową!

zaniemóc   9. Babciu, ... dzisiaj tylko na chwilę, bo będę cię zaraz potrzebował!

zmóc   10. Chorobo, ... mnie za tydzień, ale nie w dniu ślubu!

ZADANIA TESTOWE

OCEŃ SAM SIEBIE
>[9] bdb • [9] + db • [8] db • [7] +dst • >[6] dst • <[6] ndst
Jeśli w zadaniu testowym jest więcej niż dziesięć jednostek – przelicz sam!

ZADANIE 262
Copyright by S. Mędak

Proszę wpisać w miejsce kropek właściwe formy trybu rozkazującego czasowników zgromadzonych w kolumnie A.

WZÓR
(biec)   **Mówisz: Niech oni biegną szybciej! || Sam też biegnij szybciej!**

A.

dociec   **1.** Mówisz: *Niech one dociekają znaczenia tych symboli!* || Sam sobie ich ....!

dopiec   **2.** Mówisz, że ona ci ciągle dopieka. || Sam też jej .... do żywego choć raz!

ostrzec **3.** Nie będę jej ostrzegać, bo jest uparta jak osioł! || Sam ją ...., jeśli chcesz!

przysiąc **4.** Chcesz, żeby mu przysięgła wierność?! || Sama mu ją ....!

siec   **5.** Oni sieką szablami wroga. || Ty też go ...., rań i zabijaj!

ubiec   **6.** Mówisz, abym ubiegł rywala. || Jeśli potrafisz, sam go ....!

uciec   **7.** Radzisz, abym uciekł w świat marzeń. || Sam sobie .... w ten świat!

wbiec   **8.** Mówisz, że oni wbiegli do pokoju. || Ty też do niego ....!

wściec się **9.** On się wścieka o byle co. || Ty też .... choć raz!

zbiec   **10.** Mówisz: *Zbiegaj szybciej po tym zboczu góry!* ||Najpierw sama .... szybko!

OCEŃ SAM SIEBIE
>[9] bdb • [9] + db • [8] db • [7] +dst • >[6] dst • <[6] ndst
Jeśli w zadaniu testowym jest więcej niż dziesięć jednostek – przelicz sam!

ZADANIE 263
Copyright by S. Mędak

Proszę wpisać w miejsce kropek właściwe formy trybu rozkazującego czasowników zgromadzonych w kolumnie A.

głaskać   Ona cię głaszcze po głowie. || Ty też ją **głaszcz**; *rzadziej* **głaskaj**!

A.

klaskać	1. Oni klaszczą w ręce co sił. ‖ Ty też ....; *rzadziej* ....!
klękać	2. Ona klęka do modlitwy. ‖ Wy też, grzesznicy, ... i się pomódlcie!
krakać	3. Oni kraczą, że wojna wkrótce wybuchnie. ‖ Proszę cię, chociaż ty nie ....!
mlaskać	4. Oni mlaszczą i siorbią, kiedy jedzą. ‖ Proszę cię, chociaż ty nie ....!
pluskać się	5. Kaczki pluszczą się w brudnej wodzie. ‖ Synku, ty .... nie .... w tej wodzie!
płakać	6. Karol płacze po stracie żony. ‖ Mario Magdaleno, ty chociaż nie ....!
	7. Obywatele, w tych niesprzyjających warunkach siądźcie i .... !
płukać	8. Babcia płucze gardło ziółkami. ‖ Kochanie, ty też .... je sobie rumiankiem!
	9. Ja płuczę swoje włosy dwukrotnie. ‖ Wy też .... dwukrotnie!
skakać	10. Karol zawsze skacze z zachwytu, kiedy zniszczy wroga. ‖ Kochani, ... z radości, że nie jesteście wrogami Karola!

OCEŃ SAM SIEBIE

>[9] bdb • [9] + db • [8] db • [7] +dst • >[6] dst • <[6] ndst

Jeśli w zadaniu testowym jest więcej niż dziesięć jednostek – przelicz sam!

ZADANIE 264

Copyright by S. Mędak

Proszę wpisać w miejsce kropek właściwe formy trybu rozkazującego czasowników zgromadzonych w kolumnie A.

WZÓR

guzdrać się — Jeśli ona się guzdra *a.* się guzdrze z pakowaniem, ty też się <u>guzdraj</u> *a.* <u>guzdrz</u>!

A.

karać	1. Jeśli ona karze moje dzieci surowo, wy też surowo .... jej dzieci!
karać się	2. Jeśli ona się karze za własne łakomstwo, ty też .... za obżarstwo!
kazać	3. Jeśli ona sobie każe kolejne futro, to ty .... sobie uszyć nowy garnitur!
	4. Jeśli on ci każe iść na emeryturę, ty mu też .... zrobić to samo!
lizać	5. Jeśli oni liżą lody na patykach, ty też .... swoje lody na patyku!

mazać	**6.** Jeśli ktoś maże sprayem na murze, wy tego nie róbcie i nie .... po murach!
orać	**7.** Jeśli sąsiad orze ziemię pługiem, ty .... swoją nowym ciągnikiem!
wiązać	**8.** Jeśli ona wiąże wychowanie dzieci z pracą zawodową, ty też je ....!
wiązać się	**9.** Jeśli oni zawsze wiążą się linami asekuracyjnymi, wy też ....!
żebrać	**10.** Jeśli twój brat żebrze u ojca o wybaczenie, ty też ..... u niego o litość dla brata!

OCEŃ SAM SIEBIE

>[9] bdb • [9] + db • [8] db • [7] +dst • >[6] dst • <[6] ndst

Jeśli w zadaniu testowym jest więcej niż dziesięć jednostek – przelicz sam!

ZADANIE 265

Copyright by S. Mędak

Proszę wpisać w miejsce kropek właściwe formy trybu rozkazującego czasowników zgromadzonych w kolumnie A.

WZÓR

ssać	**Karolu, nie powtarzaj ciągle: ja ssę paluszki, on ssie paluszki. Sam ich nie <u>ssij</u>!**

A.

narwać	**1.** Karolu, nie powtarzaj ciągle: *ja narwę zielonego agrestu, on narwie zielonych owoców.* Sam .... dojrzałych gruszek!
nazwać się	**2.** Karolu, nie powtarzaj ciągle: *ja nazwę go kaczorem, ty nazwiesz mnie krasnalem.* .... sam stosownym epitetem!
oberwać	**3.** Karolu, nie powtarzaj ciągle: *ja oberwę mandarynki u sąsiada, on oberwie kiwi u sąsiadki.* Sam .... kwaśne jabłka ze swojej jabłoni!
oderwać się	**4.** Karolu, nie powtarzaj ciągle: *ja oderwę się od peletonu, on oderwie się od peletonu.* Sam .... od nauki i wyjdź na spacer!
odezwać się	**5.** Karolu, nie powtarzaj ciągle: *ja nie odezwę się do sąsiadki, on nie odezwie się do swojego przyjaciela.* Sam .... w szkole, nawet, gdy nie jesteś pytany!
pozwać	**6.** Karolu, nie powtarzaj ciągle: *ja pozwę ją do sądu, oni pozwą mnie do sądu.* Sam ich wcześniej .... do sądu!
przerwać	**7.** Karolu, nie powtarzaj ciągle: *ja przerwę pietruszkę, ty przerwiesz marchewkę.* Sam .... czerwone buraki w swoim ogródku!

rozerwać (się) **8.** Karolu, nie powtarzaj ciągle: *ja rozerwę się z tobą, ty rozerwiesz się ze mną*. Sam ...., jeśli jesteś taki mądry!

rwać **9.** Karolu, nie powtarzaj ciągle: *ja rwę chronione rośliny, on rwie kwiaty na cudzej łące*. Sam sobie powiedz: Nie .... kwiatów w cudzych ogrodach!

wezwać **10.** Karolu, nie powtarzaj ciągle: *ja wezwę karetkę pogotowia, on wezwie ambulans*. Sam .... lekarza, kiedy babcia zaniemogła po raz drugi w ciągu dnia!

OCEŃ SAM SIEBIE
\>[9] bdb • [9] + db • [8] db • [7] +dst • >[6] dst • <[6] ndst
Jeśli w zadaniu testowym jest więcej niż dziesięć jednostek – przelicz sam!

XXII. ZDANIA POJEDYNCZE I ZDANIA ZŁOŻONE
(transformacje, budowa zdań złożonych)

ZADANIE 266
Copyright by S. Mędak

Proszę wyznaczyć relacje między zdaniami składowymi zdań złożonych (A i B) i wpisać zdania złożone w wyznaczone do tego celu miejsca.

WZÓR
0. A. Kinga sprząta, gotuje, prasuje. B. Jej mąż Karol odpoczywa przed telewizorem.
wyznaczniki relacji: a || natomiast || podczas gdy || przeciwnie zaś || zaś || za to
a. Kinga sprząta, gotuje, prasuje, a jej mąż Karol wypoczywa przed telewizorem.
b. Kinga sprząta, gotuje, pracuje, natomiast jej mąż Karol odpoczywa przed telewizorem.
c. Kinga sprząta, gotuje, prasuje, podczas gdy jej mąż Karol wypoczywa przed telewizorem.
d. Kinga sprząta, gotuje, pracuje, przeciwnie zaś jej mąż Karol odpoczywa przed telewizorem.
e. Kinga sprząta, gotuje, pracuje, jej mąż Karol zaś odpoczywa przed telewizorem.
f. Kinga sprząta, gotuje, pracuje, za to jej mąż Karol odpoczywa przed telewizorem.

1. A. Była bardzo zabiegana, zapracowana, zajęta. B. Na pewno mnie nie zauważyła.
wyznaczniki relacji: aby || ażeby || by || żeby
a. ....
b. ....
c. ....
d. ....

2. A. Mama poszła do piekarni. B. Chciała kupić chleb.
wyznaczniki relacji: aby || ażeby || by || żeby
a. ....
b. ....
c. ....
d. ....

3. A. Możemy poprosić profesora o przeniesienie zajęć. B. Możemy również poprosić go o odwołanie zajęć.
wyznaczniki relacji: albo || bądź || bądź ..., bądź || lub
a. ....

b. ....
c. ....
d. ....

4. A. Tekst merytorycznie jest znakomity. B. Niestety, jest w nim za dużo błędów ortograficznych.
wyznaczniki relacji: ale || lecz || tylko || tylko że
a. ....
b. ....
c. ....
d. ....

5. A. Jest wiele ważnych spraw do załatwienia. B. Pozostaje mi jednak dużo wolnego czasu.
wyznaczniki relacji: aczkolwiek | chociaż (choć) || jakkolwiek || mimo że || pomimo iż (że) || pomimo to
a. ....
b. ....
c. ....
d. ....
e. ....
f. ....

6. A. Chciałbym mu pomóc. B. Jednak w tej chwili nie mam żadnych możliwości.
wyznaczniki relacji: choćby || nawet gdyby || nawet jakby; *pot.*
a. ....
b. ....
c. ....

7. A. Obraził niewinną kobietę. B. Trzasnął drzwiami i wyszedł z biura.
wyznaczniki relacji: a następnie || a potem || następnie || po czym
a. ....
b. ....
c. ....
d. ....

8. A. Najstarszy syn wyjechał za granicę. B. Minęło już siedem smutnych lat.
wyznaczniki relacji: od czasu, gdy || od czasu, kiedy || odkąd || od kiedy
a. ....
b. ....
c. ....
d. ....

9. A. Nie zdążył na konferencję. B. Samolot z Paryża odleciał z dwugodzinnym opóźnieniem.
wyznaczniki relacji: albowiem || bo || bowiem || gdyż || ponieważ || przez to, że || na skutego tego, że
a. ....
b. ....
c. ....
d. ....
e. ....
f. ....
g. ....

10. A. Staruszek przewrócił się wprawdzie na oblodzonym chodniku. B. Nie złamał jednak ani ręki, ani nogi.
wyznaczniki relacji: ale, jednakże, lecz
a. ....
b. ....
c. ....

Powyższe zadanie testowe opracowano na podstawie tabeli z: M. Kita, *Wybieram gramatykę!*, t. 2, op. cit. str. 181–187.

OCEŃ SAM SIEBIE
>[9] bdb • [9] + db • [8] db • [7] +dst • >[6] dst • <[6] ndst
Jeśli w zadaniu testowym jest więcej niż dziesięć jednostek – przelicz sam!

ZADANIE 267
Copyright by S. Mędak

Proszę zastąpić każdy podkreślony element zdania złożonego dowolnym wskaźnikiem zespolenia.
Synonimy wskaźników zespolenia do wyboru: *a następnie || ale i || a także || byleby || jednakże || kiedy || mimo to || natomiast || od kiedy || toteż || za każdym razem, gdy || za to.*

WZÓR
Z radością chodziła do pracy, a także na wieczorowe kursy języka polskiego.
→ **Z radością chodziła do pracy, jak również na wieczorowe kursy języka polskiego.**

1. Interesuję się informatyką, a więc wybrałem studia z informatyki i programowania.
→ ....

2. Nie tylko świetnie śpiewała, ale również znakomicie poruszała się na estradzie.
→ ....

3. On nie jest przystojny, ale się gustownie i szykownie ubiera.
→ ....

4. Mija już pięć lat, jak straciłem pracę. *(pot.)*
→ ....

5. Długo przygotowywała się do egzaminów wstępnych, mimo to nie zdała na studia.
→ ....

6. Był mało zdolny, niemniej radził sobie nieźle w sferach rządowych.
→ ....

7. W czasie II wojny światowej Kraków ocalał, podczas gdy Warszawa została całkowicie zburzona.
→ ....

8. Gotowa jest wyjść za kogokolwiek, byle był bogaty i stateczny.
→ ....

9. Karol wyszorował podłogę w łazience, wypolerował glazurę na ścianach i wziął zasłużony prysznic.
→ ....

10. Karol przychodził do Kunegundy na smaczne pierożki z kapustą, ilekroć go o to prosiła.
→ ....

OCEŃ SAM SIEBIE
>[9] bdb • [9] + db • [8] db • [7] +dst • >[6] dst • <[6] ndst
Jeśli w zadaniu testowym jest więcej niż dziesięć jednostek – przelicz sam!

ZADANIE 268
Copyright by S. Mędak

Proszę połączyć zdania pojedyncze w zdania złożone, używając do tego typu transformacji właściwych form wyrazów *gdzie / jaki / który* **w funkcji zaimków względnych (modulantów, relatorów).**

WZÓR
Na krakowskich Błoniach wierni powitali papieża. Już od kilkunastu godzin czekali na jego przyjazd. → Na krakowskich Błoniach wierni powitali papieża, na przyjazd którego czekali już od kilkunastu godzin.

1. Zatrzymano podejrzanego o handel narkotykami. W jego mieszkaniu znaleziono kilogramy heroiny.
→ ....
....

ZADANIA TESTOWE

2. Policja poszukiwała dwu staruszek z domu starców. Staruszki zgubiły się w wielkim centrum handlowym.
→ ....
....

3. Zatrzymaliśmy się na skalistym urwisku. Na tym urwisku kończyła się droga.
→ ....
....

4. Pisała wyśmienite teksty satyryczne. W jej tekstach dało się zauważyć ostrą krytykę świata polityki.
→ ....
....

5. Mieszkanie jest duże, jasne i słoneczne. Potrzebujemy właśnie takiego mieszkania.
→ ....
....

6. Przeprowadził znakomitą analizę sytuacji. Na podstawie tej analizy opracowaliśmy szybki plan działania.
→ ....
....

7. Był jedynym członkiem naszej kilkuosobowej sekty. Tylko jemu nie wypadały włosy garściami.
→ ....
....

8. Wciąż cytuje zdania ze swojej nudnej książki. Nikt nie czyta jego książki.
→ ....
....

9. Koleżanki od miesięcy prowadziły naukowe dyskusje. W czasie tych dyskusji omawiały ważne problemy metodyki nauczania języków obcych.
→ ....
....

10. Wrócił do kraju, do Polski. W tym kraju się urodził.
→ ....
....

OCEŃ SAM SIEBIE

>[9] bdb • [9] + db • [8] db • [7] +dst • >[6] dst • <[6] ndst
Jeśli w zadaniu testowym jest więcej niż dziesięć jednostek – przelicz sam!

ZADANIE 269

Copyright by S. Mędak

Proszę zbudować z podanych zdań zdania złożone lub rozwinięte i wpisać je w miejsce kropek.

WZÓR
W ciągu ostatniego stulecia zauważa się wyraźny wzrost temperatury na kuli ziemskiej. Nie oznacza to jednak końca świata. → **W ciągu ostatniego stulecia zauważa się wyraźny wzrost temperatury na kuli ziemskiej, co nie oznacza końca świata.**

1. W krajach skandynawskich ludziom żyje się coraz dostatniej. W krajach byłego bloku wschodniego ludziom żyje się coraz ubożej.
→ ....
....

2. Zimą warunki jazdy są utrudnione. Poranne mgły nie ułatwiają widoczności. Leżące na niektórych odcinkach dróg zaspy ograniczają możliwości manewrów.
→ ....
....

3. Patrzyłam z przyjemnością na zaczyn chlebowy. Zaczyn szybko nabierał puszystych kształtów. Zbliżał się do brzegu dzieży.
→ ....
....

4. Są to wspaniałe, wyjątkowe mądre dziewczęta. Wprost uwielbiam je.
→ ....
....

5. Od lat chwali się swoimi dokonaniami. Potomni ocenią go nieco niżej, o wiele niżej! Jesteśmy tego pewni.
→ ....
....

6. Zarobki rodziców Karola były za wysokie. Karol nie otrzymał wymarzonego stypendium na wyjazd do Japonii.
→ ....
....

7. Nie interesuj się tym. To ciebie nie dotyczy, Wacku!
→ ....
....

8. To nie pomyślenia! Tysiące młodych Polaków wyjeżdża za granicę w poszukiwaniu pracy.
→ ....
....

9. Ludzie dobrej woli pomagają biednym. Niestety, biednych jest coraz więcej.
→ ....
....

10. Rodzicom Jędrusia wiedzie się źle. Bogaty Jędruś się tym nie przejmuje. Nade wszystko ceni sobie własną wygodę.
→ ....
....

OCEŃ SAM SIEBIE
>[9] bdb • [9] + db • [8] db • [7] +dst • >[6] dst • <[6] ndst
Jeśli w zadaniu testowym jest więcej niż dziesięć jednostek – przelicz sam!

ZADANIE 270

Copyright by S. Mędak

Proszę przekształcić poniżej podane zdania w zdania złożone parataktycznie i wpisać je w miejsce kropek.
Wskaźniki zespolenia do wyboru: *bowiem, chociaż* || *dopóki .... dopóty* || *im ... tym* || *kiedy* || *nim (zanim)* || *odkąd* || *póki* || *w miarę jak*

WZÓR
zdanie czasowe
01. Jan wrócił do domu. Maria już spała słodkim snem. → Józef wrócił do domu, <u>kiedy (gdy)</u> Maria już spała słodkim snem.
zdanie przyczynowo skutkowe
02. Nie ma żadnego wyjścia z tej sytuacji. Podejmę jeszcze jedną próbę. → Podejmę jeszcze jedną próbę, <u>chociaż</u> nie ma żadnego wyjścia z tej sytuacji.

zdania czasowe (fazowe)
1. Miał już wyjść do miasta. Wcześniej zadzwonił do kolegi. → ....
....
2. Zaczął pić alkohol. Ciągle choruje. → ....

zdania lokalizujące w czasie
3. Łowił ryby. Zachowywał się cicho. → ....
4. Skrobała marchewką. Skaleczyła się w palec wskazujący. → ....
....

zdania fazowe
5. Namawiała go na studia. || On nie miał ochoty. → ....
....
6. Świeciło słońce. Było ciepło. → ....
7. Zostanę tutaj. Wymagają tego moje studia. → ....
....

zdania przyczynowo skutkowe
8. Jaś nie nauczył się niczego w życiu. Zrobił jednak karierę. → ....
....

9. Przewidziano wszelkie możliwości. Wypadek się zdarzył. → ....
....

10. Pójdę na zakupy. W domu nie ma niczego do jedzenia. → ....
....

Powyższe zadanie testowe opracowano na podstawie: R. Grzegorczykowa, *Wykłady z polskiej składni*, Wydawnictwo Naukowe PWN, Warszawa 1998, rozdział X–XV.

OCEŃ SAM SIEBIE
>[9] bdb • [9] + db • [8] db • [7] +dst • >[6] dst • <[6] ndst
Jeśli w zadaniu testowym jest więcej niż dziesięć jednostek – przelicz sam!

ZADANIE 271
Copyright by S. Mędak

Proszę przekształcić błędne konstrukcje składniowe (zdania skutkowe, przyczynowe oraz przeciwstawne) i wpisać prawidłowo zbudowane zdania w miejsce kropek. Wskaźniki zespolenia do wyboru: a || aby || ale || dzięki temu, że || gdyż || więc || że || żeby.

WZÓR
zdanie skutkowe
Biegł szybko, aż stracił oddech. → Biegł tak szybko, że stracił oddech.

zdania skutkowe
1. Była zbyt zmęczona, żeby jechać na wycieczkę. → ....
....
2. Tak pięknie przemówił, by wszystkich przekonać. → ....
....
3. Zaczęła tak przejmująco szlochać, żeby sąsiadki przybiegły ją pocieszyć. → ....
....
4. Tyle wycierpiała, bo nie wierzy już w szczęśliwy los. → ....
....
5. Rozjaśniło się na tyle, bo widać zarysy domu. → ....
....

zdania przyczynowe
6. Zachorował, bo nie przyszedł na zebranie. → ....
....
7. Nie przyszedł na zebranie, więc zachorował. → ....
....

ZADANIA TESTOWE

8. Uniknął wypadku, że zachorował. → ....
....

zdania przeciwstawne
9. Janek ma dobre oceny i jest leniwy. → ....
....

10. Bogaty i skąpy Karol postarał się o dodatkowe, tajemnicze źródła dochodu, jego brat Józef żył ze skromnej renty. → ....
....

Powyższe zadanie testowe opracowano na podstawie: R. Grzegorczykowa, *Wykłady z polskiej składni*, Wydawnictwo Naukowe PWN, Warszawa 1998, rozdział X–XV.

OCEŃ SAM SIEBIE
>[9] bdb • [9] + db • [8] db • [7] +dst • >[6] dst • <[6] ndst
Jeśli w zadaniu testowym jest więcej niż dziesięć jednostek – przelicz sam!

XXIII. ZDANIA WARUNKOWE: RZECZYWISTE || MOŻLIWE || NIERZECZYWISTE (TRYB PRZYPUSZCZAJĄCY KONTRFAKTYCZNY). ZDANIA WARUNKOWE WPROWADZANE PRZEZ SPÓJNIKI ORAZ WYRAŻENIA

ZADANIE 272

Copyright by S. Mędak

Proszę wypełnić w poniższych zdaniach warunkowych wolne miejsca za pomocą wyrazu *jeśli | jeżeli* lub pot. *jak* oraz czasowników załączonych w kolumnie A.

WZÓR
(zrobić / chcieć) — Ja zrobię to, jeśli będę chciał.
(być / pójść) — Jak będzie ładnie, pójdę na plażę. *(pot.)*

A.

(być / być) 1. Kochanie, ... ja .... szczęśliwy, ty też .... szczęśliwa.

(być / robić) 2. .... on nie .... zadowolony, co *(my)* ....?

(kochać / poradzić) 3. Karolu, ... ty nie .... mnie, co ja na to ....?!

(kupić / kupić) 4. *(pot.)* .... tego mięsa nie .... jeden klient, to .... drugi!

(przygotować / zabłysnąć) 5. .... wczoraj dobrze *(ty)* .... do rozmowy kwalifikacyjnej, dzisiaj na pewno *(ty)* ....!

(przyznać się / wybaczyć) 6. Józefie, ... *(ty)* .... do zdrady, *(my)* .... ci wszystko.

(wyjść / urządzić) 7. Panie Havranek, ... pan .... wcześniej z więzienia, *(my)* .... panu przyjęcie w naszej nowo otwartej restauracji.

(zadzwonić / pogniewać się) 8. Zosiu, ... *(ty)* nie .... do mnie, *(ja)* .... na ciebie.

(załatwić / załatwić) 9. .... on ci nie .... tej sprawy, ja ci ją ....

(zasnąć / zasnąć) 10. *pot.* Mamo, ... ja ...., ty też ....?

OCEŃ SAM SIEBIE
>[9] bdb • [9] + db • [8] db • [7] +dst • >[6] dst • <[6] ndst
Jeśli w zadaniu testowym jest więcej niż dziesięć jednostek – przelicz sam!

ZADANIE 273

Copyright by S. Mędak

Proszę przekształcić poniższe zdania zgodnie z podanym wzorem.

WZÓR
1. Prowadząc higieniczny tryb życia, możesz dożyć stu lat. → Penelopo, <u>jeśli będziesz prowadziła higieniczny tryb życia, będziesz mogła dożyć stu lat.</u>
2. Zachowując podczas jazdy szczególną ostrożność, unikniesz niejednego groźnego w skutki wypadku! → Syneczku, <u>jeśli będziesz zachowywał szczególną ostrożność podczas jazdy, unikniesz niejednego groźnego w skutki wypadku!</u>

1. Jedząc mniej, będziesz zdrowszy i szczuplejszy! → Grubasie, ...
....
2. Kochając, masz wrażenie, że jesteś kochanym przez innych! → Człowieku, ...
3. Piorąc swetry ręcznie, zaoszczędzisz na energii elektrycznej. → Babciu, ...
....
4. Starając się, dostaniesz wymarzony awans! → Asystentko, ...
....
5. Pracując więcej, zarabiasz więcej! → Szanowny Panie, ...
....
6. Pukając do drzwi różnych biur, więcej załatwisz! → Drogi petencie, ...
....
7. Stawiając wygórowane warunki, mniej sprzedajesz! → Producencie, ...
....
8. Stosując ten szampon, uchronisz włosy przed ich wypadaniem! → Kliencie, ...
....
9. Trenując systematycznie, rozwiniesz mięśnie! → Chudzielcze, ...
....
10. Ubierając się elegancko, wzbudzasz zazdrość u koleżanek! → Kasandro, ...
....

OCEŃ SAM SIEBIE
>[9] bdb • [9] + db • [8] db • [7] +dst • >[6] dst • <[6] ndst
Jeśli w zadaniu testowym jest więcej niż dziesięć jednostek – przelicz sam!

ZADANIE 274

Copyright by S. Mędak

Proszę przekształcić poniższe zdania zgodnie z podanym wzorem.

WZÓR
(on || ja; nie, reagować) → Jeśli on nie będzie reagował, ja również nie reaguję.

A.

1. (babcia || ja; nie, modlić się) → ....

2. (inni || my; nie, podpisać) → ....

3. (on || ty; nie, wygrać) → ....

4. (ona || ja; nie, atakować) → ....

5. (oni || my; nie, kpić) → ....

6. (pan || oni; nie, obrażać się) → ....

7. (pani || one; nie, zaskarżyć) → ....

8. (panowie || my; nie, zaskoczyć) → ....

9. (pozostali || ona; nie, zgodzić się) → ....

10. (Zosia || ja; nie, wybaczyć) → ....

OCEŃ SAM SIEBIE
> [9] bdb • [9] + db • [8] db • [7] +dst • >[6] dst • <[6] ndst
Jeśli w zadaniu testowym jest więcej niż dziesięć jednostek – przelicz sam!

ZADANIE 275
Copyright by S. Mędak

Proszę przekształcić poniższe zdania według załączonego wzoru.

WZÓR
Według mnie ona powinna przyjąć nasze zaproszenie. → A co zrobisz, jeżeli (jeśli) go nie przyjmie?

1. Według mnie on powinien zająć się tą sprawą. → A co zrobisz, ...
....?

ZADANIA TESTOWE

2. Według mnie babcia powinna natychmiast wyzdrowieć. → A co zrobisz, ...
...................?

3. Według mnie ci panowie powinni odejść ze swych stanowisk. → A co zrobicie,
...................?

4. Według mnie lud powinien się zbuntować. → A co zrobisz, ...
...................?

5. Według mnie on powinien wycofać swoją kandydaturę. → A co zrobisz, ...
...................?

6. Według mnie ona powinna podjąć się tej misji. → A co zrobisz, ...
...................?

7. Według mnie oni powinni cię wesprzeć w potrzebie. → A co zrobisz, ...
...................?

8. Według mnie powinieneś opuścić to mieszkanie. → A co zrobisz, ...
...................?

9. Według mnie rodzice powinni zmusić go do nauki. → A co zrobisz, ...
...................?

10. Według mnie szef powinien zwolnić niekompetentnego zastępcę. → A co zrobisz,
...................?

OCEŃ SAM SIEBIE
>[9] bdb • [9] + db • [8] db • [7] +dst • >[6] dst • <[6] ndst
Jeśli w zadaniu testowym jest więcej niż dziesięć jednostek – przelicz sam!

ZADANIE 276
Copyright by S. Mędak

Proszę przekształcić poniższe zdania według załączonego wzoru.

WZÓR
Według mnie ona powinna przyjąć nasze zaproszenie. → A co byś zrobił, gdyby go nie przyjęła?

1. Według mnie wy powinniście zająć się tą sprawą? → A co byś zrobił, ...
...................?

2. Według mnie dziadkowie powinni natychmiast wyrazić zgodę. → A co byś zrobił,
...................?

3. Według mnie ona powinna odejść z tego stanowiska. → A co byście zrobili, ...
...................?

4. Według mnie powinniśmy się zbuntować. → A co byś zrobiła, ...
...................?

5. Według mnie ktoś powinien wycofać jego kandydaturę. → A co byście zrobili,
...................?

6. Według mnie państwo powinno podjąć się tej misji. → A co byście zrobili, ...
....?

7. Według mnie sąsiadki powinny cię wesprzeć w potrzebie. → A co byś zrobiła,
....?

8. Według mnie dzieci powinny opuścić to pomieszczenie? → A co byście zrobiły,
....?

9. Według mnie ktoś powinien zmusić go do nauki. → A co byśmy zrobili, ...
....?

10. Według mnie dyrektorka powinna zwolnić tego nauczyciela. → A co byś zrobiła,
....?

OCEŃ SAM SIEBIE
>[9] bdb • [9] + db • [8] db • [7] +dst • >[6] dst • <[6] ndst
Jeśli w zadaniu testowym jest więcej niż dziesięć jednostek – przelicz sam!

ZADANIE 277
Copyright by S. Mędak

Proszę przekształcić poniżej podane informacje według wzoru.

WZÓR
Informacja: **A. Nie kupiłaś dzisiaj sobotniego wydania *Gazety Wyborczej*. || B. W sobotnim numerze *GW* ukazał się znakomity wywiad z filozofem Barbarą Skargą. → Gdybyś kupiła dzisiaj sobotnie wydanie *Gazety Wyborczej*, mogłabyś przeczytać znakomity wywiad z filozofem Barbarą Skargą.**

1. *Informacja:* A. Pani profesor Barbara Skarga nie jest politykiem. || B. Nie odpowiedziała na zadane przez dziennikarza pytanie: *Co dla Pani znaczy słowo „polityka", wypowiadane dziś w kraju z największym obrzydzeniem.* → ....
....

2. *Informacja:* A. *Czy polityka musi funkcjonować w świecie?* || B. Odpowiedź Barbary Skargi – NIE. *Bez polityki popadniemy w chaos i przemoc.* → ....
....

3. *Informacja:* A. *Władza w Polsce została wybrana wolą większości.* || B. Odpowiedź Barbary Skargi: *Większość, która liczy 30 procent uprawnionych do głosowania, nie jest większością.* → ....
....

4. *Informacja:* A. *Czy pani profesor jest dumna z dzisiejszej Polski?* || B. Odpowiedź Barbary Skargi: *Jestem dumna z Solidarności....* → ....
....

5. *Złota myśl dziennikarza:* A. *Możemy więc mówić o katastroficznej wizji przyszłości.* B. *Z wypowiedzi Barbary Skargi wynika, że wszystko ma swój kres i wszystko się zmienia* || C. *Reakcja czytelnika:* → ....
....

Opracowano na podstawie wywiadu z B. Skargą w: *Granice dobrego smaku*, Gazeta Wyborcza, 3–4 lutego 2007, str. 14–15.

OCEŃ SAM SIEBIE
>[9] bdb • [9] + db • [8] db • [7] +dst • >[6] dst • <[6] ndst
Jeśli w zadaniu testowym jest więcej niż dziesięć jednostek – przelicz sam!

ZADANIE 278
Copyright by S. Mędak

Proszę wpisać w miejsce kropek właściwe formy następujących spójników: *byle(by) || choćby || chyba żeby || jak gdyby || jakakolwiek* **oraz wyrazy** *jakiekolwiek || jakikolwiek || jakkolwiek* **wprowadzające relacje warunkowe różnego typu (ograniczające, przyzwalające, zawieszające relację warunkową itd.).**

WZÓR
Wyjedzie, byleby zgromadził odpowiednią ilość środków finansowych koniecznych do realizacji tego przedsięwzięcia.

1. Buntują się, ... się buntować, a w rzeczywistości nie wiedzą, o co im chodzi.
2. Kochani, *(wy)* .... wyszli z domu natychmiast, nie zdążycie na następny autobus.
3. Gotowa jest zrobić wszystko, ... dostać wymarzone stanowisko.
4. .... kryteria wybierzesz, Karolu, należy zawsze odwoływać się do ludzkiej uczciwości!
5. Jemu można podarować każdy prezent, ... nie książkę!
6. Ma dość duże powodzenie, ... nikt by nie powiedział, że jest ładną kobietą.
7. Mogę pracować u samego diabła, ... dobrze płacił za pracę!
8. Ona nie odwiedzi cię w więzieniu, ... zmieniła decyzje po upływie kilku tygodni.
9. Nie przekonasz jej, ... tłumaczył jej całymi godzinami!
10. Nie zachowuj się tak nonszalancko wobec mnie, ... nie miał sobie nic do zarzucenia!

11. Niech robi, co chce, ... zostawiła mnie w spokoju.
12. Pacjenta poddamy leczeniu, ... będzie decyzja ze strony jego rodziny.
13. Patrzysz na mnie Kasandro, ... mnie nigdy nie widziała!
14. Postanowił jej się oświadczyć, ... się potoczy rozmowa wstępna.
15. Skończę ten podręcznik za miesiąc, ... jakaś choroba zwaliła mnie z nóg.
16. Swoimi decyzjami wykluczył .... kompromis, na który tak liczyliśmy.
17. Udamy się do nich z wizytą, ... wcześniej ją odwołali.
18. Wykonywaliśmy wszystkie jego polecenia, ... mieliśmy do tych poleceń wiele zastrzeżeń.
19. Nie zdecyduję się na ten krok, ... mnie, Karolu, gorącym żelazem przypiekał.
20. Zrobię to, ... zaszło coś zupełnie nieprzewidywalnego.

Opracowano na podstawie R. Grzegorczykowa, *Wykłady z polskiej składni*, op. cit. str. 137.

OCEŃ SAM SIEBIE
>[9] bdb • [9] + db • [8] db • [7] +dst • >[6] dst • <[6] ndst
Jeśli w zadaniu testowym jest więcej niż dziesięć jednostek – przelicz sam!

ZADANIE 279
Copyright by S. Mędak

Proszę przekształcić poniższe zdania według załączonego wzoru.

WZÓR
rozmowa Karola z Józefem:
JÓZEF: 0. Karolu, podpisz mi weksel!
→ **KAROL: Podpiszę ci, pod warunkiem, że ty mi też podpiszesz.**

JÓZEF: 1. Karolu, opowiedz mi o twej nie tak dalekiej przeszłości!
→ KAROL: .... pod warunkiem, że ....
....

JÓZEF: 2. Karolu, przyznaj się do błędów popełnionych w młodości!
→ KAROL: .... pod warunkiem, że ....
....

JÓZEF: 3. Karolu, wycofaj się z działalności politycznej!
→ KAROL: .... pod warunkiem, że ....
....

JÓZEF: 4. Karolu, dokonaj wreszcie rachunku sumienia!
→ KAROL: .... pod warunkiem, że ....
....

ZADANIA TESTOWE

JÓZEF: 5. Karolu, przysięgnij na wszystko, że w końcu zajmiesz się naszym chorym ojcem!
→ *KAROL:* .... pod warunkiem, że ....
....

OCEŃ SAM SIEBIE
\>[9] bdb • [9] + db • [8] db • [7] +dst • >[6] dst • <[6] ndst
Jeśli w zadaniu testowym jest więcej niż dziesięć jednostek – przelicz sam!

ZADANIE 280
Copyright by S. Mędak

Proszę wpisać w miejsce kropek właściwe formy spójników wprowadzających zdania warunkowe.
Spójniki do w wyboru: *byle(by) || choćby || chyba żeby ||jak* (pot.) *||jak gdyby ||jakkolwiek ||jakkolwiek by ||jeśli* a.. *jeżeli ||jeśliby* a. *jeżeliby || pod warunkiem.*

WZÓR
A jak będzie słońce i pogoda, słońce i pogoda; pójdziemy se* razem do ogroda**.

1. Chętnie pożyczę ci trochę pieniędzy, ... oddasz mi cały dług w ustalonym terminie.
2. *(ja)* .... się starała, nie załatwię tej sprawy! Jest bardzo zawikłana.
3. Dobrze wiesz, że .... skłamiesz raz, następnym razem też skłamiesz.
4. Dobrze wiesz, że .... mnie oszukała, nie miałbym już nigdy do ciebie zaufania.
5. .... nie uważam się za językoznawcę, to jednak nie mogę powiedzieć, że nie znam zasad składni polskiej.
6. .... ona czasami zachowuje się dość wulgarnie, jest mile widziana w towarzystwie.
7. .... uda ci się wyjść przed dwudziestą od fryzjerki, wpadnij do mnie na kawę.
8. .... ferie zimowe w Polsce były nieco dłuższe, pojechałabym na Madagaskar.
9. Już nic nie powstrzyma go od tej decyzji, ... się rozchorował na dobre.
10. Karolu, poniesiesz zasłużoną karę, ... schował się w mysiej dziurze.
11. Moja córeczka patrzy tak na mnie, ... nie rozumiała, co do niej mówię.
12. Należy pamiętać, że szyk wyrazów w polszczyźnie jest swobodny, ... nie dowolny!
13. On spełni wszelkie żądania rodziców, ... zgodzili się na jego studia w ASP.
14. Zawsze będę przy tobie kochanie, ... było, cokolwiek by się stało!
15. Zrobię to ...., że ty też to zrobisz!

*se – W języku potocznym. Właściwa forma: *sobie*.
**ogroda – W języku potocznym. Właściwa forma dopełniacza: *ogrodu*.

OCEŃ SAM SIEBIE
>[9] bdb • [9] + db • [8] db • [7] +dst • >[6] dst • <[6] ndst
Jeśli w zadaniu testowym jest więcej niż dziesięć jednostek – przelicz sam!

XXIV. ZDANIA WIELOKROTNIE ZŁOŻONE

ZADANIE 281

Copyright by S. Mędak

Proszę dokonać połączeń zdań składowych w jedno zdanie złożone, uwzględniając podane jednostki leksykalne.

WZÓR
wskaźniki połączenia: *a ponadto, więc*
Jest gorąco. Jem lody. Uwielbiam lody. → <u>Jest gorąco, więc jem lody, a ponadto uwielbiam lody.</u>

1.
wskaźniki połączenia: *a zwłaszcza, który*
Chciałbym podziękować wszystkim osobom. Chciałbym podziękować Karolowi i Józefowi. Bez nich tego wieczoru nie dałoby się zorganizować.

→ ....
....

2.
wskaźniki połączenia: *dzięki, więc, zaś*
Kunegunda po matce ma urodę. Po ojcu ma majątek. Koledzy z pracy uważają ją za dziecko szczęścia.

→ ....
....

3.
wskaźniki połączenia: *aczkolwiek, bowiem, to*
Miała wyższe wykształcenie muzyczne. Nigdy nie pracowała w swoim zawodzie. Wolała zajmować się wychowaniem swoich kolejno przychodzących na świat dzieci.

→ ....
....

4.
wskaźniki połączenia: *a, gdyż, i*
Mijały minuty. Niczego od niej mógł się dowiedzieć. Siedziała z zaciśniętymi zębami. Patrzyła nieufnie na kamienną posadzkę kuchenną.

→ ....
....

5.

wskaźniki połączenia: *i, a następnie, aż*

Krzyknął na mnie. Trzasnął drzwiami. Pobiegł w kierunku wsi. Tylko pięty mu migały w powietrzu.

→ ....

....

6.

wskaźniki połączenia: *choć, ponieważ, to jednak*

Starała się mówić poprawnie po polsku. Popełniała co chwilę błędy składniowe. Nie znała zasad składni polskiej.

→ ....

....

7.

wskaźniki połączenia: *jakkolwiek, który, mimo to*

Zanosiło się na zakończenie konfliktu. Strona przeciwna przerwała obrady. Od wyników obrad zależał los milionów ludzi.

→ ....

....

8.

wskaźniki połączenia: *co, bo, ale, która*

Obie zwaśnione rodziny otrzymały rozkaz zaprzestania dalszych rękoczynów. Polecenie zostało złamane już pierwszego dnia. Jedna z najstarszych córek z rodziny Optołowicz obraziła pasierba Wańkowiczów. To doprowadziło do kilkugodzinnej walki obu rodów. Walka skończyła się wypędzeniem całej rodziny Optołowiczów ze wsi.

→ ....

....

....

....

....

9.

wskaźniki połączenia: *to, a chociaż, który*

Bał się zemsty swojego przeciwnika. Zdawało mu się, że w jakiś sposób tej pomście zapobiegł. Jednak trapiła go nieustannie myśl, że przeciwnik może zemścić się na jego rodzinie. Na rodzinie najbardziej mu zależało.

→ ....

....

....

....

ZADANIA TESTOWE

10.
wskaźniki połączenia: *iż, które, więc, że*

Zbliżała się chwila śmierci. Słyszał obok siebie różne głosy. Głosy mówiły: „Należy się pożegnać z tym światem. Trzeba zostawić na biurku niedokończone książki. Czas na ostateczny rozrachunek".

→ ....
....
....
....

OCEŃ SAM SIEBIE
>[9] bdb • [9] + db • [8] db • [7] +dst • >[6] dst • <[6] ndst
Jeśli w zadaniu testowym jest więcej niż dziesięć jednostek – przelicz sam!

WYKAZ SKRÓTÓW

blm	– brak liczby mnogiej
pl.	– liczba pojedyncza
pot.	– potocznie
przestarz.	– przestarzałe
reg.	– regionalne
rozdz.	– rozdział (numer)
rzad.	– rzadko
rzecz.	– rzeczownik
sg.	– liczba pojedyncza
str.	– strona
zad.	– zadanie testowe (numer)
ø	– miejsce puste

CYTOWANE PUBLIKACJE

Grzegorczykowa R., *Wykłady z polskiej składni*, Wydawnictwo Naukowe PWN, Warszawa 1998.

Kaleta Z., *Gramatyka języka polskiego dla cudzoziemców*, Nakładem Uniwersytetu Jagiellońskiego, Kraków 1995.

Kita M., *Wybieram gramatykę!*, tom 2, Wydawnictwo Uniwersytetu Śląskiego, Katowice 1998.

Mędak S., *Co z czym?. Ćwiczenia składniowe dla grup zaawansowanych*, Universitas, Kraków 2002.

Mędak S., *Język polski à la carte*, Uniwersytet Jagielloński, Kraków 1995.

Mędak S., *Liczebnik też się liczy! Gramatyka liczebnika z ćwiczeniami*, Universitas, Kraków 2004, II wydanie – 2010.

Mędak S., *Praktyczny słownik łączliwości składniowej czasowników polskich*, Universitas, Kraków 2005, 2011.

Mędak S., *W świecie polszczyzny*, Wydawnictwo Pedagogiczne ZNP, Kielce 2007.

Milewska B., *Słownik polskich przyimków wtórnych*, Wydawnictwo Uniwersytetu Gdańskiego, Gdańsk 2003.

Rudzka B., Goczołowa Z., *Wśród Polaków*, cz. I, Katolicki Uniwersytet Lubelski, Lublin 1992.

Ucherek E., *Polsko–francuski słownik przyimków*, Wydawnictwo Naukowe PWN, Warszawa 1995.

Wielki słownik frazeologiczny PWN z przysłowiami, PWN, Warszawa 2005.

INDEKS

szukasz →
↓ **zobacz**

ZT – zadanie testowe; numer zadania testowego

problem gramatyczno – leksykalny	*numer zadania testowego*
czas przeszły czasowników bezosobowych	ZT 119–120
czasowniki – prefiksy	ZT 163–168
czasowniki o rządzie biernikowym (strona czynna / strona bierna)	ZT 235
czasowniki o rządzie dopełniaczowym (strona czynna / strona bierna)	ZT 235
czasowniki o rządzie narzędnikowym (strona czynna / strona bierna)	ZT 235
czasowniki ruchu	ZT 149–157
czasowniki w połączeniu z rzeczownikami w liczbie mnogiej	ZT 64–65
czasowniki w połączeniu z wyrazem *sobie*	ZT 60–63
czasowniki z przeczeniem *nie*	ZT 59
definicje	ZT 1
dopełniacz	ZT 2
formy alternatywne rzeczowników	ZT 199–206
formy bezosobowe czasu przeszłego czasowników	ZT 122–123
formy czasowników nieflesksyjnych	ZT 116–117
formy czasowników typu *butwieć, dorośleć*	ZT 42
formy czasowników w połączeniu z wyrazami typu *dużo, wiele*	ZT 121
formy imiesłowu czynnego *była, byłe* w funkcji przymiotnika	ZT 17
formy rzeczowników męskoosobowych typu *chory*	ZT 20–22
formy typu *głuchy / głusi*	ZT 209
funkcje syntaktyczne przypadków (od mianownika do wołacza)	ZT 1–24
homonimy czasownikowe	ZT 139–144
homonimy czasownikowe (tryb rozkazujący)	ZT 260
homonimy różne	ZT 141–144
imiesłowy przymiotnikowe bierne	ZT 28–35
imiesłowy przymiotnikowe czynne	ZT 25–27
imiesłowy przysłówkowe uprzednie	ZT 36–39
imiesłowy przysłówkowe współczesne	ZT 40–42
imiona – odmiana	ZT 189–191
konstrukcje celownikowe	ZT 5–7
konstrukcje składniowe z narzędnikiem	ZT 10
konstrukcje w tzw. trybie życzącym	ZT 66–67
końcówki alternatywne (rzeczowniki)	ZT 3
liczebniki	ZT 169–188

łączliwość składniowa czasowników .... ZT 43–100
mianownik liczby pojedynczej .... ZT 1
modulanty, operatory metatekstowe, relatory, spójniki, wskaźniki zespolenia ... ZT 219–232
mowa niezależna – mowa zależna .... ZT 101–113
mowa zależna – mowa niezależna .... ZT 101–113
narzędnik .... ZT 9–10
nazwiska i imiona .... ZT 189–191
nazwy geograficzne i etniczne .... ZT 192–195
nazwy własne (nazwiska i imiona) .... ZT 189–191
nieosobowe formy czasownika .... ZT 114–123
odmiana czasowników .... ZT 124–148
odmiana czasowników – alternacje .... ZT 158–162
odmiana czasowników homonimicznych .... ZT 139–143
odmiana czasowników ruchu .... ZT 149–157
odmiana czasowników typu *bieleć, błękitnieć* .... ZT 132–136
odmiana czasowników typu *dociec, dopiec* .... ZT 145
odmiana czasowników typu *dokonywać* .... ZT 130–131
odmiana czasowników typu *dopomóc, przemóc* .... ZT 144
odmiana czasowników typu *głaskać, klaskać* .... ZT 146
odmiana czasowników typu *gryźć, paść* .... ZT 124–125
odmiana czasowników typu *guzdrać się, mazać* .... ZT 147
odmiana czasowników typu *kazać, krakać* .... ZT 127
odmiana czasowników typu *krzyknąć / krzyczeć* .... ZT 129
odmiana czasowników typu *kwitnąć, moknąć* .... ZT 126
odmiana czasowników typu *naderwać, odezwać się* .... ZT 148
odmiana czasowników typu *uprzedzać / uprzedzić* .... ZT 128
odmiana liczebników .... ZT 169–188
odmiana nazw geograficznych i etnicznych .... ZT 192–195
odmiana nazw własnych (nazwiska i imiona) .... ZT 189–191
odmiana nazwisk i imion .... ZT 189–191
odmiana oraz składnia liczebników .... ZT 169–188
odmiana liczebnika *dziesięcioro* .... ZT 187
odmiana liczebnika *oba / obydwa* .... ZT 178
odmiana liczebnika *obaj / obydwaj* .... ZT 179
odmiana liczebnika *obie / obydwie* .... ZT 180
odmiana liczebnika *oboje / obydwoje* .... ZT 181–182
odmiana liczebników od pięciu wzwyż .... ZT 184, 186
odmiana nazw własnych .... ZT 189–195
odmiana nazw własnych – nazwiska i imiona .... ZT 189–191
odmiana nazw własnych – nazwy geograficzne i etniczne .... ZT 192–195
odmiana przymiotników .... ZT 18–24, 209–211
odmiana rzeczowników .... ZT 3, 196–208

odmiana rzeczowników osobliwych	ZT 3
odmiana rzeczowników typu *awans*, *bobslej*	ZT 203
odmiana rzeczowników typu *bliźnię*, *cielę*	ZT 197
odmiana rzeczowników typu *brzemię*, *plemię*	ZT 196
odmiana rzeczowników typu *chan*, *szambelan*, *dziekan*, *krajan*	ZT 207
odmiana rzeczowników typu *czarodziej*	ZT 201
odmiana rzeczowników typu *dobro*, *państwo*	ZT 205
odmiana rzeczowników typu *gęba*, *gęś*	ZT 199
odmiana rzeczowników typu *mól*, *orzeł*	ZT 202
odmiana rzeczowników typu *grzebień*, *kamień*	ZT 198
odmiana rzeczowników typu *jastrząb*, *karp*	ZT 208
odmiana rzeczowników typu *raz*	ZT 204
odmiana rzeczowników typu *sanie*, *stalle*	ZT 206
odmiana rzeczowników typu *statua*, *wataha*	ZT 200
odmiana zaimków	ZT 6, 212–214
operatory metatekstowe, relatory, modulanty, spójniki, wskaźniki zespolenia	ZT 219–232
połączenia alternatywne	ZT 92–99
połączenia czasowników z przysłówkami	ZT 47–51, 54
połączenia składniowe czasowników z innymi częściami mowy	ZT 11–12
połączenia składniowe w zdaniach	ZT 4
poprawność gramatyczna	ZT 58
prefiksy czasowników	ZT 163–168
przyimki	ZT 83–91
przyimek *między*	ZT 83–84
przyimek *nad*	ZT 85
przyimek *pod*	ZT 85-86
przyimek *poza*	ZT 87
przyimek *przed*	ZT 88
przyimek *za*	ZT 89–91
przymiotniki – odmiana	ZT 18–24
przymiotniki odrzeczownikowe typu *kaczy*, *cielęcy*	ZT 211
przymiotniki oraz wyrazy pełniące funkcje przymiotnika	ZT 18
relatory, operatory metatekstowe, modulanty, wskaźniki zespolenia	ZT 219–232
rzeczowniki męskoosobowe o odmianie przymiotnikowej	ZT 16
rzeczowniki męskoosobowe typu *głuchy* / *głusi* odmieniane jak przymiotniki	ZT 209–210
się	ZT 69–73
składna liczebnika *oboje*	ZT 183
składnia czasownika *podchodzić* / *podejść*	ZT 151
składnia czasownika *przechodzić* / *przejść*	ZT 153
składnia czasownika *przeprowadzać*	ZT 55
składnia czasownika *przychodzić* / *przyjść*	ZT 150
składnia czasownika *robić* / *udzielać*	ZT 56

składnia czasownika *wchodzić / wejść*	ZT 152
składnia czasownika *wychodzić / wyjść*	ZT 149
składnia czasownika *zapominać*	ZT 100
składnia liczebników	ZT 185, 188
spójniki (wskaźniki zespolenia)	ZT 215–233, 266–271
strona bierna – strona czynna	ZT 234–241
strona czynna – strona bierna	ZT 234–241
synonimia syntaktyczna	ZT 242–250
transformacje zdań podmiotowych na zdania bezpodmiotowe	ZT 115, 118
transformacje zdań (mowa niezależna – mowa zależna)	ZT 101–113
tryb przypuszczający kontrfaktyczny	ZT 277
tryb rozkazujący	ZT 251–265
tryb rozkazujący czasowników homonimicznych typu *dowieść / dowieźć*	ZT 260
tryb rozkazujący czasowników typu *dociec, dopiec*	ZT 262
tryb rozkazujący czasowników typu *dziwaczeć, głupieć*	ZT 258
tryb rozkazujący czasowników typu *gryźć, paść*	ZT 251–252
tryb rozkazujący czasowników typu *grzać, kazać, nosić*	ZT 254
tryb rozkazujący czasowników typu *guzdrać się, kazać*	ZT 264
tryb rozkazujący czasowników typu *klaskać, klękać*	ZT 263
tryb rozkazujący czasowników typu *krzyczeć / krzyknąć*	ZT 256
tryb rozkazujący czasowników typu *nacisnąć, odgadnąć*	ZT 253
tryb rozkazujący czasowników typu *narwać, oderwać się*	ZT 265
tryb rozkazujący czasowników typu *pokazywać, zakrywać*	ZT 257
tryb rozkazujący czasowników typu *przemóc, wspomóc*	ZT 261
tryb rozkazujący par aspektowych czasowników typu *usprawniać / usprawnić*	ZT 255
wołacz	ZT 13–15
wołacz nazw osobowych	ZT 14–15
wskaźniki zespolenia (spójniki)	ZT 215–233, 266–271
wyraz *gdyby*	ZT 276
wyraz *jeśli / jeżeli*	ZT 272–275
wyraz *się*	ZT 69–73
wyraz *sobie* w połączeniu z czasownikami	ZT 60–63
wyraz *żeby*	ZT 216–218
wyrazy typu *czyjś, gdzieś, jakiś*	ZT 214
wyrazy wskazujące na związek z liczbą	ZT 121
wyrażenia przyimkowe typu *pod pozorem, w zamian za*	ZT 244–247
wyznaczniki relacji: *a następnie, a potem, po czym* i in.	ZT 266
wzorcowa norma językowa	ZT 58
zaimki	ZT 212–214, 268
zaimki typu *cokolwiek, ktokolwiek*	ZT 212
zaimki typu *dokądkolwiek, kiedykolwiek*	ZT 213
zaimki względne *gdzie / jaki / który* i ich funkcje	ZT 268

zdania pojedyncze i złożone .... ZT 266–271
zdania rozwinięte .... ZT 269
zdania skutkowe, przyczynowe, przeciwstawne .... ZT 271
zdania w formie przeczącej w połączeniu z wyrazem (spójnikiem) *żeby* .... ZT 68, 243
zdania warunkowe wprowadzane przez spójniki oraz wyrażenia .... ZT 278, 280
zdania warunkowe .... ZT 272–274, 279
zdania wielokrotnie złożone .... ZT 281

O AUTORZE

Stanisław Mędak, senior lecturer of applied linguistics at CENTRUM JĘZYKA I KULTURY POLSKIEJ W ŚWIECIE of the Jagiellonian University in Cracow. Since 1981 engaged in teaching Polish as a foreign language in Poland and abroad (Switzerland – Genève, Czech Republic – Charles University in Prague, France – UTM Toulouse, INALCO and Sciences Po in Paris). Author of numerous publications for foreign students including *A Selection of Tests in Polish* (Jagiellonian University – Cracow 1995), *I Want to Speak Polish. Polish for the Beginners* (english, german et french version; WSiP – Warsaw 1996, 1997), *Dictionary of Polish Verb Patterns* (Universitas – Cracow 1997), *Dictionnaire de la déclinaison des substantifs polonais* (PUM Toulouse – France 2001), *What with what. Exercises in Polish Syntax for Advanced Students* (Universitas – Cracow 2002), *Dictionary of Polish Noun Declensions* (Universitas – Cracow 2003, 2011), *A Practical Dictionary of Polish Verb Patterns* (Universitas – Cracow 2004, new edition), *A Grammar of Numerals with exercises* (Universitas – Cracow 2004, 2010), *A Practical Dictionary of Polish Verbal Collocations* (Universitas – Cracow 2005, 2011), *Apprendre le polonais par les textes* (with C. Bruley-Meszaros, L'Harmattan Paris–Budapest–Kinshasa–Torino–Ouagadougou, 2005), *W świecie polszczyzny* (textbook – level C2, Wydawnictwo Pedagogiczne ZNP – Kielce 2007), *Świat polszczyzny w ćwiczeniach dla zaawansowanych* (exercices – level C2, Wydawnictwo Pedagogiczne ZNP – Kielce 2007), *Polski raz a dobrze. Polish for foreigners* (textbook; English version – level A1, A2, B1, LINGO, Warsaw 20011), *Pol'skij dlâ inostrancev* (textbook; Russian version – level A1, A2, B1, LINGO, Warsaw 20011), *Pocket Polish coures&conversations* (textbook; English version – level A1, A2, B1, LINGO, Warsaw 2012), *Polski megatest. Polish in Exercises*, (level A1, A2, B1, LINGO, Warsaw 2012) and translator of J. Ziegler's *La Suisse lave plus blanc* (Wydawnictwo Literackie – Cracow 1991).

TEGO SAMEGO AUTORA
Publikacje autorskie za lata 1991-2012

1. Jean Ziegler, *La Suisse lave le plus blanc*, Edition du Seuil; przekład S. Mędak, *Milczący sejf*, Wydawnictwo Literackie, Kraków 1991, str. 164.

2. *JĘZYK POLSKI À LA CARTE*. Wybór testów z języka polskiego dla obcokrajowców, Wydawnictwo Uniwersytetu Jagiellońskiego, Kraków 1995, str. 462.

3. *CHCĘ MÓWIĆ PO POLSKU, Je veux parler polonais. Le polonais pour les débutants*, Wydawnictwa Szkolne i Pedagogiczne, Warszawa 1996, str. 254.

4. *CHCĘ MÓWIĆ PO POLSKU, Ich will polnisch sprechen. Polnisch für Anfänger*, Wydawnictwa Szkolne i Pedagogiczne, Warszawa 1996, str. 252.

5. *CHCĘ MÓWIĆ PO POLSKU, I Want to Speak Polish. Polish for the Beginners*, Wydawnictwa Szkolne i Pedagogiczne, Warszawa 1997, str. 254.

6. *SŁOWNIK FORM KONIUGACYJNYCH CZASOWNIKÓW POLSKICH*. Dictionary of Polish Verb Patterns. Dictionnaire de la conjugaison des verbes polonais. Universitas, Kraków 1997, str. 1056.

7. *DICTIONNAIRE DE LA DÉCLINAISON DES SUBSTANTIFS POLONAIS. Dictionary of Polish Declensions*. Odmiana rzeczowników polskich, Presses Universitaires du Mirail, Toulouse 2001, France, str. 370.

8. *CO Z CZYM?* Ćwiczenia składniowe dla grup zaawansowanych, Universitas, Kraków 2002, str. 196.

9. *SŁOWNIK ODMIANY RZECZOWNIKÓW POLSKICH* – reedycja polska wydania francuskiego, Universitas, Kraków 2003, wyd. II – 2011, str. 321.

10. *SŁOWNIK FORM KONIUGACYJNYCH CZASOWNIKÓW POLSKICH* – wersja nowa i skrócona, Universitas, Kraków 2004, wyd. II – 2013, str. 364.

11. *LICZEBNIK TEŻ SIĘ LICZY!* Gramatyka liczebnika z ćwiczeniami, Universitas, Kraków 2004, wyd. II – 2010, str. 249.

12. *PRAKTYCZNY SŁOWNIK ŁĄCZLIWOŚCI SKŁADNIOWEJ CZASOWNIKÓW POLSKICH*, Universitas, Kraków 2005, wyd. II – 2011, str. 773.

13. *APPRENDRE LE POLONAIS PAR LES TEXTES*, (wspólnie z: B. Biela, C. Bruley–Mesarosz), L'Harmattan, Paris 2005, France, str. 412.

14. *W ŚWIECIE POLSZCZYZNY*, Podręcznik dla zaawansowanych; poziom C2, Wydawnictwo Pedagogiczne ZNP, Kielce, 2007, str. 398.

15. *ŚWIAT POLSZCZYZNY* – CD z ćwiczeniami dla zaawansowanych; poziom C2, Wydawnictwo Pedagogiczne ZNP, Kielce, 2007.

16. *POLSKI RAZ A DOBRZE*. Polish for Foreigners. Podręcznik dla poziomu podstawowego A1, A2, B1, Wydawnictwo LINGO, Warszawa 2012, str. 318.

17. *POL'SKIJ DLÂ INOSTRANCEV*. Intensivnyj kurs dlâ načinaûŝih, Seria *Raz a dobrze*, Wydawnictwo LINGO, Warszawa 2012, str. 341.

18. *POCKET POLISH*. Polski dla obcokrajowców, Wydawnictwo LINGO, Warszawa 2012, str. 238.

19. *POLSKI MEGATEST*. Polish in Exercises, Wydawnictwo LINGO, Warszawa 2012, str. 388.

KLUCZ DO ZADAŃ TESTOWYCH

ZADANIE 1
1. Polszczyzna
2. Nepotyzm
3. Dyktatura
4. Dyletantyzm
5. Dyletant
6. Kumoterstwo
7. Lizusostwo
8. Niekompetencja
9. Kozioł ofiarny
10. Czarna owca

ZADANIE 2
1. człowieka
2. nam
3. pieniędzy
4. słów
5. tego narzekania
6. tego gadania
7. trafu
8. tylu zabiegów
9. żadnej ambicji
10. żywności

ZADANIE 3
1. A. cieśli *a. rzad.* B. cieślów; C. –
2. A. gości; B, C –
3. A. księży; B., C. –
4. A. przechodniów; *rzad.* B. przechodni; C. –
5. A. cyrkli *a. rzad.* B. cyrklów; C. –
6. A. gronostai *a.* gronostajów; B., C. –
7. A. gwoździ; B., C. –
8. A. ogni; B., C. –
9. A. talerzy; B., C. –
10. A. węży *a.* wężów; B., C. –
11. A. zajęcy *a. rzad.* zajączów; B., C. –
12. A. alei *a.* alej; B., C. –
13. A. Armii; B., C. –
14. A. bitew *a. rzad.* bitw; B., C. –
15. A. chochli *a.* chochel; B., C. –
16. A. gęsi; B., C. –
17. A. księżnych; B., C. –
18. A. kuchni *a. rzad.* kuchen; B., C. –
19. A. wanien; B., C. –
20. A. wiśni *a.* wisien; B., C. –

ZADANIE 4
1. całym sercem
2. dobrego serca *a.* o dobrym sercu
3. przez dziurkę od klucza
4. jednego z was
5. Anny Nowohuckiej
6. krzyczał z(e) wszystkich sił
7. mówić z pamięci
8. oknem ... na podwórko
9. z dobrej kuchni
10. u lewej ręki
11. z pierwszej ręki
12. przedział dla niepalących
13. za ubiegły miesiąc *a.* w ubiegłym miesiącu
14. ręce .... od węgla
15. suknia bez rękawów
16. szala z wełny
17. światowej sławy
18. od dziecka
19. wiadomość z ostatniej chwili
20. wiatr od morza

ZADANIE 5
1. Katarzynie
2. Markowi
3. Moim braciom
4. Twojemu synowi
5. Naszemu znajomemu
6. nam
7. jej
8. Temu człowiekowi

KLUCZ DO ZADAŃ TESTOWYCH

9. ci
10. wszystkim

ZADANIE 6
1. mi
2. mi
3. mu
4. jej
5. jej
6. im
7. im
8. ci
9. pani
10. wam

ZADANIE 7
1. mi
2. mi
3. mi
4. nam wszystkim
5. nam
6. nam
7. mu
8. im
9. im
10. ci

ZADANIE 8
1. Chłopca
2. mnie
3. mnie
4. młodych ludzi
5. mojego konkurenta
6. go
7. go
8. go
9. ją
10. je

ZADANIE 9
1. ludźmi
2. dłońmi
3. dziećmi
4. końmi
5. kośćmi
6. księżmi
7. liśćmi
8. nićmi
9. pieniędzmi
10. przyjaciółmi

ZADANIE 10
1. całymi rodzinami
2. czwórkami
3. grupami
4. kłębami
5. nienawiścią
6. mną
7. samolotem
8. śniegiem
9. tumanami
10. tysiącami

ZADANIE 11
1. w moich myślach
2. w depresji
3. w bólach
4. w biegu
5. przy świadkach
6. przy kawie
7. w drewnie
8. w pamięci
9. w milczeniu
10. w skrajnej biedzie

ZADANIE 12
1. w ręce *a.* po rękach
2. na rozmowach *a.* podczas rozmów
3. po włosach
4. po chodzie
5. na / przy jakiejś ważnej budowie
6. przy samochodzie
7. przy akompaniamencie

8. przez całe noce
9. po nim
10. na czasie

ZADANIE 13
1. Boże
2. Braciszku
3. Człowieku *a.* człowiecze
4. Głupcze *a. pot.* głupcu
5. Jeźdźcze *a. pot.* jeźdźcu
6. Ojcze
7. Pani doktor
8. Studencie
9. Szkocie
10. Tato

ZADANIE 14
1. Dziadziusiu
2. Ekscelencjo
3. Ekscelencjo Ambasadorze
4. Ekscelencjo Ministrze
5. Eminencjo Kardynale
6. Lordowska Mość
7. Magnificencjo Rektorze
8. Jubilacie
9. Kierowniku
10. Księże Arcybiskupie
11. Księże Biskupie
12. Mistrzu
13. Ojcze Święty
14. Panie
15. Panie Adiunkcie
16. Panie Doktorze
17. Panie Dyrektorze
18. Panie Generale
19. Panie Havranek
20. Panie Magistrze
21. Panie Mecenasie
22. Panie Mędak
23. Panie Ministrze
24. Panie Premierze
25. Panie Prezydencie
26. Panie Profesorze
27. Panie Pułkowniku
28. Panie Sędzio
29. Solenizancie
30. Stanisławie
31. Szefie
32. Wasza Ekscelencjo Ambasadorze
33. Wasza Ekscelencjo Ministrze

ZADANIE 15
1. Babuniu
2. Pani
3. Pani Docent
4. Pani Doktor
5. Pani Kwiatkowska
6. Pani Minister
7. Pani Premier
8. Pani Profesor
9. Pani Sędzio
10. Panienko
11. Panno Młoda
12. Zosiu

ZADANIE 16
1. chorych
2. gajowego
3. kościelnym
4. księgowemu
5. leśniczego
6. motorniczego
7. myśliwych
8. radnym
9. wikarym
10. woźnych

ZADANIE 17
1. byłej
2. byłej
3. byłego
4. były
5. były
6. była

KLUCZ DO ZADAŃ TESTOWYCH

7. była
8. była
9. były
10. byłe

ZADANIE 18
1. późnej
2. większą
3. błotnisty
4. niepamiętnych
5. oryginalną
6. tradycyjną
7. rodzimy
8. ulepszoną
9. dojrzałego
10. nieodłączna
11. pierwszej
12. prawdziwymi
13. zawiedzionymi
14. przyswojonym
15. zapisywanym
16. nijakich
17. pożółkłych
18. radosnego
19. oderwanych
20. eleganckich
21. mściwych
22. zielonoszarych
23. szkolnych
24. ślimaczym
25. prowadzące

ZADANIE 19
1. Brudnych
2. Długie
3. Dobrym
4. Głupim
5. Każdemu
6. Krótkie
7. Obcy
8. Obce
9. Pięknym
10. Tani
11. Tani
12. Wielkim
13. Wspaniałą
14. Wyjątkowym
15. Wysokimi

ZADANIE 20
1. chętnych
2. chorych
3. cierpiącym
4. dorosłych
5. głuchoniemych
6. głuchych
7. łysych
8. miejscowych
9. młodych
10. niepalących

ZADANIE 21
1. nieobecnych
2. niewidomych
3. nowobogackich
4. obcych
5. pijanych
6. poborowi
7. początkujących
8. podejrzanych
9. poległych
10. puszystych

ZADANIE 22
1. bezdomnych
2. rannych
3. rezerwowych
4. samotnych
5. sprawiedliwych
6. śledczych
7. świętych
8. Tutejsi
9. uczeni
10. ukochani

www.wydawnictwolingo.pl

11. ułomnych
12. umarłych
13. umyślnych
14. uprzywilejowanych
15. wielkimi
16. wiernymi
17. zaginionych
18. złych
19. znajomych
20. żywych

ZADANIE 23
1. drogie / drogich
2. głupie / głupich
3. niebieskiego
4. psie
5. włoskie / włoskie / włoskich
6. tanie / taniego
7. warszawskie / warszawskich
8. wielkie / wielkich
9. wrogi / wrogiego
10. wysoki / wysokie

ZADANIE 24
1. duzi
2. głusi
3. głupi
4. grubi
5. kochani
6. ładni
7. mali
8. młodzi
9. olbrzymi
10. ostatni
11. prości
12. Skąpi
13. tani
14. weseli
15. znajomi

ZADANIE 25
1. chcącego
2. Idący
3. jadące
4. lecącym
5. leżące
6. mającą
7. mieszkającego
8. milcząca
9. nadjeżdżającego
10. panujący
11. piszącą
12. płaczącej
13. robiącą
14. siedzącym
15. sprzątającą
16. szyjącego
17. trzęsąca się
18. uciekającym
19. wiszącej
20. wracającym

ZADANIE 26
1. mających
2. oglądających się
3. spóźniające się
4. palących
5. śmiejących się
6. jedzących
7. fruwających
8. zarabiających
9. nieodpowiadającym
10. płaczących

ZADANIE 27
1. wracających
2. narzekający
3. chorująca
4. tańcząca
5. wlecząca się
6. trwające
7. widzące
8. zżerające
9. znoszący

KLUCZ DO ZADAŃ TESTOWYCH

10. wiedzący
11. denerwujący
12. sprzedający się
13. jadący
14. umiejący
15. przesiadująca

ZADANIE 28
1. B. dodawać / dodać; C. jakiś składnik
2. B. doznawać / doznać; C. bólu
3. B. nadawać / nadać; C.; prawa
4. B. oddawać / oddać; C. dług
5. B. podawać / podać; C. obiad
6. B. poddawać / poddać; C. kraj
7. B. poznawać / poznać; C. ludzi
8. B. rozdawać / rozdać; C. paczki dzieciom
9. B. rozpoznawać / rozpoznać; C. oprawcę
10. B. sprzedawać / sprzedać; C. towar
11. B. udawać / udać; C. zachwyt
12. B. wydawać / wydać; C. resztę
13. B. wyznawać / wyznać; C. swoje grzechy
14. B. zadawać / zadać; C. cios
15. B. zdawać / zdać; C. egzamin

ZADANIE 29
1. B. obcinany / obcięty; C. żywopłot
2. B. odpinany / odpięty; C. zamek błyskawiczny
3. B. przecinany / przecięty; C. wrzód
4. B. przypinany / przypięty; C. medal
5. B. rozpinany / rozpięty; C. pas
6. B. spinany / spięty; C. tobołek
7. B. ścinany / ścięty; C. uschły dąb
8. B. upinany / upięty: C. warkocz
9. B. wycinany / wycięty; C. las
10. B. zaginany / zagięty; C. brzeg kartki

ZADANIE 30
1. B. dobywany / dobyty; C. miecz z pochwy
2. B. nabywany / nabyty; C. teren pod budowę
3. B. nakrywany / nakryty; C. stół do obiadu
4. B. naszywany / naszyty; C. kolorowy znak na koszulkach
5. B. przebywany / przebyty; C. okres choroby
6. B. przyszywany / przyszyty; C. guzik
7. B. używany / użyty; C. przypadek gramatyczny
8. B. wykrywany / wykryty; C. szkodliwy związek chemiczny
9. B. zdobywany / zdobyty; C. szczyt
10. B. zużywany / zużyty; C. gaz do ogrzewania

ZADANIE 31
1. rozpięta *a.* odpięta
2. ścięta
3. spięte
4. napięte
5. zagięte
6. przypięty
7. rozpięta
8. upięte
9. wycięty
10. przecięty
11. obcięty

ZADANIE 32
1. wykryte
2. wyzbyty *a.* pozbawiony
3. zużyty
4. nakryty

5. zżyty
6. nakryte *a.* przykryte
7. przyszyty
8. przeżyte
9. nabyta
10. zdobyte

ZADANIE 33
1. przegotowanej
2. przespany
3. przygotowany
4. skradziony
5. ukończona
6. wykonana
7. wysłany
8. wsłuchany
9. zbudowany
10. złożone

ZADANIE 34
1. konserwowane
2. nadawane
3. nakręcony
4. napisane
5. przegotowana
6. przygotowany
7. uratowany
8. zamawiane
9. zbadana
10. zbudowanym

ZADANIE 35
1. podartych
2. napiętej
3. osiągnięty
4. zepsutym
5. rozciągniętym
6. rozpoczęty
7. rozstrzygnięte
8. ściągniętego
9. Tknięta
10. wytartych

ZADANIE 36
1. Zdawszy egzamin z prawa rzymskiego, ...
2. Usiadłszy ciężko na krześle, ...
3. Zjadłszy swój pierwszy obiad ....
4. Zorientowawszy się, że ...
5. Zaniósłszy dziecko ...
6. Dowiedziawszy się od lekarza ...
7. Zauważywszy, że Karol się starzeje, przestała go kochać.
8. Wróciwszy do swojego mieszkania w bloku ...
9. Zaoszczędziwszy trochę pieniędzy ...
10. Wysłuchawszy kompozycji współczesnego kompozytora ...

ZADANIE 37
1. Wróciwszy z wakacji, ...
2. Ściszywszy radio, zaczęła wsłuchiwać się ...
3. Wszedłszy do domu, ...
4. Skończywszy jedną czynność w domu, ...
5. Zrobiwszy zakupy na kolację, udałem się ...
6. Sprawdziwszy stan konta, nie wierzyła ...
7. Obudziwszy się o świcie, postanowiliśmy ...
8. Osiwiawszy, zaczęła malować ...
9. Zmądrzawszy, przestał się zajmować ...
10. Ołysiawszy, wyrzucił z łazienki ...

ZADANIE 38
1. Natarłszy
2. Obejrzawszy się
3. Opowiedziawszy
4. Oprzytomniawszy
5. Powiedziawszy
6. Przejrzawszy

KLUCZ DO ZADAŃ TESTOWYCH

7. Usłyszawszy
8. Wytrzeźwiawszy
9. Zgłodniawszy
10. Zrozumiawszy

ZADANIE 39
1. Dosiadłszy konia, poczuł się ...
2. Doszedłszy do siebie, przypomniał sobie, że ...
3. Naniósłszy poprawki do tekstu, odniósł ...
4. Odnalazłszy zaginionego psa, przytulił go.
5. Przeniósłszy się z rodziną na wieś, narzekał na ...
6. Przewiózłszy pasażerów na drugi brzeg, wsiadł do ...
7. Przywiózłszy dziecko z przedszkola, odwiózł żonę na ...
8. „Rozgryzłszy" zawiłą sprawę, poszedł spać.
9. Rozwiódłszy się z nim, zalewała się ...
10. Wytarłszy oczy z łez, zaczęła kroić ...

ZADANIE 40
1. Będąc młodą lekarką zajmowała się ...
2. Zobaczywszy, że ma jeszcze kilka włosów na głowie, ucieszył się.
3. Jadąc pociągiem myślę o tych, ...
4. Wychodząc z więzienia, nie zapomnij ...
5. Jedząc obiad, ...
6. Chcąc zrozumieć życie, musisz przeżyć ...
7. Nie znając składni języka polskiego, nie pisz ...
8. Będąc młody, miałem ...
9. Mając katar, nie palę ...
10. Idąc przez rynek, zauważyliśmy ...
11. Wracając z kościoła, rozmyślałem o ...
12. Kulejąc, mimo to zażarcie dążył ...
13. Nie mając żadnego zajęcia, ...
14. Nucąc smutną sonatę, badał ... a. Badając kolejnego pacjenta, nucił ...
15. Patrząc na swoją twarz w lustrze, liczyła ...
16. Robiąc omlet, nuciła ... a. Nucąc znaną melodię z piosenki *Pieją kury, pieją*, robiła ...
17. Siedząc już od kilku dni na konferencji, ziewał ...
18. Słuchając słynnych przebojów, wracała ...
19. Usypiając, powtarzał ... a. Powtarzając po raz setny kolejne reguły gramatyczne, usypiał.
20. Waląc pięścią w stół, krzyczał ... a. Krzycząc sam na siebie, walił ...

ZADANIE 41
1. kopiąc
2. korzystając
3. Krytykując
4. patrząc
5. Płucząc
6. Przeglądając
7. Widząc
8. Wiedząc
9. wychodząc
10. Zajmując się

ZADANIE 42
1. butwiejąc
2. Doroślejąc
3. drożejąc
4. dziecinniejąc
5. Dziwaczejąc
6. jaśniejąc
7. liniejąc

POLSKI B2 i C1. MEGATEST

8. Łysiejąc
9. Mdlejąc
10. mętniejąc

ZADANIE 43
1. makulatury
2. margaryny
3. nieustającymi sukcesami
4. nowych informacji
5. pokoju
6. swojej matki
7. swojego postępowania
8. twojej odpowiedzi
9. wszystkiego
10. zeszłorocznego wina

ZADANIE 44
1. wszystkim moim zwolennikom ... moim przeciwnikom
2. mojemu znajomemu Kacparowi Wiligerowi
3. mnie ..., księdzu, ... swojej źle słyszącej babci
4. Bogu ..., Cesarzowi ..., wierzycielowi
5. mnie, tobie, ... wszystkim
6. przemocy, ... kokainę
7. policjantowi ..., siostrze ..., konkurentowi
8. kobietom, mężczyznom, ... samemu
9. gołębiom ... zakochanym parom
10. narodowi

ZADANIE 45
1. dziarskim mazurkiem
2. każdą minutę
3. majeranku
4. oskarżoną
5. rozprawy
6. starą walizkę
7. śniadanie

8. tabletkę przeciwbólową
9. znanego przestępcę
10. zupę mleczną

ZADANIE 46
1. wdową ... bezradną kobietą
2. gwiazdą, ... samotną staruszką
3. innym ... wypadek
4. krawiectwem, ... roznoszeniem
5. mężczyzną .... mężczyznę
6. panną, ... mężatką
7. prymusem, ... bezrobotnym
8. samotnym człowiekiem
9. wszystkimi / nikim
10. życiem ... każdą chwilą

ZADANIE 47
1. g
2. t
3. r
4. p
5. a
6. b
7. c
8. d
9. e
10. f
11. s
12. h
13. i
14. j
15. k
16. l
17. ł
18. m
19. n
20. o

ZADANIE 48
1. e
2. f
3. l

KLUCZ DO ZADAŃ TESTOWYCH

4. t
5. ł
6. c
7. p
8. h
9. g
10. a
11. n
12. b
13. s
14. j
15. m
16. o
17. r
18. i
19. k
20. d

ZADANIE 49
1. d
2. n
3. s
4. k
5. c
6. g
7. i
8. f
9. l
10. r
11. e
12. h
13. o
14. m
15. t
16. ł
17. b
18. p
19. j
20. a

ZADANIE 50
1. m
2. g
3. a
4. j
5. r
6. l
7. p
8. d
9. k
10. n
11. i
12. c
13. t
14. o
15. h
16. f
17. ł
18. b
19. s
20. e

ZADANIE 51
1. e
2. c
3. b
4. g
5. a
6. j
7. d
8. i
9. h
10. f

ZADANIE 52
1. a. tym tchórzem ... obłudą; b. tego tchórza ... pająków
2. a. ostrej papryki; b. swój komentarz
3. a. jedną kanapkę; b. bigosu
4. a. czerwone mercedesy; b. nowych tematów
5. a. Świeże jaja; b. cukierków
6. a. puchary; b. przegotowanej wody

7. a. kłamstwa ... tchórzostwa; b. kłamstwo .... tchórzostwo
8. a. mojej; b. swoją matką
9. a. pieniądze; b. pieniędzy
10. a. nagranej ... muzyki; b. nagraną ... muzykę

ZADANIE 53
1. a. nowej nauki; b. reformę
2. a. odpoczynek; b. żebyśmy ... odpoczęli
3. a. radę, ... ratunek ... pomocy a. o pomoc; b. do tańca ... na mały poczęstunek do szwedzkiego stołu a. przy szwedzkim stole; c. pani; d. siostry; e. panią
4. a. wszystkiego ... grochówki, bigosu, uszek; b. nowy mercedes
5. a. Zosię; b. teściowej
6. a. gościom a. gości; b. gościom
7. a. glinie; b. gliny
8. a. krzaków; b. kominów; c. kominy
9. a. ból; b. owies a. owsa

ZADANIE 54
1. j
2. g
3. b
4. c
5. a
6. i
7. d
8. e
9. f
10. h

ZADANIE 55
1. Robili badania na żywych organizmach.
2. Dyskutowali zażarcie o sztuce.
3. Klasyfikowali dzieła sprzed 1939 roku.
4. Kontrolowali kibiców przed wejściem na stadion.
5. Modernizowali główne arterie miasta.
6. Rekrutowali młodzież do szkół zawodowych.
7. Remontowali zabytkowe kamienice.
8. Reorganizowali kolejne ministerstwo.
9. Rozmawiali z trudnymi dziećmi.
10. Rozmawiali długo telefonicznie z ankietowanymi.

ZADANIE 56
I.
1. Całymi dniami kupuje.
2. Już sześć lat sprzątam u nich a. Już sześć lat pracuje u nich jako sprzątaczka.
3. Był już zmęczony i często przystawał.
4. Ktoś porządkuje podwórko a. Ktoś zamiata podwórko.
5. Porządkuję biurko.
6. Zawstydzasz mnie swoim postępowaniem.

II.
7. Kościoły pomagają biednym a. wspierają biednych.
8. Nie musisz mi ciągle radzić jak matka.
9. Państwo zajmuje się matkami samotnie wychowującymi dzieci a. Państwo wspiera matki samotnie wychowujące dzieci.
10. Informujemy o zaginionych.

ZADANIE 57
1. Po długiej przerwie jął się rysować.
2. Kiedy wreszcie nauczysz się prawidłowo jeździć?!
3. Ojciec pozwalał mi wszystko robić a. robić wszystko.

KLUCZ DO ZADAŃ TESTOWYCH

4. Starasz się dostać do tej pracy?
5. Będę uczyć się tańczyć!
6. Uczysz się grać na fortepianie?
7. Zabraniasz mi wcześnie wstawać?!
8. Zabraniasz mi zajmować się moim własnym synem?!
9. Dziś zaczynam pisać kartki świąteczne.
10. Znowu zaczynasz studiować ten sam problem?!

ZADANIE 58
1. pisanie
2. wyjazd
3. rozwiązanie sejmu ...
4. mówienie
5. wędrówkę
6. załatwienie
7. obejrzenie
8. ataku
9. budowę
10. ustępstw

ZADANIE 59
1. nie imają się
2. nie omieszkał
3. nie omieszkam
4. nie posiadała się
5. nie posiadał się
6. nie przystoi
7. nie przystoi
8. nie szczędziło
9. nie szczędzi
10. nie uświadczysz

ZADANIE 60
1. sobie
2. sobie
3. sobie
4. sobie
5. sobie
6. sobie
7. sobie
8. sobie
9. sobie
10. sobie
11. –
12. sobie
13. sobie
14. –
15. sobie
16. sobie *a.* –
17. –
18. sobie *a.* –
19. sobie *a.* –
20. –

ZADANIE 61
1. sobie
2. sobie
3. –
4. sobie
5. –
6. sobie *a.* –
7. sobie
8. sobie *a.* –
9. sobie
10. –
11. sobie
12. sobie
13. sobie
14. sobie
15. sobie
16. sobie
17. –
18. –
19. sobie *a.* –
20. sobie *a.* –

ZADANIE 62
1. sobie
2. –
3. sobie
4. –

POLSKI B2 i C1. MEGATEST

5. –
6. sobie
7. sobie
8. –
9. sobie
10. –
11. sobie
12. sobie
13. sobie
14. sobie
15. –
16. sobie
17. sobie
18. sobie
19. sobie
20. sobie

ZADANIE 63
1. sobie
2. sobie
3. –
4. –
5. sobie
6. sobie
7. sobie
8. sobie
9. sobie
10. sobie
11. sobie
12. sobie
13. sobie
14. sobie
15. sobie
16. –
17. sobie
18. sobie
19. sobie
20. sobie

ZADANIE 64
1. a; brać kogoś na języki
2. a; brać kogoś w obroty
3. a; dawać się komuś we znaki
4. b; stroić sobie z kogoś żarty
5. b; mieć nerwy jak postronki
6. b; mieć ciężką rękę
7. b; mieć czyste ręce
8. a; mieć duszę na ramieniu
9. b; mieć muchy w nosie
10. a; pokazywać humory

ZADANIE 65
1. a; ulicami miasta
2. b; papierosami
3. a; żołnierzami
4. b; owocami
5. b; antybiotykami
6. b; czwórkami
7. b; grzybów
8. b; owoce
9. a; pieniądze z kieszeni do kieszeni
10. a; kwiatami
11. b; płatami
12. a; łzami
13. a; książki na półkach
14. a; owoce na stragan
15. b; słupkami

ZADANIE 66
1. wszyscy byli szczęśliwi
2. dzieci nie hałasowały
3. panowie nie zapomnieli
4. zdawał a. zdawała na studia
5. on zrozumiał swój błąd
6. nie popełnił błędu
7. się nie zgubiły
8. ktokolwiek to zrozumiał
9. on zmienił pracę
10. byli zdrowi i bogaci

ZADANIE 67
1. zabrać ją ze sobą
2. inni żyli lepiej
3. starać się o zasiłek

KLUCZ DO ZADAŃ TESTOWYCH

4. wszystko się zmieniło
5. ojciec wezwał księdza
6. coś zjedli
7. zostawiła go w spokoju
8. wyjechali wcześniej
9. powiadomić wszystkich
10. zrozumieć ból
11. nie kupować tego modelu auta
12. dorobić do pensji
13. zrobić mi na złość
14. nie wszedł a. nie weszła w kałużę
15. nadać a. nadano szkole imię R. Tycha

ZADANIE 68
1. żebyście dojechali ...
2. żebym obiecywał ci (jakiś) prezent
3. żeby one zdradziły ...
4. żebyś mnie o coś prosił wczoraj
5. żeby ona nie przyszła na to spotkanie
6. żebyśmy mieli ...
7. żebym cokolwiek ci obiecywała a. rzadziej obiecała
8. żebyśmy wkrótce osiągnęli ...
9. żebym wspominał ...
10. żebyś popełnił jakikolwiek błąd

ZADANIE 69
1. dobierał / dobierali się
2. dokładał / dokładał się
3. dostawała / dostawały się
4. kierowała / kierowała się
5. kładł / kładł się
6. kręciła / kręcił się
7. liczył / liczył się
8. nadawał / nadawał się
9. nudził / się nudził
10. obchodziła / obchodził się

ZADANIE 70
1. oddawała się / oddawała
2. odnosił / odnosiła się
3. odróżniała się / odróżniała
4. odwoływał się / odwoływał
5. opłacała / się ... opłacała
6. opowiadała / opowiadała się
7. opuszczała / opuszczała się
8. oświadczał / oświadczał się
9. palił / paliła się
10. pchała / się pchały

ZADANIE 71
1. powtarzała / powtarzała się
2. przejmował / się ... przejmowała
3. przenosiła się / przenosił
4. przyznawał / przyznawała się
5. rozchodził / rozchodziły się
6. rozkładała / rozkładali się
7. rozwijała / rozwijał się
8. tłumaczył się / tłumaczyła
9. udzielał / udzielał się
10. ujmował się / ujmowała

ZADANIE 72
1. upominał się / upominał
2. wiązał się / wiązał
3. wybierał się / wybierał
4. wykręcał / wykręcał się
5. wynajmował się / wynajmował
6. zabierał / zabierał się
7. zachowywał / zachowywał się
8. zadawał się / zadawał
9. zajmował się / zajmował
10. znał / znał się

ZADANIE 73
1. zalecała się / zalecał
2. zapalała się / zapalał
3. zapominał się / zapominała
4. zbierał się / zbierała
5. zdawał / zdawała się
6. zmieniał / zmieniała się
7. znała się / znał

8. zrywał / zrywała się
9. zwracał się / zwracała
10. żegnał / żegnała się

ZADANIE 74
1. na charakterach
2. na chrzcie *a.* podczas chrztu
3. na drzwiach
4. na gitarze
5. na koncie
6. na nosie
7. na plotkach
8. na rybach
9. z wiśni
10. na zakupach

ZADANIE 75
1. w czoło
2. w grzyby
3. w dobry sprzęt
4. w oczy
5. w ... okropną pogodę
6. w stare futro
7. w ścianę
8. w tę dal
9. w taniec; *częściej* w tany
10. w ten dół

ZADANIE 76
1. na dobre rady
2. na moją sympatię
3. na obiecaną pożyczkę
4. na ostateczną rozmowę
5. na podchwytliwe pytania
6. na najbliższe przyczółki
7. na pierwszy samolot
8. na świeże powietrze
9. na wszystkich ... na wszystko
10. na poważne zarzuty

ZADANIE 77
1. na imieninach / na imieniny
2. na masło / na maśle
3. na palcach / na palce
4. na parter / na parterze
5. na pocztę / na poczcie
6. Na postoju / na postój
7. na pustą ścianę / na pustej ścianie
8. na trąbkę / na trąbce
9. na urlop / na urlopie
10. na Węgry / na Węgrzech

ZADANIE 78
1. po babci
2. po biurach ... (po) gabinetach
3. po chodzie
4. po deserze
5. po długiej przerwie
6. po górach
7. Po zapachu
8. po kolacji
9. po morzu *a.* po morzach
10. po mroźnej zimie
11. po nocach
12. po rękach
13. po rusztowaniu
14. po Turku
15. po wsiach

ZADANIE 79
1. o ból
2. o herbatę
3. o honor
4. o mur
5. o nasze dziecko
6. o rodzinie
7. o spotkaniu
8. o stypendium
9. o tamtych latach *a. częściej* tamte lata
10. o wojnie

ZADANIE 80
1. za drzwi

KLUCZ DO ZADAŃ TESTOWYCH

2. za jeden dzień
3. za kolana *a.* do kolan *a.* kolan
4. za namową
5. za obiad
6. za ochroniarzami
7. za odwagę
8. za rok
9. za sprawunkami
10. za zdrowie

ZADANIE 81
1. po bilet
2. po brzegi
3. po jednym piwie
4. po jeziorze
5. po księdza
6. po obiedzie
7. po pracy
8. po radę
9. po stromych schodach
10. po twarzy

ZADANIE 82
1. biegu
2. cenie
3. cwał
4. bezruchu
5. milczeniu
6. modzie
7. pień
8. samotności
9. sławie
10. uparciu

ZADANIE 83
1. kobiety
2. kobietami
3. książki
4. książkami
5. samochody
6. samochodami
7. sukniami

8. wieżowce
9. wieżowcami
10. wzgórzami

ZADANIE 84
1. czerwonym ... bordo
2. karierą ... rodziną
3. komedią ... tragedią
4. łokciem ... nadgarstkiem
5. oknem ... szafą
6. nim ... mną
7. pracą ... studiami
8. rzeką ... lasem
9. synów ... córki
10. szóstą ... siódmą

ZADANIE 85
I.
1. B. morze; C. morzem
2. B. ocean; C. oceanem
3. B. rzekę; C. rzeką
4. B. staw; C. stawem

II.
5. B. drzewo; C. drzewem
6. B. górą; C. górę
7. B. koc; C. kocem
8. B. parasol; C. parasolem
9. B. stół; C. stołem
10. B. szafę; C. szafą

ZADANIE 86
1. Grunwaldem
2. kamienicą
3. kołdrę
4. Krakowem
5. pomnikiem
6. opiekę
7. Paryżem
8. prąd
9. szczytem
10. wierzbą

ZADANIE 87
1. felietonami
2. felietony
3. granicę
4. granicą
5. koszary
6. koszarami
7. stołem
8. wanną
9. Warszawę
10. Warszawą

ZADANIE 88
1. dom / domem
2. górę / górą
3. pocztę / pocztą
4. posiadłość / posiadłością
5. urząd podatkowy / urzędem podatkowym
6. chatę / chatą

ZADANIE 89
1. burtą
2. drzewo
3. łóżkiem
4. szafą
5. oknem
6. innymi
7. moje plecy
8. Władka
9. drzwiami
10. morzem

ZADANIE 90
1. dniem
2. godzinę
3. miesiąc
4. rokiem
5. kadencji
6. każdym podejściem
7. każdym razem
8. każdym wybuchem
9. moich młodych lat
10. mojego życia
11. panowania
12. razem
13. referendum
14. starymi meblami
15. żadne skarby świata

ZADANIE 91
1. całego serca
2. jakąś kwotę
3. kowboja
4. mąż
5. oczu
6. pisarza
7. rozrywkę
8. słodyczami
9. zabytków
10. złodzieja

ZADANIE 92
1. przed zimnem / od zimna
2. nad chorym dzieckiem / przy chorym dziecku
3. o swoje prawa / swoich praw
4. u szefa / od szefa
5. tę propozycję / o tej propozycji / nad tą propozycją
6. poprawki / nad poprawkami
7. żonę / żonie
8. na półkę / na półce
9. te owoce / tych owoców
10. do szklanek / w szklanki

ZADANIE 93
1. dla najbiedniejszych / najbiedniejszym
2. w sieć / siecią
3. czwórkami / w czwórkach
4. do tych afer / w te afery
5. na szuflę / szuflą
6. do przejażdżki / na przejażdżkę

KLUCZ DO ZADAŃ TESTOWYCH

7. słodyczy / słodyczami
8. listonosza / na listonosza
9. odpowiedzi / na odpowiedź
10. od sufitu / z sufitu

ZADANIE 94
1. węgiel / węgla
2. przy prowadzeniu / w prowadzeniu
3. do matki / z matką
4. dla dzieci / dzieciom
5. rzekę / przez rzekę
6. dla innych / innym
7. ulicą / przez ulicę
8. rurami / przez rury
9. do kajaków / na kajaki
10. pocztą / przez pocztę
11. kurierem / przez kuriera
12. biednym / dla biednych
13. do bigosu / na bigos
14. dla dzieci / dzieciom
15. status społeczny / o ... statusie społecznym
16. myślami / w myślach
17. biednym mieszkańcom / między biednych mieszkańców
18. na temat nietolerancji / o nietolerancji
19. na temat uczniów / o uczniach

ZADANIE 95
1. do znajomych / znajomym / po znajomych
2. nad polityką / o polityce
3. kolorem a. kolorami / pod względem koloru a. kolorów
4. od wstydu / ze wstydu
5. za syna / z powodu syna
6. kamienie / kamieniami
7. na fotelu / w fotelu
8. przy stole / za stołem
9. do nauczyciela / nauczycielowi / przed nauczycielem
10. na biurko / na biurku

ZADANIE 96
1. do skarbonki / w skarbonce
2. brzegiem / nad brzegiem
3. na łóżku / w łóżku
4. minutę / o minutę
5. łazienkę / w łazience
6. na ladę / na ladzie
7. do tarczy / w tarczę
8. po kieszeniach / w kieszeniach
9. szefowi / przed szefem
10. górami / przez góry
11. o poradę / po poradę
12. zeznaniami / przez zeznania
13. w piękne słowa / w pięknych słowach
14. zagłady / zagładzie
15. co do ceny / o cenę
16. w skutek głodu / z głodu
17. za swoich / dla swoich
18. o swoje dziecko / za swoim dzieckiem
19. dla rodziców / rodzicom
20. dla ojczyzny / za ojczyznę

ZADANIE 97
1. od zmęczenia / ze zmęczenia
2. na półki / na półkach
3. miejsce / miejsca
4. do gdańskiej szafy / w gdańskiej szafie
5. czołgami / na czołgach
6. do lasu / w las
7. w drzewo / na drzewo
8. do rzeki / w rzekę
9. do kopert / w koperty
10. do butelek / w butelki
11. ratunku / o ratunek

12. taczkami / na taczkach / w taczkach
13. do zatoki / w zatokę
14. do spodni / w spodnie
15. oknem / przez okno
16. myślami / w myślach
17. do zupy / w zupę
18. do autobusu / w dwójkę
19. do wody / w wodę
20. do sejmu / na sejm

ZADANIE 98
1. biegi / w biegach
2. oknami / przez okna
3. jako świadka / na świadka
4. pomocy / na pomoc
5. od napaści / przed napaścią
6. od kujawiaka / kujawiakiem
7. owies / owsa
8. w ziemi / w ziemię
9. do księgi / w księdze
10. wszystko / wszystkiego

ZADANIE 99
1. na sprzątaniu / przy sprzątaniu
2. przy pracach domowych / w pracach domowych
3. na obiedzie / na obiad
4. u człowieka / w człowieku
5. do drogi powrotnej / w drogę powrotną
6. od odpowiedzialności / z odpowiedzialności
7. na saniach / saniami
8. oberkiem / na oberku
9. mazurem / od mazura
10. pasażerami / pasażerów
11. kolan / do kolan / po kolana
12. na wybojach / po wybojach
13. przykładem / jako przykład / za przykład

14. ceremonialnymi powitaniami / od ceremonialnych powitań
15. do wody / w wodę

ZADANIE 100
1. o człowieku
2. dawne obietnice
3. dawnych kolegów
4. gry
5. o imieninach
6. mnie
7. wyrządzone mi krzywdy
8. o jedzeniu
9. kanapek
10. kłamstwa
11. o moich radach
12. mówić
13. nieudane wieczory
14. o wyrządzonych ... krzywdach
15. jej
16. o podpisaniu
17. o starych rodzicach
18. o swoich obowiązkach
19. swoich bliskich
20. swój kod
21. o ... przygotowanym śniadaniu
22. ci
23. wszystkiego
24. zapłacić
25. zapakować

ZADANIE 101
1. Pewien myśliciel zapytał mnie, czy nie mogę zrozumieć tego, co on do mnie mówi.
2. Szef zapytał, czy (on) nie może iść do lekarza, zamiast narzekać na zawroty głowy.
3. Pewien dowcipniś zapytał Zosi, czy (ona) nie może przestać palić w dni nieparzyste.

KLUCZ DO ZADAŃ TESTOWYCH

4. Policjant spytał, czy (on) nie może nauczyć się trudniejszych znaków zakazu i nakazu.
5. Siostra zapytała mnie, czy nie mogę jej wybaczyć, chociaż raz w życiu (jej) kolejnego kłamstwa.

ZADANIE 102
1. Rozbitek wykrzyknął, że zawsze miał w życiu dużo szczęścia.
2. Matka powiedziała, że nigdy nie zgadzała się z naszym ojcem w kwestii wychowania dzieci.
3. Sędzia powiedział, że ten osobnik jest notorycznym przemytnikiem.
4. Siostra powiedziała, że zawsze kochała najmłodszego braciszka.
5. Piotr powiedział, że nigdy nie rozumiał, czego chce od niego szef.

ZADANIE 103
1. Ojciec zapytał syna, z kim tym razem (on, jego synek) pojedzie na wakacje.
2. Ojciec zapytał syna, kiedy syn wreszcie zacznie zarabiać na swoje własne utrzymanie.
3. Syn zapytał ojca, dlaczego ojciec nie okazuje więcej szacunku dla mamy.
4. Siostra zapytała nas, czy mamy ochotę iść z nią na spacer.
5. Zapytaliśmy siostry, jakim prawem (ona) uważa się za najmądrzejszą w rodzinie.

ZADANIE 104
1. Bezrobotny zapytał mnie, czy mam czas na partyjkę brydża.
2. Jego największy konkurent zapytał go, czy on zrobi to dla niego.
3. Mój chłopiec zapytał mnie, czy wyjdę za niego za mąż.
4. Ojciec zapytał mnie, czy ożenię się wreszcie, czy też zostanę starym kawalerem.
5. Sekretarka z pracy zapytała mnie, czy napiszę do niej kartkę z wakacji.

ZADANIE 105
1. Ona powiedziała do męża przez telefon, żeby wyszedł natychmiast z kasyna gry.
2. Znudzony mąż powiedział do żony, żeby opowiedziała mu wreszcie jakiś śmieszny kawał.
3. Mała dziewczynka powiedziała do bociana, żeby (bocian) przyniósł jej małego braciszka.
4. Syty gospodarz powiedział do głodnych robotników, żeby (robotnicy) zrobili sobie przerwę na podwieczorek.
5. Zdenerwowany przechodzień powiedział do kierowcy, żeby ten nerwowy kierowca puknął się w czoło.
6. Matka powiedziała do swojego synka, żeby (synek) siedział spokojnie i nie wychylał się przez okno w pociągu.
7. Szef rządu powiedział do swoich ministrów, żeby (oni) się poddali jak najszybciej do dymisji.
8. Ksiądz powiedział do wiernych, żeby poszli w spokoju, gdyż msza została skończona.
9. On powiedział, żeby im wszystkim świeciło słońce.
10. Optymista powiedział do grupy zebranych pesymistów, żeby ziemia im lekką była.

ZADANIE 106

1. Mama powiedziała, że ona (jej córeczka) była bardzo naiwna.
2. Monika powiedziała, że od lat kochała się w słynnym prezydencie pewnego kraju.
3. Ona powiedziała ze złością, że następnym razem spotkamy się na cmentarzu.
4. Student powiedział, że jeszcze nigdy nie miał tylu tak ciekawych i długich zajęć.
5. Właścicielka budki *Totalizator Sportowy* powiedziała, że znowu (on) nic nie wygrał.
6. Spikerka telewizyjna powiedziała telewidzom, że od jutra będą ulewne deszcze, burze i gradobicia.
7. Sprzedawczyni powiedziała do koleżanki, że nienawidzi klientów, którzy zadają pytania.
8. Ona powiedziała do córki, że nigdy w życiu nie zgodzi się na jej małżeństwo z rozsądku.
9. Ona powiedziała do wnuczki, że za swoich młodych lat miała więcej szacunku do starszych ludzi.
10. Wnuczka odpowiedziała, że na miejscu babci myślałaby raczej o chorym dziadku.

ZADANIE 107

1. Córka powiedziała, że rozwiodłaby się z nim, gdyby tylko mogła.
2. Spragniony brunet powiedział, że napiłby się ciemnego piwa.
3. Józef Karol powiedział, że zniszczyłby tego pana (go), gdyby tylko mógł.
4. Wygłodzony chory powiedział, że zjadłby wreszcie dużą, tłustą golonkę.
5. Jan powiedział do Józefa, że chciałby mieć na drugie imię Karol, tak jak on (Józef).

ZADANIE 108

1. Powiedziałaś, że będziesz mnie kochać aż do grobowej deski.
2. Ona powiedziała, że będzie robiła na drutach zimowymi wieczorami skarpetki dla męża.
3. On powiedział, że będzie naprawiał samochód przez całe popołudnie.
4. Oni zdecydowali, że będą głosować na tych, na których nikt nie będzie głosował.
5. Ci państwo powiedzieli, że będą zwiedzali tylko te miejsca, których nikt nie zwiedzał.

ZADANIE 109

1. Mógłbyś skończyć najlepszy amerykański uniwersytet, gdybyś tylko chciał.
2. Zosiu, masz tylko jedną zaletę.
3. Rozwiodłabym się z nim, gdybym tylko mogła.
4. Puknij się w czoło!
5. Od dawna kocham się w nowym prezydencie swojego kraju.
6. Wyprowadźcie się stąd jak najszybciej!
7. Znowu nad Polską będą przechodziły burze, ulewy i huragany.
8. Chciałabym się z tobą spotkać.
9. Kiedy znowu nas odwiedzicie?
10. Wczoraj byłam na policji.

ZADANIE 110

1. Antygon III Doson powiedział, żeby go bogowie chronili od przyjaciół i, że z nieprzyjaciółmi sam sobie da radę.

KLUCZ DO ZADAŃ TESTOWYCH

2. Benjamin Franklin rzekł, żeby mieć szeroko otwarte oczy przed ślubem i, żeby je przymykać później.
3. Johann W. von Goethe powiedział, że kpić z ludzi może tylko ten, kto ich bardzo kocha.
4. Alfred Hitchcock wymyślił, że miłość to partia kart, w której wszyscy oszukują: mężczyźni, by wygrać, kobiety, by nie przegrać.
5. Jarosław Iwaszkiewicz ostrzega, żeby nie szukać przyjaciół, bo oni zawsze mają tyle do załatwienia.
6. Adam Mickiewicz napisał, żeby mierzyć siły na zamiary, a nie zamiar podług sił.
7. Ktoś dowcipny odkrył, że miłość jest jak rozmowa telefoniczna: najpierw się na nią czeka, a potem okazuje się, że to pomyłka.
8. Ktoś mądry doradza nam, żebyśmy szli przez życie z podniesionym czołem, a nie z zadartym nosem.
9. Bułat Okudżawa się zwierzał, że on się w życiu woli bać, byleby wiedział kogo.
10. Oskar Wilde doradza, żeby zawsze przebaczać swoim wrogom, bo nic ich bardziej nie potrafi rozzłościć.

ZADANIE 111
1. Ktoś mądry radził, żeby być szczerym wobec siebie, a to spowoduje, że nie będziemy fałszywymi wobec drugich.
2. Ktoś mądry powiedział, żeby być takim, aby nie musieć się czerwienić samemu przed sobą.
3. Ktoś mądry wymyślił, że cały kłopot polega na tym, że głupcy są pewni siebie, a mądrzy pełni wątpliwości.
4. Ktoś mądry zapytał i poradził, że jeśli chcemy wiedzieć o kimś całą prawdę, to trzeba policzyć, ile ta osoba ma krawatów, a ile książek.
5. Ktoś mądry oświadczył, że cudze chwalimy, swego nie znamy, sami nie wiemy, co posiadamy.
6. Ktoś mądry wymyślił, że czas to pieniądz, a pieniądz to więcej niż czas.
7. Ktoś mądry odkrył, że człowiek jest lepszy aniżeli jego czyny.
8. Ktoś mądry powiedział, że człowiek uczyni wiele, by go lubiano, i uczyni wszystko, by mu zazdroszczono.
9. Mądry dentysta odpowiedział mi, że czujemy tylko ten ząb, który nas boli.
10. Ktoś mądry wykrzyknął, że czyje panowanie, tego religia.
11. Ktoś mądry doszedł do wniosku, że dawniej podania przekazywano z ust do ust, a dziś tylko z biurka na biurko.
12. Ktoś mądry rzekł, że demokracja to forma sprawowania władzy polegająca na tym, że mówisz co chcesz, a robisz, co ci każą.
13. Pewien Rosjanin napisał, że dla jednych życie zaczyna się po czterdziestce, dla innych dopiero po setce.
14. Ktoś mądry doszedł do wniosku, że dla Polaków można zrobić czasem coś dobrego, ale z Polakami nigdy.
15. Ktoś doświadczony powiedział z goryczą, że dobre kobiety są lepsze niż dobrzy mężczyźni, a złe kobiety są gorsze niż źli mężczyźni.

16. Ktoś mądry powiedział, że dobrze jest, że człowiek nie może iść za własnym pogrzebem, bo by mu serce z żalu pękło.
17. Ktoś mądry powiedział, że w trakcie doradzania przyjacielowi, trzeba starać się mu pomóc, a nie sprawić mu przyjemność.
18. Ktoś mądry powiada, że droga w górę jest drogą w dół.
19. Ktoś mądry wydedukował, że dużo ludzi nie wie, co z czasem zrobić, a czas nie ma z ludźmi tego kłopotu.
20. Ktoś mądry powiedział, że dyktatura to państwo, w którym wszyscy boją się jednego, a jeden wszystkich.

ZADANIE 112

1. Doświadczony polityk powiedział: „Dyplomata to człowiek, który dwukrotnie się zastanowi, zanim nic nie powie".
2. Pewien polityk powiedział: „Dyplomata to taki człowiek, który pamięta o urodzinach żony, nie pamiętając jednocześnie o jej wieku".
3. On zapytał mnie: „Jeśli dzisiaj jesteś starszy niż wczoraj, czy jesteś lepszy?"
4. Pewien uczony powiedział: „Dziwne jest to, że ludzie mogą myśleć o śmierci, kiedy jest tyle do zrobienia w życiu".
5. On powiedział: „Elegancka kobieta, idąc z wizytą, zostawia zmartwienia w domu".
6. Wielki reżyser oświadczył: „Film, który można opowiedzieć, to nie jest udany film".
7. Oświadczył bez zmrużenia oka: „Garb szpeci człowieka, ale zdobi wielbłąda".
8. Powiedział: „Gdy „KRYTYK" krytykuje cudze utwory, czuje się jak generał".
9. Pewien ornitolog napisał: „Gdy człowiek obrasta w piórka, nie znaczy, że będą z nich skrzydła".
10. Rzekł z odrobiną emfazy w głosie: „Gdy dwaj robią to samo, to nie jest to samo".
11. Publicznie oświadczył: „Gdy naród nie chce już czytać swoich poetów, składa im hołdy".
12. Powiedział: „Gdy tysiąc ludzi mówi to samo, to jest albo vox Dei, albo wielkie głupstwo."
13. Orzekł: „Gdyby ludzie myśleli o tym, co mówią, to nie mówiliby tego, co myślą".
14. Wyznał mi: „Gdyby nie wyjątki, zasady byłyby nie do zniesienia".
15. Optymista krzyczał na cały głos: „Gdyby ten świat nie był najlepszy z możliwych Bóg nie byłby go stworzył".
16. Powiedział: „Giną zawsze inni, bo gdy giniemy my, nie ma już innych".
17. Wyznał mi: „Głęboka rzeka nie huczy".
18. Po latach doświadczeń zrozumiał: „Głupiec i mędrzec nie widzą tego samego drzewa".
19. Powiedział z mądrą miną: „Głupiec zawsze znajdzie głupszego od siebie, który będzie go uwielbiał".
20. Uczeni zgodnie oświadczyli: „Głupiec, który zrozumiał, już nim nie jest".

KLUCZ DO ZADAŃ TESTOWYCH

ZADANIE 113
1. Powiedział: „Głupstwa można mówić, byle nie profesorskim tonem".
2. Doszedł do wniosku: „Głupszym od nieuka jest głupiec uczony".
3. Stwierdził: „Gratulacje to najbardziej uprzejma forma zawiści".
4. Oświadczył: „Historia jest najlepszym nauczycielem, ale ma najgorszych uczniów".
5. Powiedział z przekonaniem: „I do zakutych łbów dostaje się woda sodowa".
6. Wykrzyknął: „Idioci i geniusze są wolni od obowiązku rozumienia dowcipów".
7. Powiedział: „Im mniej ludzie myślą, tym więcej mówią".
8. Napisał w swoim felietonie: „Im więcej się dziś czyta książek, tym bardziej odnosi się wrażenie, że analfabetom nie dzieje się krzywda".
9. Rzekł z całkowitym przekonaniem: „Istnieje tylko jedna grupa ludzi, która myśli o pieniądzach więcej niż bogaci, a mianowicie ubodzy".
10. Oktawian August powiedział do grupy rzymskich karierowiczów: „Spiesz się powoli!".

ZADANIE 114
1. będzie grzmieć *a.* będzie grzmiało
2. będzie kropić *a.* będzie kropił
3. lało
4. się ociepli
5. Słychać
6. Sypie
7. świeci
8. świta
9. Zmierzcha
10. żółknie

ZADANIE 115
1. Pchano się przy wejściu do autobusu.
2. Mówiono w tym domu tylko po polsku.
3. Na ogół rozmawiano tylko o pogodzie.
4. Na osiedlu wszędzie myto okna.
5. Podczas stanu wojennego nadawano w radio wyłącznie muzykę poważną.
6. Remontowano mieszkanie przez trzy dni.
7. Słuchano tylko muzyki techno.
8. W tym kraju narzekano na wszystko.
9. Zawsze otwierano ten sklep o szóstej.
10. Zawsze zamykano ten butik o dwunastej.

ZADANIE 116
1. można było
2. Należało
3. Nie sposób było
4. Niepodobieństwem było
5. Niepodobna było
6. Warto było
7. widać było
8. wolno było
9. wypadało
10. Żal było

ZADANIE 117
1. można będzie
2. można ... będzie
3. Nie sposób będzie
4. Niepodobieństwem będzie
5. trzeba będzie
6. Warto będzie
7. widać będzie
8. wolno będzie

9. wolno będzie
10. Żal będzie

ZADANIE 118
1. Buduje się dużo nowych domów / Budowało się dużo nowych domów.
2. Pisze się często o nim w gazetach / Pisało się często o nim w gazetach.
3. Kupuje się i sprzedaje / Kupowało się i sprzedawało.
4. Codziennie wstaje się o świcie / Codziennie wstawało się o świcie.
5. Ma się trochę szczęścia / Miało się trochę szczęścia.
6. Narzeka się bez przerwy / Narzekało się bez przerwy.
7. Remontuje się stare kamienice w rynku / Remontowało się stare kamienice w rynku.
8. W sejmie dyskutuje się bez końca / W sejmie dyskutowało się bez końca.
9. Wspomina się stare czasy / Wspominało się stare czasy.
10. Żyje się jakoś / Żyło się jakoś.

ZADANIE 119
1. Bolała
2. Chmurzyło się
3. cuchnęło
4. dniało
5. grzmiało ... się błyskało
6. kłuło
7. kręciło ... się
8. Mdliło
9. mżyło
10. Ocieplało się
11. pachniało
12. sparaliżowało
13. się ... spodobało
14. Powiodło ... się
15. przerwało
16. Przypomniało ... się
17. rozpadało się
18. się rozwidniało
19. się ... stało
20. się ... szczęściło
21. szumiało
22. się ściemniało
23. śnieżyło
24. świtało
25. się ... udało
26. Ulżyło ... się
27. zanosiło się
28. zbierało się
29. Zbierało ... się
30. się zmierzchało

ZADANIE 120
1. łamało
2. bolało
3. Chciało
4. brakowało
5. czuć było
6. się wiodło
7. mdliło
8. Nudziło ... się
9. pachniało
10. robiło ... się
11. rwało
12. było słychać
13. szarpało
14. śmierdziało
15. zależało

ZADANIE 121
1. **A.** Dziesiątki zmęczonych staruszek spaceruje ze swoimi wnukami po parku. **B.** Dziesiątki zmęczonych staruszek spacerowało ze swoimi wnukami po parku.
2. **A.** W tym muzeum etnograficznym wisi kilka sukman miejscowych górali. **B.** W tym muzeum

etnograficznym wisiało kilka sukman miejscowych górali.
3. **A.** W tej kamienicy mieszka kilku obcokrajowców z różnych stron świata. **B.** W tej kamienicy mieszkało kilku obcokrajowców z różnych stron świata.
4. **A.** Mało klientów kupuje te drogie futra lub pelisy. **B.** Mało klientów kupowało te drogie furta lub pelisy.
5. **A.** Mnóstwo pielgrzymów idzie powoli w kierunku sanktuarium maryjnego. **B.** Mnóstwo pielgrzymów szło powoli w kierunku sanktuarium maryjnego.
6. **A.** Niewielu zmarzniętych podróżnych czeka na peronie na opóźniony pociąg ekspresowy. **B.** Niewielu zmęczonych podróżnych czekało na peronie na opóźniony pociąg ekspresowy.
7. **A.** Parę dzieci często choruje na wirusowe choroby zakaźne. **B.** Parę dzieci często chorowało na wirusowe choroby zakaźne.
8. **A.** Paru panów tańczy zdecydowanie lepiej niż panie. **B.** Paru panów tańczyło zdecydowanie lepiej niż panie.
9. **A.** Setki samochodów tkwi w korku gigancie na autostradzie. **B.** Setki samochodów tkwiło w korku gigancie na autostradzie.
10. **A.** W czasie przerwy wielu uczniów biega po boisku szkolnym i baraszkuje. **B.** W czasie przerwy wielu uczniów biegało po boisku szkolnym i baraszkowało.

ZADANIE 122
1. Śmiano się często ze mnie.
2. Tańczono, pito i śpiewano.
3. Urządzano wystawne przyjęcia.
4. W końcu zatrzymano mordercę.
5. W maju wyjeżdżano na majówki.
6. W okresie kryzysu liczono każdy grosz.
7. W prasie pisano wiele na temat nietolerancji.
8. Wysłano wszystkie zawiadomienia do zainteresowanych.
9. Zauważono wreszcie, że jest pracowita.
10. Zmieniano nam często godziny pracy.

ZADANIE 123
1. Odwieziono
2. Podarto
3. Powiedziano
4. Powieszono
5. Przypatrywano się
6. Spalono
7. Uszyto
8. Wymieniono
9. Wystrzelono
10. Zabrano się

ZADANIE 124
1. gryzie
2. grzęźniemy
3. jedzą
4. Kładę się
5. padnę
6. pleciesz
7. Trę
8. wiodę
9. wiezie
10. zniesie

ZADANIE 125
1. gryzło
2. grzęzły
3. jadł

4. kładł się
5. padliśmy
6. plotła
7. tarła
8. wiodła
9. wiozła
10. znieśliśmy

ZADANIE 126
1. dopłynął / dopłynęła / dopłynęli / dopłynęły
2. się dźwignął / się dźwignęła / się dźwignęli / się dźwignęły
3. kichnął / kichnęła / kichnęli / kichnęły
4. klęknął / klęknęła / klęknęli / klęknęły
5. krzyknął / krzyknęła / krzyknęły / krzyknęli
6. kwitły / kwitły
7. minęły
8. mokła / mokli
9. nacisnęła / nacisnął
10. odetchnął / odetchnęła / odetchnęli / odetchnęły
11. odgadła / odgadli / odgadły
12. przemarzliśmy / przemarzli / przemarzły / przemarzli
13. przysięgła
14. rosły / rosły / rosło
15. słabł / słabli
16. więdły / Wiądł
17. zamknęła / zamknęły
18. zniknął a. znikł / zniknęła a. znikła
19. zrósł się / zrosła się
20. żółkły / żółkł

ZADANIE 127
1. B. Grożę; C. grozisz
2. B. Grzeję się; C. grzejesz się
3. B. Każę; C. każesz
4. B. Kładę się; C. kładziesz się
5. B. kraczę; C. kraczesz
6. B. Noszę się; C. nosisz się
7. B. Pieję; C. piejesz
8. B. Piekę; C. pieczesz się
9. B. Ścielę; C. ścielesz
10. B. Tłukę; C. tłuczesz się

ZADANIE 128
1. B. Uodporniam; C. uodpornisz
2. B. Upraszczam; C. uprościsz
3. B. Uprzedzam; C. uprzedzę
4. B. Uprzykrza; C. uprzykrzy
5. B. urabia; C. urobi
6. B. Usprawniam; C. usprawnię
7. B. uśmierzają; C. uśmierzą
8. B. zapalam; C. zapalę
9. B. Zapraszam; C. zaproszę
10. B. zwracam; C. zwrócę

ZADANIE 129
1. A. cofnął; B. cofa
2. A. dotknął; B. dotyka
3. A. drgnął; B. drga
4. A. gwizdnął; B. gwiżdże
5. A. kichnął; B. kicha
6. A. kopnął; B. kopie
7. A. krzyknął; B. krzyczy
8. A. mrugnął; B. mruga
9. A. pchnął; B. pcha
10. A. westchnął; B. wzdycha

ZADANIE 130
1. czytuje
2. darowuje
3. dobudowują
4. dodrukowują
5. dogaduję się
6. dokazują
7. dokonują
8. dolatuje
9. dopasowujesz
10. dopisuje

KLUCZ DO ZADAŃ TESTOWYCH

11. dowiaduję się
12. grywa
13. mawia
14. miewa
15. obgadują się
16. obiecujesz
17. odgaduję
18. odpisuje
19. Zapytuję
20. zagadują

ZADANIE 131
1. odkrywasz
2. odpoczywamy
3. odwołuje
4. opracowuję
5. pisuje
6. pokazujesz
7. popisujesz się
8. powołujesz się
9. poznaję
10. przebywa
11. przegotowuję
12. przesiaduję
13. przygotowujesz się
14. ukrywa się
15. wypytujesz
16. wyrywają
17. zakrywają
18. zapisuję
19. zdobywam
20. zmywa

ZADANIE 132
1. bieleje
2. błękitnieje
3. boleje
4. butwieje
5. czernieją
6. czerstwieje
7. delikatnieją
8. dojrzeje
9. dorośleje
10. drożeje

ZADANIE 133
1. dziecinnieje
2. dziwaczeje
3. gęstnieje
4. głupieję / głupieję
5. istnieje
6. jaśniejesz
7. jełczeje
8. linieje / linieją
9. ładniejesz
10. łysieje

ZADANIE 134
1. markotnieje
2. mądrzeję
3. mdleje
4. mętnieją
5. mężnieją
6. mizerniejesz
7. niedołężnieje
8. nieruchomiejesz
9. niszczeją
10. normalnieje

ZADANIE 135
1. pokornieje
2. posępnieje
3. poważnieje
4. powszednieje
5. przytomnieje
6. rdzewieje
7. robaczywieją
8. sinieją
9. się starzeje
10. szczuplejesz

ZADANIE 136
1. obojętniała
2. pęczniała

3. pleśniały
4. płowiały
5. potężniała
6. próchniały
7. szalała
8. topniały
9. truchlała
10. trzeźwiał

ZADANIE 137
1. leży
2. kładzie
3. położy
4. Odpoczniesz
5. Wypocznę
6. spocznę
7. siadają
8. usiądą
9. posadzisz
10. siedzisz
11. stoi
12. stawia
13. postawię
14. wisi
15. wiesza
16. powieś *a.* powieśmy

ZADANIE 138
1. kładła
2. leżał
3. odpoczął
4. położyła
5. postawił
6. powiesili
7. sadzał
8. siadali
9. siedzieli
10. spoczął
11. stała
12. stawiał
13. usiadła
14. wieszał
15. wisiały
16. wypoczął

ZADANIE 139
1. obwiedzie
2. obwiezie
3. odwiedzie
4. odwiezie
5. powiodą
6. powiezie
7. przywiodą
8. przywiezie
9. rozwiedziesz
10. rozwiezie
11. uwiodę
12. uwiozą
13. wiedzie
14. wiezie
15. wywiedzie
16. wywiezie
17. zawiedzie
18. zawiezie

ZADANIE 140
1. obwiedli
2. obwiózł
3. odwiodła
4. odwiozła
5. powiodła
6. powiódł
7. przywiodły
8. przywiozła
9. rozwiódł
10. rozwieźli
11. uwiodła
12. uwiózł
13. wwiódł
14. wwieźli
15. wywiódł
16. Wywieźliśmy
17. zawieźli
18. zawiózł

KLUCZ DO ZADAŃ TESTOWYCH

19. zwiódł
20. zwiozła

ZADANIE 141
1. a. brał; b. brać
2. a. piec; b. piec
3. a. postać; b. postać
4. a. powieść; b. powieść
5. a. przepadli; b. przepaścią a. przepaściami
6. a. śmiem; b. śmieci
7. a. wici; b. wiją
8. a. wiodą; b. wieść
9. a. zapadła; b. zapaść

ZADANIE 142
1. a. bój się; b. Bój
2. a. klucz; b. klucze, klucz
3. a. krój; b. krój
4. a. krzew; b. krzew
5. a. łup; b. łupy
6. a… łów; b; łów … łów
7. a. mów; b. mów
8. a. myśl; b. myśl
9. a. napój; b. napój
10. a. nasyp; b. nasyp
11. a. pal; b. pal
12. a. płacz; b. płacz
13. a. pościel; b. pościel
14. a. przystań; b. przystań
15. a. ryj; b. Ryj
16. a. sól; b. Sól / solą
17. a. śledź; b. śledź
18. a. wykup; b. wykup
19. a. Zakup; b. zakupem
20. a. zamieć; b. zamieci

ZADANIE 143
1. a. byli; b. Byli
2. a. goli; b. Goli
3. a. krwawi; b. Krwawi
4. a. martwi; b. martwi
5. a. biegli; b. Biegli
6. a. jadło; b. Jadło
7. a. miał; b. miał
8. a. pierze; b. Pierze
9. a. zamiecie; b. zamiecie
10. a. zapadnie; b. zapadnie

ZADANIE 144
1. A. dopomogłem a. dopomogłam; B. dopomogę
2. A. pomogłem a. pomogłam; B. pomogę
3. A. przemogłeś a. przemogłaś; B. przemożesz
4. A. Wspomogliśmy a. wspomogłyśmy; B. wspomożemy
5. A. wymogłaś; B. wymogę
6. A. wzmogli; B. wzmogą
7. A. zaniemogła; B. zaniemoże
8. A. zmógł; B. zmoże

ZADANIE 145
1. A. dociekłeś; B. dociekną
2. A. dopiekły; B. dopiekę
3. A. nadbiegł; B. nabiegną
4. A. odbiegła; B. odbiegnie
5. A. przybiegł; B. przybiegnie
6. A. spiekła; B. spiecze
7. A. ściekły; B. ścieknie a. ściecze
8. A. ubiegło; B. ubiegnie
9. A. uciekł; B. uciekną
10. A. upiekł; B. upiecze się
11. A. wbiegła; B. wbiegnie
12. A. wściekł się; B. wścieknie się
13. A. wyciekło; B. wyciekne a. wyciecze

ZADANIE 146
1. klaszczemy / klaskamy
2. klaszcze a. klaska
3. klękamy
4. kraczą

5. kracze
6. mlaska / mlaszcze
7. mlaska / mlaszcze
8. pluska *a.* pluszcze
9. pluska się *a.* pluszcze się
10. płuczemy
11. płucze
12. płacze
13. płacze
14. płaczą
15. skaczemy

ZADANIE 147
1. karzą
2. karze
3. każe
4. liżą
5. mażemy
6. orze
7. orze
8. orzą
9. wiąże
10. żebrze

ZADANIE 148
1. naderwę / naderwiesz / naderwą
2. narwę / narwiesz / narwą
3. nazwę / nazwiesz / nazwą
4. oberwę / oberwiesz / oberwą
5. się oderwę / się oderwiesz / się oderwą
6. odezwę się / się ... odezwiesz / się ... odezwą
7. poderwę / poderwiesz
8. porwę
9. pozwę
10. przerwę
11. się rozerwę / się ... rozerwie
12. rwę
13. urwą ... się / urwą się / się urwą
14. wezwę / wezwę
15. wyrwę
16. wyzwę
17. zawezwie / zawezwie
18. zerwę
19. zerwę
20. zerwę

ZADANIE 149
1. wyszedł
2. wyjdzie
3. wyszło
4. wychodzą
5. wychodzą
6. wychodzą
7. wyszli
8. wyszedł
9. wyszedł
10. będzie wychodzić *a.* będzie wychodził

ZADANIE 150
1. przychodzą
2. przychodziły *a.* przychodzą
3. przyszła
4. przyszła
5. przychodziła
6. przychodzi *a.* przychodziło
7. przyszedł
8. przyszło
9. przyszło
10. przyszło

ZADANIE 151
1. podchodzili *a.* podeszli
2. podchodziła
3. podejść
4. podchodziły
5. podchodziłem *a.* podchodziłam
6. podchodzą
7. podchodzi
8. podchodzą
9. podeszła
10. podchodź

KLUCZ DO ZADAŃ TESTOWYCH

ZADANIE 152
1. weszła
2. wejdzie
3. weszło
4. wchodzi
5. weszła
6. weszło
7. weszły
8. wszedł
9. weszło
10. weszło

ZADANIE 153
1. przechodzą
2. przeszliśmy
3. przeszli
4. przeszła
5. przechodzi *a.* przeszło
6. przeszli
7. przeszła
8. przeszły
9. przejdzie
10. przeszła

ZADANIE 154
1. podeszli
2. weszli
3. wyszli
4. przyszedł
5. poszli
6. przeszli
7. obejść
8. chodzę
9. chodzić
10. przychodzę
11. doszliśmy *a.* doszłyśmy
12. obeszliśmy *a.* obeszłyśmy
13. przeszliśmy *a.* przeszłyśmy
14. zeszliśmy *a.* zeszłyśmy
15. schodziłem *a.* schodziłam
16. wychodziłem *a.* wychodziłam
17. chodziliśmy *a.* chodziłyśmy
18. weszli
19. wyszły
20. odeszła

ZADANIE 155
1. odjeżdża
2. wjeżdża
3. wypływasz *a.* wypływacie
4. polecisz
5. chodzisz
6. wjechałaś
7. dojeżdżasz
8. wyjeżdżam
9. pływa
10. lata

ZADANIE 156
1. dojdziemy
2. dopłynę
3. odpłynął
4. jeździć
5. zejść *a.* zsiąść
6. nadjeżdża
7. rozeszliśmy się *a.* rozeszli się
8. nadszedł
9. Odjechał
10. opłynąć

ZADANIE 157
1. przychodziła
2. schodzić
3. odejść
4. wejść
5. podjechać
6. wschodzi / zachodzi
7. rozjechali się
8. chodzi
9. zaszedł
10. odjechać
11. wyjechać
12. przechodzą

13. przechodził
14. zjeżdża się
15. podchodzić

ZADANIE 158
1. chlustam *a.* chluszczę
2. głaszczesz *a.* głaskasz
3. gwiżdżę
4. jeżdżę
5. karzę
6. każesz
7. noszę
8. piszesz
9. płacę
10. płaczesz
11. piorę
12. proszę
13. szepczesz *a.* szepcesz
14. widzisz
15. Wożę

ZADANIE 159
1. B. kichnął; C. kichnęła
2. B. kopnął; C. kopnęła
3. B. mrugnął; C. mrugnęła
4. B. nacisnął; C. nacisnęła
5. B. odjął; C. odjęła
6. B. pchnął; C. pchnęła
7. B. płynął; C. płynęła
8. B. wziął; C. wzięła
9. B. zaczął; C. zaczęła
10. B. zdjął; C. zdjęła

ZADANIE 160
1. B. kliknął; C. kliknęła
2. B. krzyknął; C. krzyknęła
3. B. machnął; C. machnęła
4. B. odburknął; C. odburknęła
5. B. stanął; C. stanęła
6. B. trzasnął; C. trzasnęła
7. B. westchnął; C. westchnęła
8. B. zamknął; C. zamknęła
9. B. zasnął; C. zasnęła
10. B. zerknął; C. zerknęła

ZADANIE 161
1. B. Odniosę; C. odniesie
2. B. Odwiozę; C. odwiezie
3. B. Przewiozę; C. przewiezie
4. B. Przyniosę; C. przyniesie
5. B. Rozwiodę się; C. się rozwiedzie
6. B. Ugniotę; C. ugniecie
7. B. Upiorę; C. upierze
8. B. Wyniosę; C. wyniesie
9. B. Wywiozę; C. wywiezie
10. B. Zawiozę; C. zawiezie

ZADANIE 162
1. odwiozła / odwiózł
2. podwiozła / podwiózł
3. przewiozła / przewiózł
4. przyniosła / przyniósł
5. przywiozła / przywiózł
6. się rozwiodła / się rozwiódł
7. rozwiozła / rozwiózł
8. ugniotła / ugniótł
9. wyniosła / wyniósł
10. wywiozła / wywiózł
11. zawiozła / zawiózł
12. zwiozła / zwiózł

ZADANIE 163
1. wy– / z–
2. za– / wy–
3. u– / roz–
4. o– / od–
5. roz– / u–
6. z– / wy–
7. z– / u–
8. u– / u–
9. z– / wy–
10. na– / u– / roz–

KLUCZ DO ZADAŃ TESTOWYCH

ZADANIE 164
1. u– / roze–
2. ob– / roze–
3. roze– / ze–
4. za– / ode–
5. ze– *a.* za– / do–
6. ze– / wy–
7. na– / za–
8. Wy– / u–
9. za– / wy–
10. wy– / wy–

ZADANIE 165
1. u– / do–
2. pod– / na–
3. na– / pod–
4. po– / roz–
5. od– / roz–
6. Od– / na–
7. Od– / wy–
8. Przy– / przy–
9. Wy– / u–
10. Za– / u–

ZADANIE 166
1. na– / od–
2. prze– / wy–
3. o– / o–
4. Prze– / w–
5. U– / o–
6. u– / od–
7. w– / u–
8. roz–
9. w–
10. w–

ZADANIE 167
1. prze–
2. na–
3. roz–
4. na–
5. do–
6. na–
7. do–
8. ob–
9. z–
10. za–

ZADANIE 168
1. roz– *a.* prze–
2. po–
3. po–
4. s–
5. od–
6. po–
7. U– / na–
8. wy– *a.* od–
9. wy–
10. od–

ZADANIE 169
1. cztery
2. trzy / tysiąc dziewięćset dziewięćdziesiątym siódmym / dwa
3. pięciu
4. cztery / pięciu
5. dwa tysiące drugim / czwartą / jedna
6. dwunastą
7. sześćdziesiąt pięć / trzynasta

ZADANIE 170
1. dwa tysiące pięćdziesiątym / dwutysięcznego
2. czterdzieści / czternaście / sześćdziesiąt dwa
3. Jedenaście / piętnaście
4. trzy / dziewięciu milionów dwustu dziewięćdziesięciu dwóch tysięcy ośmiuset siedemdziesięciu pięciu
5. sześciu / dwunastu
6. dziewięćdziesiąt dwa
7. trzydzieści siedem / pięćdziesiąt tysięcy / trzydzieści siedem tysięcy trzysta siedemdziesiąt jeden

8. siedemnaście
9. piątym / piętnaście / trzynastym / trzynaście / czwartym / trzynaście

ZADANIE 171
1. osiem
2. dziewiętnaście
3. czternaście tysięcy
4. czterech
5. dwudziestu pięciu
6. dwa tysiące osiemset
7. siedem
8. pięciu
9. dziesięciu
10. cztery

ZADANIE 172
1. Dwa
2. Dwóch *a.* dwu
3. Dwaj
4. Dwóch *a.* dwu
5. Dwóch *a.* dwu
6. Dwaj
7. Dwaj
8. Dwaj
9. Dwie
10. Dwa
11. Dwa
12. Dwa
13. Dwie
14. Dwaj
15. Dwie
16. Dwa
17. Dwóch *a.* dwu
18. Dwie
19. Dwom *a.* dwu *a.* dwóm
20. Dwóch *a.* dwu
21. Dwóch *a.* dwu
22. Dwa
23. Dwóch *a.* dwu
24. Dwóch *a.* dwu
25. Dwie

ZADANIE 173
I.
1. dwaj
2. dwaj
3. dwóch *a.* dwu
4. dwóch *a.* dwu
5. dwóch *a.* dwu
6. dwóch *a.* dwu
7. dwaj
8. dwóch *a.* dwu
9. dwoma
10. dwom *a.* dwu *a.* dwóm
11. dwom *a.* dwu *a.* dwóm
12. dwóch *a.* dwu
13. dwóch *a.* dwu
14. dwóch *a.* dwu
15. dwóch *a.* dwu
16. dwóch *a.* dwu
17. dwóch *a.* dwu
18. dwóch *a.* dwu
19. dwoma
20. dwóch *a.* dwu

II.
1. dwóch *a.* dwu
2. dwóch *a.* dwu
3. dwóch *a.* dwu
4. dwa
5. dwóch *a.* dwu
6. dwom a. dwu
7. dwa
8. dwa
9. dwoma
10. dwie / dwoma
11. dwóch *a.* dwu
12. dwa
13. dwóch *a.* dwu
14. dwóch *a.* dwu
15. dwa
16. dwa
17. dwóch *a.* dwu
18. dwa
19. dwóch *a.* dwu

KLUCZ DO ZADAŃ TESTOWYCH

20. dwie
III.
1. dwie
2. dwie
3. dwie
4. dwom *a.* dwu
5. dwie
6. dwie
7. dwoma *a.* dwiema
8. dwóch *a.* dwu
9. dwoma *a.* dwiema
10. dwom *a.* dwu
11. dwom *a.* dwu
12. dwoma *a.* dwiema
13. dwóch
14. dwoma *a.* dwiema
15. dwóch *a.* dwu
16. dwoma *a.* dwiema
17. dwie
18. dwie
19. dwie
20. dwie
IV.
1. dwa
2. dwa
3. dwóch *a.* dwu
4. dwoma
5. dwu
6. dwoma
7. dwa
8. dwu
9. dwa
10. dwóch *a.* dwu
11. dwie
12. dwa
13. dwóch *a.* dwu
14. dwa
15. dwa

ZADANIE 174
1. Dwoje
2. Dwoje
3. Dwoje
4. Dwoje
5. Dwoje
6. Troje
7. Troje
8. Troje
9. Czworo
10. Czworo
11. Czworo
12. Czworo
13. Pięcioro
14. Pięcioro
15. Sześcioro

ZADANIE 175
1. dwoje
2. dwojgiem
3. dwojgu
4. dwoje
5. trzydzieścioro jeden
6. troje
7. dwojga
8. trojgu
9. dziewięcioro
10. trzynaściorga
11. trojga
12. sześciorga
13. dwojgiem
14. dwoje
15. troje
16. dwojgiem
17. dwoje
18. sześciorgiem
19. dwoje / dwoje / dwoje
20. troje

ZADANIE 176
1. pięcioro
2. troje
3. troje
4. czworga
5. dwojga

6. dwojgiem
7. dwojgiem
8. dwojga
9. dwojgu
10. trojga
11. czworgiem
12. dwojgu
13. dwoje
14. troje
15. dwoje
16. dwoje
17. dwoje
18. dwoje
19. troje
20. trojga

ZADANIE 177
1. trzydzieścioro troje
2. Dwoje
3. Dwoje
4. Dwoje
5. pięciorgu
6. Czworo
7. czworo
8. troje
9. Dwoje
10. dwoje
11. dwojgu
12. dwojgu
13. dwoje
14. dwoje
15. dwoje
16. dwojgu
17. dwoje
18. troje
19. Dwoje
20. czworgu

ZADANIE 178
1. oba / obydwa
2. Oba / obydwa
3. oba / obydwa
4. oba / obydwa
5. Oba / obydwa
6. Oba / obydwa
7. Oba / obydwa
8. obu / obydwu / obydwom
9. oba / obydwa
10. obu / obydwu

ZADANIE 179
1. Obaj / obydwaj
2. Obaj / obydwaj
3. Obaj / obydwaj
4. Obaj / obydwaj
5. Obaj / obydwaj
6. obu / oboma / obydwu; *rzad.* obydwoma
7. Obaj / obydwaj
8. Obu / obydwu / obydwóch
9. obu / oboma / obydwoma
10. obu / obydwu / obydwóm / obydwom

ZADANIE 180
1. Obie / obydwie
2. Obie / obydwie
3. obie / obydwie
4. Obie / obydwie
5. Oboma / obiema; *rzad.* obu *a.* obydwoma / obydwiema
6. Oboma / obiema; *rzad.* obu *a.* obydwoma / obydwiema
7. Obie / obydwie
8. obie / obydwie
9. obu / obydwu / obydwóch
10. oboma / obiema; *rzad.* obu *a.* obydwoma / obydwiema

ZADANIE 181
1. Oboje
2. Oboje
3. Oboje

KLUCZ DO ZADAŃ TESTOWYCH

4. Oboje
5. Oboje
6. Oboje
7. Oboje
8. Oboje
9. Oboje
10. Oboje
11. Oboje
12. Oboje
13. Oboje
14. Oboje
15. Oboje
16. Oboje
17. Oboje
18. Oboje
19. Oboje
20. Oboje

ZADANIE 182
1. obojga
2. obojgu
3. obojgiem
4. obojgu
5. obojga
6. obojgiem
7. obojga
8. obojgu
9. obojgiem
10. obojga

ZADANIE 183
1. dojechało
2. domykało się
3. miało
4. można było
5. odwiedziło
6. podbiło
7. pracowali
8. przychodzili
9. przyjechali
10. siedziało
11. się spotykali
12. wsiedli
13. wzruszyło się
14. zachorowało
15. zdało

ZADANIE 184
1. pięćdziesięciu / pięćdziesięcioma
2. sześciu
3. pięciu
4. pięciu
5. trzy tysiące siedemset pięćdziesiąt pięć
6. pięciu
7. pięciu
8. piętnastu
9. sześćdziesięciu dziewięciu
10. pięć

ZADANIE 185
1. chciało
2. bawiło się
3. maszerowało
4. opuściło
5. otrzymało
6. pojawiło się
7. trzymało
8. wisiało
9. wymieniło
10. wzięło

ZADANIE 186
1. pięciu
2. pięciu
3. pięciu / pięcioma
4. pięciu
5. pięciu
6. pięciu
7. pięciu
8. pięciu
9. pięciu
10. pięciu

ZADANIE 187
1. dziesięciorgu studentom
2. dziesięciorgiem studentów
3. dziesięciorgiem studentów
4. dziesięciorgu studentach
5. dziesięciorga studentów
6. dziesięciorgu studentom
7. dziesięcioro studentów
8. dziesięciorgu studentom
9. dziesięciorga ... studentów
10. dziesięciorga studentów

ZADANIE 188
1. a
2. a
3. a
4. b
5. b

ZADANIE 189
1. Frederico Felliniego
2. Ignacego Paderewskiego
3. Jana Matejki
4. Jerzego Kowalewskiego
5. Julki Kwaśniewskiej
6. Konstantego Lipki
7. Marii Konopnickiej
8. Samuela Lindego
9. Tadeusza Kościuszki
10. Marcelego Trapszy

ZADANIE 190
1. Gołąba; *rzad.* Gołębia
2. Grudnia
3. Idziego
4. Marusarzówny
5. Salomei Pamuły
6. Sapiesze *a.* Sapieże
7. Sępie Sarzyńskim
8. Szobera
9. Wałęsie
10. Worka

ZADANIE 191
1. Aszkenaziego
2. Baby Jagi ... Babie Jadze
3. Brunona Schulza
4. Danaid
5. Dupczeka
6. Eustachego
7. Ingrid Klio
8. Jerzego Giedroycia
9. Kunegund
10. Lehrze–Spławińskim

ZADANIE 192
1. Apeninów ... Andów
2. Białej Podlaskiej
3. Białorusią
4. Bielsku–Białej
5. Kamiannej
6. Karpatami
7. Kieleckiem
8. Łemkiem
9. Łemkowszczyzną
10. Łodzi

ZADANIE 193
1. Chicago
2. Chile
3. Davos
4. Delhi
5. Detroit
6. Ebro
7. Gobi
8. Honolulu
9. Katmadu
10. Lesbos
11. Lourdes
12. Monachium
13. Peru
14. Portofino
15. Santiago / Santiago
16. Skopie *a.* Skopju
17. Solferino

KLUCZ DO ZADAŃ TESTOWYCH

18. Tokio
19. Toledo
20. Wagram

ZADANIE 194
1. Bojko *a.* Bojkinią
2. Erewanu
3. Erywania
4. Hercegowińczyk
5. Himalajów
6. Kresowianin
7. Kurdyjka
8. Mekce
9. Samosierze
10. Tuluzanin

ZADANIE 195
1. Bugu / Buga
2. Bytomiu
3. Chyżnem
4. Kolbuszowej
5. Krakowowi
6. Krasnegostawu
7. Kurpiów *a.* Kurpi
8. Poznaniu
9. Psim Polu
10. Rabce Zarytem
11. Rabce Zdroju
12. Skarżyska–Kamiennej
13. Supraślu / Supraśli
14. Torunia
15. Tych

ZADANIE 196
1. imiona
2. imieniu
3. plemion
4. plemiona
5. ramionach
6. ramieniu
7. ramiona
8. Znamię
9. znamiona
10. znamienia

ZADANIE 197
1. Bliźnięta
2. Bliźniąt
3. cielętach
4. cieląt
5. jagniąt
6. kurczęta / kurczę
7. kurczęcia
8. niemowlęcia
9. orlęta
10. piskląt
11. prosięta
12. szczenięta
13. zwierzęta
14. zwierzęciem
15. źrebięta

ZADANIE 198
1. budyniu
2. cieniu
3. deseni *a.* deseniów
4. grzebienia
5. jęczmienia
6. Kamienie
7. korzeniami
8. korzenie
9. krzemienia
10. odcienie
11. odcieniem
12. pierścieniem
13. płomienie
14. promienie
15. strumieniami

ZADANIE 199
1. A. dłoniami *a.* B. dłońmi
2. A. dni *a.* B. dnie
3. A. gąb *a. rzad.* B. gęb
4. A. gęsiami *a.* B. gęśmi

www.wydawnictwolingo.pl

5. A. kiśćmi *a.* B. kiściami
6. A. komży *a. rzad.* B. komż; C. komeż
7. A. kościami; B. –
8. A. kośćmi; B. –
9. A. kuchni; B. kuchen
10. A. ościami; B. ośćmi
11. A. pięści *a. rzad.* B. pięście
12. A. płcie *a. rzad.* płci
13. A. płcie *a. rzad.* płci
14. A. postacie; B. postaci
15. A. postacie; B. postaci
16. A. przepaści; B. przepaście

ZADANIE 200

1. A. statuy; B. statui
2. A. studni; B. studzien
3. A. sukni; B. sukien
4. A. toreb
5. A. watasze; B. wataże
6. A. Wielkanocy; B. Wielkiejnocy
7. A. wsie; B. wsi
8. A. willi; B. will
9. A. wiśni; B. wisien
10. A. zbroi

ZADANIE 201

1. A. aniołowie (ci); B. anioły (te); C. anieli
2. A. berbeci; B. berbeciów
3. A. błazny (te); B. *rzad.* błaźni (ci)
4. B. błaźni (ci)
5. A. cerberzy (ci); B. cerbery (te)
6. B. cerbery (te)
7. A. czarodziei; B. czarodziejów
8. A. człowieku; B. człowiecze
9. A. człowieku; B. człowiecze
10. A. faryzeusze; B. faryzeuszowie
11. A. karły (te)
12. A. Karły (te)
13. A. katu; B. katowi
14. A. kaci
15. A. katu; B. katowi
16. A. królów
17. B. Króli
18. A. majstrowie; *rzad.* B. majstrzy
19. A. oszuści (ci); B. *ekspr.* oszusty (te)
20. A. sędziego; B. *przestarz.* sędzię
21. A. sędziego; B. *przestarz.* sędzi
22. B. sędzią
23. A. tacie; B. *reg.* tatowi
24. A. zakrystianie; *rzad.* zakrystiani

ZADANIE 202

1. A. gronostai; B. gronostajów
2. A. końmi; B. koniami
3. A. końmi
4. A. kundli; B. kundlów
5. A. moli
6. A. orłu
7. B. orłowi
8. A. trutni; B. trutniów
9. A. węży; B. wężów
10. A. zajęcy; B. *rzad.* zajęców

ZADANIE 203

1. A. awanse; B. awansy
2. A. bobslejów; B. bobslei
3. A. hokeja; B. hokej; C. hokeja; D. hokej
4. A. kier; *pot.* B. kiera
5. A. kleks; B. *pot.* kleksa
6. A. modrzewi
7. A. nos; B. *pot.* nosa
8. A. Organa; B. Organy
9. B. Organy
10. A. pasa; B. pas

ZADANIE 204

1. A. razu
2. A. razu
3. A. raza
4. A. razy
5. A. razów

KLUCZ DO ZADAŃ TESTOWYCH

6. A. romanse; B. romansy
7. A. śmieci; B. śmiecie
8. A. śmieci; B. śmiecie
9. A. świata
10. B. Światu

ZADANIE 205
1. A. dobru; *rzad.* dobrze
2. A. oczka; B. oczki
3. A. Oczka
4. A. państwu
5. A. państwie
6. A. paśmie; B. paśmie
7. A. pasm; B. pasem
8. A. ślepiów; B. ślepi
9. A. uchach; *pot.* uszach || uchach; *pot.* uszach
10. A. uch; B. *pot.* uszu; C. *pot.* uszów

ZADANIE 206
1. A. bazylik; B. bazylików
2. A. Bieszczad; B. Bieszczadów
3. A. niebiosach; B. *przestarz.* niebiesiech
4. A. otrąb; B. *rzad.* otrębów
5. A. sań; B. sani
6. A. saniami; *a.* B. sańmi
7. A. stalli; B. stall
8. Tych; *reg.* Tychów
9. A. wnukowie (chłopcy); B. wnuki (chłopcy i dziewczęta)
10. A. żaren; B. żarn

ZADANIE 207
1. chanowie
2. kapitanowie
3. kasztelanowie *a.* kasztelani
4. panowie
5. szambelani *a.* szambelanowie
6. Dziekani
7. fani
8. furmani
9. furtiani
10. hetmani; *rzad.* hetmanowie
11. kapelani *a.* kapelanowie
12. kapłani
13. kompani
14. melomani
15. plebani
16. sułtanowie
17. szamani
18. tyrani
19. ułani
20. weterani
21. Cyganie
22. Hiszpanie
23. krajanie
24. Młodzianie
25. Zakrystianie; *rzad.* zakrystiani

ZADANIE 208
1. czerwia
2. dropia
3. drobiu
4. gołębia
5. jastrzębia
6. jedwabiu
7. karpia
8. kiełbie
9. modrzewia
10. nowiu
11. ołowiu
12. pawia
13. tułowia
14. żółwia
15. żurawia

ZADANIE 209
1. Bosi
2. cisi
3. Dorośli
4. Głupi
5. nasi
6. obcy

7. tajemniczy
8. Wasi
9. weseli
10. zdrowi

ZADANIE 210
1. Krępi
2. lepsi
3. mali
4. niezadowoleni
5. olbrzymi
6. ostatni
7. przyjaźni
8. słabi
9. uroczy
10. źli

ZADANIE 211
A.1 byczy / byczy / byczą
A2.2 byczy
A2.3 bycza
B1 cielęcej
B2 cielęcy
B1.3 cielęcym
B1.4 cielęce / cielęce
B1.5 cielęcym
C1 końskim
C2 końską
C3 końskie
C4 koński
D1 lwi
D2 lwim
D3 Lwie
D4 lwią
E1 łabędziej / łabędzim
E2 łabędzim
F1 małpią
F2 małpie
F3 małpim
F4 małpiego
G1 orlim
G2 orlim
H1 oślim
H2 oślą
H3 oślej
H4 oślej
H5 ośle
I1 ptasia
I2 ptasie
I3 ptasiego
I4 ptasi
J1 sowich / sowim
K1 żabi
K2 żabiego
K3 żabimi

ZADANIE 212
1. Ktoś
2. którekolwiek
3. ktokolwiek
4. Cokolwiek
5. coś
6. ktoś
7. jakiś
8. którykolwiek
9. kogokolwiek
10. komukolwiek
11. kogokolwiek
12. Czyjkolwiek
13. kogokolwiek
14. jakikolwiek
15. gdziekolwiek

ZADANIE 213
1. którejkolwiek
2. kiedykolwiek
3. dokądkolwiek
4. jakąkolwiek
5. Dokądkolwiek
6. jakikolwiek
7. Dokądkolwiek
8. skądkolwiek
9. jakikolwiek a. którykolwiek
10. którejkolwiek

KLUCZ DO ZADAŃ TESTOWYCH

ZADANIE 214
1. gdzieś
2. gdzieś
3. jakieś
4. jakiś
5. jakiś
6. Jakaś
7. któremuś
8. czyimś
9. którymś
10. któryś
11. jakiś
12. jakieś
13. jakaś
14. kiedyś
15. jakieś

ZADANIE 215
1. Będziesz siedział w domu dopóty, dopóki nie nauczysz się lekcji.
2. Kłócili się dopóty, aż się rozwiedli.
3. Maria dopóty zastanawiała się nad trudną definicją naukową, dopóki jej nie zrozumiała.
4. Oblężeni w mieście trzymali się dopóty, dopóki nie zabrakło im żywności.
5. Prosił mnie dopóty, aż dostał to, co chciał.
6. Przypuszczenia możemy snuć dopóty, dopóki nie poznamy faktów.
7. Dopóki czuła się zdrowa, dopóty chodziła na zajęcia.
8. Przyglądali się lecącemu samolotowi dopóty, aż zniknął w przestworzach.
9. Spotykał się z życzliwym przyjęciem dopóty, dopóki miał pieniądze.
10. Zastanawiali się nad pójściem na spacer dopóty, aż zrobiło się ciemno.

ZADANIE 216
1. żeby
2. żeby
3. żeby
4. żeby
5. żebyś
6. żeby
7. żeby
8. żebyśmy
9. żebym
10. żebyśmy
11. żeby
12. żeby
13. żeby
14. żeby
15. żeby
16. żeby
17. Żebym
18. Żeby
19. Żeby
20. żebym

ZADANIE 217
1. żeby
2. żeby
3. żeby
4. żeby się dostać
5. żeby się dowiedzieć
6. żeby ganiać
7. żeby ... kupił
8. żeby mieć
9. żebym mógł
10. żeby ... narzekać
11. żeby .... przeprosić
12. żeby się przywitać
13. Żeby ... słyszał
14. żeby sprawdzić
15. żebyście ... wiedzieli
16. żeby wydawać
17. żeby ... zdenerwować
18. żeby zginąć
19. żeby ... zrozumieć

20. żeby żyć

ZADANIE 218
1. żeby się bać
2. żebyś była
3. żeby .... było
4. żeby ... dopisało
5. żebym miała
6. żeby ... myślał
7. żeby pękł
8. żeby się ... przeziębić
9. żeby ... robić
10. żeby ... wiedział
11. żebyś .... wspominała
12. żebyś wstał ... wyszedł
13. żebyś ... zaczęła
14. żeby ... zastąpił
15. żeby zdążyć

ZADANIE 219
1. a
2. że
3. ale
4. i dlatego
5. bo
6. i
7. mimo to
8. że aż
9. Chociaż
10. więc

ZADANIE 220
1. że
2. mimo to
3. ale
4. Chociaż
5. Jeżeli a. jeśli
6. ale
7. a zatem
8. a tak
9. a
10. i ... i

ZADANIE 221
1. że
2. Chociaż
3. więc ..., ani
4. ale
5. mimo to
6. czy
7. bowiem
8. albo
9. to
10. Jakkolwiek

ZADANIE 222
1. chociaż
2. ale
3. więc a. a więc
4. że
5. zatem
6. a więc
7. nawet
8. bowiem
9. gdyż
10. i dlatego

ZADANIE 223
1. więc
2. a zatem
3. aż
4. ale
5. ponieważ
6. które
7. Chociaż
8. a
9. Aczkolwiek
10. tymczasem

ZADANIE 224
1. więc
2. Chociaż
3. bowiem
4. że
5. a

KLUCZ DO ZADAŃ TESTOWYCH

6. tymczasem
7. bo
8. i dlatego
9. a mianowicie
10. Skoro

ZADANIE 225
1. więc
2. a
3. bo *a.* ponieważ *a.* gdyż
4. gdyż *a.* bo *a.* ponieważ
5. i to
6. ponieważ *a.* bo *a.* gdyż
7. dlatego
8. tylko
9. choć
10. ani

ZADANIE 226
1. a
2. a *a.* bo
3. choć
4. ale
5. ani ... ani
6. gdyż
7. dlatego też
8. i tak
9. czy, czy
10. tym samym

ZADANIE 227
1. ale
2. bo *a.* ponieważ *a.* gdyż *a.* bowiem
3. więc
4. a *a.* lecz
5. lecz
6. Skoro
7. ponieważ *a.* bo *a.* gdyż *a.* bowiem
8. gdyż *a.* bo *a.* ponieważ *a.* bowiem
9. bowiem *a.* ponieważ *a.* gdyż *a.* bo
10. że

ZADANIE 228
1. bo *a.* ponieważ
2. ponieważ *a.* bo
3. a
4. lecz
5. a więc
6. czy
7. aż
8. a zatem
9. kiedy
10. gdy

ZADANIE 229
1. tymczasem
2. bo
3. ale
4. więc
5. a zatem
6. chociaż
7. że ... i że
8. gdyż
9. aczkolwiek
10. to

ZADANIE 230
1. bowiem
2. Im ... tym
3. zatem
4. a więc
5. Dopóki
6. albo
7. nadto
8. ani ... ani
9. kiedy
10. jeśli *a.* jeżeli

ZADANIE 231
1. ale

2. a więc
3. Im ... tym
4. bo *a.* bowiem *a.* ponieważ *a.* gdyż
5. bo *a.* bowiem *a.* gdyż *a.* ponieważ
6. albo
7. bowiem *a.* bo *a.* gdyż *a.* ponieważ
8. bowiem *a.* bo *a.* gdyż *a.* ponieważ
9. zatem *a.* a więc
10. to

ZADANIE 232
1. ale *a.* chociaż *a.* choć
2. ale
3. bo *a.* ponieważ
4. ponieważ *a.* bo
5. więc *a.* a więc
6. chociaż
7. bo *a.* ponieważ
8. choć *a.* chociaż
9. gdy
10. a więc *a.* więc

ZADANIE 233
1. a
2. a
3. a
4. a
5. a
6. a
7. i
8. a
9. a
10. i
11. i
12. a *a.* i
13. i
14. a
15. a
16. i
17. a
18. a
19. a
20. a
21. i
22. a
23. a
24. a
25. i

ZADANIE 234
1a. jest / będzie / był obrażany
1b. jest / będzie / był obrażony
1c. bywa / bywał obrażany
1d. bywa / bywał obrażony
1e. zostanie / został obrażony

2a. są / będą / były pokonywane
2b. są / będą / były pokonane
2c. bywają / bywały pokonywane
2d. bywają / bywały pokonane
2e. zostaną / zostały pokonane

3a. jest / będzie / był wykonywany
3b. jest / będzie / był wykonany
3c. bywa / bywał wykonywany
3d. bywa / bywał wykonany
3e. zostanie / został wykonany

4a. są / będą / były wychowywane
4b. są / będą / były wychowane
4c. bywają / bywały wychowywane
4d. bywają / bywały wychowane
4e. zostaną / zostały wychowane

5a. jest / będzie / było opisywane
5b. jest / będzie / było opisane
5c. bywa / bywało opisywane
5d. bywa / bywało opisane
5e. zostanie / zostało opisane

ZADANIE 235
1. Milionowa orkiestra była dyrygowana przez dwóch (dwu) krasnali *a.* krasnalów. *(pot.)*

KLUCZ DO ZADAŃ TESTOWYCH

2. Duże państwo będzie rządzone przez dwóch (dwu) krasnali a. krasnalów. *(pot.)*
3. Nasz majątek był zarządzany przez dwóch (dwu) krasnali a. krasnalów. *(pot.)*
4. Twierdza będzie broniona przez dwóch (dwu) krasnali a. krasnalów. *(pot.)*
5. Niezapomniane wrażenia zostaną dostarczone każdemu z nas przez krasnali a. krasnalów. *(pot.)*
6. Gazy łzawiące zostaną użyte w walce z manifestującymi przez krasnali a. krasnalów. *(pot.)*
7. Noszenie białej broni zostało zabronione nam przez rodziców krasnali a. krasnalów. *(pot.)*
8. Angażowanie się kobiet w życie polityczne będzie im zakazane przez dzielnych krasnali a. krasnalów. *(pot.)*
9. Setki kolejnych wrogów zostanie oczarowanych bez wątpienia przez dwóch (dwu) krasnali a. krasnalów. *(pot.)*
10. Zaufanie państw ościennych do naszej republiki zostanie odbudowane przez dwóch (dwu) dzielnych krasnali a. krasnalów. *(pot.)*

ZADANIE 236
1. zostałem zdetronizowany
2. został zdławiony
3. został zdemolowany
4. został ... zdegradowany
5. została ... zdementowana
6. został zintegrowany
7. został zatopiony
8. została zdemilitaryzowana
9. zostało zdewaluowane
10. została zdezynfekowana

ZADANIE 237
1. Podłoga jest brudzona przez dzieci. / Podłoga zostanie zabrudzona przez dzieci. / Wszystko zostało przez nie zabrudzone.
2. Niemowlę jest kąpane wieczorem przeze mnie. / Ono zostanie wykąpane wieczorem przeze mnie. / Ono zostało już wykąpane przeze mnie.
3. Owoce są zrywane z drzewa przez małpę. / Wszystkie owoce zostaną zerwane przez małpę. / One (owoce) zostały zerwane przez małpę.
4. Paczki są rozdzielane przez nich. / Paczki zostaną rozdzielone przez nich. / One (paczki) już zostały rozdzielone przez nich.
5. Ciasto jest pieczone przez piekarza. / Ciasto będzie pieczone przez niego. / Ciasto już zostało upieczone przez niego.
6. Kiełbasa była wynoszona stale z masarni przez nich. / Cały wyrób zostanie wyniesiony przez nich. / Tona kiełbasy została wyniesiona przez nich z masarni.
7. Ona jest oklaskiwana przez wszystkich. / Ona będzie oklaskiwana przez wszystkich. / Ona była oklaskiwana przez wszystkich.
8. Komin na dachu jest czyszczony przeze mnie. / Komin na dachu będzie czyszczony przeze mnie. / Komin na dachu został wyczyszczony przeze mnie.
9. Jestem broniony w sądzie przez adwokata. / Będę broniony w sądzie przez adwokata. / Zostałem obroniony przez adwokata.

10. Ta sprawa jest załatwiana przeze mnie. / Ta sprawa zostanie załatwiona przeze mnie. / Ta sprawa została załatwiona przeze mnie.

ZADANIE 238
1. będzie podjęta / nie zostanie podjęta przez mnie
2. będzie zarządzane przez niego
3. będzie odnowiona / nie zostanie odnowiona (przez nich)
4. będzie / nie zostanie przetłumaczona przeze mnie
5. będzie / nie zostanie zakończona (przez nich)

ZADANIE 239
1. były stale niszczone przez dzieci
2. była kochana tylko przez zmarłych już dziadków
3. został zameldowany przez Karola w urzędzie
4. nie zostaliśmy zaproszeni na przyjęcie przez nich
5. zostały zerwane z jabłoni przez ogrodnika
6. zostały zamknięte na klucz przez nią
7. została zmieniona pod koniec maja przez władze
8. zostały przeniesione na następny tydzień (przez nich)
9. łóżko zostało pościelone przez Rafała
10. było źle wychowywane przez rodziców

ZADANIE 240
1. pałac zostanie opuszczony przez krasnali a. krasnalów
2. zostanie wyprowadzony przez krasnali a. krasnalów z ciągłego kryzysu politycznego
3. drzwi zostaną wprawione w mieszkaniu przez montera
4. zostanie obrabowany o świcie
5. tej dziewczyny będzie malowany przez niego
6. konto zostanie założone w banku szwajcarskim przez niego
7. zostanie wypite przez nich
8. zostanie położone na właściwym miejscu przez nas
9. praca zostanie zrecenzowana przez profesora
10. zostaniesz popchnięty przez kogoś

ZADANIE 241
1. zostanie zagrana przez aktorów za miesiąc
2. zostanie powiedziane przez Janka
3. zostanie spowodowany przez kierowcę
4. zostanie przywieziony koledze przez Marka
5. zostanie napisany przez mnie na ocenę bardzo dobrą
6. zostanie oceniony przeze mnie
7. zostanie przeczytana przez niego
8. zostaną pokonane przez upartych
9. zostaną sprawdzone przez nas
10. zostanie wykonane przez nas

ZADANIE 242
1. Po dokładniejszym zorientowaniu się w sytuacji, podejmę decyzję.
2. Po jego wyjściu z domu, poczuję się zupełnie inaczej.
3. Po opracowaniu planu podróży, zawiadomię cię o tym.
4. Po przepracowaniu czterdziestu lat, pójdę na emeryturę.
5. Po przeprowadzeniu z nią rozmowy, będę się lepiej czuł.

KLUCZ DO ZADAŃ TESTOWYCH

6. Po rozpoczęciu się sezonu na ogórki, zaczniemy je kisić.
7. Po skończeniu studiów, zacznę szukać pracy.
8. Po urodzeniu się naszego pierwszego dziecka, zmienimy styl życia.
9. Po wytarciu wszystkich szklanek, poukładam je w szafce.
10. Po załatwieniu wszystkich formalności, odetchnę z ulgą.

ZADANIE 243
1. żeby ... się ... kochała
2. żeby ... był sprawiedliwy
3. żeby ... było
4. żebyś wrócił
5. żebyśmy ... wyjechali
6. żeby miał
7. żeby ... było
8. żeby ... odwiedził
9. żeby wrócił
10. żebym znał *a.* znała

ZADANIE 244
1. Po pozorem bólu głowy, wyszedł z sali wykładowej.
2. Bez względu na różnice w płci, macie takie same prawa.
3. Bez zezwolenia na budowę, zaczął robić fundamenty pod budowę.
4. W zamian za książkę, dał mi stare znaczki.
5. W zależności od struktury psychicznej, jedni reagują na silny stres chorobą psychosomatyczną, inni objawami psychicznymi.
6. W miarę starzenia się, stajemy się coraz bardziej wyrozumiali dla innych.
7. W razie deszczu, schronimy się w jakiejś najbliższej kawiarni.
8. Z woli ludu, został prezydentem kraju.
9. Przy styku z wodą, metal rdzewieje.
10. Za pomocą lewarka, mogliśmy podnieść samochód.

ZADANIE 245
1. Za okazaniem karty wstępu, może pan tutaj wejść.
2. Na polecenie szefa, musiał zostać dłużej w pracy.
3. Z braku czasu, nie odpisała na mój list.
4. W uznaniu za wyjątkowe zasługi, odznaczono go.
5. Z wdzięczności za pomoc, ofiarowałem jej piękny album.
6. Organizujemy tę akcję na rzecz niepełnosprawnych.
7. W wyniku dokonanego (dokonania) zamachu stanu w maju 1926 roku, Piłsudski doszedł do władzy.
8. Na mocy Paktu Laterańskiego, Plac św. Piotra należy do państwa watykańskiego.
9. Począwszy od poniedziałku, przestanę palić.
10. Przyjechał do Polski w celu założenia firmy.

ZADANIE 246
1. Przyjechał tutaj w ramach podpisanej umowy kulturalnej z Ułan Bator.
2. Ona wyszła za mąż bez zgody rodziców.
3. Z upływem lat, stawał się bardziej tolerancyjny.
4. To urządzenia działa na zasadzie tak zwanego sprzężenia zwrotnego.
5. Za radą lekarza, wakacje spędzę nad morzem.

6. Na apel Wałęsy, robotnicy po długim strajku wrócili do pracy.
7. W czasie pobytu w Paryżu, widziałem ten spektakl.
8. Przy współpracy z Organizacją Narodów Zjednoczonych, zrealizowaliśmy program ochrony zabytków w tym regionie.
9. Z nadzieją na szybsze dorobienie się majątku, wyjechali do Ameryki.
10. Na skutek wielkiej powodzi, wylały wszystkie rzeki w regionie.

ZADANIE 247

1. Nie bacząc na jej prośby, wyszedł.
2. W związku z wprowadzeniem przez rząd tak zwanych cięć budżetowych, zarabialiśmy mniej.
3. Nauczał innych w oparciu o znajomość nowych metod.
4. Uzyskał zezwolenie na budowę centrum handlowego na starym mieście przy pomocy wpływowych polityków.
5. Z rozkazu dowódcy, zniszczyli to miasto.
6. Zorganizowaliśmy tę wystawę przy udziale ambasady USA w Warszawie.
7. Zrobię to z poczucia obowiązku.
8. Zrobił to z miłości dla swojej matki.

ZADANIE 248

1. zrozumienie
2. zdrady
3. ostrej krytyki
4. brak
5. szybkie wybaczenie
6. słuszności wyboru
7. bezinteresownego postępowania
8. szybkim odejściu
9. natychmiastowej zgody
10. ukończenie prac

ZADANIE 249

1. niewinności
2. racji
3. umowie
4. uczciwość
5. knucia
6. spotkanie
7. ciężką chorobę
8. celowość tych działań
9. otwarciu przez niego klubu dal VIP–ów
10. realizację swoich marzeń

ZADANIE 250

1. zwycięstwo dobra
2. odejście
3. Zakończenie dyskusji
4. spacer
5. obiektywności komisji
6. odejście
7. odniesienie sukcesu
8. wprowadzeniu zmian
9. Pomyłki
10. poważnego traktowania

ZADANIE 251

1. gryź
2. grzęźnij
3. jedz
4. kładź się
5. padnij
6. pleć
7. trzyj
8. wiedź
9. wieź
10. znieś

ZADANIE 252

1. gryźcie

KLUCZ DO ZADAŃ TESTOWYCH

2. grzęźnijcie
3. jedzcie
4. kładźcie się
5. padnijcie
6. plećcie
7. trzyjcie
8. wiedzcie
9. wieźcie
10. znieście

ZADANIE 253
1. Niech panowie biegną szybciej!
2. Niech wierni klękną przed obrazem!
3. Niech wszyscy krzykną mu prosto w twarz!
4. Niech wszyscy nacisną na dyrektora!
5. Niech wszyscy odetchną chwilę!
6. Niech panie odgadną jego plany!
7. Niech wszyscy przypłyną do brzegu!
8. Niech świadkowie przysięgną na Biblię!
9. Niech wszyscy staną tutaj!
10. Niech strażnicy zamkną podejrzanych!

ZADANIE 254
1. grzej
2. grzej się
3. każ
4. kładźcie się
5. kraczcie
6. noś
7. piej
8. piecz
9. ściel
10. tłucz

ZADANIE 255
1. uodpornij się
2. uprość
3. uprzedź
4. uprzykrzaj
5. urabiaj *a. rzadziej* uród
6. usprawnij
7. uśmierz
8. zapal
9. zaproś
10. zwróć

ZADANIE 256
1. gwiżdż / Gwizdnij
2. kichaj / Kichnij
3. klikaj / Kliknij
4. krzycz / Krzyknij
5. mrugaj / mrugnij
6. odciskaj / Odciśnij
7. podwijaj / Podwiń
8. przywykaj / Przywyknij
9. ściągaj / Ściągnij
10. wzdychaj / Westchnij

ZADANIE 257
1. dokonujcie
2. dopisujcie
3. obgadujcie
4. odwołujcie
5. pokazujcie
6. powołujcie się
7. przebywajcie
8. przesiadujcie
9. ukrywajcie
10. wypytujcie
11. wyrywajcie
12. zakrywajcie
13. zapisujcie się
14. zdobywajcie
15. zmywajcie

ZADANIE 258
C1.1 dziwaczej
C1.2 głupiej

C1.3 łysiej
C1.4 markotniej
C1.5 mdlej
C1.6 obojętniej
C1.7 pokorniejcie
C1.8 poważniej
C1.9 szczuplej
C1.10 trzeźwiejcie

C2.1 niech butwieje
C2.2 niech czerstwieje
C2.3 niech drożeją
C2.4 niech pęcznieje
C2.5 niech pleśnieje
C2.6 niech płowieją
C2.7 niech posępnieje
C2.8 niech potężnieje
C2.9 niech próchnieje
C2.10 niech topnieją

ZADANIE 259
1. leż / Połeż
2. odpoczywaj / Odpocznij
3. połóż / kładź
4. sadzaj / Posadź
5. stawiaj / Postaw
6. wieszaj / Powieś
7. siadaj / Usiądź
8. siedź / Posiedź
9. stawiaj / Postaw
10. układaj / Ułóż

ZADANIE 260
1. obwiedź / obwieź
2. odwiedź / odwieź
3. odwiedź / odwieź
4. powiedź / powieź
5. przywiedź / przywieź
6. rozwiedź się / rozwieź
7. uwiedź / uwieź
8. wiedź / wieź
9. wywiedź / wywieź
10. zwiedź / zwieź

ZADANIE 261
1. pomóżcie
2. przemóżcie
3. przemóżcie
4. wspomóżcie
5. wspomóż
6. wymóż
7. wzmóżcie
8. wzmóżcie
9. zaniemóż
10. zmóż

ZADANIE 262
1. docieknij *a.* dociecz
2. dopiecz
3. ostrzeż
4. przysięgnij
5. siecz
6. ubiegnij
7. ucieknij
8. wbiegnij
9. się wścieknij
10. zbiegnij

ZADANIE 263
1. klaszcz / klaskaj
2. klęknijcie
3. kracz
4. mlaskaj *a.* mlaszcz
5. się pluskaj *a.* się pluszcz
6. płacz
7. płaczcie
8. płucz
9. płuczcie
10. skaczcie

ZADANIE 264
1. karzcie
2. się karz
3. każ

KLUCZ DO ZADAŃ TESTOWYCH

4. karz
5. liż
6. mażcie
7. orz
8. wiąż
9. się wiążcie
10. żebrz

ZADANIE 265
1. narwij
2. Nazwij się
3. oberwij
4. oderwij się
5. odezwij się
6. pozwij
7. przerwij
8. się rozerwij
9. rwij
10. wezwij

ZADANIE 266
1a. Była bardzo zabiegana, zapracowana, zajęta, aby mnie zauważyć.
1b. Była bardzo zabiegana, zapracowana, zajęta, ażeby mnie zauważyć.
1c. Była bardzo zabiegana, zapracowana, zajęta, by mnie zauważyć.
1d. Była bardzo zabiegana, zapracowana, zajęta, żeby mnie zauważyć.

2a. Mama poszła do piekarni, aby kupić chleb.
2b. Mama poszła do piekarni, ażeby kupić chleb.
2c. Mama poszła do piekarni, by kupić chleb.
2d. Mama poszła do piekarni, żeby kupić chleb.

3a. Możemy poprosić profesora o przeniesienie zajęć, albo o odwołanie zajęć.
3b. Możemy poprosić profesora o przeniesienie zajęć, bądź o odwołanie zajęć.
3c. Możemy poprosić profesora bądź o przeniesienie zajęć, bądź o odwołanie zajęć.
3d. Możemy poprosić profesora o przeniesienie zajęć lub o odwołanie zajęć.

4a. Tekst merytorycznie jest znakomity, ale, niestety, jest w nim za dużo błędów ortograficznych.
4b. Tekst merytorycznie jest znakomity, lecz, niestety, jest w nim za dużo błędów ortograficznych.
4c. Tekst merytorycznie jest znakomity, tylko, niestety, jest w nim za dużo błędów ortograficznych.
4d. Tekst merytorycznie jest znakomity, tylko że, niestety, jest w nim za dużo błędów ortograficznych.

5a. Aczkolwiek jest wiele ważnych spraw do załatwienia, pozostaje mi dużo wolnego czasu.
5b. Chociaż (choć) jest wiele ważnych spraw do załatwienia, pozostaje mi dużo wolnego czasu.
5c. Jakkolwiek jest wiele ważnych spraw do załatwienia, pozostaje mi dużo wolnego czasu.
5d. Mimo że jest wiele ważnych spraw do załatwienia, pozostaje mi dużo wolnego czasu.
5e. Pomimo iż (że) jest wiele ważnych spraw do załatwienia, pozostaje mi dużo wolnego czasu.

5f. Jest wiele ważnych spraw do załatwienia, pomimo to pozostaje mi dużo wolnego czasu.

6a. Choćbym chciał mu pomóc, to w tej chwili nie mam żadnych możliwości.
6b. Nawet gdybym chciał mu pomóc, to w tej chwili nie mam żadnych możliwości.
6c. *pot.* Nawet jakbym chciał mu pomóc, to w tej chwili nie mam żadnych możliwości.

7a. Obraził niewinną kobietę, a następnie trzasnął drzwiami i wyszedł z biura.
7b. Obraził niewinną kobietę, a potem trzasnął drzwiami i wyszedł z biura.
7c. Obraził niewinną kobietę, następnie trzasnął drzwiami i wyszedł z biura.
7d. Obraził niewinną kobietę, po czym trzasnął drzwiami i wyszedł z biura.

8a. Minęło już siedem smutnych lat od czasu, gdy najstarszy syn wyjechał za granicę.
8b. Minęło już siedem smutnych lat od czasu, kiedy najstarszy syn wyjechał za granicę.
8c. Minęło już siedem smutnych lat, odkąd najstarszy syn wyjechał za granicę.
8d. Minęło już siedem smutnych lat, od kiedy najstarszy syn wyjechał za granicę.

9a. Nie zdążył na konferencję, albowiem samolot z Paryża odleciał z dwugodzinnym opóźnieniem.
9b. Nie zdążył na konferencję, bo samolot z Paryża odleciał z dwugodzinnym opóźnieniem.
9c. Nie zdążył na konferencję, bowiem samolot z Paryża odleciał z dwugodzinnym opóźnieniem.
9d. Nie zdążył na konferencję, gdyż samolot z Paryża odleciał z dwugodzinnym opóźnieniem.
9e. Nie zdążył na konferencję, ponieważ samolot z Paryża odleciał z dwugodzinnym opóźnieniem.
9f. Nie zdążył na konferencję, przez to, że samolot z Paryża odleciał z dwugodzinnym opóźnieniem.
9g. Nie zdążył na konferencję, na skutek tego, że samolot z Paryża odleciał z dwugodzinnym opóźnieniem.

10a. Staruszek przewrócił się wprawdzie na oblodzonym chodniku, ale nie złamał ani ręki, ani nogi.
10b. Staruszek przewrócił się wprawdzie na oblodzonym chodniku, jednakże nie złamał ani ręki, ani nogi.
10c. Staruszek przewrócił się wprawdzie na oblodzonym chodniku, lecz nie złamał ani ręki, ani nogi.

ZADANIE 267
1. toteż
2. ale i
3. natomiast
4. od kiedy
5. jednakże
6. mimo to
7. za to
8. byleby
9. a także *a.* a następnie

KLUCZ DO ZADAŃ TESTOWYCH

10. kiedy *a.* za każdym razem, gdy

ZADANIE 268

1. Zatrzymano podejrzanego o handel narkotykami, w którego mieszkaniu znaleziono kilogramy kokainy.
2. Policja poszukiwała dwu staruszek z domu starców, które zgubiły się w wielkim centrum handlowym.
3. Zatrzymaliśmy się na skalistym urwisku, gdzie kończyła się droga.
4. Pisała wyśmienite teksty satyryczne, w których dało się zauważyć ostrą krytykę świata polityki.
5. Mieszkanie jest duże, jasne i słoneczne, jakiego właśnie potrzebujemy.
6. Przeprowadził znakomitą analizę sytuacji, na podstawie której opracowaliśmy szybki plan działania.
7. Był jedynym członkiem naszej kilkuosobowej sekty, któremu włosy nie wypadały garściami.
8. Wciąż cytuje zdania ze swojej nudnej książki, której nikt nie czyta.
9. Koleżanki od miesięcy prowadziły naukowe dyskusje, w czasie których omawiały ważne problemy metodyki nauczania języków obcych.
10. Wrócił do kraju, w którym się urodził.

ZADANIE 269

1. W krajach skandynawskich ludziom żyje się dostatniej, natomiast w krajach byłego bloku wschodniego ludziom żyje się ubożej.
2. Zimą warunki jazdy są utrudnione, gdyż poranne mgły nie ułatwiają widoczności, a leżące na niektórych odcinkach dróg zaspy ograniczają możliwości manewrów.
3. Patrzyłam z przyjemnością na zaczyn chlebowy, który szybko nabierał puszystych kształtów i zbliżał się do brzegu dzieży.
4. Są to wspaniałe, wyjątkowo mądre dziewczęta, które uwielbiam.
5. Od lat chwali się swoimi dokonaniami, ale potomni ocenią go nieco niżej, o wiele niżej, a my jesteśmy tego pewni!
6. Karol nie otrzymał wymarzonego stypendium do Japonii, gdyż zarobki jego rodziców były za wysokie.
7. Nie interesuj się tym, co ciebie nie dotyczy, Wacku!
8. To nie do pomyślenia, żeby tysiące młodych Polaków wyjeżdżało za granicę w poszukiwaniu pracy!
9. Ludzie dobrej woli pomagają biednym, lecz niestety, biednych jest coraz więcej.
10. Choć rodzicom Jędrusia wiedzie się źle, to bogaty Jędruś tym się nie przejmuje, bowiem nade wszystko ceni sobie własną wygodę.

ZADANIE 270

1. Nim (zanim) wyszedł do miasta, wcześniej zadzwonił do kolegi.
2. Odkąd zaczął pić alkohol, ciągle choruje.
3. Kiedy łowił ryby, zachowywał się cicho.
4. Kiedy skrobała marchewkę, skaleczyła się w palec wskazujący.

5. Im bardziej namawiała go na studia, tym bardziej on nie miał ochoty.
6. W miarę jak / Póki świeciło słońce, było ciepło.
7. Dopóki wymagają tego moje studia, dopóty zostanę tutaj.
8. Chociaż Jaś nie nauczył się niczego, zrobił jednak karierę.
9. Chociaż przewidziano wszelkie możliwości, zdarzył się wypadek.
10. Pójdę na zakupy, bowiem w domu nie ma nic do jedzenia.

ZADANIE 271

1. Nie pojechała na wycieczkę, gdyż była zmęczona.
2. Dzięki temu, że tak pięknie przemówił, przekonał wszystkich.
3. Szlochała tak przejmująco, że przybiegły sąsiadki, aby ją pocieszyć.
4. Tyle wycierpiała, więc nie wierzy już w szczęśliwy los. *a.* Tyle wycierpiała, żeby nie wierzyć już w szczęśliwy los.
5. Rozjaśniło się na tyle, więc widać zarysy domu.
6. Zachorował, więc nie przyszedł na zebranie.
7. Nie przyszedł na zebranie, gdyż zachorował.
8. Uniknął wypadku, dzięki temu, że zachorował.
9. Janek ma dobre oceny, ale jest leniwy.
10. Bogaty i skąpy Karol postarał się o dodatkowe, tajemnicze źródła dochodu, a jego brat Józef żył ze skromnej renty.

ZADANIE 272

1. Kochanie, jeśli ja będę szczęśliwy, ty też będziesz szczęśliwa.
2. Jeśli on nie będzie zadowolony, co zrobimy?
3. Karolu, jeśli ty nie kochasz mnie, co ja na to poradzę?!
4. Jak tego mięsa nie kupi jeden klient, to kupi drugi.
5. Jeśli wczoraj dobrze przygotowałeś się *a.* przygotowałaś się do rozmowy kwalifikacyjnej, dzisiaj na pewno zabłyśniesz!
6. Józefie, jeśli przyznasz się do zdrady, wybaczymy ci wszystko.
7. Panie Havranek, jeśli pan wyjdzie wcześniej z więzienia, urządzimy panu przyjęcie w naszej nowo otwartej restauracji.
8. Zosiu, jeśli nie zadzwonisz do mnie, pogniewam się na ciebie.
9. Jeśli on ci nie załatwi tej sprawy, ja ci ją załatwię.
10. Mamo, jak ja zasnę, ty też zaśniesz?

ZADANIE 273

1. Grubasie, jeśli będziesz mniej jadł, będziesz zdrowy i szczuplejszy.
2. Człowieku, jeśli będziesz kochał, będziesz miał wrażenie, że jesteś kochany przez innych.
3. Babciu, jeśli będziesz prała swetry ręcznie, zaoszczędzisz na energii elektrycznej.
4. Asystentko, jeśli będziesz się starać, dostaniesz wymarzony awans.
5. Szanowny Panie, jeśli pan będzie pracował więcej, będzie pan zarabiał więcej.
6. Drogi petencie, jeśli będziesz pukał do drzwi różnych biur, więcej załatwisz.

KLUCZ DO ZADAŃ TESTOWYCH

7. Producencie, jeśli będziesz stawiał wygórowane warunki, mniej będziesz sprzedawał.
8. Kliencie, jeśli będziesz stosował ten szampon, uchronisz włosy przed ich wypadaniem.
9. Chudzielcze, jeśli będziesz trenował systematycznie, rozwiniesz mięśnie.
10. Kasandro, jeśli będziesz się ubierała elegancko, wzbudzisz zazdrość u koleżanek.

ZADANIE 274
1. Jeśli babcia nie będzie się modliła, ja również nie będę się modlił.
2. Jeśli inni nie podpiszą nam, my również im nie podpiszemy.
3. Jeśli on wygra, ty nie wygrasz.
4. Jeśli ona nie będzie atakować, ja również nie będę atakował.
5. Jeśli oni nie będą kpić, my również nie będziemy kpić.
6. Jeśli pan się nie obrazi, oni również się nie obrażą.
7. Jeśli pani ich nie zaskarży, one również pani nie zaskarżą.
8. Jeśli panowie nas nie zaskoczą, my również nie zaskoczymy panów.
9. Jeśli pozostali nie zgodzą się, ona również się nie zgodzi.
10. Jeśli Zosia wybaczy mi, ja również Zosi (jej) wybaczę.

ZADANIE 275
1. jeśli (jeżeli) on się nią nie zajmie
2. jeśli (jeżeli) ona nie wyzdrowieje
3. jeśli (jeżeli) oni nie odejdą ze swych stanowisk
4. jeśli (jeżeli) lud się nie zbuntuje
5. jeśli (jeżeli) on jej nie wycofa
6. jeśli (jeżeli) ona jej się nie podejmie
7. jeśli (jeżeli) oni nie wesprą mnie w potrzebie
8. jeśli (jeżeli) on nie opuści tego mieszkania
9. jeśli (jeżeli) oni go nie zmuszą
10. jeśli (jeżeli) on go nie zwolni

ZADANIE 276
1. gdybyśmy się nie zajęli tą sprawą
2. gdyby dziadkowie nie wyrazili zgody
3. gdyby ona nie odeszła z tego stanowiska
4. gdybyśmy się nie zbuntowali
5. gdyby nikt nie wycofał jego kandydatury
6. gdyby państwo nie podjęło się tej misji
7. gdyby sąsiadki mnie nie wsparły
8. gdyby dzieci nie opuściły tego pomieszczenia
9. gdyby nikt nie zmusił go do nauki
10. gdyby dyrektorka nie zwolniła tego nauczyciela

ZADANIE 277
1. Gdyby pani profesor Barbara Skarga była politykiem, odpowiedziałaby na ...
2. Gdyby polityka nie mogła funkcjonować w świecie, popadlibyśmy w chaos i przemoc.
3. Gdyby władza w Polsce została wybrana większością, większość, która liczy 30 procent uprawnionych do głosowania nie byłaby większością.
4. Gdyby pani profesor była dumna z dzisiejszej Polski, nie odpowiedziałaby, że jest dumna z *Solidarności*.
5. Gdyby nic nie miało swojego kresu i nic nie ulegało zmianom, mo-

glibyśmy mówić o katastroficznej wizji przyszłości.

ZADANIE 278
1. byleby
2. choćbyście
3. byleby
4. Jakiekolwiek
5. byleby
6. jakkolwiek
7. byleby
8. chyba żeby
9. choćbyś
10. jak gdybyś
11. byleby
12. jakakolwiek
13. jak gdybyś
14. jakkolwiek
15. chyba żeby
16. jakikolwiek
17. chyba żeby
18. jakkolwiek
19. choćbyś
20. chyba żeby

ZADANIE 279
1. Opowiem ci .... ty mi też opowiesz
2. Przyznam się ... ty też się przyznasz
3. Wycofam się ... ty też się wycofasz
4. Dokonam go ... ty też go dokonasz
5. Przysięgnę ... ty też przysięgniesz

ZADANIE 280
1. jeśli *a.* jeżeli
2. Jakkolwiek bym
3. jeśli *a.* jeżeli
4. jeślibyś *a.* jeżelibyś
5. Jakkolwiek
6. Jakkolwiek
7. Jeśli *a.* jeżeli
8. Jeśliby *a.* jeżeliby
9. chyba żeby
10. choćbyś
11. jak gdyby
12. jakkolwiek
13. byleby
14. jakkolwiek by
15. pod warunkiem

ZADANIE 281
1. Chciałbym podziękować wszystkim osobom, a zwłaszcza Karolowi i Józefowi, bez których tego wieczoru nie dałoby się zorganizować.
2. Kunegunda dzięki matce ma urodę, po ojcu zaś majątek, więc koledzy z pracy uważają ją za dziecko szczęścia.
3. Aczkolwiek miała wyższe wykształcenie, to nigdy nie pracowała w swoim zawodzie, bowiem wołała się zajmować wychowaniem swoich kolejno przychodzących na świat dzieci.
4. Mijały minuty, a on niczego nie mógł się od niej dowiedzieć, gdyż siedziała z zaciśniętymi zębami i patrzyła nieufnie na kamienną posadzkę kuchenną.
5. Krzyknął na mnie, a następnie trzasnął drzwiami i pobiegł w kierunku wsi, aż mu pięty migały w powietrzu.
6. Choć starała się mówić starannie po polsku, to jednak popełniała co chwilę błędy składniowe, ponieważ nie znała zasad składni polskiej.
7. Jakkolwiek zanosiło się na zakończenie konfliktu, mimo to strona przeciwna przerwała obrady, od wyników których zależał los milionów ludzi.

KLUCZ DO ZADAŃ TESTOWYCH

8. Obie zwaśnione rodziny otrzymały rozkaz zaprzestania dalszych rękoczynów, ale polecenie zostało złamane już pierwszego dnia, bo jedna z córek z rodziny Optołowiczów obraziła pasierba Wańkowiczów, co doprowadziło do kilkugodzinnej walki obu rodów, która zakończyła się wypędzeniem rodziny Optołowiczów ze wsi.
9. Bał się zemsty swojego przeciwnika, a chociaż zdawało mu się, że w jakiś sposób tej pomście zapobiegł, to jednak nieustannie trapiła go myśl, że przeciwnik może się zemścić na jego rodzinie, na której mu najbardziej zależało.
10. Zbliżała się chwila śmierci, więc słyszał różne głosy, które mówiły, że należy się pożegnać z tym światem, że trzeba zostawić na biurku niedokończone książki, iż czas na ostateczny rozrachunek.

ISBN 978-83-7892-448-7

www.ingramcontent.com/pod-product-compliance
Lightning Source LLC
Chambersburg PA
CBHW080910230426
43666CB00013B/2657